신화를
철학하다

신화를
철학하다

하순애 지음

한그루

목차

1부

1장.
신화가 뭐길래?

2장.
신화 개념의 인식론적 프로필

3장.
호모 나랜스(Homo Narrans) 그리고 이야기의 힘

4장.
신화는 상징이다

2부

5장.
신화, 우주적 질서를 말하다

6장.
신화, 생명의 원리를 담다

7장.
생명 원리의 상징들

8장.
신화, 사랑의 힘을 말하다

9장.
결어: 새로운 길 찾기

이 책은 삶을 향해 있다.

서문

신화와 철학의 경계에서

벌써 오십 년 전의 일이다. 대학에서 철학사 강의를 듣던 첫 시간에 교수는 엄숙한 표정으로 철학의 발생에 대해 이렇게 말했다.

"기원전 5세기경, 인간은 세계에 대해, 존재에 대해 진지하게 물음을 던지게 되었습니다. 드디어 신화시대로부터 철학시대로 접어든 것이지요."

교수의 말을 고분고분 받아들이는 편이 못 되었던 나는, 바로 반문했다.

"그렇다면 철학시대 이전에는 세계나 존재에 대해 진지하게 물음을 던지지 않았다는 말입니까?"

교수의 대답은 이랬다. "그전에는 물음을 던진 게 아니라 그냥 신의 뜻으로 믿었지요. 그래서 신화시대라고 하지요."

말에 꼬리를 물고 또 다른 질문과 대답이 오갔지만, 별 신통한 결말이 난 것 같지는 않다. 요컨대 교수는 끊임없이 물음을 던지는 것이 철학의 본령이며, 이 점이 신화시대와는 다르다는 것을 반복해서 강조하고 있었고, 나는 신화적으로 믿는다고 할지라도 그것 역시 세계와 존재에 대한 진지한 이해가 아니냐는 반론이었다.

돌이켜보면, 아주 쉬운 해결점을 두고, 우리는 공연한 입씨름을 하고 있었다. 신화시대에도 세계와 존재에 대해 진지하게 생각했지만, 철학과는 사유의 방법이 다르다고 정리했으면 그런대로 좋았을 것이다. 그러나 철학 하는 사람들의 독선이었을까, 그때에도 그리고 그 이후 오랫동안 철학적 사유와 신화적 사유를 병렬적으로 놓고 비교하거나 양자의 연관성을 언급하는 스승이나 동료를 만나지 못했다. 신화와 철학에 대한 이 철저한 이분법, 그것도 철학을 항상 우위에 두는 듯한 이분법은 철학의 학문적 우월성을 지키기 위한 장벽 같은 것이었다.

그런데 다시 돌이켜보면, 우리는 헤겔의 말처럼 '시대의 아들'이었고, 그저 그렇고 그렇게 철학을 붙들고 씨름하는 둔재들이었다. '시대의 아들'이라는 말을 빌리는 이유는 내가 배우던 스승들이 서구 근대철학의 폭탄 세례를 받았던 분들이었고, 더불어 우리 모두 인간 중심주의와 이성에 대한 신뢰를 핵심으로 하는 모더니즘의 우산 아래 있었기 때문이다. 또 '둔재'라는 말을 쓰는 이유는, 모더니즘의 융단 폭격 속에서도 신화에 대해 남다른 인식을 펼쳤던 철학적 천재[1]들을 떠

---

1)   이에 대한 보다 자세한 내용은 2장 3절에서 다루어진다.

올리면, 우리는 한없이 부끄러워지기 때문이다.

여하튼 대학에서 철학을 강의하면서 신화 혹은 신화적 사유를 어떻게 다룰 것인가는 정작 내게 닥친 하나의 숙제였다. 철학적 사유의 방법이 논리적 사고를 바탕으로 체계성을 추구한다는 의미에서는, 신화는 결코 철학이 될 수 없다. 그러나 철학을 단적으로 세계에 대한 근원적이고 총체적인 이해의 학문이라고 한다면, 신화를 철학과 무관한 것으로 단정하기 어렵고 또한 철학적 방법이 논리와 체계성이라는 메마른 토양 위에 자기 폐쇄적으로 전개되어야 한다고 단정하기도 어렵다.

이런저런 궁리 끝에 나는 적당한 선에서 타협했다. 철학이라는 이름 아래 행해지는 강의인 한 철학적 방법론에 충실하게 기반을 두되, 철학적 탐구, 특히 존재론적 탐구란 결국 도무지 풀 수 없는 근원적인 아포리아에 직면하고 마는 한계를 가진다는 것, 그 한계 너머의 문제에서 우리는 신화를 만날 수밖에 없음을 솔직히 고백하는 것, 그런 정도의 타협이었다.

다시, 신화적 사유와 철학적 사유는 도대체 무엇이, 얼마나 다를까? 원시인이 변화무쌍한 자연현상 앞에서 놀랍고 두려워서 "도대체 무엇일까?"라고 묻는 것과 서양철학의 여명기를 살았던 그리스 자연철학자들이 "이 세상을 만든 근본물질은 무엇인가? 또 그 근본물질에서 어떻게 다양한 물체와 현상들이 생겨나는가?"라고 묻는 것은 사실 너무 닮았다. 그러나 그 물음의 답을 찾는 방법은 너무 다르다. 철학적 사유는 자연을 인식 대상으로 놓고 관찰과 관조, 그리고 추론의 이성적 능력을 통해 자연의 보편적 원리를 탐구하였다. 반면에 신화적 사유는 자신의 현존과 세계의 현존을 불가분리적으로 사유하면서, 즉 자연의 다양한 현상들을 그것과 합일된 상태에서 직관적으로 인식하였다. 그래서 '신화란 본래 사물과 따로 떨어져 있지 않은 사고이며 반쯤 육화(肉化)된 사고'라고 했던 것이고, 이러한 신화적인 정신세계는 '신비적'이라는 말로 형용할 수밖에 없는 것이다.

쉬운 말로 풀어보자. 철학이 머리로 세계를 이해하고자 했다면, 신화는 가슴으로 세계를 느낀 것, 이 점이 양자의 다름을 극명하게 보여주는 원천이다. 그래서 철학은 소위 이성적 '지식'이나 보편적 '진리'라는 말로써 사유의 결과물을 정리해 왔던 것이고, 신화는 가슴이, 감정이 움직이는 대로 느끼고 해석하는 것이니, 사람 사는 세상마다 무수하게 많은 이야기가 끊임없이 만들어질 수 있었고 그것은 '진실'로 통했던 것이다.

사람이 자신에게 놓인 현실 세계, 그 오묘하고 복잡한 세상과 그 세상에서 살아가는 것의 황망함을 설명해 줄 얼개를 마련하지 않으면 안 되는 심원한 욕망을 가지고 있는 한, 신화도 철학도 모두 그 욕망의 실현이라는 점에서는 다를 바 없다. 다만 철학은 그 실현의 통로를 지성으로 삼은 데 비해, 신화는 도무지 지성으로 환원될 수 없는 감정, 충동, 의지 등 사람의 깊은 마음속 욕구들과 본능에 뿌리박은 정동(情動)을 통로로 삼는다는 점에서, 철학과 신화는 이렇듯 다른 것이다.

신화의 세계는 감응(感應)의 세계

　신화적 사유가 온갖 자연현상과 자연의 사물을 감성적으로 받아들이는 것이기에, 자연의 모든 힘은 신비롭고 영(靈)적인 어떤 것이고 그리하여 세상은 영적 존재의 세계, 즉 신들의 세계가 될 수 있었던 것이다. 그런데 그 무엇을 감성의 지평에서 만난다는 것은 그 무엇 역시 생명의 존재로 받아들임이다. 그래서 원시인의 경험에 있어 하늘과 땅, 산과 바다, 바위와 나무, 동굴과 샘, 바람과 구름 등 모든 것은 사람이 살아 있음과 같은 맥락에서 생명 존재로 경험된다.

　이렇듯 생명으로 느껴지는 모든 것 혹은 모든 곳은 바로 신이 있는 곳이고, 이 신들의 세계는 그것을 생명으로 느끼는 사람들에게는 언제나 교류할 수 있는 곳이었다. 그런데 어떻게 신들과 교류할 수 있는가? 신화적 심성에서는 인간과 자연의 모든 것은 공감적 관계이다. 따라서 신들과 교류하는 방법은 우리 자신의 감정과 욕망, 즉 실존을 그대로 신들의 세계에 대치하는 것이다.

　예컨대 여자가 아이를 생산하는 것과 땅이 먹을 것을 생산하는 것은 서로 대치되는 생명세계이다. 여성의 몸의 열린 부분이 새로운 생명의 통로인 것과 같은 맥락에서 땅의 갈라진 틈이나 샘처럼 오목하게 열린 부분은 여신인 땅의 생명의 통로가 되는 것이니, 그 지점은 신성한 장소, 즉 신과 교류할 수 있는 장소가 된다. 또, 우리가 알 수 없는 땅 밑의 세계, 하늘의 세계와 교류하고자 하는 우리의 욕망은 땅에 뿌리박고 하늘을 향해 뻗어 있는 나무를 신성한 통로로 대치한다. 이러한 대치가 가능한 것은 신화적 의식을 지닌 인간이 생명의 연대성에 대한 깊은 감정 내지 확신을 지니고 있기 때문이다.

그리하여 인간이 거대한 생명세계, 그 신들의 세계에 접근하기 위해 만들어 낸 것이 곧 신화이다. 말하자면 신화는 환경 세계와 인간의 삶에서 겪게 되는 모든 상황에 대해 느끼는 욕망과 공포를 신의 이름으로 대치하여 풀어 놓은 이야기(story)이다. 따라서 신화에는 인간이 터를 잡고 살아가는 물리적인 현실과 그 현실 앞에서 유한한 인간의 욕망이, 개별적인 인간의 삶에서 나타나는 모순 혹은 시련과 그것의 극복에 대한 인간의 희망이 고스란히 반영되어 있다. 이런 신화의 이야기들은 불가피하게 마주쳐야 하는 죽음을 새로운 생명의 시작으로 느끼게 하고, 결손과 결핍의 인간적 삶을 보완할 수 있는 사랑의 힘이 있음을 알게 하고, 모순과 갈등에서 화해와 조화의 과정을 제시하며, 시련과 패배를 딛고 영웅이 되는 신들처럼 우리도 그렇게 영웅들을 따라 자신을 극복하며 살아야 한다는 것을 사람들에게 말해준다.

그리하여 신화시대 사람들에게 신화는 행동의 전거(典據)이고 삶의 형태인 것이다. 그들에게 살아간다는 것은, 생명을 영위한다는 것은 신화에서 말해지고 있는 것에 따라 행동하는 것이고, 그것은 곧 온갖 신들의 세계와 감응하는 것이다.

그런데 신화에서 '말해지고 있는 것'에는 논리가 없다. 신화 그 자체에 설득력이 존재하지는 않는다. 그런데도 신화가 행동의 전거이고 가치체계가 될 수 있는 것은 그것이 신성한 시간의 제의에서 읊어지는 정동의 언어이기 때문이고, 그 정동의 언어가 인간 내면의 욕망·감정과 합일되게 하는 주술이기 때문이다.

오늘날 신화의 의미는 무엇인가?

철학자는 '진리'를 추구하지만, 신화시대의 사람들은 신화를 '진실'한 것으로 받아들였다. 그들에게 진실하였던 신화는 오늘날 우리에게 어떤 것이 되고 있는가?

과학적 태도로 세계를 파악하는 입장이나 진화론에 푹 빠진 학자들은 신화를 '이성이 제대로 개화하지 못한 원시인들의 미숙한 세계관' 혹은 '소아병'으로 치부했다. 그러나 뒤르켐(E. Durkheim)을 비롯한 몇몇 학자들은 신화적 태도나 과학적 태도 모두가 사회적 요인들의 산물이라는 점에서 신화를 미개한 것으로 규정하는 것의 오류를 지적하기도 했다. 그런데도 오늘날 대다수의 사람에게 신화는 여전히 환상 내지 허황된 이야기이거나 기껏해야 우화적인 이야깃거리일 뿐이다.

신화가 환상이라면 현대인의 의식을 지배하는 모든 관념들, 특히 과학적·자본주의적 관념들은 환상이 아닌가? 신화가 자연적 주술에 대한 믿음이라면, 과학적·정치적·경제적 신화 등등은 사회적 주술에 대한 믿음이 아닌가? 현대인의 욕망을 무의식적 차원에까지 지배하면서 화폐적 가치에 영혼을 팔아버리게 하는 자본주의 신화는 인간의 서글픈 패배가 아니고 무엇인가?

우리는 지금 세상을 가슴으로가 아니라 차갑고도 오만한 머리로 만난다. 감응의 관계성을 망각한 차가운 머리는 세상의 온갖 현상을 사물화하고 수치화한다. 세상은 이제 숫자로 계산되는 세계이며, 이 세계에서 사람까지도 한갓 수치이고, 또 수치에 의해 움직인다. 오만한 머리는 더 이상 불가사의한 자연세계를 경이감으로 바라보지 않으며, 자연을 조작하는 모든 짓을 진보와 첨단의 이름으로 저지른다. 신화 시대의 사람들이 감응으로써 우주적 생명의 균형을 지켜온 데 비해, 현대는 '무엇이든 가능하다'는 신념으로 우주적 불균형이라는 불행을 만들어내고 있다.

오늘날 사회가 만들어내는 불성실과 기만성을 일찌감치 꿰뚫어 본 클로드 레비-스트로스(Claude Levi Strauss)나 롤랑 바르트(Roland Barthes) 같은 학자들은 역사가 '허구'라고 내몰았던 그 신화를 통해 공허한 이 시대를 반성하고 피폐해진 우리의 사유를 회복시키기를 희망했다. 말하자면 신화에 내포되어 있는 우주적 의미를 회복함으로써 오늘날 우리 의식을 지배하고 있는 환상과 기만을 해체하기를 희망했던 것이다.

그런데 이런 희망이 실현될 수 있을까? 어렵다. 참으로 어렵다. 왜냐하면 저 거대한 공감적 생명세계, 신화적 세계에 대한 체험을 고도 자본주의 사회를 살아가는 우리가 제대로 이해하는 것은 도무지 불가능하기 때문이고, 오늘날 우리가 신화라고 되짚고 있는 것은 사실은 신비적인 요소가 날아가 버리고 없는, 해골과 같은 스토리일 뿐이기 때문이다.

이런 와중에서 신화는 다시 새로운 문화 코드가 되고 있다. 신화적 사유가 되살아나서가 아니라 문화상품의 한 소재로서 크게 부각된 것이다. 신화가 상품으로서 신화화됨으로써 신화는 다시 한번 그 생명력을 박탈당하게 될까, 아니면 혹시라도 이런 상품이 신화적 세계를 이해하는 지적 모델이 될까? 글쎄다.

서로 다른 두 신화의 엉킴에서

『신화를 철학하다』라는 이 책은 오늘날 우리가 과연 신화시대의 저 신화의 '의미'에 다가설 수 있을까? 하는 회의에서 출발하였다. 책의 제목에 쓰인 '신화' 개념은 중의적이다. 즉, 여기서 신화는 전승되어 온 신화이기도 하고 현대세계를 움직이는 역동적인 힘으로서의 신화이기도 하다. 한국 신화, 그리스·로마 신화, 인도 신화 등은 전승되어 온 신화이다. 자본주의 신화, 과학기술 신화, 정치적 신화 등은 현대판 신화이다.

오늘날 우리의 삶은 범람하는 현대판 신화에 잔뜩 둘러싸여 있다. 우리는 현대판 신화에 의해 길러진다. 현대판 신화가 우리네 삶을 형성하고 삶을 채운다. 우리의 욕망은 현대판 신화에 의해 부추겨진 것이 대부분이다. 그에 따라 정동(情動)하는 욕망은 현대판 신화에 바쳐지는 봉헌물이다.

그런데 현대판 신화가 범람하는 와중에 문득 전승된 신화가 새로운 신화가 되어 등장했다. 무대에서 관객을 흘깃 훔쳐보는 설익은 배우처럼, 전승된 신화는 발걸음을 주춤주춤 떼면서 등장했다. 물론 어설프게 발걸음을 내디딘 것은 한국 신화의 얘기다. 그리스·로마 신화는 서구 문명의 위세에 따라 일찌감치 교양 필독서로 자리 잡은 지 오래다. 같은 신화인데도 한국 신화는 20세기 중후반까지 감히 '신화'의 범주에서 거론되지도 못한 채 기껏해야 '무가(巫歌)'라는 이름으로 방기되어 있었다. 그런데도 '무가'가 '신화' 개념으로 바뀌는 데는 그리 오랜 시간이 걸리지 않았다.

변화의 도화선은 무엇이었을까? 역시 서구발 자극이다. 그 자극 이후로 신화가 주제어가 되는 일이 스멀스멀 생겨났다. 쓸모의 눈으로 전승 신화에 다가가는 사람들도 증가했다. 이는 이해(利害)에 집중된 근시안적인 판단이 난무하는 시대의 당연한 모습이다.

전승된 신화는 대개 문헌으로 만난다. 신화라는 딱지를 단 이야기를 문자로 만나는 행위는 블라인드 미팅이다. 왜 블라인드 미팅이라 하는가? 말, 문자, 혹은 개념은 그것이 통용되던 시대에 갇히기 때문이다. 우리와는 다른 시대의 삶을 채우던 신화의 의미를 현대판 신화에 사로잡힌 우리로서는 포착하기 어렵기 때문이다. 각자는 자기 시대의 표상으로 신화를 만나기 때문이다.

이 책에서 중의적으로 사용되는 '신화' 개념은 한편에서는 우리에게 가깝고 다른 한편에서는 너무 멀다. 한편에서는 우리에게 너무 익숙하고 다른 한편에서는 너무 낯설다. 그래서 현대판 신화 속에서 길러진 우리가 전승된 신화의 세계에 다가서기란 쉬운 일은 아니다. 또 다른 시대를 살아낸 신화에 가까이 가기 위해 우리에게 체화된 현대판 신화를 낯설게 떼어놓고 보는 것도 쉽지 않다. 그 어느 쪽이든 '신화에 다가서기'란 어렵다. 더욱이 문화콘텐츠로서 신화가 주제어가 되는 현 상황은 두 신화가 엉켜 있다.

오늘날 문화콘텐츠라는 말은 잘 가공하여 '상품이 될 수 있는 것', '팔아먹을 수 있는 것'을 일컫는 말과 다르지 않다. 자본주의사회에서 상품 가치에 주목하는 것은 문제 삼을 일이 아니다. 문제는 명분과 실질이 다르다는 점이다. 전승된 신화의 의미 내지 전승된 문화에 내재된 가치를 길어 올리는 작업을 한다고 공언하면서, 그 의미와 가치는 도외시한 채 상품 가치의 가공에만 매달리는 양상이 비일비재하기 때문이다. 간단히 말하면 전승된 신화는 상품의 소재가 되고 있을 따름이기 때문이다.

한국사회에서 전승된 신화가 문득 관심사가 되는 상황에서 신화가 단순히 문화상품의 소재로 그치지 않기 위해서는 '신화' 그 자체를 제대로 이해하는 것이 요구된다. 이 요구에 부응하는 것이 철학의 소임이다.

이 책을 구상하게 된 문제의식은 바로 여기서 출발했다. 자본주의 신화의 추동력에 의해 갑자기 한국 신화에 대한 관심이 유행처럼 번지고 있다면, 과연 그 관심이 한국 신화 본연의 의미에 다가갈 수 있을까? 전승으로부터 너무 멀어진 시대에서 어떻게 전승의 말을 알아들을 수 있을까? 어떻게 전승이 건네는 말에 귀 기울일 수 있을까?

하나의 통로는 있다. 두 신화의 엉킴에서 동시에 두 신화의 베일을 벗겨 내는 일이다. 그리하여 이 책의 목표는 다음 두 가지 핵심으로 요약된다. 하나는 전승 신화의 세계와 그에 함축된 의미를 드러내는 일이다. 또 하나는 오늘날 우리의 삶이 의미의 세계로부터 얼마나 멀어져 있는지를 폭로하는 일이다.

책은 1부와 2부로 나누어진다. 1부는 신화 자체에 대한 이해를 위한 논의이고, 2부는 신화의 내용에 관한 것으로서, 보다 구체적으로 신화적 사유에 다가가기 위해 우주적 질서, 생명, 사랑이라는 신화적 원리를 궁구한다. 그런데 각각 4장으로 구성된 1부와 2부의 논의는 각 장의 주제마다 전승된 신화의 의미를 밝히기 위한 내용과 현대판 신화의 민낯을 드러내기 위한 내용이 병렬적으로 논의된다. 물론 이 책의 의도가 신화적 의미의 세계를 밝히는 작업인 까닭에 아무래도 전승 신화에 관한 서술 비중이 크다. 각 주제와 관련하여 현대판 신화의 양상을 논하는 내용은 오늘날 우리가 '의미의 세계'로부터 얼마나 멀어졌는지를 부각하는 정도에 그친다.

이러한 논의를 통해 신화 개념이 단순히 신의 이야기로 번역될 수 없음을 인식하게 함으로써 오늘날 우리가 남용하는 '신화'의 의미는 무엇인지, 또 무엇이어야 하고, 무엇이 될 수 있는지, 그 실마리를 제시하고자 한다.

미리 짚어두어야 할 것이 있다. 각각의 장의 서술에서 전승 신화와 현대판 신화라는 구분을 하고 있으나, 구분 없이 '신화'라는 개념을 사용한 것은 전승 신화에 관한 내용이다. 또 이 책에서 신화의 이해를 돕기 위해 구체적인 신화가 인용되는데, 인용 대상에 일정한 한계가 있음을 미리 밝힌다. 글의 맥락에 따라서 타국의 신화가 인용되기도 하지만, 상당 부분 제주 신화가 인용되고 있다. 한국 신화의 범주에서 제주 신화를 주로 인용하는 것은 현재 전승되고 있는 한국 신화의 대부분이 제주 신화이기 때문이다. 달리 말하면 제주도에는 아직도 전승된 신화에 대한 믿음을 삶의 원리로 삼아 살아가는 사람들이 있기 때문이다.

　궁극적으로 이 책의 구상은 삶을 향해 있다. 가까이서 그리고 멀리서 삶의 내밀한 영역에 다가서기 위함이다. 원래 신화가 삶의 내밀한 곳에 뿌리를 내렸던 것과 같이.

1장.
신화가 뭐길래?

신화는 정동을 ———————————————— 1.
일으키는 이야기

신화의 귀환인가, 재신화화인가?

최근 신화는 주요한 문화적 화두가 되고 있다. 한국 사회에 한정하여 본다면, 신화가 화두가 된 것은 21세기 담론과 연관된다. '21세기는 문화전쟁의 시대'라는 규정으로부터 문화산업, 문화콘텐츠, 문화경쟁력 등의 용어가 문화의 세기를 표방하는 키워드가 되었다. 그즈음에 판타지 소설을 소재로 한 영화 〈반지의 제왕〉[2], 〈해리 포터〉[3] 등이 세계적으로 대흥행을 거두면서, 묘하게 신화에 대한 관심이 증폭되었

---

[2]   영국 소설가 J. R. R. 톨킨이 1950년대에 발표한 판타지소설이다. 한국에서는 1988년부터 몇 곳의 출판사가 환상문학작품으로 번역 출판하였으나, 정식 라이센스 번역본은 2001년 황금가지에서 최초로 출간되었다. 피터 잭슨에 의하여 3부작으로 제작된 영화는 2001년에서 2003년까지 연속 개봉되어 대흥행을 거두었다.

다. 분명 판타지 소설과 신화에는 접점이 있다. 비현실적인 시공간을 배경으로 벌어지는 신기하고 환상적인 이야기라는 점이다. 『반지의 제왕』을 쓴 J. R. R. 톨킨이나 『해리 포터』를 쓴 J. K. 롤링 역시 신화적 요소를 염두에 두었을 것이다. 신화가 인류 최초의 판타지 이야기이니, 판타지 소설과 영화가 세계적으로 대박 나는 상황에서 신화에 대한 관심이 증폭되는 것은 당연하다고 할 수 있다. 다만 증폭되는 시기가 묘할 뿐이다. 신화도 원래 있던 것이고 판타지 소설 장르 또한 새로울 것 없는데 하필 왜 '그때'인가?

어떤 이는 신화가 귀환하고 있다고 하고, 또 어떤 이는 신화의 재신화화를 문제 삼기도 한다. 귀환이든 재신화화든 한국에서 신화가 문화적 화두가 되는 현상이 별스럽기는 하다. 특히 우리에게도 그리스·로마 신화 못지않은 신화가 있다는 발언이 공적으로 행해지는 양상은 약간 낯설기까지 하다.

단군 신화를 비롯한 건국 신화를 제외하면 한국 신화의 대부분은 무가(巫歌)이다. 1960년대 이후, 몇몇 학자에 의해 한국 무가가 채록되

---

3) 영국의 작가 J. K. 롤링이 1997년 첫 번째 책인 『해리 포터와 마법사의 돌』에 이어 2016년까지 시리즈로 출간한 판타지 소설이다. 첫 권이 출판되자마자 전 세계적으로 엄청난 인기를 끌었으며, 작가는 물론 책을 출판한 블룸즈버리 출판사 그리고 이 책을 번역 출판한 한국의 문학수첩 출판사까지 엄청난 재정적 성공을 이루었다. 소설을 바탕으로 워너 브라더스에서 영화로 제작하여 2001년부터 2011년까지 여덟 편의 영화가 개봉되었다. 소설과 영화의 대성공은 이와 연관된 다양한 문화상품들의 제작으로 이어졌으며, 그로 인한 문화적 영향력은 엄청났다.

긴 했으나, 그 당시에는 신화라는 시각보다 구비문학의 자료로서 채록되었다. 한국 신화에서 최근 주목받고 있는 제주 신화 역시 몇 명의 국문학자에 의해 1960년 당시에는 개인적 차원에서 채록되었을 뿐이다. 사회적으로는 불과 얼마 전까지도 낙후된 전근대적 문화로 폄하되던 무가가 갑자기 떠오른 신화 붐을 타고 여기저기서 관심의 대상이 되니 낯설 수밖에.

제주도의 모 TV 방송국에서 '제주 신화는 세계 최고의 문화콘텐츠'라는 계몽성 광고를 짬짬이 내보낼 때는 민망하기까지 했다. 제주 신화가 민망해서가 아니다. 미디어의 계몽적 역할이 민망한 것도 아니다. 상품성을 강조하는 문화콘텐츠라는 용어가 민망하고, 갑자기 세계 최고로 위상을 둔갑시키는 모양새가 민망하다. 민망한 저간의 사정은 이 글의 전개에서 좀 더 밝혀질 것이다.

우선 신화의 정의부터 살펴보자.

전승 신화와 현대판 신화

신화는 말 그대로 '신의 이야기'이다. 한국 신화, 동북아시아 신화, 그리스·로마 신화, 이집트 신화, 북유럽 신화 등등 각 문화권에서 전해오는 신의 이야기를 총칭하여 신화라고 한다. 사전적으로는 '고대인의 사유나 표상이 반영된 신성한 이야기'이다.

그런데 오늘날 신화라는 말은 신의 이야기라는 뜻과는 달리 일상적으로도 더러 쓰인다. 창업 신화, 성공 신화에서 보듯이 괄목할 만한 업적을 이루었다는 의미로도 쓴다. 아무리 비유라고 해도 인간의 일상적 행위에 '신'이라는 말을 끌어 쓰는 것은 과하다. 그러나 어쩌겠는가. 절대적으로 완결되는 지점까지 과장하고 확대해야 직성이 풀리는 게 인간 사유의 본성이기도 하니 말이다.

한편 '신의 이야기'로서의 신화도 아니고 일상적 용례로 쓰이는 말도 아니나, 현대사회 분석의 용어로 쓰이는 '신화' 개념도 있다.

롤랑 바르트는 『현대의 신화』에서 신화의 본질, 자본주의 사회에서 신화가 만들어지는 방법, 그 신화가 유지·강화되고 변화하는 방법들을 다룬다. 또 장 보드리야르는 『소비의 사회, 그 신화와 구조』에서 오늘날 우리의 일상생활을 지배하는 사고방식이란 소비가 행복을 가져다줄 것이라는 믿음이라는 점을 지적하면서, 이러한 믿음은 신화시대를 사는 사람들이 지녔던 주술적 믿음과 동일한 심리적 구조라고 한다.[4] 말하자면 주술을 통해 신력의 은혜를 기대하는 것과 같이, 현대인은 소비가 은혜를 베풀어 행복을 가져다줄 것이라는 믿음, 즉 주술적 사고에 빠져 있다는 것이다. 그의 말대로 가히 '소비에 대한 소박한 신앙'[5]이다.

여기서 신화 개념을 두 가지 서로 다른 의미로 구분해야 할 필요가 있겠다. 물론 획기적 업적에 대한 비유로 쓰이는 신화 개념은 문제 삼

---

4) 장 보드리야르, 이상률 옮김, 『소비의 사회, 그 신화와 구조』, 문예출판사, 2015, 25~
    26쪽 참고.
5) 위의 책, 28쪽.

을 바 아니다. 문제는 예부터 전해 내려온 신들의 이야기와 현대사회에서 유통되면서 현대적 삶을 구성하는 이야기의 구분이다. 간단히 말해서 전자는 전승 신화이고 후자는 현대판 신화이다. 이 구분이 왜 필요한가? 전승 신화와 현대판 신화는 기능적 차원에서는 공통성이 있되, 의미적 차원에서는 다르기 때문이다.[6]

전승 신화에서 주인공들은 고난의 과정을 겪은 영웅들이다. 신화 시대에서 신화를 진실로 받아들인 이들은 신화 속 영웅들의 삶의 궤적을 거울삼아 고통과 고난을 견뎌내는 삶의 방식을 받아들인다. 그렇게 보편화된 삶의 방식을 우리는 문화라 일컫는다. 각 문화권마다 혹은 종족 내지 민족에서 나타나는 문화는 각각 일정한 차이를 드러내는데, 이는 곧 문화적 특수성이다.

한편 오늘날 소비사회의 신화에서 영웅은 소비의 영웅들, 즉 대 낭비가들이다.[7] 스타라고 불리는 사람들의 소비 행태는 미디어를 통해 우리의 흥미를 돋운다. 그들의 화려한 소모는 영웅들의 모습으로 일반에게 다가오고, 일반은 그들을 거울삼아 소비의 대열에 합류하기를 열망한다. 이것이 소비의 체계를 만들어 내는 오늘날의 문화이다.

보드리야르의 말을 그대로 옮겨보자.

---

6) 전승 신화와 현대판 신화가 지니는 의미의 차이는 이 글 전반에 걸쳐 논의된다.
7) 보드리야르는 "모범적인 위대한 생애에 대한 이야기는 영화스타, 스포츠 및 게임 스타, 돈 많은 몇몇 왕자나 세계적 군주들, 결국 대낭비가들에 대한 이야기로 바뀌었다."고 쓰고 있다. (앞의 책, 53쪽)

풍요와 소비는 항상 (역사와 도덕을 넘어서 있는, 행복의 가정이라고 하는) **신화**로 체험되는 동시에, 또한 새로운 유형의 집단행동에의 적응의 객관적인 과정으로 안내되는 것이다.[8]

이들 학자들의 지적이 아니더라도 우리는 오늘날 도처에서 신화를 만난다. 돈의 신화, 행복의 신화, 편리와 안락과 물질적 풍요를 약속하는 과학기술의 신화, 마찰 없이 소통될 수 있다는 인터넷 신화, 지식이 흘러넘친다는 정보사회의 신화 등등 우리의 말 속에, 우리의 일상 속에 깃든 갖가지 신화들을 나열하자면 끝이 없다. 첨단 문명의 시대에 살고 있다는 우리는 한마디로 신화 소비자로 전락했다고 해도 과언이 아니다.

신화는 강력하게 구조화된 이야기

그렇다면 이제 '신화'라는 용어를 어떻게 정의해야 할까? 고대로부터 현대에 이르기까지 두루두루 쓰이는 '신화'라는 말, 어떻게 이해해야 할까? 오늘날 일상에 깃든 갖가지 신화들은 분명 신의 이야기는 아니다. 그런데도 '신화'라는 용어를 쓴다면, 그 의미는 무엇일까?

신의 이야기로서의 신화와 현대판 신화를 아우르는 본질을 꿰뚫어

---

8) 보드리야르, 위의 책, 120쪽.

정의 내린 학자가 있다. 에른스트 카시러(Ernst Cassirer). 그는 '신화'를 '정동(情動)을 일으키는 이야기'라고 한다.[9] 인식적 차원에서 본다면, 전승 신화와 현대판 신화 그리고 정치적 신화까지 포함하여 모두 인간의 감정을 움직인다는 점에서 크게 다르지 않다.

모름지기 인간은 자신이 스스로 평가하는 것보다 훨씬 어수룩하다. 어수룩함은 감정에서 드러난다. 바람을 가득 불어넣은 풍선은 살짝 찔리기만 해도 순식간에 요동친다. 인간의 감정도 이와 같다. 막연한 두려움, 공포, 질투, 선망 등등 온갖 감정이 일어나는 사태에 직면하면 인간의 감정은 요동친다.

신화가 감정의 논리에 의한 서사라는 점에서, 그리고 소위 이성적 존재로 일컬어지는 인간이 너무나도 쉽사리 감정에 휘둘린다는 점에서 카시러의 정의만큼 인간과 신화의 본질을 꿰뚫는 정의가 없다. 카시러는 히틀러가 정권을 잡은 1933년에 독일을 떠났으나, 그의 유작인 『국가의 신화』에서 근대의 정치 신화가 공공의 영역에서 존재해 온 궤적을 짚으면서 신화의 정치적 역할 및 신화가 민족성의 기초를 만든다는 사실에 주목했다. 셸링(Friedrich Wilhelm Joseph von Schelling)이 "민족이 신화 없이 존재한다는 것은 생각할 수 없다."고 언명했던 것은 카시러의 신화에 대한 규정, 즉 신화란 '정서적 통일성이라는 일

---

9) 카시러는 『국가의 신화』(에른스트 카시러 지음, 최명관 옮김, 창, 2013) 제1부 〈신화란 무엇인가?〉에서 "신화가 생기고 또 그것으로 더불어 신화가 생사를 같이 하는"(32쪽) 것이 인간의 정동(emotions)임을 논하고 있다.

원론적 원리에 의해 하나로 묶이는 이야기들'이라는 규정에서 그 원리가 확인된다.

신의 이야기로서의 신화이든 정치적 신화, 자본주의 신화 혹은 과학기술 문명의 신화이든, 이 양자는 모두 강력하게 구조화된 이야기임에는 틀림없다. 신의 이야기를 믿던 신화시대나 첨단 문명의 시대나 공통적으로 이 신화들이 인간사회의 무의식적 구조를 이룬다는 점에서 그렇다. 다만 차이가 있다면 신화를 관통하는 근간 내지 원리가 다르다. 신의 이야기로서의 신화는 조화와 균형이라는 원리에서 작동한다. 한편 자본주의 신화와 과학기술 문명의 신화는 '무엇이든 가능하다(anything goes)'는 원리에서 작동하고 그래서 행보를 멈출 종점이 존재하지 않는다.

오늘날 전 세계적으로 당면한 문제들, 생태 위기, 기후 위기, 환경 위기, 경제 위기 등등 각종 위태로운 사태의 뿌리는 브레이크가 없는 현대판 신화와 무관하지 않다.

그래서 새삼 신의 이야기, 신성한 이야기로서의 신화를 주목하게 된다. 전승 신화에 대해 학자들은 제각각 의미 있는 정의들을 하고 있는데, 몇 가지만 소개하면 다음과 같다. 신화란 '세상을 가슴으로 받아들인 이야기', '신성성을 본질로 하는 이야기', '태초의 사건 혹은 최초의 사실에 대한 전승된 이야기', '삶의 신비를 느끼게 하는 은밀한 이야기'이고, 이 이야기들은 공통적으로 '세상사에 대처하는 이야기'이다.

인간은 왜 신화를 ——————————— 2.
지어내는가?

사람살이의 근원적 욕망

동서고금을 막론하고 사람살이의 심리적 진실은 생명을 안전하게 영위하는 것이다. 생명을 지속적으로 안전하게 한다? 이는 참으로 쉽지 않다. 아니, 오히려 불가능하다고 말해야 하지 않을까.

무엇보다 유한한 인간이 죽음을 면하는 일은 불가능하다. 게다가 누구든 자신을 둘러싼 환경 세계의 구속을 면할 수 없다. 사람으로서는 가늠할 수 없는 거대한 자연 세계, 인간관계의 세계, 사회체계 등의 인공 세계로부터 온전히 자유로운 사람은 없다.

그러기에 하이데거는 '세계-내-존재(In-der-Welt-Sein)'라는 개념으로 인간 삶의 구속성을 단적으로 드러내었다. 한 개인의 처지에서 보면 어떤 형태의 구속이든지 그것은 난관이다. 휘몰아치는 바람, 억수같이 쏟아지는 비, 산이 불을 내뿜고 땅이 갈라지는 사태 등 자연의 구속은 물론이고 인간사회에서 마주하게 되는 모든 구속 역시 난관이다. 간단히 말해서 어느 누구의 삶도 필연적으로 난관을 만날 수밖에 없다.

첨단과학의 시대인 오늘날에도 이러한데 문명화되기 이전 시대는 오죽했으랴. 잠시 시간을 거슬러 그 옛날의 시간을 상상해 보자.

새 생명과 마주하는 경이와 찬탄의 시간은 잠시, 느닷없이 생명을 뒤흔드는 질병 그리고 예기치 않은 죽음 앞에서 얼마나 고통스러웠을까. 다시는 생명으로 돌아오지 않는 죽음, 그 장막 뒤가 어떨지 얼마나 캄캄했을까. 하늘, 땅, 바다, 물, 불, 바람, 그 어느 자연도 변화무상하지 않은 게 없으니 그 불확실하고 가늠되지 않는 우연성 앞에서 얼마나 막막했을까.

난관이 빚어내는 이 모든 절박함은 곧 고통이다. 고통은 삶의 필연적 계기인 난관에서 일어나는 사건이다. 고통이란 삶의 안녕을 향한 사람의 의지(意志)가 결코 원한 바 없는 어떤 사태에 의해 가로막히고 꺾일 때 일어나는 정서적 반응이다. 알 수 없음, 말할 수 없음, 보이지 않음, 확실하지 않음, 어쩔 줄 모름, 막혀 있음, 이 모든 것은 바로 고통의 언어이다.

그러나 삶이란 난관에 직면하고 고통의 상황에서도 살아있는 것, 살아있어야 하는 것, 살아가야 하는 것이다. 결국 살아간다는 것은 난관 앞에서 숙연히 고통과 화해하는 것과 다르지 않다.

고통과의 화해

'고통'이란 무엇인가? 이 물음은 삶에서 경험하는 고통의 양상을 묻는 게 아니다. 삶에서 고통은 다양한 형태로 경험된다. 생로병사를 비롯하여 삶의 온갖 국면에서 인간이 경험하는 고통은 다양하다. 여기서 '고통'이 무엇인가라는 철학적 물음은 무한히 많은 고통을 열거함으로써 파악되는 것이 아니라 이 다양한 고통의 공통된 원리를 통해 파악된다.

삶은 의도한 대로 되지 않는다. 인간은 어쩔 수 없이 자신의 의지에 어긋나는 것의 구속을 받는다. 인간은 자신이 의지하지 않은 것에 직면했을 때 고통을 느낀다. 말하자면 의지와 의지하지 않은 것이 충돌하는 그 경계에서 일어나는 사건이 곧 '고통'이다. 예를 들어보자. 충실한 수확을 기대하며 땀 흘리는 농부는 태풍에 의해 삽시간에 농작물이 쓸려갔을 때 뼈저린 고통을 경험한다. 애틋하게 그리워하는 대상과 함께하고자 하는 여인은 그 대상이 자신의 의지에 반하는 행동을 할 때 고통을 느낀다. 자신이 설정한 목적을 향해 노력하는 사람은 노력 자체를 불가능하게 하는 불우한 사태 앞에서 좌절의 참혹한 고통을 경험한다. 이렇듯 인간의 의지는 비의지적 사태에 직면하고 구속당하기 일쑤이다. 삶은 도처에서 곧잘 고통에 직면하게 된다. 물론 인간은 비의지적 사태를 극복 불가능하다고만 생각하지 않으며, 비의지적 사태에 끊임없이 의지를 개입시키기도 한다. 이것이 곧 문화이고, 문명 진보의 원천이다. 그러나 인간 의지의 개입에는 원초적인 한계가 있다. 그것은 곧 유한한 존재의 한계이다.

사람의 역사는 난관, 난문(難問), 고통과의 끊임없는 화해의 역사이다. 화해의 방식은 다양하다. "해뜨기 전이 가장 어둡다."는 속담은 고통을 이겨내야 함을 암시하는 일상적 경험의 지혜이다. 사람이 마땅히 고통을 감내해야 하는 이유를 초경험적이고 초월적인 힘에 의지하여 알려주는 신앙 문화 역시 화해의 방식이다. 감성적 직관에 의한 예술, 합리적 성찰에 의한 철학, 실증적 합리화에 의한 과학까지도 그 본질은 삶의 필연적 계기인 난관, 난문, 고통과 화해하는 또 다른 방식이다.

신화 역시 사람의 욕망과 삶의 조건을 화해시키는 하나의 방식이다. 사람으로서는 도무지 가늠할 수도 간파할 수도 없는 아득하고 아득한 그 무엇, 사람의 삶과 세상을 관통하는 미스터리한 그 무엇, 깊고도 깊은 비밀의 윤곽을 그리기 위해 원초적 시간과 공간으로 상상력을 펼쳐나간 것이 바로 신화이다. 말할 수 없는 것을 말하고, 가늠할 수 없는 것을 가닥 짓고, 드러나지 않는 것을 드러내기 위해 신의 이름을 빌려 지어낸 이야기가 신화이다.

상상력은 현실을 변화시키는 힘

신은 인간이 자신의 유한성에 직면하여 '고통에서 벗어나기' 위해 상상력으로써 창조한 것이다. 즉, 고통에서 벗어나고자 하는 인간의 열망은 고통 극복을 가능하게 하는 신력(神力)을 만들어내었으니, 신력과 인간의 열망은 불가분의 상호작용을 한다. 신화에서 드러나는 다양한 신들은 제각기 인간의 다양한 고통에 대응하여 그 극복을 가능하게 할 권능을 지닌 존재들이다. 바꿔 말하면 신력은 인간이 유한성의 극복을 위해 상상력을 통해 만들어낸 힘이다. 그렇다면 모든 다양한 신의 신력, 그 힘의 발생론적 원천은 결국 인간의 상상력이다. 이점에서 일반적으로 신화는 '상상력이 만들어 낸 신들의 이야기'라고 말해진다.

그렇다면 다시, 상상력이란 무엇인가? 상상력이란 현상세계에서 그것을 뛰어넘은 초현상세계를 그려내고, 그 초현상세계를 현상세계와 연관시켜 현상세계(현실)를 변화시키는 정신의 힘이다. 상상력이 그려내는 초현상세계, 즉 신의 세계는 무궁무진하다. 인간은 신의 세계를 자신의 현실에 상관시킴으로써 현실의 고통을 극복해 간다.

그리하여 신화는 고통이 일어나는 경계의 자리에서 겪는 체험에서 우러나온 이야기, 자신들의 실존적 모순을 해결하려고 몸부림쳤던 인간적 시도의 기록이며, 그 해결의 살아 있는 도구라 할 만하다. 이점에서 필자는 신화란 '존재론적 물음에 대한 하나의 대답'이라고 규정한다. 여기서 '하나'라는 단서를 붙이는 것은 철학 역시 그 대답을 궁구하고 있기 때문이다. 물론 철학이 합리적 논리에 기반하는 것에 비해 신화는 정동(情動)에 기반한다는 점에서 다르다.

신화는 인간의 유한한 사고로는 접근하기 어려운(아니, 접근할 수 없는) 불가해한 사건을 다룬다. 탄생과 죽음이라는 불가해한 사건, 하늘과 그 하늘의 해와 달, 밤하늘을 수놓는 무수한 별의 아득함, 생명이 이어지는 불가사의한 이치, 일상에서 거듭되는 갈등·질곡·혼란, 이 모든 현상은 인간의 의지와 마주치는 것이면서 동시에 의지에서 비켜나 있는 것이다. 그래서 신비한 것이면서 동시에 고통스러운 것이고, 그래서 신성함을 느끼면서 동시에 그 '경계'를 넘나들고자 하는 열망에 사로잡히는 것이다. '신화에서 의미 있는 요소들이란 모순들 그 자체'라는 클로드 레비-스트로스의 말은 신화적 사고의 핵심을 드러내는 것이리라. 여하튼 신화나 철학이나 과학은 그 방식이 다를 뿐, 세상을 이해하기 위한 인간의 몸부림이라는 점은 다르지 않다.

오늘날 신화가 합리적이지 않다는 점에서 허황된 이야기라고 단정하는 이들도 있으나, 철학이나 과학도 상상력의 산물이고 그 어느 것도 궁극적이고 절대적인 진리가 아닌 바에야 무엇이 허황되고 허황되지 않은지 섣불리 분별할 수는 없다.

철학이 등장하기 전에는 신의 이야기가 진리의 말이고, 합리적이고 논리적인 학(學)은 믿을 수 없는 말로 이해되던 시대도 있었다는 사실[10]은 오늘날 우리가 한 번쯤 되새겨볼 일이 아닐 수 없다.

---

10) 이에 관해서는 2장 3절에서 보다 자세히 다룬다.

신성한 시가(詩歌), ─────────── 3.
신비한 지혜

신화 내용의 두 범주

신의 이야기가 '진리'의 말로 인식되던 시대가 있었다. 신성한 이야기는 그 자체로 진리였다. 그때 신화는 세상을 향한 물음의 답이었다. 자신과 세상을 이해하기 위한 모든 물음의 양상은 크게 두 가지 범주로 나뉜다.

하나는 "어떻게 그러한가?"라는 물음이다. 어떻게 하늘에 해가 하나 있고 달이 하나 있는가? 어떻게 바람이 구름과 비를 몰고 오는가? 어떻게 땅이 있고 산이 있고 바다가 있는가? 어떻게 새 생명이 잉태되는가? 어떻게 갓 태어난 생명이 죽어가기도 하고 어떻게 오래도록 살아 있는 사람이 있는가? 어떻게 누구는 잘살고 누구는 못사는가? 등등 물음은 끝이 없다.

제주 신화에는 제주섬이 만들어진 기원, 360여 개에 달하는 제주도 오름이 만들어진 내력, 하늘에 해와 달이 각각 하나인 까닭 등에 관한 이야기가 있다. 또한 오곡 농사가 시작된 내력, 메밀만 유독 늦게 심는 까닭, 정지(부엌)와 통시(화장실)가 멀어야 하는 이유, 제사법의 기원 등에 관한 이야기도 있다. 이렇듯 신화는 온갖 자연현상과 인문현상의 기원을 이야기하면서 '어떻게 그러한가?'라는 물음에 답한다.

이 점에서 흔히 신화를 일러 '세상의 처음을 말하는 이야기'라고 한다. 신화 연구자들은 그 이야기가 무엇에 관한 '처음'인가에 따라 창조신화 혹은 우주 생성 신화, 인간 탄생 신화, 자연 현상 신화, 건국 신화, 사후세계 신화, 농경 기원 신화 등등으로 구분하기도 한다.

다른 하나는 "어떻게 살아야 하는가?"라는 물음이다. 신을 거스르지 않으려면 어떻게 해야 하는가? 신에게 어떻게 정성을 올려야 하는가? 세대교체는 어떤 방식이어야 하는가? 혼인은 어떻게 해야 하는가? 사랑은 어떻게 지켜야 하는가? 아이는 어떻게 키워야 하는가? 호의는 어떻게 갚아야 하며 배신은 어떻게 응징해야 하는가? 등등 사람살이에서 마주치는 가지가지 상황에 대한 물음 역시 끝이 없다. 놀랍게도 신화는 행위규범에 관한 온갖 물음에 대한 답을 지니고 있다.

신화 내용의 두 범주, 즉 '어떻게 그러한가?'와 '어떻게 살아야 하는가?'는 간단히 말하면 하나는 존재론적 물음이고 다른 하나는 가치론적 물음이다. 그런데 이 물음의 성격은 그대로 철학에도 적용된다. 철학의 핵심분야는 "X는 무엇인가?"라는 존재론, "어떻게 해야 하는가?"라는 가치론이다. 논리학과 인식론은 존재론과 가치론의 논의에 있어서 내용의 진리성을 담보하기 위해 요구되는 것이니 철학의 근본은 결국 존재론과 가치론인 셈이다.

앞에서 신화와 철학(혹은 과학)은 세상을 이해하기 위한 서로 다른 두 가지 태도라고 언급한 것은 신화와 철학에 있어 내용의 공통성을 말한 것이다.

풍성한 삶의 언어

신화의 말은 구체적이지도 직접적이지도 않다. 신화는 일상의 말을 빌려 표현하되 아주 은밀하게 말한다. 그러나 신화를 진리의 말로 받아들이는 사람에게 신화의 이야기는 신비롭게도 암시처럼 설득력을 지닌다. 신화의 설득력에 대해서는 3장에서 좀 더 논하겠으나, 여기서는 쉽게 풀어보자.

신화는 신들의 행적에 관한 이야기이다. 그런데 신들의 행적, 즉 신의 여정이 순탄하지만은 않다. 순탄하지 않은 신의 여정은 사람살이의 고단함과 퍽 닮았다. 그 여정에는 기쁨의 순간도 있지만 결손과 결핍이 장애가 되고 또 느닷없이 불의하고 불우한 상황이 들이닥친다. 그로 말미암은 온갖 시련과 절망의 위기도 있다. 성공이 이루어지기도 하지만 굽이굽이 난관과 실패, 수난과 희생도 도사리고 있다. 그러나 신의 여정에서 난관과 시련과 고통은 결코 결정적인 것이 아니다. 그 여정은 실제적으로든 상징적으로든 결국 극복되고 만다. 절망의 막다른 지점에서도 변신과 환생, 부활과 재생, 반전과 비약의 이야기가 펼쳐지면서 낙관적 전망을 열어가는 것, 이것이 우리의 신화로부터 먼 나라의 신화까지 신화적 시나리오에 내재된 공통점이다. 신의 여정이 이러하기에 '위대한 길' 혹은 '위대한 여행'이라는 수식을 한다.

신화가 전승되는 곳에는 신을 향한 제의가 행해진다. 바꾸어 말하면 신을 향한 제의를 통해 신의 이야기, 그 신성한 이야기는 제의 참가자에게 전달된다. 사람살이와 너무 닮은 신의 이야기는 제의 참가자에게 생생하게 살아 있는 삶의 체험의 세계이다. 게다가 '신성한 이야기'이기에 신들의 행적은 고스란히 자신들이 삶의 여러 국면에서 어떻게 행위해야 하는지를 가르쳐 주는 전거(典據)가 된다. 말하자면 신화는 사람살이의 그 다양한 국면에 대처하는 방법을 알려주는 이야기인 것이다.

그러나 사람살이나 세상사나 천변만화이고 변화무상하기는 이루 말할 수 없다. 그래서 혹자는 이렇게 물을 수도 있겠다. "신화가 어떻게 예측 불가능하고 불확실하며 다양한 사람살이에 대해 일일이 대처하는 방법을 알려줄 수 있는가?"라고.

그렇다. 신화는 오늘날 우리가 검색을 통해 맞춤형 정보를 얻는 방법으로 말하지는 않는다. 다만 사람살이의 근간을 은밀하게 말할 뿐이다. 오늘날 신화를 '진리의 말'로 받아들이지 않는 우리에게 신화는 황당한 이야기일 수 있으나, 진리의 말일 때 신화는 삶의 오묘하고도 깊은 신비를 가슴에서 가슴으로 전한다. 그래서 신화는 깊은 신비를 담은 풍성한 언어이고, 가슴으로 감응을 일으키며 사람을 살아가게 하는 풍성한 삶의 언어이다.

집단 단위로 제의와 신화가 기능할 때에는 그 이야기에서 표상되는 이미지가 공동의 정서와 신념 체계와 연결됨으로써 특정한 지역의 생활 문화와 생활 의식을 형성하게 된다. 가히 신화는 문화의 원천이다.

문화는 신화적 사유의
끝없는 행렬

신화는 인류 문화의 원천

우리가 철학 혹은 학문이라는 권위적인 저 명칭에 주눅 들지 않고, 또 그 지식체계가 생산해 낸 이 어마어마한 문명에 현혹되지 않은 채 모든 선입견을 버린 상태에서 생각한다면, 과연 신화를 하등사회의 산물이고 철학은 세련된 정신의 산물이라고 말할 수 있을까? 굳이 어느 쪽을 우월한 것으로 규정하는 것이 가능하기나 할까? 아닐 터이다.

여하튼 우리가 잊지 말아야 하는 것은 우리가 예술이라고 이름하는 그 다양한 영역들, 사람들이 지어내고 쓰는 말들과 그 말들의 추상적인 의미들, 그리고 종교까지도 정동적 성격으로 물든 신화적 사유로부터 비롯된 것이라는 점이다. 예컨대 천(天)이라는 말에 담긴 그 여러 의미, 즉 만물의 시원자(始原者)로서의 천, 만물을 주재하고 인간의 화복(禍福)을 좌우하는 천, 운명의 의미로서의 천, 자연지리(自然之理)로서의 천, 인간과 상응하는 천 등, 이 다양한 의미들은 저 신화시대의 신비롭고 경이로운 사유가 없었다면 도무지 전개될 수 없었던 것들이다. 게다가 이런 천의 의미들로부터 인간관, 도덕관, 정치관 등등의 유교 문화가 만들어지지 않았는가.

이렇듯 신화 그리고 신화에 연관된 언어, 예술, 종교 등이 사람 사는 세상마다 문화를 만들어 온 것이니, 문화는 신화적 사유의 끝없는 행렬이라고 해도 과언이 아니다. 물론 여기서 나는 철학의 토양이 메마르고, 신화의 토양이 비옥하다는 말을 하려는 것은 아니다. 다만 신화가 불가지(不可知)의 세계에 대한 감성적 이해의 표출이라는 것, 신화적 사유 역시 세상을 바라보는 진지한 태도 중 하나라는 것, 그래서 신화는 문화적 사실이고 동시에 인류 문화의 원천이라는 것을 강조하고 있을 뿐이다.

신화적 상상력의 문화적 방향성

모든 생명은 환경세계의 구속을 받는다. 사람 역시 마찬가지이다. 신화를 지어내는 인간은 자신이 처한 지리생태적 조건, 물질적 조건, 사회 구조적 조건의 영향을 받지 않을 수 없다. 말하자면 신화적 상상력의 발현은 일정한 방향성을 갖는데, 이 방향성은 원(原)풍경의 맥락과 사회역사적 맥락의 영향을 받은 것이다.

예를 들어보자. 한국에서 바람신(풍신, 풍우신)은 영등신 혹은 영등할망으로 불리며, 전국 각 지역에서 영등 신화가 전승되어왔다. 그런데 놀랍게도 육지부와 제주도는 영등신의 성별, 성격 및 기능과 이동방식에서 차이를 보인다.

육지부의 영등신은 천신으로서 하늘에서 내려오는 수직적 이동을 하며 주로 농신(農神)의 기능을 한다(일부 해안마을의 경우는 다르다.). 이에 비해 제주도의 영등신은 자연신이거나 인신으로서 바다 건너편으로부터 제주도로 수평적 이동을 한다. 또한 농신의 역할뿐 아니라 바다밭을 풍요롭게 하는 어업신의 역할도 한다.

이러한 차이는 지리생태적 차이뿐 아니라 사회문화적 맥락과도 연관성이 있다. 육지부에서는 인간관계를 서열적 구조로 인식하는 데 비해 제주도는 상대적으로 수평적 인간관계로 인식하는 경향이 있다. 이 문화적 차이가 영등신의 이동방식을 상상하는 데까지 미쳤을 것이다. 또한 육지부는 하늘과 땅으로 대별되는 수직적 공간관이, 제주도는 섬이라는 지리적 특성상 바다 너머를 수평적으로 확장하는 공간관이 영등신의 이동방식을 결정하는 요인이 되었을 것이다.

이렇듯 신화적 상상력은 일정한 방향성을 띠면서 종족의식, 민족의식의 형성과도 관련된다. 극명한 하나의 예를 들어보자.

세계적으로 보면 신의 형상은 다양하다. 그중 인신우두(人身牛頭)의 형상을 띠는 신도 있다. 중국 신화에 등장하는 염제 신농(炎帝 神農)은 인신우두 형상을 한 신이다. 신농은 역사적으로도 삼황오제(三皇五帝)의 한 사람이기도 한데, 농경의 기원자로서, 문자와 차 그리고 간지(干支)를 만들어낸 자로서, 시장을 만든 자로서 중국인에게는 민족의 상징이고 또한 중국 문화의 자부심의 근간과도 같은 존재이다. 지금도 샨시(陝西) 바오지(寶雞) 지역, 후베이(湖北) 쑤이저우(隨州) 지역, 후난(湖南) 주저우(株洲) 지역, 산시(山西) 가오핑(高平) 지역에는 염제 관련 기념물이 건설되고 제사가 행해진다. 염제 신농이 오곡을 접한 곳으로 알려진 산시 가오핑의 염제문화경구 입구에는 인신우두 형상의 염제상이 세워져 있다.

한편 그리스 신화에 나오는 미노타우로스 역시 인신우두이다. 해신(海神) 포세이돈의 저주로 미노스 왕의 아내인 파시파에가 황소를 사랑해 수간을 한 결과 태어난 미노타우로스[미노스의 황소]는 거대한 미로 궁전인 라비린토스에 감금되어 제물로 바쳐진 아테네의 처녀와 총각들을 먹으며 지냈다. 미노타우로스는 그의 악행을 처단하기 위해 나선 아테네의 영웅 테세우스의 손에 죽임을 당하고 만다.

중국의 염제 신농은 중국 문화의 근간으로 숭상받는데, 미노타우로스는 저주의 상징이고 궁극적으로 제거되는 운명이다. 인신우두 형상을 한 두 신의 운명은 이렇듯 극명하게 다르다. 이런 다름을 어떻게 이해할 수 있을까? 단서는 농경 문화권 여부이다. 농경 문화권인 중국에서 소는 신성한 상징이나, 산지가 많아 곡물농사가 어려웠던 고대 그리스에서 소는 신성하지도 유용하지도 않았을 것이다.

신화는 문화적 집단 표상이다

신화는 사회문화적 맥락과 밀접하게 연관되면서 그 신화를 전승하는 집단[종족, 민족]이 통일된 세계관을 형성하게 하며 구성원들의 문화적 정체성을 지속시키는 역할을 한다. 수천 년이 지난 지금도 중국인들이 염제 신농을 중국 문화의 조종신(祖宗神)으로 인식하는 것은 신화가 한 집단의 심리적인 공통의식을 지배한다는 것, 신화적 상상력이 문화적 집단 표상이라는 것을 드러낸다.

우리에게 가깝고도 먼 나라 일본 얘기도 곁들여 보자. 일본 국기에 그려져 있는 붉은 태양은 태양신 아마테라스의 상징이다. 아마테라스가 등장하는 일본 신화는 일본의 역사서인 『고지키(古事記)』, 『니혼쇼키(日本書紀)』 앞부분에 서술되어 있는데, 이에 따르면 일본의 천황은 아마테라스의 자손이다. 천황이 신의 자손이라면 일본은 신의 나라인 셈이다.

일본의 미에현 이세시에는 아마테라스 신궁이 있다. 태양의 여신 아마테라스의 신궁은 20년마다 한 번씩 궁을 옮긴다[遷宮]. 신궁만 새로이 짓는 것이 아니라 신궁으로 들어가기 위해 통과해야 하는 다리도 새로이 만든다. 20년마다 천궁하는 이유는 아마테라스 신의 젊음을 유지하기 위해서라고 한다. 신의 젊음을 유지함으로써 신의 나라인 일본의 젊음도 유지된다는 발상일 터이다. 그런데 놀라운 것은 20년마다의 천궁에 드는 비용이 국민 성금으로 이루어진다는 사실이다. 전 국민이 성지로 인식하는 신궁의 천궁을 20년마다 행하면서 국민의 자발적 성금을 유도하는 사건은 암암리에 일본인 스스로 아마테라스 태양신의 자손이라는 문화적 정체성을 형성하는 데 단단히 한몫했을 것이다.

이렇듯 신화는 그 신화가 유통되는 집단의 공통의식을 지배하면서 구성원들의 정체성을 형성하고 지속시키는 중요한 기능을 한다.

앞에서 신화의 내용은 크게 '어떻게 그러한가?', '어떻게 살아야 하는가?'라는 물음에 대한 답을 제공한다고 하였다. 따라서 집단 내에서 신화가 전승되면, 집단 구성원들은 신화를 통해 자신들의 삶의 현실에 대한 총체적 이해를 얻기도 하고 생활양식을 지배하는 규칙들과 그 의미들을 내면화하게 된다. 그리하여 공통의 생활 문화와 생활 의식, 나아가 문화적 정체성을 형성하게 되는 것이다.

전승의 시간 동안 사회역사적 맥락에서 집단심성에는 약간의 변이가 일어나기도 한다. 그런데도 특정 집단에 전승되는 신화를 잘 들여다보면 거기에서 집단심성의 원형을 발견할 수 있다. "신화를 한마디로 정의하기란 결코 쉬운 일이 아니지만 '그 지역의 문화를 수호하는 초자연적 존재에 관한 이야기.'"[11]라는 브라이언 그린의 말은 신화의 사회적 기능을 여실하게 지적하는 말이라 아니할 수 없다.

---

11) 브라이언 그린, 박병철 옮김, 『엔드 오브 타임』, 와이즈베리, 2021, 260쪽.

신화와 무가 ──────────────────────────── 5.
그리고 미신

한국 신화 대부분은 무가이다

이쯤에서 한국의 신화가 무엇인지 생각해 보자. 우리에게 그리스·
로마 신화 같은 신화가 있는가? 있다. 다만 서양 문명을 추앙하며 근
대화하는 과정에서 그리스·로마 신화는 의미 있는 이야기로 유통되었
고, 우리 신화는 핍박받으면서 그 의미가 제대로 인식되지 못했다.

한국 신화는 문헌 신화와 구비 신화로 구분된다. 문헌으로 전해져
오는 신화는 대개 건국 신화이다. 단군 신화를 비롯하여 고주몽 신화,
박혁거세 신화 등이 그것이다. 구비 신화란 무속 의례인 굿에서 무당
들이 부르는 노래, 즉 서사무가이다.

뒤에[12] 보다 상세히 서술하겠지만, 무가[13]를 신화라는 개념으로 일

---

12) 제2장 신화 개념의 인식론적 프로필에서 보다 상세히 다룬다.

컨게 된 것은 근래의 일이다. 불과 얼마 전만 해도 굿, 무당, 무속이라는 말에서 곧장 미신을 연상하게 되는 것이 일반적이었다. 학교 교육에서조차 무속을 미신이라 가르치던 때도 있었고, 정책적으로 미신타파운동을 벌이면서 전국적인 규모로 무속 행위를 금지하고 무당들을 핍박하던 시절도 있었으니 말이다.

저간의 사정은 차치하고, 한국에는 문헌 신화보다 구비 신화가 압도적으로 많다. 제주도의 상황도 다르지 않다. 탐라 건국 신화로서 삼성 신화를 제외하면 방대한 양의 제주 신화 모두 무가이다.

불과 얼마 전까지도 핍박받던 무가, 지금도 상당수의 사람이 미신으로 알고 있는 무속의 노래가 갑자기 신화라는 이름으로 조명받고 있는 현상을 어떻게 이해해야 할까?

한국 무속은 오랜 역사적 과정에서 전승되어 온 토착 종교이다. 실제로 무속은 '이야기 행위'와 무속적 의례라는 구체적 맥락에서 한국인의 기층 문화로 전승되어왔을 뿐 아니라 문화의 보편성이 확대되고 있는 21세기 상황에서도 한국 사회의 독특한 문화 지형을 형성하고 있기도 하다. 무속 사상은 아직도 한국인의 삶 곳곳에 배어있다고 해도 과언이 아니다. 이 점에서 무속 사상은 '한국인의 정신적 뿌리', '영적 문화의 원형', '민족사상의 중요한 맥'이라는 주장이 거론되기도 한다. 그렇다면 한국에서 전승되어 온 무가, 즉 신화에서 한국인의 집단

---

13) 제주도에서는 무가를 본(本)풀이라고 한다. 신의 근본을 풀어낸다는 의미이다. 육
     지부에서는 본풀이라는 용어는 사용되지 않는다.

심성의 원형을 밝힐 수 있지 않을까. 우리가 신화를, 그리고 한국 신화를 제대로 알고자 한다면 이 신화에 어떻게 '미신'이라는 혐의가 덧씌워졌는지부터 추적해 갈 필요가 있다.

미신이라는 경멸적 개념의 유래

미신이라는 말은 19세기 서양의 사유가 전해지기 전에는 우리에게 '없던 말'이다. 오늘날 우리가 쓰는 많은 번역어들이 일본이 메이지 유신 당시 서구 문물을 받아들이면서 그 언어를 번역한 것인데, 미신 개념도 마찬가지다. 즉, 기독교 문명에서 여타의 신앙을 지시하는 용도로 쓰이던 superstition을 번역한 것이다. 그것이 '없던 말'이라는 것은 적어도 그 이전에는 무속을 미신이라는 경멸적 개념으로 규정하지 않았다는 뜻이다. 물론 조선조에서 무속은 음사(陰祀)라고 비하되고 억압되긴 했다. 그러나 조선의 정치 이데올로기인 성리학이 그 교학적인 틀 안에서 무속적 사유에서 태동된 귀신과 제사 개념을 변용하고 있다는 점에서, 음사라는 말은 명분에 불과할 뿐이었다. 더욱이 정치적 명분과 실제는 달라서 무속신앙은 민관을 막론하고 생생히 일상의 문화로, 민초의 정신성으로 살아있었다.

그런데 그 말이 일제강점기 이후 유포되면서, 그리고 해방 이후 그 말의 정치적 유용성이 더해지면서 민초의 삶을 떠받치던 신앙이 어느 순간 미신으로 둔갑되었다.

미신이라는 이 경멸적인 종교 언어의 진리값은 어떻게 확보되었을까? 그 말을 유포한 배후가 권력이었기 때문이다. 일본의 신도(神道)는 그 내용이 무속과 다르지 않으나, 일본이라는 제국주의 권력은 신도는 국가종교로, 한국무속은 미신으로 규정했다, 제국주의적 팽창을 욕망하는 서구 문명과 기독교 권력은 신앙의 토착성을 진보된 서구 문명 및 보편종교라는 구름으로 가려버렸다. 경멸의 언어는 정치적 영향력과 더불어 대중에게 커다란 호소력을 발휘했고, 무속을 미신으로 치부하는 관점은 일종의 이데올로기로서 상식이 되었다.

때로는 상식이 사태의 진상을 파악하지 못하게 하는 '덫'이 된다. 미신 개념에 덧입혀진 상식이 그렇다. 사전적 의미에서 미신은 '과학적·합리적 근거가 없는 것을 맹목적으로 믿음'이다. 그런데 모든 신앙은 합리의 영역이 아니다. 바로 이 점에서 합리성과 엄격한 보편타당성을 요구하는 학적 인식과 신념이라는 심리적 동기가 개입하는 신앙적 인식을 구분하는 것이다. 다만 역사적인 상황에 따라 특정 신앙이 미신으로 규정되기는 했다. 기독교, 불교도 교세가 약했던 여명기에는 사이비, 미신으로 불리었다는 사실은 종교와 미신을 구분하는 근거가 기껏해야 아전인수식의 가치평가이거나 힘의 규모임을 짐작하게 한다.

게다가 superstition이라는 말도 서구의 역사 속에서 그 의미가 전도되었다. 어원적으로 보면 superstition은 super와 stand의 합성어이다. 즉, 그것은 인간 인식을 넘어서 있는, 그래서 초자연적인 그 무엇을 지칭하는 말이었다. 어원적 의미에 따른다면, superstition은 인간으로서는 가늠할 수 없는 영역, 그래서 비합리적인 상상력에 의한 사유(思惟)로 만날 수밖에 없는 영역이고, 바로 이것이 신화와 종교의 시작점이다. 그런데 기독교 신학의 전개 과정에서 이 말의 의미는 부침(浮沈)을 겪다가 계몽주의 시대에 이르러 본격적으로 부정적인 의미로 고착되었다. 말하자면 초월적인 사유를 지칭하던 말이 졸지에 불길한 언어, 경멸적 개념으로 추락한 것이다.

바로 이 서구 근대의 시각에서 한국의 전통 신앙을 원시적 습속으로 규정한 개념이 '미신'이었다. 서구 이데올로기에 착색된 정권은 미신타파운동을 정책적으로 펼치면서 서구화에 박차를 가했고, 암암리에 오리엔탈리즘(orientalism)이 사회통념이 되는 데 일조했다.

말이란 이런 것이다. 사회역사적 상황과 더불어 그 의미가 자연스레 바뀌기도 하고, 왜곡되거나 날조되기도 한다. 후자의 경우는 대개 진리로 착색된 이데올로기로서의 말인데, 그 기만적인 의미, 그 허위성이 정치적 유용성을 확대한다. 미신이라는 말은 바로 그러한 이데올로기 개념이다.

이데올로기 개념에는 폭력성이 내재한다. 이데올로기가 흑백논리에 입각하여 진리와 허위, 가치와 비가치를 규정하는 그 자체가 이미 폭력적이다. 오랜 시간 동안 전승되어 온 우리 자신의 문화를 미신이라는 개념으로써 스스로 부정하게 한다는 점에서 그 개념은 더더욱 은밀한 폭력이다.

한국 문화의 정신성을 담은 무가(巫歌)

무속이 미신으로 규정된 사건은 단지 무속적 행위에만 철퇴를 가

한 것은 아니다. 무속이 한국인의 기층 문화이고, 무속적 사유가 한국인의 '영적 문화의 원형'이며 '민족사상의 중요한 맥'이라는 점에서, 그 사건은 세상을 해석하던 한국적인 관점, 그 이해의 지평을 박탈하였고, 나아가 그 해석적 공동체를 붕괴한 것이다. 요컨대 미신 개념은 자기 문화를 스스로 부정, 폄하하는 '빌미'가 되었고, 서구적 세계관이 이 땅에 안착하는 '디딤돌' 중 하나가 되었다.

물론 무속적 행위가 과학적 근대 문명의 틀과 불일치하기도 하고, 더러는 무민(誣民)의 사례가 없지는 않았으나, 그것이 무속을 미신으로 단죄할 칼날이 될 수는 없다. 또한 그것은 무속의 신앙적 위상이나 그 사유의 의미성과는 별개의 문제이다. 어떤 이념이나 종교도 역사상 순기능과 역기능이라는 이중성을 드러내지 않는 것이 없다는 점에서 그렇다.

뒤늦게 전통이라는 이름으로 민속을 보존하는 것으로는 상식의 덫을 빠져나올 수 없다. 전통문화를 '보존되어야 할 과거의 유산'으로 보는 것은 결국 박제화 작업에 지나지 않는다. 그것으로는 전통에 내재된 정신성의 의미를 담아낼 수 없기 때문이다.

문화의 자기 부정은 고유한 정신성을 쓰레기로 만들면서, 서구적인 것 예컨대 과학, 진보, 합리성, 효율성 등의 수용을 우리네 정신의 자질로 만들어버렸다. 지금 여기서 무속적 사유의 정신성, 그 의미를 회복하고자 한다면, 무속이 곧 미신이라는 상식의 범람으로 인해 소거된, 그리고 박제화한 전통 개념으로부터 누락된 빠진 고리를 찾는 일이다. 빠진 고리를 찾는 실마리는 상식의 오인(誤認)이 지워버린 세계 이해, 그 박탈된 이해를 다시 불러오는 일이다.

　동서고금을 막론하고 신앙(종교)의 시작은 삶의 고통과 죽음에 대한 두려움이다. 인간의 인지로는 도저히 풀 수 없는 삶과 죽음이라는 미스터리(mystery), 그 불가사의(不可思議), 그 불확실성의 현실 앞에서 극복의 방안으로써 인간의 상상력이 구축한 초경험적인 이미지가 종교적 표상으로서 침전되었으니, 그것이 신화이고, 제의이고, 종교이다.

　삶과 죽음의 불확실성, 불안 속에서 형성된 종교적 표상은 마음으로부터 비롯된 것이라는 공통성은 있되, 각기 처한 문화의 방향성에 따라 서로 다른 표상을 만들어낸다. 그리하여 각 문화의 신앙이 만들어낸 표상, 즉 세계 이해는 그 문화의 강력한 정신성이 된다. 같은 맥락에서 무속적 사유는 삶과 죽음에 대해 그리고 그·터전인 세상에 대해 전승되어 온 사유로서 한국 문화의 정신성이 되어 왔던 것이다.

2장.
신화 개념의 인식론적 프로필

가장 현실적인 것, ——————————————— 1.
본연의 삶의 시초였던 신화

20세기, 신화에 대한 상반된 이해

최근 한국사회에서 신화에 대한 인식틀이 바뀌고 있다. 더 이상 신화는 '황당한 이야기'나 '원시적인 이야기'로 치부되지 않는다. 하찮게 취급받던 무가 또한 한국 신화라는 이름으로 긍정적 관심의 대상이 되고 있다. 미신으로 핍박받던 얼마 전 상황과 비교하면, 괄목할 만하다.

그러나 서구의 철학자들과 예술가들은 이미 19세기 후반에 신화가 인간의 삶에서 지니는 의미에 주목하기 시작하였다. 당시 서구는 과학주의의 발흥과 더불어 과학적 사유, 과학적 태도만이 세계의 진실을 포착하는 유일한 방법으로 인정하는 분위기가 지배적이었다. 따라서 신화는 '이성이 제대로 개화하지 못한 원시인들의 미숙한 세계관' 혹은 '소아병'으로 치부되었다. 그런 와중에 일각에서는 세계와 사물을 과학적으로 일반화하여 보는 태도가 오히려 문명사회의 피폐함과 불균형이라는 불행을 초래했다는 반성이 일어났다. 이러한 일련의 흐름은 20세기에도 이어지면서, 신화적으로 세계를 읽는 방식이 지니는 의미와 가치에 대한 새로운 논의들이 전개되었다. 급기야 20세기 초반에는 신화적 태도나 과학적 태도 모두가 사회적 요인들의 산물이라는 점에서 신화를 미개한 것으로 규정하는 것의 오류를 지적하는 학자들이 등장하기도 했다.[14]

도대체 신화란 무엇이기에 극단의 상반되는 이해들이 충돌하는가? 이 문제는 총체적인 통찰을 요구하는 것이기는 하나, 간략히 말하자면 세계에 대한 상반된 이해 때문이다. 한쪽에는 세계를 물리적 탐구의 대상으로 보는 관점이 있고, 다른 쪽에는 인간 인식능력의 한계에 대한 성찰 및 우주에 대한 경외적 태도가 있다. 달리 말하면 한쪽은 이성적으로 세계를 파악하고자 하고, 다른 쪽은 감성적으로 세계에 공감(共感)하고자 하는 태도가 있다. 전자의 입장에서 보면 신화는 황당한 이야기일 뿐이고, 후자의 입장에서 보면 신화는 삶의 신비에 관한 은밀한 이야기이다.

지금도 신화적 세계관은 살아 있다

3억 3천 명의 신, 그 신들의 신화와 더불어 일상을 꾸리는 인도 문

---

14) 뒤르켐(E. Durkheim)을 비롯한 당시의 사회학자들은 이런 입장을 공유했다. 이 장의 3절에서 좀 더 자세하게 언급된다.

화를 떠올리자. 14억 명이 넘는 인도인들은 힌두교, 이슬람교, 자이나교, 시크교 등 서로 다른 종교를 신앙함에도 불구하고 인도에서 전승되어 오는 신화, 신들에 대한 믿음을 삶의 중요한 축으로 삼아 살아가고 있다. 어디 인도뿐일까? 과학기술이 생활세계에 침투해 있는 것과는 별개로 신화적 세계관에 기대어 살아가는 사람들은 세계 곳곳에서 낯설지 않게 만날 수 있다. 따라서 신화를 '원시인들의 미숙한 세계관'으로 폄하하는 것은 단지 유럽 발(發) '서구적 시각'일 뿐이다.

제주도에는 지금도 영등신[바람신]을 믿는 사람들이 있다. 제주의 영등 신화에 따르면, 영등신은 음력 2월 1일 제주도에 들어와 바다 밭과 뭍의 밭에 씨를 뿌려주고는 음력 2월 15일 제주도를 떠난다. 영등 신앙을 지금까지 지켜온 이들은 주로 바다 일을 하는 해녀들이다.

제주 해녀는 어떤 기계장치 없이 오로지 자신의 호흡 조절 능력만으로 거친 바다에 뛰어들어 작업한다. 목숨 걸고 작업한다는 말 그대로이다. 위험한 일이다. 그러기에 제주 해녀는 서로 목숨을 의지하는 공동체적 작업방식을 취한다. 목숨을 바다에 던져놓고 일하는 자들이기에 누구보다 '보이지 않는 힘'에 대한 신앙심이 높다. 지금껏 제주의 전통 신앙을 지켜온 주축이 해녀들이라고 하여도 과언은 아니다. 독특한 제주해녀문화는 2016년 유네스코 세계무형문화유산으로 등재되었다.

해녀들은 매년 영등신이 들어오는 기간에 영등굿[잠수굿]을 한다. 한 해의 바다 밭 풍요와 자신의 목숨을 영등신에게 의지하는 것이다. 해녀뿐만 아니라 제주도에는 자신이 사는 마을의 본향당(마을 수호신이

〈사진1〉 영등굿

〈사진2〉 영등굿

좌정한 신당)에서 당굿[당제]을 올리기도 하고 또 개별적으로 찾아가기도 하면서 전승되어 온 신을 섬기는 사람들이 있다.

그들에게 신은 자신을 수호해 주는 조상님이다. 신을 조상님으로 모심으로써 자신은 신의 자손이 된다. 신이 계신다는 것, 신이 자신들의 안녕과 안택을 수호해 준다는 그들의 믿음은 흔들림이 없다. 강한 믿음이 있기에 그들은 신에게 정성을 다해 기원한다. 신의 뜻을 거스르지 않기 위해 각종 금기를 지킨다.

조선시대에 집필된 『동국여지승람』, 『탐라지』, 『남환박물』 등의 문헌에서도 제주의 영등신앙을 '연등(燃燈)' 혹은 '영등(迎燈)'이라는 풍속으로 전하고 있다. 그 내용을 『남환박물』에 따라 간추리면 다음과 같다.

귀덕과 김녕 등지의 사람들은 정월 28일부터 마을에서 쌀을 동냥해 2월 초 5일까지 연등신에게 제를 올린다. 매년 정월 그믐 때 바람이 서쪽 바다에서 불어오면 이를 다른 지방에서 신이 온 것이라고 말한다. 무리들을 모아 무당은 들에서 제사를 지낸다. 밤에서 낮까지 계속되는데 촌가를 드나든다. 2월 상순에 이르면 또 배 모양을 만들어 범장까지 갖추어 포구에 띄우는데, 이를 송신이라 말한다. 이때면 바람은 동북쪽에서 불어오는데, 다른 지방으로 신이 갔다고 말한다. 2월 초부터 보름까지는 절대로 배를 바다에 보내지 않는다.

이렇듯 21세기인 지금도 신이 있다는 믿음과 신이 생업과 자신들의 삶을 수호하는 존재라는 믿음을 가지고 살아가는 이들이 있다. 이들에게 신의 이야기는 가장 현실적인 것이고, 자신들의 삶의 기반이다.

신화라는 말은 우리에게 ───────── 2.
없던 말이었다

살아 있는 신화와 박제된 신화

신화라는 말은 19세기 서양의 사유가 전래되기 전에는 우리(적어도 동아시아)에게 없던 말이다. 이 말은 myth, mythos, Mythe의 역어로서 등장했다. 신화는 어디까지나 유럽의 용어이다. 특히 서사시인들에 의해 읊어지고 전해온 그리스·로마의 신화를 지칭하던 용어이다. 엄밀히 말하면 현재 우리가 한국 신화, 제주 신화라고 일컫는 것과는 사뭇 다르다.

앞에서 언급한 영등신을 예로 들어보자. 영등신이 다녀가는 시기에는 몸과 마음으로 정성을 다해야 한다는 인식은 제주 땅에서 삶을 꾸리는 사람들이 지녔던 너무나 당연한 생활 의식이었다. 신을 향한 정성은 우선 금기를 지키는 것이다. 영등신이 도래하는 시기에 지켜야 할 금기는 다음과 같다. 농사일이나 고기잡이, 해녀 일 등 생업 활동을 중지하는 것, 의식주와 관련하여 빨래를 널거나 장 담그는 일, 지붕 고치는 일, 자귀 소리나 망치 소리 내는 일 등을 하지 않는 것, 또한 혼례를 해도 안 되며, 불가피하게 장례나 제사를 치러야 할 때는 영등신 몫으로 밥을 따로 마련해 놓는 것 등이다. 금기를 지키는 일이나, 마을마다 제각각 행해지는 영등신에 대한 의례(영등굿)는 제주인의 생활 문화였다.

영등신이든 본향신이든 믿음을 가진 사람들은 그 신의 내력담을 안다. 신의 내력담이 곧 신화일 터이다. 그런데 금기를 지키고 의례를 행하는 그들에게 정작 신이라는 말조차 낯설다. 그들에게 신은 조상님 혹은 영등할망으로 불린다. 너무 친근한 이름이다. 이러니 신화라는 말인들 있을 리 없다.

오늘날 우리에게 알려진 그리스·로마 신화는 문헌으로 기록된 서사였다. 『일리아스』, 『오디세이아』를 쓴 호메로스나 『신들의 계보』를 쓴 헤시오도스, 로마의 국가 서사시 『아이네이스』를 쓴 베르길리우스 등 그리스·로마 신화는 모두 서사시인의 작품이다. 즉 그리스·로마 신화는 살아 있는 신화가 아니라 그 당시에 이미 박제된 신화였다.

이에 비해 한국 신화, 제주 신화라고 불리는 것은 최근까지 그리고 지금도 무가로서 살아 있는 것이다. 각종 굿에서 신화, 즉 본풀이가 구송된다. 본풀이를 구송하는 무당[15]은 노래만 하는 것이 아니라 춤을

---

15) 무당을 일컫는 말은 지역마다 조금씩 다른데, 제주도에서는 심방이라고 한다.

곁들인다. 무당이 본풀이를 구송하고 춤추는 것은 신들의 위력으로 세상의 운행을 조화롭게 하고, 신들이 인간들에게 삶의 안녕을 베풀도록 하기 위함이다. 굿에 참여하는 신앙민은 굿의 목적이 달성되도록, 자신들의 기원이 신에게 미치도록 정성을 다한다.

이렇듯 그리스·로마 신화와 우리네 무가는 결이 다르다. 단적으로 말하면 전자는 박제된 신화이고 후자는 살아 있는 신화이다. 우리의 무가는 오늘날에도 여전히 신앙과 관련된 가치를 보존하고 있다. 이것을 유럽의 용어인 신화로 번역하여 통용하는 것은 논란의 여지가 있지 않은가?

본풀이 혹은 무가라는 용어는 슬금슬금 뒷전으로 밀려나고 서구 발(發) '신화'라는 용어가 당당하게 그 자리를 꿰차고 있는 양상은 뭔가 개운치 않다. 제대로 맞지 않는 옷을 껴입은 기분이다. 동도서기(東道西器)[16]라더니 어느새 서도서기(西道西器)의 현실이다. 높아진 GNP 수치는 문화적 열세, 문화적 식민화를 문제 삼지 않는다. 지배적인 용어가 되어버린 신화 개념 앞에서 필자 역시 우리의 '본풀이'를 신화 개념으로 서술한다. 자조적인 기분이 든다.

---

16) 1880년대 초 김윤식·신기선 등이 주창한 전통적인 제도와 사상은 지키되 근대 서구적인 기술은 받아들이자는 개화사상. [출처: 한국민족문화대백과사전(동도서기론(東道西器論)]

한국 신화 연구는 일본인 학자에 의해 시작되었다

최초의 한국 신화 연구의 대상은 무가가 아니라 단군 신화였고, 연구자는 일본인 시라토리 쿠라키치(白鳥庫吉しらとりくらきち)였다. 그는 '신화'라는 용어를 사용하지는 않았고, 1894년 「단군고(檀君考)」에서 '단군의 전설'이란 용어를 사용하면서 요괴망탄(妖怪妄誕)이 극에 달한 이야기라고 평가했다.

'단군 신화'라는 말은 1921년 이마니시 류(今西龍)의 논문에서 비롯되어 일본이 우리 역사를 왜곡하기 위해 1938년에 출간한 『조선사』에 등장하는 용어다. 일본의 동양사학자들이 단군 신화에 관심을 가진 것은 우리의 역사를 왜곡하고 지배하기 위한 목적이었다. 즉 그것은 단군을 부정함으로써 우리 역사의 뿌리를 부정하고자 하는 일제 식민사학의 행보였다.

단군을 부정하려는 식민사관에 맞서 최남선은 「단군론」[17]을 발표하였다. 최남선은 논문에서 단군이 전설 속의 인물이 아니라 제정일치 사회인 고조선을 개국한 존재임을 주장한다.

단군 신화가 고조선의 개국 '신화'인가, 일제에 의해 '신화'로 끌어내려진 우리의 역사적 사실인가라는 문제는 이 글에서는 논외로 한다.

---

17) 「단군론(檀君論)」은 최남선이 1926년 3월 3일부터 1926년 7월 25일까지 『동아일보』에 연재한 글이다. 그는 이 글에서 일본 사학자들의 단군 부정론에 대응하여 단군이 역사적 실재임을 논증한다.

이 글은 19세기 말 일본인에 의해 전승되어 오는 단군의 이야기가 '신화'라는 용어로 정착되었다는 사실에만 주목한다.

한편 생활 문화에 스며들어 있던 한국의 무가와 무속을 처음으로 연구 대상으로 삼은 자 역시 일본인이었다. 물론 이능화(李能和)가 1927년에 「조선무속고(朝鮮巫俗考)」[18]를 발표하였으나, 무가를 구체적으로 기술하지는 않았고, 무축(巫祝)의 사(辭) 또는 사(詞)를 단편적으로 언급하였을 뿐이다.[19] 또 일제강점기에 신민족주의사학을 펼쳤던 손진태는 『조선신가유편(朝鮮神歌遺篇)』,[20] 『조선무격의 신가(朝鮮巫覡의 神歌)』[21]를 펴내었다. 손진태는 신화가 아니라 '신가(神歌)'라는 용어를 쓰고 있다.

아카마츠 지조(赤松智城)와 아키바 타카시(秋葉隆)의 공저인 『조선무속의 연구(朝鮮巫俗의 研究)』 상·하권 (1937)은 제국학사원의 지원을 받아

---

18) 이능화가 한국의 무속과 관련된 자료들을 모아서 쓴 글로 1927년 계명구락부(啓明俱樂部)의 기관지 『계명啓明』 제19호에 발표하였다. (한국민속신앙대사전 참고)

19) 예컨대 무가 첫머리에 불리는 '어라만수', 무가에 종종 등장하는 강남, 일출세계, 월출세계, 삼신제석, 시왕 등의 사(辭, 詞)의 유래를 밝히고 있다.

20) 손진태가 펴낸 무가집으로서 1930년 동경 향토연구사에서 간행하였다. 우리나라 일부 지역에서 조사한 무가를 실었다는 한계는 있으나 문자로 정착된 최초의 무가집이다. (한국민족문화대백과사전 참고)

21) 손진태는 1933년 7월 평북 강계의 무격 전명수의 집에서 일주일간 머물면서 무가 자료를 채록하여 1935년부터 『청구학총』을 시작으로 『신가정』, 『문장』 등의 잡지에 7회에 걸쳐 〈조선무격의 신가(朝鮮巫覡の神歌)〉라는 제목으로 발표하였다. (한국민속신앙사전: 무속신앙 편 참고)

전국 답사를 한 결과물이다. 상권은 무가를 채록하여 수록하고 있고, 하권은 조선 무속에 대한 연구서이다. 이 책에서 이들은 '신화'라는 용어를 사용하는 것이 아니라 '무조전설(巫祖傳說)'이라 칭한다.

또 한 가지 주목할 점은 이들이 한국의 전통신앙을 '무속'으로 지칭하였고, 이 용어는 지금까지도 통용되고 있다는 사실이다. 전통신앙을 한갓 '전근대적 습속'으로 폄하하는 식민 지배의 용어가 지금까지 통용된다는 것은 어불성설이다. 왜 이럴까? 식민사학에 대한 통렬한 비판이 없어서일까? 제도 종교의 막강한 권력이 무속 개념과 미신 개념을 결합하였기 때문일까? 서구적 시각에 갇힌 정치권력 때문일까? 아마도 이 몇 가지 요인들이 복합적으로 빚어낸 결과일 것이다. 오늘날 무속 개념에 의구심을 갖는 몇몇 비판적 시각의 학자들은 무속 개념을 거부하며 무교 개념을 사용한다.

'신화'라는 말은 그야말로 서구적인 것

오늘날 제주에서 혹은 국내에서 관심 용어인 **'신화'라는 말은 그야말로 서구적인 것이다.** 즉 myth를 신화라고 번역하여 동아시아 한자 문화권에서 통용되기 시작한 것은 일본이 메이지유신 때 서구 문명을 받아들이는 과정에서 일어난 일이다.

우리가 지금 신화라고 일컫는 서사를 과거에는 뭐라고 일컬었을까? 이능화는 '무가', 손진태는 '신가'라고 지칭하였다. 단군 신화가 기재되어 있는 『삼국유사(三國遺事)』(1281?) 제1권 「왕력」, 「기이(紀異)」 편에는 '신이(神異)[22]한 이야기'라고 적고 있다. 그 시작은 "古記 云."인데, 여기서 고기(古記)란 지금은 전하지 않으나, 김부식(金富軾)이 『삼국사기(三國史記)』를 편찬할 때 참조한 책이라고 알려진다.

일본의 경우는 어떤가? 일본 신화는 『고지키古事記』(712), 『니혼쇼키日本書紀』(720)에 실려 있다. 일본에서 이 두 책은 역사책으로 인식된다. 동시에 『고지키古事記』 상권, 『니혼쇼키日本書紀』 1권과 2권에 실려 있는 신화를 기기(記紀) 신화라고 한다. 기기 신화가 신도적인 세계관을 정치적 문화적 종교적인 용어로 표현하여 전체 일본을 신의 나라로 만들고 있다."[23]

중국에서 신화라는 용어는 1920년대에 비로소 쓰이기 시작했다. 마오둔(茅盾)의 『중국신화연구ABC』(1928), 심안빙의 『중국신화연구』(1929)가 그것이다. 중국의 고대 신화는 대부분 『산해경』, 『좌전』, 『여씨춘추』, 『회남자』, 『목천자전』, 『사기』, 『삼오력기』,[24] 『풍속통의』[25] 등

---

22) 신이(神異)라는 말은 불가사의한 것, 괴이한 것, 수상한 것, 위태로운 것으로 인간의 행위가 아닌 것으로 보이는 것을 이르는 말이다. 특히 이(異)라는 말이 다름(殊), 어긋남(違), 기이함(奇), 괴이함(怪), 비범함(非凡), 비상함(非常)의 용례가 있는 것으로 미루어 보면, 신이는 초인간적 행위를 뜻한다.

23) 서울대학교종교문제연구소 편, 『신화와 역사』(강돈구, 「동아시아 신화 종교 민족 정체성」), 서울대 출판부, 2003, 421쪽.

24) 『삼오력기(三五曆記)』는 중국의 삼국시대에 오나라의 문인 서정(220~265)이 지은 역사서로, 삼황에 관한 일화를 비롯하여 오나라의 전설을 엮은 책이다. 중국 창세 신화로 유명한 반고의 개천벽지 일화가 실려 있다.

25) 후한 말의 학자 응소가 편찬한 것으로 동한 사회의 풍속, 장례, 제사, 음악, 민간전설 및 역사지리 등 다양한 분야의 기록을 담고 있다.

의 고서적에 흩어져 실려 있는데, 대개 고사(古史)라고 한다. 중국인의 의식에서 삼황오제는 중국 고대사의 핵심인물이다. 삼황은 복희, 여와, 신농이고, 오제는 황제, 욱, 제, 요, 순이다.[26] 그런데 복희·여와는 인두사신(人頭蛇身)의 형태이고, 신농은 우두인신(牛頭人身)의 형태로 전해진다. 가히 신화적이다. 미루어 보면 중국의 고대사는 신화에 의해 재구성된 것이라 해도 과언이 아니다. 그것이 정치권력에 의해 역사화함으로써 삼황오제는 근대 이전의 중국에서 중국 문명의 시조로서 추앙되었다.[27]

근래 들어 소수민족들의 신화가 대량으로 알려지는 점을 제외하면, 중국에서 신화는 고사(古史)로서 역사화하여 정치권력의 이데올로기가 되거나, 중국 사상 속에 녹아들어 도덕화되거나 철학화되었다.

도가철학의 경전 『도덕경』과 『장자』는 지금도 우리에게 큰 울림을 주는 책이다. 상징과 은유가 넘쳐나 글귀 하나하나의 뜻을 깨우치려면 사유의 바다를 유영하지 않을 수 없다. 『도덕경』 6장을 보자.

谷神不死(곡신불사)	계곡의 신은 결코 죽지 않는다
是謂玄牝(시위현빈)	그것은 신비의 여인
玄牝之門(현빈지문)	여인의 문은

---

26) 삼황오제가 누구인가에 대해서는 여러 설이 있다. 삼황오제가 후대에 재창조된 신화이기에 학자에 따라 삼황오제의 구성원은 달라진다. 이 글에서는 일반적인 설을 차용하였다.

27) 서울대학교종교문제연구소 편, 앞의 책, 422~424쪽 참고.

是謂天地根(시위천지근)	하늘과 땅의 근원
綿綿若存(면면약존)	끊어질 듯하면서도 이어지고
用之不勤(용지불근)	써도 써도 다할 줄을 모른다

젊은 시절 처음 『도덕경』을 접했을 때 저 유명한 1장의 구절 '道可道 非常道 名可名 非常名'보다 '谷神不死 是謂玄牝'이 내게는 더욱 난해했다. 1장의 구절은 언어의 한계, 인간 인식의 한계에 생각이 미치면 뜻을 짐작하기에 어렵지 않았다. 그런데 곡신이라니? 현빈이라니? 나의 은사께서는 '암컷 빈'의 의미를 우주론적으로 사유해야 한다고 일러주셨지만, 알 듯 모를 듯했다. 신화적 사유에 이르러서야 비로소 그 뜻이 훤히 다가왔다. 암컷, 골짜기, 근원에 관한 신화적 사유는 이 책 여러 곳에서 언급될 것이다. 여기서는 중국에서 신화적 사유가 철학에 녹아들었다는 것을 지적하는 데서 그치자.

신화와 근대 서구적인 역사 개념

오늘날 신화란 '사실이 아닌 이야기', '실제로 일어날 수 없는 이야기'라는 인식이 대체적이다. 이에 비해 역사는 '실제로 일어난 이야기'로 인식한다.

신화와 역사는 이렇게 확연히 구분되는 것일까? 만약 그렇다면 이 땅의 개국 신화, 즉 단군 신화, 동명왕 신화, 혁거세 신화, 수로왕 신화, 삼성 신화 등은 모두 역사가 아닌 것, '사실이 아닌 허구'가 되고 만다. 고조선, 고구려, 신라, 가야, 탐라 모두 우리의 역사인데, 나라를 세운 시조의 이야기를 단지 신화일 뿐 역사가 아니라고 한다면, 실재했던 저 나라들의 존재는 어떻게 되는가?

절충의 묘안이 있다. 건국 그 자체는 역사이되, 건국 시조의 위업을 강조하기 위해 일정 부분 신화화되었다는 절충! 상고시대 왕권의 신성함을 강조하기 위해 '하늘에서 강림'하고, '알에서 태어나'고, '땅에서 솟아난' 신령스러운 존재로 묘사되었다는 절충! 그러니까 신화는 역사가 아니지만, 건국의 역사에만 신화적 요소가 삽입되었다는 말이다. 세계 각 문화권에 전해오는 건국 신화가 건국의 사실과 신화적 요소의 혼합이니, 이 절충안은 제법 설득력이 있다.

그래도 의문이 남는다. 굳이 '신화'라는 개념을 쓰지 않고, 『삼국유사』에 기록된 것처럼 '신이한 이야기'로 기술하는 것은 어떤가? '역사'라는 용어는 사마천의 『사기』에서 유래하는데, 『사기』에 신이한 이야기가 상당하다. 그렇다면 『사기』는 역사서가 아닌가? history는 의미적으로 역사 사건에 대한 기록[28]인데, 사건은 기록자에 따라 달리 기술되는 일이 다반사이다. 서로 다르게 기술된 기록의 진리값을 어떻게 판별할 것인가? 독일어 Geschichte는 geschehen(어떤 일이 일어났다)

---

28) history의 어원은 고대 그리스어의 히스토리아(ἱστορία: historia(라))이다. 이는 헤로도토스가 페르시아 전쟁기의 제목으로 사용하였다. 아리스토텔레스는 그의 저서 《Περί Τά Ζωα Ἱστορία》(Peri Ta Zoa Istória, 라틴어 역어: Historia Animalium)에서 '조사와 탐문을 통해 얻은 지식'이라는 뜻으로 사용하였다. 이 글에서는 기록으로 번역하였다.

에서 파생된 명사로서 '일어난 일에 대한 지식과 이야기'라는 뜻이다. 그렇다면 일어난 일에 대한 여러 다른 시각의 지식은 역사가 아닌가?

이어지는 의문을 보면서, 신화와 역사의 구분에 대해 필자가 괜한 트집을 잡는다고 오해하지 말기 바란다. 의문의 나열을 통해 문제 삼고자 한 것은 신화는 '허구', 역사는 '사실'로 단정하는 소박한 인식이다. 역사 역시 하나의 해석이라는 점에서는 주관성과 시대의 인식틀에서 자유로울 수 없다.

역사의 기록이 사건의 사실과 일치하는가는 엄밀한 인식론적 논변을 요구하는 것이다. 간단히 짚는다면, 사실은 늘 '인식의 덫'과 결부된다. 사실에 대한 기억은 사실을 그대로 수용하지 않는다. 기억되는 순간에 이미 자신의 선(先)이해와 이해관계가 작동하고 그에 따른 해석이 개입된다. 어떤 측면에서든 사실은 특정의 관점과 해석이 개입된 '한정된 사실'이다.[29] 이쯤에서 멈추자. 이 문제는 이 글의 취지를 벗어난 것이다.

다만 한 가지는 짚지 않을 수 없다. 신화와 역사를 무 자르듯 구분하는 관점은 서구적인 것, 그것도 서구 근대의 소산이다.[30]

---

29) fact는 사실, 이와 대비되는 단어인 fake는 거짓이다. 따라서 fact와 fake는 모순관계의 말이다. 그런데 fact와 fake의 어원은 동일하다. 둘 다 '만들다, 하다'라는 뜻을 지닌 라틴어 facere를 어원으로 한다.

30) story와 history는 모두 historia에서 파생된 말로서 근대 초기까지는 거의 같은 의미로 사용되었다. 18세기 이후에 history는 사실로서의 역사로, story는 허구와 실재가 섞인 것으로 양자가 판연히 구별되기 시작했다.

뮈토스(mythos)와 로고스(logos), ───────── 3.
그 전복의 역사

권위 있는 말 뮈토스, 거짓과 유혹의 로고스

신화가 myth의 번역어라는 점에서 신화를 정의하기 위해서는 myth라는 말이 사용되어 온 서구적 맥락을 짚어볼 수밖에 없다. 그런데 서구적 맥락에서도 myth라는 용어는 간단히 정의되기 어렵다. myth는 역사 지층에 따라 다른 의미로 해석되었고 때로 극적인 변화를 겪기도 했기 때문이다.

'뮈토스'와 '로고스'는 고대 그리스 사유의 전개를 묘사할 때 흔히 사용된다. 신들에 대한 서사를 남긴 호메로스와 헤시오도스 등의 사유로부터 이성적 논리를 펼친 철학자들의 사유로의 전개는 단적으로 '뮈토스로부터 로고스로의 변천'이라 묘사된다.

사유는 말로 드러난다. 뮈토스와 로고스도 말이다. 명사로서의 뮈토스와 로고스는 둘 다 '말하다'라는 뜻을 지닌 동사, 뮈테우에인

(mytheuein 이야기하다)과 레게인(legein 말하다)으로부터 유래한다.

호메로스 등 서사시인의 시대에 뮈토스는 진리(aletheia)[31]의 말이었다. 한편 로고스는 솜씨 좋은 말이기는 하나 미심쩍은 말이었다. 잠시 서사시에서 뮈토스와 로고스의 용례를 보자.

헤시오도스의 『신들의 계보』에서 최초의 원형적 여성인 판도라에 대한 대목을 보자.

> 신들의 우두머리였던 제우스는 프로메테우스가 신들만이 가질 수 있는 불을 인간에게 준 것을 무척 못마땅하게 생각했다. 그래서 프로메테우스의 동생인 에피메테우스를 이용해서 인간들을 곤경에 빠뜨리기로 했다. 제우스는 대장장이의 신인 헤파이스토스에게 진흙으로 여자를 빚으라고 명령했다. 그 여자에게 제우스는 생명을 불어넣고는, 아프로디테에게 명하여 '매력과 고통스런 그리움과 사지를 상하게 하는 상념'을 쏟아붓게 하였다. 또한 헤르메스에게 명하여 '그녀 안에 개의 마음과 교활한 기질'을 넣게 하였다. 헤르메스가 그녀의 가슴 속에 집어 넣은 것은 '거짓말과 알랑대는 말과 교활한 기질'이었다. 이 여인의 이름이 바로 '판도라'였다.[32]

---

31) aletheia(진리)는 '은폐되고 감춰진 것을 밝게 드러낸다.'의 의미이다.
32) 헤시오도스, 천병희 옮김, 『신들의 계보』, 숲, 2009, 103~105쪽 참고.

여기서 거짓과 알랑대는 말이 곧 **로고이**[33]이다. 진실의 말은 꾸밀 필요가 없다. 있는 그대로 말하면 된다. 또한 강자는 뜻하는 바를 말로 뱉어내면 된다. 말을 솜씨 있게 해야 하는 경우는 상대를 설득하거나 속이거나 꾀어야 할 때이다. 헤르메스가 판도라에게 '거짓과 유혹의 로고이'를 주었다는 대목은 아무래도 여성 폄하 내지 여성에 대한 편견이 배경으로 작동했을 터이나, 이 문제는 지금 다루고자 하는 논점이 아니다. 여기서 핵심은 유혹하고 설득하고 꾀는 말이 로고스라는 점이다.

한편 아버지 우라노스를 죽이는 아들 크로노스의 이야기를 보자.

> 가이아가 우라노스를 제거하기 위해 낫을 사용하라고 했을 때 어린 신들은 두려움에 사로잡혔다. 그때 위대한 크로노스가 용기를 내어 소중한 어머니에게 이런 **말**로 대답했다. "어머니, 이 일은 제가 맡아 완수하겠습니다. 저는 말로 형언할 수 없는 우리 아버지가 두렵지 않아요. 그분이 먼저 못된 짓을 꾀했으니까요."[34]

크로노스가 누구인가. 최초의 하늘인 남신 우라노스를 죽이고 신들의 왕이 된 자이다. 아버지 우라노스를 제거하려는 어머니 가이아의 계획에 적극 동참하여 12 티탄족 신들 가운데 걸출하게 두각을 드러낸

---

33) 로고이(logoi)는 로고스(logos)의 복수형이다.
34) 헤시오도스, 앞의 책, 43쪽 참고.

자이다. 위대한 자, 강자, 왕이 된 자의 말이 **뮈토이**(mythoi)이다. [35)]
브루스 링컨의 말로써 정리해보자.

  가장 오래된 고대 텍스트들이 여성, 약자, 젊은이, 약삭빠른 자의
  말을 표시할 때 항상 로고스라는 용어를 사용했다. 로고스는 부드
  럽고 유쾌하고 매력적이며 유혹적이지만, 동시에 속이고 현혹시킬
  수 있는 말이기도 했다. 가장 오래된 텍스트들에서 뮈토스는 언제
  나 자신의 힘을 자랑스러워하고 무슨 수를 써서라도 이기는 데 열
  중하는, 고집 센 남성들의 거친 말을 나타낸다. [36)]

  고대 텍스트에 드러난 뮈토스와 로고스의 용례에서 깨닫게 되는 사
실이 있다. 말의 무게와 가치는 권력관계가 결정한다는 점이다. 이는
지금도 다르지 않다. 말의 내용이 진리인지 아닌지 확인하기란 어렵
다. 실제로 말의 힘은 대체로 사회적 신망을 얻을 만한 자격이나 지위
여부가 결정한다.
  무엇보다도 앞의 용례에서 확인되는 가장 중요한 사실은 뮈토스가
로고스보다 우월한 지위의 말, 신뢰의 말이었다는 사실이다. 동시에 뮈
토스, 즉 신화가 세상의 진실로 받아들여지던 시대가 있었다는 것이다.

---

35) 뮈토이(mythoi)는 뮈토스(mythos)의 복수형이다.
36) 브루스 링컨, 김윤성·최화선·홍윤희 옮김, 『신화 이론화하기』, 이학사, 2009, 34~35쪽
     참고.

오해는 말자. 호메로스의『일리아스』,『오디세이아』와 헤시오도스의『신들의 계보』등이 당시에 진실로 받아들여졌다는 말은 아니다. 물론 신화가 세상에 관한 최고의 지식이었던 때는 있었다. 기록되지 않고 선택된 사람에 의해 구두로 전달되던 시대에는 그랬을 것이다. 그러나 앞에서 잠시 언급했듯이 서사시인에 의해 수집되고 기록되던 때에는 신화의 전통적인 힘이 쇠퇴하기 시작한 때였다. 여기서 우리는 인류의 오랜 역사에서 뮈토스가 진리의 말이었다는 사실만 확인하자.

뮈토스의 위상이 무너지다

우리가 흔히 그리스 문명에 대해 철학의 시작이라는 사건을 언급하게 되는데, 그 사건은 간단히 말하면 **말하는 방식과 사고방식의 변화**에 다름 아니다. 즉 뮈토스로부터 로고스로의 전환이 그것이다. "이는 상징적 담론에서 이성적 담론으로, 신인동형적 사고에서 추상적 사고로, 그리고 종교에서 철학으로의 전환과 관련된다."[37]

말하는 방식의 변화란 곧 운문에서 산문으로의 변화이다.[38] 운문이란 운율이 있는 말, 은유와 상징이 담긴 말이다. 사실 기원전 5세기 말까지 그리스에서는 **시적인 담론**에 엄청난 권위가 주어졌다. 우리의 상

---

37) 위의 책, 21쪽.
38) 그리스 초기 철학자가 모두 산문을 썼다는 것은 아니다. 엘레아학파의 선구자 크세노파네스는 운문을 쓰면서도 호메로스 신화를 경멸했다.

황도 크게 다르지 않다. 조선조 지배계급인 양반들의 말이 늘 시적인 것은 아니었겠지만, 자신의 뜻을 시 형식으로 드러내었다는 것, 시작(詩作) 능력이 엘리트의 증명이었음은 여러 역사 기술에서 확인된다.

"이런들 어떠하리 저런들 어떠하리."로 시작하는 정도전의 하여가(何如歌), 그리고 이에 "이 몸이 죽고 죽어 일백 번 고쳐 죽어"로 답한 정몽주의 단심가(丹心歌)는 우리가 학창 시절에 달달 외우던 시 아닌가. 생육신의 한 사람인 김시습 또한 다섯 살 때 시를 지음으로써 신동임을 확인받는다. 당시 정승이었던 허조가 "늙을 노 자를 넣어 시를 지어보라." 하자 어린 시습은 즉석에서 "늙은 나무에 꽃이 피었으니 마음은 늙지 않았네(老木開花心不老)."라고 했던 것이다.[39]

이렇듯 시작 능력을 탁월성의 증거로 삼은 것은 동서양이 다르지 않다. 호메로스를 비롯한 그리스 시인들은 당대의 엘리트였다. 동시에 그들의 서사는 신들의 이야기이기에 그 자체로 권위가 있었다. 이것이 호메로스를 비롯한 고대 그리스 시인들의 서사가 당시에 받아들여졌던 까닭일 것이다.

운문에서 산문으로 말하는 방식이 바뀐다는 것은 동시에 사고방식의 변화를 뜻한다. 로고스의 말은 신이 아니라 말하는 자에 의해 담보된다. 말하는 자는 논리가 정연한 말로써 말의 특권을 세웠다. 말의

---

39) 브루스 링컨은 "뮈토스의 권위를 산출하는 장치의 구조는 (1) 신(담론 안에서 구성된 신적인 존재) (2)시인 (3) 청중의 삼중구조이다. 여기서 시인은 단지 매개의 도구일 뿐"이라 한다. (브루스 링컨, 앞의 책, 71쪽)

질서를 잡는 것, 정연한 논리를 세우는 것, 이것이 바로 로고스이다. 결국 로고스란 말의 권위를 보장할 신적 존재를 요구하지 않는 것, 말하는 인간 자신의 권위를 인정받는 것이다.

"만물은 유전(流轉)한다."는 경구로 우리에게 익히 알려진 고대 그리스 자연철학자 헤라클레이토스는 산문 형식으로 글을 쓰면서 운문을 쓰는 시인들을 비웃었다. 그는 로고스란 단지 언어가 아니라 합리적인 토론, 추론, 그리고 선택, 즉 말과 사고와 행동으로 표현된 합리성이라 강조한다. 소크라테스와 플라톤은 스스로 필로소포이(philosophoi: 지혜를 사랑하는 자들)라고 하면서 합리적 추론으로써 주장을 정당화하는 수사학적 기술을 발휘했다. 동시에 플라톤은 『국가』 2권과 10권 전반에서 시인들과 시를 매도하면서 뮈토스를 깎아 내린다. 소크라테스의 입을 빌려 뮈토스를 폄하하는 구절 몇 군데만 발췌해도 뮈토스에 대한 소크라테스와 플라톤의 시각이 단적으로 드러난다. 보자.

> (호메로스와 헤시오도스) 그들은 거짓말을 만들어 이야기해 주었고 … 거기엔 가장 중요한 결점인 거짓말이 포함되어 있네. 호메로스나 그 밖의 시인들의 이야기에 귀를 기울여서는 안 되네. (그들은) 어리석은 이야기들을 써내는 잘못을 범하고 있네.[40]

---

40) 플라톤, 최민홍 옮김, 『국가론』, 성창출판사, 1989, 87쪽.

호메로스를 비롯하여 그 밖의 모든 시인들도 한낱 모방자에 지나지 않았네. 그들은 덕에 대해서도 그 영상을 묘사하는 데 불과했고, 결코 진리에 도달하지 못했네. 모방자는 실재에 대해서는 아무것도 모르며 외형에 대해서만 알고 있을 뿐. 모방자는 그가 모방하는 것에 관해 그것이 아름다운 것인지 혹은 나쁜 것인지, 올바른 지식과 견해를 갖지 못할 걸세.[41]

그리하여 플라톤이 숱한 저술과 아카데메이아 또는 아카데미아(Ἀκαδημ(ε)ια, Akadēm(e)íā) 학원에서의 강연으로 그리스의 지적 헤게모니를 장악했을 즈음에는 신화, 즉 뮈토스의 위상은 무너져 내렸다. 뮈토스는 로고스에 굴복한 것이다.

뮈토스에서 로고스로의 전환, 즉 그리스 사람들의 인식과 사고방식의 전환을 브루노 스넬은 '정신의 발견'이라 불렀다.[42] 말하자면 합리적인 사유를 '정신'으로 이해하고, 정신의 속성을 '로고스(이성)'로 보는 새로운 이데올로기를 브루노 스넬은 '발견'이라 칭한 것이다.

이후 서양은 신화에 대한 플라톤의 경멸적 태도를 계승하면서 이성중심주의에 입각한 서양 문명이라는 지배담론을 산출하였다.

---

41) 플라톤, 위의 책, 380~381쪽.
42) 브루노 스넬, 김재홍 옮김, 『정신의 발견』, 까치, 1994.

적대 개념으로 간주된 뮈토스

철학의 성립과 더불어 학문의 영역에서 로고스의 권위는 점차 견고해졌으나, 민중 생활의 양상은 사뭇 달랐다. 그리스로부터 로마로 이어져 온 다신교 문화는 313년 기독교가 합법 종교로 공인되고 또 380년 로마의 국교가 되었을 당시에도 존속하고 있었기 때문이다. 말하자면 민중 생활에서는 여전히 뮈토스가 전승의 힘을 지니고 있었다.

당시의 다신교 문화를 기독교의 일신교 문화로 전복하는 것은 일거에 이룰 수 있는 일이 아니었다. 초기 기독교 교회로서는 유대교와 조로아스트교 등 여러 이교도들을 전도하여 기독교로 개종하게 하는 것만큼이나 민중의 삶에 여전히 뿌리내린 뮈토스의 권위를 무너뜨리는 것 역시 중대한 과제였다.

이 과제를 해결하기 위해 초대 교회의 교부들은 한편으로는 기독교 복음을 정립하고 체계화하면서 동시에 다른 한편으로는 성서의 가르침에 어긋나는 이교들의 신학 체계 및 신화를 부정하고 폄하하는 이론적 작업에도 몰두했다. 교부들은 기독교 복음은 알레테이아, 로고스라고 하면서 유대교 및 이교들의 신학 체계를 부정하였다. 같은 맥락에서 고대 신화의 뮈토스를 날조된 것, 허구적인 것, 반이성적인 것으로 폄하하였다. 간단히 말하면 교부들은 뮈토스를 성서의 가르침에 어긋나는 비진리, '공허한 이야기(mythoi kenoi)'로 치부하였다. 초기 기독교 교회의 지도자였던 알렉산드리아 출신의 클리멘스,[43] 오리게네스,[44] 유스티누스[45] 등은 뮈토스(라틴어로는 fabula)의 의미를 할머니의 잔소리, 아이들의 말, 시적인 허구들과 결부되어 있는 것으로 해석하면서 '공허한 이야기로서의 뮈토스'에 대한 인식을 유포하는 데 일조했다. 그 결과 뮈토스는 진리인 기독교 복음을 전파하기 위해 제거해야만 하는 적대 개념이 되었다.

민중 속에서 전승되어 온 뮈토스의 가치를 비가치로 만들기 위해 교부들은 다양한 논의를 동원하여 신화를 폄하했다. (4장에서 보다 상세히 언급되겠지만) 신화는 상상력에 의해 꾸며진 상징적 이야기라서, 신화에는 일상의 도덕이나 논리로 설명될 수 없는 부분들이 있다. 예컨대 가이아가 자신의 남편인 우라노스를 살해하도록 아들들을 선동하는 일, 그 선동에 부응하여 크로노스가 선뜻 나서고 자신의 아버지인

---

43) 알렉산드리아의 클레멘스(Clement, 150~215)는 알렉산드리아 학파의 기독교 신학자(Christian theologian)였으며 유명한 알렉산드리아 교리문답 신학교(Catechetical School of Alexandria)의 수장이었다. 또한, 그는 오리게네스(Origen)의 스승이었다. (위키 백과 발췌)

44) 오리게네스(Origenes, 185~254) 혹은 알렉산드리아의 오리게네스는 그리스도교의 교부(教父)이자 성경 주석가, 신학자이다. 오리게네스는 성서신학을 탄생시킨 인물로, 그의 신학사상의 근본은 그리스도교와 그리스철학을 조화 및 융합시킨 데 있다. 그 목적을 위하여 사용된 방법이 성서의 비유적 해석, 즉 알레고리이다. (나무 위키 발췌)

45) 유스티누스(Justinus), 유스티노 순교자(Justin Martyr, Ιουστίνος ο Μάρτυρας, 100~165년경)는 초기 기독교 변증가로서 2세기 로고스 이론의 최초 해석가로 간주된다. (위키 백과 발췌)

우라노스를 살해하는 일은 일상적 관점에서는 어마어마한 도덕적 충격이다. 교부들은 민중들이 신들의 세계에서 일어난 이야기로 받아들이고 있는 것에 일일이 도덕적 잣대를 갖다 대며 폭로하였다. 같은 맥락에서 일상의 논리적 잣대로써 신화를 분석하며 모순들을 들추어내고 견책하였다. 당연히 온갖 자연현상을 관장하는 신들, 하늘의 신, 땅의 신, 바람의 신, 바다의 신, 번개의 신 등등은 허구로 낙인찍혔다. 더불어 올림피아의 신들은 뛰어난 업적을 이룬 인간들이 사후(死後)에 신격화된 것이라고 주장하였다. 이런 주장은 교부 이전에 그리스의 신화학자인 에우헤메로스[46]의 입장을 계승한 것이다. 에우헤메로스는 신화란 실제 역사를 반영한 것이라고 해석했다. 이 해석의 입장을 '에우헤메로스주의(Euhemerism)'라고 하는데, 교부들은 신화를 에우헤메로스주의적인 관점에서 보면서 올림피아의 신들이 실제로 신이 아니라 인간임을 드러내고자 한 것이다.

결국 뮈토스를 적대 개념으로 간주하는 교부들의 신화 비평은 오직 기독교적 신만이 존중받을 권리를 가짐을 입증하고자 했던 자신들의 목적에 충실한 행위였다.

---

46) 에우헤메로스(Euhemeros)는 기원전 4세기에서 3세기로 넘어가는 전환기에 펠레폰네소스 남서쪽에 위치한 메세네(Messene)에서 출생한 것으로 알려진 그리스의 신화학자이다.

승리한 자의 포용으로 살아남은 뮈토스

적대감이나 투쟁은 승리를 위한 목적에서 발동한다. 이미 승리의 위치를 확보했을 때는 투쟁할 상대도 적대감을 드러낼 대상도 없다. 기독교가 서구에서 지배적인 위치를 확보하였을 때, 교회는 더 이상 신화를 투쟁의 대상으로 삼지 않았다. 승리한 자의 여유이다. 나아가 기독교계는 신화를 성직자들과 시인들의 교양적 자산으로 간주하는 포용을 보였다.

특히 카를(Karl) 대제(768~814)[47]에 이르러 프랑크 왕국의 세력 범위가 서유럽 전역으로 확대되는 정치적 통일과 더불어 종교적 통일이 이루어졌을 때 일어난 고전문화부흥운동(카롤링거 르네상스)은 신화에 대한 새로운 관심을 야기시켰다. 그렇다고 이 관심이 신화를 우호적으로 수용한 것은 아니다. 당시에는 기독교의 입장을 확고하고 명확하게 만들기 위해 이교도적 신화를 끌어오려는 시도였고, 성서의 비밀스러운 언어유희를 탐구하기 위해 도입된 알레고리 해석[48]이 신화에까지 확장되었을 뿐이다. 이런 과정에서 신화는 일정 부분 성직자

---

47) 샤를마뉴(Charlemagne)는 프랑스어로 '샤를 대제'를 뜻한다. 이 이름은 독일에서는 '카를 대제(Karl Magnus)'로, 영어식으로는 '찰스 대제(Charles the Great)'로 부른다. 제2대 프랑크 국왕으로 재위기간은 768~814년이다. 그는 로마 고전문화의 부활을 장려하여 '카롤링거 르네상스'를 이룩하였다.

48) 알레고리(Allegory)는 헬라어 allegoria(다른 이야기라는 뜻)에서 유래했다. allos(다른)와 agoreuein(공공장소에서 말하다)의 합성어로서 다르게 말하는 하나의 방식,

들과 시인들의 교양적 자산으로 허용되었다.

저 유명한 단테[49]의 『신곡(神曲)』과 보카치오[50]의 『데카메론』은 신화를 알레고리로 해석하는 중세의 전통을 계승하고 있다. 단테의 『신곡』은 지옥에서 연옥으로 그리고 천국에 이르는 상상의 여행에 관한 서사시이다. 지옥, 연옥, 천국이라는 개념은 분명 기독교적 세계관이다. 그런데 단테의 상상 여행의 길잡이는 로마의 서사시인, 로마 건국의 서사시를 지은 베리길리우스이고, 지옥에서 처음 만나는 이도 『일리아스』와 『오디세이아』를 쓴 호메로스이다. 신곡에 빗대어 인곡(人曲)으로 불리는 보카치오의 『데카메론』은 온갖 인간 군상들이 등장하는 우화집이기는 하나 그 일부 자료는 유럽이나 이탈리아 구전문학의 범위를 넘어 서아시아와 이슬람 문명, 심지어 인도 설화까지 차용하고 있다. 여하튼 적대 개념이었던 신화가 교양적 자산으로 수용된 것은 기독교가 더 이상 신학적 투쟁을 할 필요가 없을 정도로 승리에 이르렀기 때문이리라.

이렇듯 은근하게 살아 명맥을 이어온 신화는 이탈리아의 르네상스

즉 추상적인 개념을 직접 표현하지 않고 다른 구체적인 대상을 이용하여 표현하는 문학 형식이다. 즉 알레고리는 은유적으로 의미를 전하는 표현 양식으로, 주로 문학에서 사용된다.

49) 단테(Dante Alighieri, 1265~1321)는 『신곡』에 『성경』과 그리스·로마 신화뿐 아니라 문학·철학·예술지식을 종횡(縱橫)하며 지옥, 연옥, 천국을 그려냈다.

50) 보카치오(Giovanni Boccaccio, 1313~1375)의 『데카메론』은 흑사병을 피해 피렌체 외곽의 빌라로 피신한 젊은 남녀들의 재담으로 구성되어 있다.

기에 인문주의자들의 관심을 받았다. 이탈리아 르네상스 시기에 탁월한 화가 보티첼리가 기독교를 주제로 한 그림 외에 고대 신화를 주제로 작업하였던 것은 이러한 시대적 배경 때문이었다. 보티첼리는 알레고리적 기법으로써 한 점의 그림 속에 신화시대의 정신을 재현시키고자 하였다. 보티첼리의 대표적인 작품 〈봄〉, 〈비너스의 탄생〉에 등장하는 인물들은 모두 고대 신화의 주인공들이다 .

그런데 서구 근대철학자 중 한 사람인 프란시스 베이컨(1561~1626)도 그리스·로마 신화에 숨겨진 교훈과 풍자를 밝혀내는 『이야기들과 우화들(fabulae et parabolae)』[51]을 발간했다. 베이컨이 누구인가? 그는 과학의 새로운 방법론을 제안함으로써 근대 과학혁명에 기여한 철학자로 평가받는다. 그런 그가 과학적 시각과는 전혀 다른 시각으로 신화를 고찰했다는 것은 놀라운 일이다. 베이컨이 1609년에 라틴어로 쓴 이 책의 원제는 『고대인의 지혜(De Sapientia Veterum)』이다. 제목에서 드러나듯, 베이컨은 이 책의 머리글에서 고대에 대한 자신의 존중심을 드러내면서 신화는 '고대인들의 감춰진 비밀스러운 지식', '한 시대의 성스런 유물이자 부드러운 속삭임이요 숨결'이라고 하면서 "고대 초기의 지식은 위대하거나 행복하거나 둘 중 하나"라고 결론 내리고 있다.[52]

---

51) 이 책은 『숨겨진 그리스 로마 신화』(프란시스 베이컨 지음, 김대웅 해설, 임경민 옮김, 아름다운날, 2020년)로 번역되어 있다.

52) 위의 책, 12~19쪽 참고.

계몽주의의 신화 비판과 독일 낭만주의에서 부상하는 신화의 가치

17세기에는 '비교신화연구'가 몇몇 학자들 사이에서 유행했으나, 계몽주의 시대가 전개되면서 신화 비판의 새로운 장이 열렸다. 계몽주의(啓蒙主義, Enlightenment)가 무엇인가. 이성적 사고로써 미신과 인습을 타파하고 사회의 무지를 깨우치자는 것 아닌가. '계몽'이라는 말에 이미 현실 개혁의 의지가 담겨 있다. 계몽주의는 곧 계몽운동이었다. 17세기 후반 당시 유럽의 숱한 철학자와 과학자들이 계몽사상을 펼쳤으니, 이를 도화선으로 서구는 근대라는 시대를 열어젖혔다. 이성 능력에 대한 절대적 신뢰와 인간중심주의, 과학주의, 진보에 대한 신념으로 표방되는 '근대성'은 계몽주의가 꽃을 피웠다고 해도 과언이 아니다. 미래를 위해 새로운 정치질서와 사회질서에 관심을 두었던 계몽주의자들에게 신화는 단지 야만적인 것, 혼란한 관념들과 미신, 괴이한 것이었을 뿐이다. 계몽주의의 득세 속에서 인간의 비이성적 측면인 감정, 본능, 충동, 욕망 등도 인간의 본질 규정에서 멀어졌다.

그런데 계몽주의가 유럽을 휩쓸 당시에, 신화에 대해 다른 시선을 펼친 이가 있다. 잠바티스타 비코(Giambattista Vico, 1668~1744)이다. 비코는 수학 같은 논리에 기초한 앎만 확실하다고 하는 데카르트에 반발하며, 이성 중심의 계몽주의 철학을 배격한다. 그가 자연과학 속에서 진리를 찾으려는 당시의 학문적 경향과 불화한 것은 인간이 세계를 온전히 이해할 수 없다는 그의 학문적 입장 때문이었다. 따라서 그는 진정한 학문의 출발점은 인간 사회의 연구라는 통찰을 제시하면서 인류의 관념과 관습과 행적의 역사 그리고 그 역사에 내재된 세계사의 원리를 『새로운 학문』에서 펼쳐낸다.[53] 그런 그에게 신화는 "인간에게 필요하거나 유용한 모든 사물을 신성(神性)이라고 믿었던 시대의 역사"[54]이고 "영웅에 대한 신화는 영웅과 그들의 영웅적인 관습에 대한 진정한 역사"[55]였다. 이렇듯 신화를 인류 역사의 궤적으로 파악하였던 비코는 "민중 지혜의 신비가 신화에 숨겨져 있다."[56]고 선언한다.

사실 어떤 이데올로기도 완결은 없다. 계몽주의가 팽배하는 와중에 이에 저항하는 사상운동이 등장했으니, 곧 낭만주의(Romanticism)이다. 18세기 후반, 흔히 질풍노도의 시대라고 일컫는 또 하나의 강력한 사상적 흐름이 등장한 것이다.

낭만주의의 스펙트럼은 상당히 넓다. 그런데도 낭만주의의 요체는 한마디로 인류를 지배하는 거대한 심상들, 어두운 힘이나 무의식, 말로 표현할 수 없는 것의 중요성을 인정하자는 일련의 운동이다. 이는 이성적 사고와 이에 입각한 실천이 인류의 진보를 담보하는 것임을 설파하는 계몽주의에 대한 강력한 저항이었다. 낭만주의 운동은 소크라테스와 플라톤 이후 이천 년 이상 서구 사상의 핵심이었던 로고스

---

53) 짐바티스타 비코, 조한욱 옮김, 『새로운 학문』, 아카넷, 2019, 254쪽 참고.
54) 위의 책, 23쪽.
55) 위의 책, 24쪽.
56) 위의 책, 61쪽.

적 전통을 뒤흔들었다. 단적으로 낭만주의자는 '사실'의 영역이 아니라 예술의 세계, 정서와 공상이 깃드는 정신의 세계를 찬양했던 사람들이다.

낭만주의가 가장 극적인 형태로 일어난 곳은 독일이다. 낭만주의는 18세기 말엽에서 19세기에 이르기까지 독일 정신사의 가장 강력한 조류였다. 예컨대 피히테, 셸링, 헤겔로 이어지는 철학자들, 괴테, 하인리히 하이네, 프리드리히 휠덜린 등의 문학가들, 루드비히 판 베토벤, 요하네스 브람스, 프란츠 리스트, 펠릭스 멘델스존, 프란츠 슈베르트, 로베르트 슈만, 리하르트 바그너 등의 작곡가, 우리에게도 익숙한 이 이름들 모두는 독일 낭만주의자들이었다.

독일 낭만주의의 이론적 지주는 슐레겔 형제, 즉 아우구스트 빌헬름 슐레겔과 프리드리히 슐레겔이었다. 이들의 활동은 낭만주의의 세계관 및 예술론의 기초가 되었다. "생명의 뿌리는 어둠 속에 감추어져 있고, 생명의 불가사의한 힘은 해명할 수 없는 신비 속에 있다."[57]는 빌헬름 슐레겔의 말은 낭만주의의 신비주의적인 경향을 고스란히 드러낸다. 이는 독일낭만주의가 신화와 맞닿아 있음을 단적으로 드러낸다.

카시러(E. Cassirer)는 계몽주의와 낭만주의 사이의 논쟁에서 지극히 중요한 두 가지를 든다. 첫째는 역사에 대한 새로운 흥미이고, 둘

---

57) 이사야 벌린, 석기용 옮김, 『낭만주의의 뿌리』, 필로소픽, 2021, 199쪽 재인용.

째는 신화에 대한 새로운 견해와 평가이다.[58] 계몽주의자에게 역사는 미래를 준비하기 위해서만 가치 있는 것이었다. 이에 비해 낭만주의자들은 과거를 과거 자체 때문에 사랑한다. 과거의 모든 역사적 시기는 각기 그 자신의 권리를 가지고 있으며, 또 그 자신의 기준에 의하여 평가되어야 한다. 여기서 계몽주의에 의해 철저히 폄하되었던 신화는 새로이 그 가치를 조명받는다. 낭만주의자에게 신화는 인류 문화의 주요 원인으로서 최고의 지적 관심의 주제임과 동시에 경외와 숭배의 주제가 된다. 예술, 역사, 시는 신화에서 비롯하였고. 따라서 신화를 간과하거나 무시하는 철학은 천박하고 불충분한 것이라는 선언은 낭만주의의 정신적 태도를 여실히 드러낸 것이다. 이 흐름 위에서 독일 관념론 철학자인 셸링은『신화철학』[59]을 저술한다. 셸링은 이 책의 논의에서 신화에 일정한 철학적 지위를 부여한다.

예술의 각 영역으로부터 철학까지 영향을 미친 낭만주의는 자본주의의 모순이 드러나던 시기에, 또한 근대적 합리화라는 계몽주의적 기획이 지니는 부정적 측면이 드러나는 시기에 서구인의 삶과 서구사회의 병증에 대한 하나의 처방이었다. 또한 신비와 숭고의 감정을 중

---

58)   에른스트 카시러, 앞의 책, 252~253쪽 참고.
59)   셸링은『신화철학』에서 플라톤, 아리스토텔레스, 칸트, 피히테 등의 철학을 구체적으로 논하면서 신화 해석상의 여러 경향들을 종합적으로 검토하고, 어떻게 신화가 철학적인 보편적 사유의 근간이 되는가를 해명한다. (프리드리히 W. J. 셸링, 김윤상·심철민·이신철 옮김,『신화철학』1·2, 나남, 2009)

시하는 낭만주의 정신이 신화의 세계와 결합한 것은 지극히 당연한 귀결이었다. 신화의 가치에 대한 새로운 인식과 삶의 모든 영역에 시적 정신을 불러일으키고자 한 낭만주의 운동은 19세기 독일에 풍성한 문화의 세계를 펼쳐놓았다. 일례로 저 유명한 괴테의『파우스트』는 민간에 떠돌던 파우스트 신화[60]를 작품화한 것이다. 전승되어 오던 기존의 신화가 없었다면, 그리고 괴테가 신화의 가치를 알아보지 못했다면, 인류에 회자되는 저 작품은 존재할 수 없었을 것이다.

근대적 신화 개념에 대한 반동

"삶은 다른 곳에 있다." 이 명제는 1920년대 프랑스에서 시작된 아방가르드운동, 즉 초현실주의의 근본 지향이다.

그 당시 삶의 현실은 1차 세계대전이라는 끔찍한 격랑이 휩쓴 뒤였다. 근대의 발전도상에서 마주친 참혹한 사건이 부르주아적 합리성이라는 근대의 선물을 거부하게 된 동기가 되었을까? 초현실주의자들은 현실적인 삶의 방식을 거부하였다. 그들은 현실과는 전혀 다른 질서를 지닌 '초-현실'의 세계를 상상하고 창조하는 예술 실천의 길을 걸었다.

20세기 세계적으로 유명한 신화학자 미르체아 엘리아데는 초현실

---

60) 파우스트 신화는 여러 작가에 의해 문학으로, 연극으로 재생산되어 왔다.

〈**사진3**〉 초현실주의 작가 르네 마그리트의 〈사랑의 노래〉

주의자들에게 엄청난 찬사를 보낸다. 아마도 그는 초현실주의의 기획에서 자신과의 접점을 찾았으리라. 세계에 대한 상식적인 이해와 달리, 실재의 상식적인 차원 아래에 놓인 시원적인 것, 원초적인 것, 근본적인 그 무엇을 드러내려고 시도한다는 점에서 초현실주의와 엘리아데는 세속적 일상에 대항하는 문화혁명가라고 해도 과언이 아닐 것이다. 초현실주의자들이 실천하고자 한 것이 문화적 마술이라면, 학자로서 엘리아데는 신화 안에서 의미의 세계를 발견하고 그것을 체계화함으로써 사람들이 사물을 바라보는 방식을 변화시키고자 했다. 61)

한편 현대 인류학의 아버지, 구조주의의 창시자로 일컬어지는 레비-스트로스가 신화에 대한 지대한 관심을 가지고 진행한 연구는 신화를 야만의 정신으로 규정한 근대적 신화 개념의 근간을 뒤흔들었다고 해도 과언이 아니다. 『신화학』을 비롯한 그의 일련의 저술은 로고스의 나르시시즘을 비판한다. 달리 말하면 이성 중심의 서구 문명이 스스로 규정한 우월성이 서양인의 편견이고 허구라는 것이다. 그는 이성적 사유와 비이성적 사유, 과학과 신화적 주술, 문명과 야만을 우열로 이분화하는 기존의 관점을 비판하면서 이 양자는 자연을 생각하는 두 가지 다른 방식임을 밝힌다. 레비-스트로스가 서구 근대의 근본 이념인 이성, 과학, 진보를 부정하는 것은 서구 문명에 대한 그의 근원적인 회의이고, 또한 로고스 중심의 문명이 초래할 대재앙에 대한 우려일 것이다.

또 한 사람의 철학자를 언급하지 않을 수 없다. '신화는 최초의 형이상학이고 형이상학은 제2의 신화학'이라는 명제를 내건 조르쥬 귀스도르프. 그는 저서 『신화와 형이상학』에서 "철학의 기능은 신화의 기능과 다르지 않다."라고 단언한다. 그는 철학이 세계 내에서 존재론적 방향 설정의 원칙을 밝히는 것을 본분으로 한다는 점, 그리고 신화의 임무는 결국 존재의 의미를 드러내는 것이라는 점에 주목한다. 나아가 그는 추론하는 이성의 영역이 '공허'로 귀착하는 것과 달리 신화

---

61) 이반 스트렌스키, 이용주 옮김, 『20세기 신화이론』, 이학사, 2008, 220~221쪽 참고.

의 세계는 어떠한 의미작용도 배제하지 않는 '충만한 세계'임을 대비하면서 인간은 다시 신화의 세계로 복귀해야 함을 역설한다.[62] 그가 책의 말미에서 '신화적 의식은 인간의 존재론적 균형을 조절해주는 최고 심급'이라 서술할 때, 그는 근대 이후에 등장한 사회적 신화, 과학적 신화, 정치적 신화를 지시하는 것은 아니다. 그가 지시하는 것은 공동체의 삶에 의미와 형상을 부여하던, 세상에 대한 최초의 해석으로서의 신화, 즉 전승된 신화이다. 뮈토스가 로고스에 패배한 그 오랜 역사적 시간을 고려할 때 귀스도르프의 통찰은 괄목할 만하다.

요컨대 20세기 이후, 원시인의 아둔한 이야기 정도로 치부되던 근대적 신화 개념에 저항한 종교연구자들, 인류학자들, 철학자들의 등장은 신화 개념의 인식론적 프로필에서 본다면 획기적인 사건이긴 하다. 물론 '신화'라는 용어가 이들의 연구에서 공통적으로 사용된다고 하더라도 개념적으로 일의적이지는 않다. 각각의 연구 목적이 달랐던 만큼 '신화'의 의미도 제각각 다르게 사용되기도 한다. 그러나 중요한 것은 서로 다른 접근을 했던 이들이 적어도 근대적 신화 개념에 공통적으로 저항했다는 점이다. 달리 말하면 이들은 신화를 미개한 것으로 규정하는 근대적 관점의 오류를 공통적으로 지적했다.

---

[62] 조르주 귀스도르프, 김점석 옮김, 『신화와 형이상학』, 문학동네, 2003, 324~354쪽 참고.

민간신앙으로 전승되는 신화와 문학으로 잔존하는 신화

신화 개념의 인식론적 프로필을 간략하게나마 들여다보면서, 우리
는 오늘날 우리가 사용하는 개념이 얼마나 서구적인 의미에 물들었는
지 알게 된다. 근대화라는 명목으로 진행된 역사는 단적으로 서구 문
화의 폭력(?)적인 개입이고 '비서구적인 것의 슬픔'의 역사가 아닌가?

서구적인 측면에서는 로고스에 패배한 뮈토스일지 모르나, 동아시
아에서 뮈토스는 역사로, 일상의 문화로 전승되어왔다. 이런 차이가
생겨난 배경은 복합적일 것이나, 무엇보다 여기서 주목해야 할 것은
동서양에 있어 신에 대한 관념, 세계에 대한 관념이 다르다는 점이다.
동아시아에서 신의 관념은 서양보다 그 외연이 넓다. 동아시아에서는
범신론적인 경향과 더불어 인간의 영혼, 사령(死靈)까지도 신이라는
관념으로 이해한다. 세계에 대한 관점에서도 서양은 세계의 코스모스

를 초월적인 신의 역능으로 환원하지만, 동아시아는 자연 자체의 질
서 원리로 받아들인다. 바로 이 맥락에서 신의 관념이 자연에까지 확
대되는 것이다.

따라서 신화 내지 신화적 사유는 전 세계적으로 보편적인 요소가
있음을 부인할 수 없으나 동시에 지역적인 특수성, 즉 문화적 방향성
에 따라 내용과 의미가 다르다는 점 또한 부인할 수 없다. 직설적으로
말하면 동아시아의 상황에서 신화란 고대인의 사유 혹은 미신이라고
함부로 규정할 수 있는 것이 아니다. 그 규정은 단지 서구적이고 기독
교적인 시각일 뿐이다.

서구에 있어서는, 특히 그리스·로마 신화에서 보듯이, 신화는 문학
으로 존재해왔다. 동아시아의 상황은 다르다. 지역별로 편차가 있기
는 하지만 상당 지역에서 신화는 실재로서 믿음의 대상이었다.

논의의 범위를 한국으로 좁혀 보자.

불과 백여 년 전만 해도 한국에서 신화적 사유는 일상 문화의 근간
이었다 해도 과언이 아니다. 여인의 잉태를 삼신할머니의 점지라 믿
었고, 가택의 안녕은 성주신의 가호라 생각했다. 풍농과 풍어를 위해
영등신과 용왕신에게 정성을 올리고, 사령이 온전히 저승길을 가도록
위무하는 것 등등은 가히 민족 공통의 인식이었다. 3세기에 이미 유
학이 백제에 전래되고 4세기에 고구려에 불교가 전래되었지만, 일상
문화로 전승되던 신화적 사유는 불교와 유학의 강력한 교리체계에 의
해서도 교란되거나 소실되지 않았다. 조선조 500년 성리학적 정치 이
데올로기의 강력한 지배 아래에서도 신화적 사유에 입각한 민간신앙

은 오랜 시간에 걸쳐 민중 전체에 의해 보존되어왔다. 민간신앙, 무속, 음사 등등 신화적 사유를 지칭하는 용어가 무엇이든 상관없었다. 중요한 것은 삼신할머니, 영등신, 조왕신, 성주신, 염라대왕 등등 신화적 사유에서 형성되고 전승된 용어들은 신성한 실재로 인식되었으며 이들 신격을 향한 제의와 함께 존재해 왔다는 사실이다. 말하자면 신화적 사유가 불교나 유교라는 제도 종교의 권력 아래서도 공동체의 신앙이었으며 일상의 관습이었고 문화였다는 사실이다. 놀랍게도 첨단 과학의 시대라고 일컫는 21세기 현재에도 풍우신을 향한 기우제가 공공적으로 행해지고 있는 한국의 현실은 아직도 신화적 사유가 잔존한다는 증거이다.

한국이라는 범위에서 제주도라는 지역으로 눈을 돌리면 사태는 사뭇 달라진다. 제주도는 신화적 사유에 기반한 관습이 아직도 유효하게 작동하는 지역이다.[63] 아직도 마을마다 수호신을 모신 신당들이 현존하며, 비록 신앙민의 수가 줄었지만 개인적으로 혹은 마을 단위로 제의가 행해진다. 다수의 해안마을에서는 바람신을 향한 영등굿이

---

63) 신구간은 그 좋은 예이다. 신구간은 대한(大寒) 후 5일에서 입춘(立春) 전 3일 사이의 일주일 정도 되는 기간이다. 제주 전통신앙에 의하면, 이때는 집안의 모든 신들이 천상으로 올라가 새로운 임무를 부여받아 내려오기 전까지의 공백 기간이다. 이 기간에는 이사를 비롯하여 그동안 함부로 하지 못했던 집 안팎의 수리 등을 마음 놓고 할 수 있다. 현재는 이주민의 증가로 인해 신구간의 이사가 철저히 지켜지지는 않고 있다.

벌어진다. 집안을 지키는 문전신에 대한 의례, 즉 문전제는 명절 차례와 제사, 집안에 특별한 일이 있을 때는 여전히 행해지고 있다. 사자(死者)를 위한 사령제인 귀양풀이 역시 상당수의 상가(喪家)에서 상례(喪禮)의 중요한 절차로서 이루어진다.

이렇듯 오랜 역사적 시간을 관통하면서 민간신앙과 생활문화로 지속되어왔다는 것은 그 사유가 암암리에 사회심리의 무의식적 지층이었음을 반증한다. 원래 신앙이란, 특히 민간신앙이란 그런 것이다. 신화의 비현실적인 내용을 현실보다 더 생생한 현실로서 믿게 하는 것이 바로 신앙의 힘이기 때문이다. 그래서 신화적 사유에 입각한 제주 전통신앙은 제주 역사를 관통해 온 정신세계이다.

그러나 제주 전통신앙은 여러 차례 칼바람을 맞았다. 연이은 칼바람 속에서도 다시 살아나고 살아나 현재까지 그 신앙이 이어지고 있다는 것은 가히 기적적이라 할 만하다. 신화적 사유가 심리적 하부구조가 아니었다면 도무지 가능한 일이 아니다. 현재 제주 신화가 한국 신화에서 차지하는 특별한 위상, 즉 가장 풍부한 서사구조를 갖춘 온전한 형태의 신화로 남아있는 제주 신화라는 위상은 급격한 사회변화에도 불구하고 전통신앙이 살아남았기 때문에 가능한 일이다.

인습과 미신으로 내몰린 전통신앙

제주 전통신앙이 역사 속에서 어떤 억압과 고난을 겪었는지 간략히 보자.

『탐라순력도』「건포배은」상단에는 곳곳의 신당이 불타고 있는 모습이 그려져 있다.

1702년 제주목사 이형상은 제주도내 모든 신당을 파괴한다. 물론 신당 파괴는 향품문무 300명에 의해 저질러졌지만, 이형상 목사의『행장』에는 이 목사가 신당 파괴를 명령하는 대목이 있다.[64] 당시 129개 리 마을마다 마을 수호신을 모신 당집이 있었고, 이 외에도 수풀과 냇가 주변에 있었던 당까지 합치면 엄청난 숫자이다. 평소 성소로 여기던 곳들이 불길에 휩싸이는 광경을 상상해 보자. 얼마나 끔찍한 일인가? 이유가 무엇이든 성소를 전면적으로 일시에 소각한다는 것은 엄청난 불안과 공포, 비극이었을 것이다.

선정 목민관으로 알려진 이형상 목사. 그러나 그는 성리학적 정치이념에 철저했던 사람이다. 조정에서 파견된 관리로서 이형상은 조선의 성리학적 정치질서 체계를 확립해야 한다는 정치적 목적이 있었을 것이다. 따라서 제주도 전역의 신당 파괴는 당시 제주 민중의 의도와는 아무런 상관이 없는 행정적 조치이고 정치적 사건이다. 그랬기에 이형상 목사가 제주도를 떠난 이후 전통신앙은 다시 부활한다. 조선조가 성리학적 정치질서를 구현하고자 했다고 하나 민중의 정서를 싸안고자 했기에, 이형상 목사의 대대적인 신당 파괴 사건 외에는 제주

---

64) 이에 관한 자세한 내용은 본인이 쓴 다음 논문에 서술되어 있다. 하순애, 「18세기 초 제주인의 신앙생활과 신당파괴사건」,『탐라순력도연구논총』, 제주시·탐라순력도연구회, 2000, 333~349쪽 참고.

恩拜浦巾

燒火神堂一百二十九處
鄉品文武上下幷三百餘人
壬午十二月二十日
破毁寺刹五處
巫覡歸農二百八十五名

<사진4> 『탐라순력도』 「건포배은」

전통신앙에 대한 억압이 그리 드세지는 않았다.

그러나 세계적으로 거대한 종교세력인 천주교가 제주도에 전파되면서 일거에 문화 충돌의 사건이 일어났다. 1901년 소위 '이재수의 난'으로 알려진 '신축항쟁'이다. 이 사건은 구한말 가톨릭 교회와 그들을 앞세운 봉세관(封稅官)의 조세 포탈과 가톨릭 교인들의 무분별한 흉악 범죄에 맞서 제주도 토착민들이 자위 집단인 상무사(商務社)를 조직하여 일으킨 민중 항쟁이다. 당시 프랑스 신부를 등에 업은 가톨릭 교인들은 제주의 전통신앙을 미신이자 사탄이라 하면서 100여 곳 이상 되는 신당을 파괴하고 그 신앙을 유린했다. 참으로 몰지각한 행위였다.

몰인식에 의한 전통 신앙 억압은 일제강점기에도 이어졌다. 일본은 제주의 전통신앙을 미신이라 규정하면서 억압하고 더러 파괴했다. 본래 '미신(迷信)'이라는 말은 일본인이 'superstition'을 번역한 용어였다. 그런데 superstition의 어원을 추적해보면, 신비스럽거나 초자연적인 힘이 작용하는 것을 일컫던 용어였다. 하지만 일제 때부터 미신이라는 용어의 용례는 '미혹하여 사사로운 것에 현혹되게 하는 신앙'으로 이해되었고, 우리말 사전에도 미신이란 '이치에 어긋난 것을 망령되게 믿는 것'으로 되어 있다. 도대체 초월적인 믿음의 영역에 대해 '이치'를 따지거나 합리적으로 분석할 수 있는가? 없다. 그 어떤 믿음도 합리적으로 접근할 수 없는 것이다. 그런데도 특정 신앙을 미신으로 간주하고 억압하는 것은 사실상 정치·사회적인 권력관계에서 비롯된 것이다.

일본이 자신들의 신앙인 신도를 앞세우며 제주 전통신앙을 미신으로 억압했던 것과 같은 맥락에서, 근대화 이후 서구 문명의 정당화라는 시대적 추세 속에서 다시 제주 전통신앙은 칼바람을 맞았다. 바로 새마을 운동의 일환으로 전개된 미신타파운동이었다. 신당 그리고 그 신당에서 행해지던 당굿이 국가적인 차원에서 대대적인 소탕의 대상이 된 것이다. 일차적으로 각 마을의 심방들이 먼저 곤욕을 겪었다. 심방들은 무구를 압수당했고, 경찰에 소환되어 심방 일을 하지 않는다는 조건으로 풀려나기도 했다. 미신타파가 행정적 조치였던 만큼 공무원이 앞장서서 마을의 신당을 훼손하기도 하고, 더러는 철폐하기도 했다. 무엇보다도 안타까운 것은 제주인들의 삶의 얼개였던 당신앙이 사회적으로 떳떳하게 드러낼 수 없는 '미신'으로 온전히 낙인이 찍힌 것이다.

이런 와중에서 당굿을 제대로 행할 수 있는 심방의 수도 줄어들었고, 집단적으로 행하던 당굿을 철폐하는 마을이 늘어갔다. 그러나 도무지 가슴에서 가슴으로 전승되어 온 신앙을 버릴 수 없었던 사람들은 은밀히 당을 찾아 개별적으로 축원 비념을 올렸다. 1980년대 후반, 당굿을 하는 마을이 35곳에 불과했으니, '미신타파운동'의 광풍이 얼마나 거셌는지 알 만하다.

미신타파 광풍의 후유증은 쉽게 가라앉지 않았다. 1990년대 이후, 당굿을 실시하던 마을 중에서도 절반 이상이 신앙민의 감소, 유교식 포제의 강화, 당맨심방의 세습 불가 등 여러 요인에 의해서 당굿을 축원 비념 수준으로 축소하였다. 신앙민들조차 "미신인 줄 알지만 믿을 수밖에 없다."라는 자조적인 말을 하기도 했다. 필자가 신당조사를 다니던 1990년 후반까지도 신앙민과 면담하려고 하면 먼저 경계하여 면담을 회피하거나 "법에서 왔수가?"라는 물음을 던지기도 했다. 이는 가히 사회적으로 유통된 '미신 담론'의 효과이고 철저한 오인(誤認) 메커니즘의 작동이라 하지 않을 수 없다.

이중의 오인 메커니즘

전통사회에서 당신앙은 단순한 하나의 신앙 형식에 그친 것이 아니었다. 그것은 온전히 마을 공동체를 유지하는 문화적 형식이었다. 특히 마을의 무사안녕을 기원하는 당굿은 그 의례과정을 통하여 참여자들을 온전한 운명공동체로 묶어내었다. 달리 말하면 당신앙과 당굿은 제주인들에게 삶의 방식과 세상을 이해하는 하나의 통로였고, 제주의 독특한 문화를 재생산하는 힘이었던 것이다.

그러나 역사의 변화 속에서 새롭게 등장한 정치 신념, 가톨릭과 신교라는 제도 종교, 서구 근대의 이데올로기는 제주의 전통적인 문화와 신앙의 영역을 침범하면서 훼손하였다. 행정적 조치이거나 정치적 사건이었던 억압과 배제의 사건들은 점차 사회통념을 뒤흔들면서 전통신앙에 대한 개개인의 인식마저 바꿔놓았다. 타자의 시각으로 자신의 문화를 폄하하고 부정하는 오인 메커니즘은 사회통념마저 바꾸었다. 여기에는 제도 교육과 미디어의 이데올로기 기능 또한 간과할 수 없다.

오인 메커니즘은 지금도 작동 중이긴 하나, 조금씩 전승되어 온 문화 전통에 대해 성찰적 시각이 열리고 있다. 제주 신화를 비롯한 한국 신화의 의미에 대한 인식도 변화의 조짐이 보인다. 그런데도 우리의 신화에 대한 인식틀은 자생적이기는커녕 서구 발(發) 신화 개념에 갇혀 있다. 앞에서도 누누이 언급하였다. 서구의 신화는 믿음이 소거된, 문학으로 잔존하는 신화이고 우리의 신화는 신앙으로 잔존하는 신화라는 사실을. 그래서 서구 발 신화 개념은 우리 신화를 이해하는 틀로서 적합하지 않다. 지금 우리 신화에 관심을 가진 이들이 신화를 구비문학으로 읽으려 한다면, 그것은 또 하나의 오인 메커니즘이 아닐 수 없다.

'신화'라는 말이 우리의 언어에 속한 것일 뿐, 신화를 가슴에 담고 사는 사람들의 언어에는 신화라는 개념이 없었다는 사실을 기억하자. 지금도 한국인의 심리적 하부구조가 되고 있는 신화적 사유, 불과 얼마 전까지만 해도 신화를 진리로 믿어 온 한국에서 우리의 신화를 이해하기 위해서는 단순히 서사문학이거나 문화콘텐츠의 시각으로 접근하는 것으로는 부족하다.

신화는 그 신화를 자신들의 삶의 거울로 삼고 살아가던 사람들의 마음의 경향(관점, 사유)을 표현하고 있는 한에서만 의미를 가질 수 있다. 따라서 한국인의 전승된 문화에서 표상된 감성적인 세계 이해에 다가설 수 있어야 신화의 의미가 드러날 것이다. 우리가 신화적 사유로서 세계를 이해하던 신화시대의 진정한 의미를 이해하려면 우리는 세계를 보는 태도를 변경해야 한다!

신성하지도, 신비롭지도 않은 ———————— 5.
현대판 신화 개념

    오늘날 우리는 세계를 어떻게 이해하는가? 그 안에서 삶을 꾸려가는 자연을 어떻게 바라보는가? 삶과 생명을 어떻게 받아들이는가? 이 물음 앞에서 우리는 의외로 망설이지 않는다. 우리는 자연과 생명마저도 아주 선명하게 물리적 현상으로 알고 있기 때문이다. 과학적 사고 그리고 과학과 맞닿아 있는 실증적 사고는 본질상 선명한 답을 제시하기 때문이다.

    신화적 사고에서 이 물음들은 선명하지 않다. 아득하다. 이 모두가 신비로 휩싸여 있고 거기에 신성이 깃들어 있기 때문이다. 그렇기에 신화시대를 산 사람들은 아득한 이 물음을 이해하기 위해 상상력의 세계로 날아오를 수밖에 없었다.

    오늘날 우리는 신화시대를 산 사람들의 상상력의 세계로 들어가는 것이 거의 불가능해졌다. 자연 그 자체를 생명으로 느끼던 사유에 다가갈 수 없다. 단적으로 현대는 전승된 신화의 의미 세계에 참여하는 것이 불가능해진 시대이다.

그러기에 현대의 우리가 전승되어 온 신화를 호출하고 신화의 스토리를 해석하고 각색하면서 여러 문화콘텐츠를 만들어도, 그것은 온전한 의미의 신화일 수가 없다. 세계적으로 히트를 친 『나니아연대기』,65) 『해리 포터』, 『반지의 제왕』은 신화를 소재로 하였다고 해도, 그것은 문학작품이거나 영화일 따름이다.

한국에서도 신화를 소재로 한 문학작품, 특히 동화와 그림책이 숱하게 출간되었다. 여기저기서 신화를 소재로 한 예술 창작이 이루어지기도 한다. 그러나 국내의 이러한 움직임들은 아무래도 앞서 언급한 초현실주의의 문화기획과 맥락이 닿아 있는 것 같지 않다. 초현실주의자들은 적어도 세속적 일상과는 다른 세계를 향해 태도를 변경하고자 했다. 국내의 문화예술적 동향들은 신화의 의미에 다가서기보다는 문화콘텐츠의 자본주의적 가치를 발견하려는 움직일 뿐이라는 의구심을 지우기 어렵다. 그러니까 신화는 문화콘텐츠의 소재일 뿐인 것이다.

아니, 도대체 옛시대의 의미로 신화에 다가가는 것이 가능하기나한가? 오늘날 그것이 무엇 때문에 중요한가? 등등의 볼멘 반론이 제기

---

65) 『나니아 연대기』(The Chronicles of Narnia)는 총 7권으로 구성된 영국 작가인 C. S. 루이스의 판타지 아동문학 시리즈이다. 역본에 따라 '나니아 나라 이야기', '나니아 연대기' 등으로 불리기도 했다. 이 소설은 2005년부터 2010년까지 세 편의 시리즈로 영화화되었다.

될 수는 있겠다. 이 반론에 대한 나의 대답은 이 책 전반에 걸쳐 논의된다. 여기서는 우선 전자에 대해서 간단히 짚어보자.

세상을 보는 관점, 세계나 자연, 삶과 생명을 이해하는 견해는 시점이 바뀌면 달라지는 게 당연하다. 그러나 당연하다고 해서 그것이 진리는 아니다. 각각의 역사적 시점은 시대 나름의 의미를 생산하고 유포하면서 통념을 내면화시킨다. 그래서 특정 시점에 구속된 사람이 그 시대의 의미 안에서 세계를 이해하는 것은 당연하되, 그 이해에만 머문다면 하나의 관점에 갇히는 것, 즉 편견일 뿐이다. 세계는 여러 다양한 관점에서 이해될 수 있다. 특정한 시대에서도 다양한 시선으로 세계와 자연, 삶과 생명을 바라볼 수도 있다. "하나를 알면 아무것도 모르는 것이다."라는 괴테의 말은 이 지점에서 빛을 발한다.

신화를 단지 문화콘텐츠의 소재로 삼는 것이 아니라 신화의 의미에 다가가고자 한다면, 그 의미를 만들어낸 맥락에 관심을 가져야 한다. 맥락은 인식적 차원과 심리적 차원 그리고 역사문화적 차원까지 포괄한다. 신화가 세계를 감성적으로 이해하는 방식인 한, 감성적 이해 또한 하나의 진리임을 '수용'하는 태도가 전제되어야 신화의 의미에 다가서는 통로가 겨우 열린다. 수용은 인식적 차원에 그친다. 정서적 공감으로부터 문화적 실천으로까지 나아가야 꽃봉오리 열리듯 서서히 신화가 그 의미 차원을 열어젖힐 터이다. 이것이 앞 절에서 '태도 변경'을 강조한 이유다.

오늘날 신화라는 용어는 남용되고 있다. 신성성이 깃든 신의 이야기 혹은 신비로운 신의 이야기라는 뜻은 이토록 남용되는 신화의 용례에서 그저 박물관 전시용처럼 자리할 뿐이다. 박물관 전시용의 신화나 문화콘텐츠로서의 신화, 그 어느 것도 도무지 신성하지도 신비롭지도 않은 것이다.

3장.
호모 나랜스(Homo Narrans) 그리고 이야기의 힘

인간은 오래전부터 ——————————————— 1.
호모 나랜스[66]였다

호모 나랜스 그리고 호모 사피엔스

SNS 시장 규모가 얼마나 되는지 나는 모른다. 일상을 SNS에 노출하고 타인의 노출된 일상을 들여다보는 사람이 주변에 너무나 많다는 것 정도는 실감한다. SNS에 실리는 다양한 정보에 얼마나 많은 댓글이 따라붙는지, 그 댓글의 은밀한 영향력이 얼마나 가공할 만한 것인지도 짐작한다. 소위 아날로그 세대라는 나조차도 이 정도 상황은 간파하고 있으니, 실제로 지금 이 세상을 움직이는 힘은 나의 짐작이나 상상을 훨씬 뛰어넘어 있을 것이다. 영향력 있는 언론에서도 SNS는

---

66) 학계에서는 이 용어의 기원을 독일의 민족학자 쿠르트 랑케(Kurt Ranke)가 1967년 출판한 논문으로 보고 있다. 랑케와는 독립적으로 커뮤니케이션 이론학자 월터 피셔(Walter Fisher)가 이 용어의 기원에 공로가 있다는 의견이 있다.

선택이 아니라 필수라는 기사를 내보내고 있다. 일인 미디어 시대, 디지털노마드, 디지털 수다 등등 이런 새로운 용어들의 등장은 온라인을 떠다니는 숱한 이야기들이, 그 이야기를 생산하고 소비하는 행위들이 오늘날 현대인의 일상을 잠식하고 있음을 단적으로 드러낸다.

미국 캘리포니아대학교 영문학 교수인 존 닐(John D. Niles)은 1999년 출간한 『호모 나랜스Homo Narrans: The Poetics and Anthropology of Oral Literature』에서, 호모 나랜스라는 용어를 처음으로 사용했다. 호모 나랜스란 '이야기하는 인간'이라는 뜻이고, 그의 이 용어는 이야기꾼이 폭발하고 있는 디지털 시대 현상 그리고 디지털 시대를 살아가는 인간상을 지시하는 말이다.

물론 존 닐은 호모 나랜스라는 개념을 현시대에 국한하지 않았다. 그는 언어를 사용하는 인간만이 이야기하려는 본능이 있고 이야기를 통해 사회를 이해하는 특성이 있다는 점에 주목했다. 그런데도 호모 나랜스라는 용어는 디지털 시대에 등장한 신인류를 지칭하는 데 무게가 더 실리긴 했다.[67]

그런데 호모 사피엔스의 긴 역사에서 인간의 이야기 본능은 결코 숨죽여 본 적이 없다. 문명의 여명기에 호모 사피엔스가 그림이나 문자를 이용하여 그들의 이야기를 남긴 흔적은 전 세계에서 발견된다. 한국에도 7천 년 전 신석기시대 고래잡이 모습을 새긴 울산 반구대 암각화가 있다. 암각화를 새기면서 그 당시 사람들은 삶의 풍요를 향한

---

[67] 『디지털시대의 신인류 호모 나랜스』(한혜원, 살림, 2010) 참고.

염원을 하였을 것이다. 반구대 암각화는 삶의 이야기이고 삶의 문화이다.

시대를 막론하고 인간의 삶이 있는 곳에 이야기가 있다. 삶은, 살아 있다는 것은, 살아간다는 것은 자신이 사는 세상을 경험하는 것이다. 폴 리쾨르(Paul Ricoeur)의 말처럼 "이야기는 세계 경험을 이야기하는 것이다."

경험에는 사태 및 사태를 경험하면서 일어나는 감정, 느낌, 생각 등 다양한 요소가 포함된다. 문화적이고 사회적인 존재인 인간은 자신이 겪고 느낀 다양한 경험을 타인에게 전달하고 싶어한다. 그래서 인간(人間)이다.

경험을 전달하려면 이야기가 필요하다. 이야기란 언어로 설명하여 경험하지 못한 것을 마음속에 떠올리게 할 수 있는 것이다. 내가 경험한 것을 듣는 이로 하여금 상상하게 함으로써 나의 경험이 너의 경험이 되게끔 하는 것, 그리하여 경험을 공유하게 하는 것이 이야기이다. 달리 말하면 경험하지 못한 것을 마치 경험한 듯 느끼게 하는 것이 이야기의 힘이다. 호모 사피엔스의 역사에서 가장 보편적이면서 영향력이 강한 행동이 '이야기하기(스토리텔링)'[68]라는 것은 이야기의 힘에 대한 강조에 다름 아니다.

인간은 세상을 겪으면서 느끼고 또 이야기하기와 이야기 듣기를 통

---

[68] "인류는 언어를 사용하기 시작하면서 이전보다 훨씬 적극적으로 현실에 참여하게 되었다. 그리고 이 변화는 가장 보편적이면서 영향력이 강한 행동, 즉 스토리텔링으로 이어지게 된다."(브라이언 그린, 앞의 책, 243쪽)

해 세상에 적절히 반응함으로써 사회적 존재, 문화적 존재가 되었다. 달리 말하면 문화적 존재로서의 인간이 등장한 것은 인간이 이야기를 구성해 내기 시작한 것과 맥락이 닿아 있다.

유발 하라리(Yuval Noah Harari)는 인류 문명을 이뤄낸 인간의 인지 혁명이 이야기를 만들어냄으로써 가능했다는 것, 현실뿐 아니라 실재하지 않는 것에 대한 허구의 이야기를 만들어낸 것이 문명을 가능하게 했음을 밝힌다. 그는 『사피엔스』에서 호모 사피엔스가 네안데르탈인을 비롯한 인간 종들을 지구 전체에서 몰아낸 것은 무엇보다도 호모 사피엔스의 언어 덕분이라고 한다. 이 언어의 특이성은 사람이나 사자 등 구체적인 대상에 대한 정보를 전달하는 능력에 있는 것이 아니라 그보다는 전혀 존재하지 않는 것에 대한 정보를 전달하는 능력에 있다. 이것에 의해 새로운 사고방식과 의사소통 방식, 즉 인지 혁명이 약 7만 년 전부터 3만 년 전 사이에 출현했다고 한다. 존재하지 않는 것인 허구를 이야기할 수 있는 능력과 함께 전설, 신화, 신, 종교가 처음 등장했으며, 집단적인 상상이 가능해졌다.[69]

상상력은 인간의 근본적인 삶의 태도

실재하지 않는 것에 대해 말한다는 것은 상상력이 있기에 가능하

---

69) 유발 하라리, 조현욱 옮김, 『사피엔스: 유인원에서 사이보그까지, 인간 역사의 대담하고 위대한 질문』, 김영사, 2015, 41~53쪽 참고.

다. 상상력은 경험하지 않은 사물이나 사건을 머릿속에서 그려보는 인간 정신의 힘이다.

상상력은 언제 발동되는가? 불확실성, 유동성에 직면할 때이다. 인간은 난감하고 난해하고 난처한 상황과 마주친다. 이런 상황은 유아기로부터 삶이 이어지는 내내 일어난다. 엄마와 떨어지고 싶지 않은 아이가 울음으로써 엄마를 붙잡아 놓으려는 순간에도 상상력은 발동한다. 난처한 상황에서 거짓말로써 그 상황을 벗어나고자 하는 것도 상상력의 작용이다. 일어나지 않은 사태를 그려봄으로써 의도와 목표를 세우는 것도 상상력이다. 요컨대 상상력은 정신의 불변적인 요소로서 현상세계를 변화시켜 나가는 정신의 힘이다. 이런 힘이 있기에 인간은 현실적 삶의 결핍과 곤란을 넘어선다. 상상력은 가히 실존적 삶의 기본적인 수호자이다.

인간으로서 이해할 수 없는 상황들, 받아들이기 어려운 상황들, 답을 찾을 수 없는 혹은 찾기 어려운 상황들도 있다. 이것 역시 인간의 존재 체험이다. 상상력이 발동되는 것은 난관과 고통의 상황, 난문의 상황에서 극에 달한다. 인간은 알 수 없는 것, 답할 수 없는 것들에 관해 상상력을 동원하여 이야기를 지어낸다.

인간이 자신이 마주한 어려운 상황에 대해 현실적 혹은 사실적 경험으로써 그 상황을 온전히 해소할 수 없을 때, 상상력은 알 수 없는 힘들이 이 어려운 상황의 배후에 있다는 상상을 하고 상상력으로써 그 배후에 대한 설명을 꾸려내는 것이다. 이것이 신화이다. 이 책의 여러 장에서 살펴보겠지만, 세상이 어떻게 시작되었는지, 세상에 위험과 불안이 왜 있는지, 생명은 어떻게 이어지며 죽음은 생명의 끝인지 아닌지, 통제할 수 없는 갈망은 어떻게 일어나며 또 어떻게 사그라드는지, 이 모든 난문들은 사람으로 하여금 끊임없이 이야기를 지어내게 만든다. 이야기를 지어낸 인간의 오랜 역사에서 "가장 풍부하고 가장 복잡하며 가장 심오한 것을 우리는 신화라고 부른다."[70]는 칼 세이건의 말은 그래서 울림이 크다.

신화로써 세상을 이해하던 시대로 잠시 타임머신을 타고 이동하는 상상을 하자. 그 시대를 살던 이들에게 보는 것, 느끼는 것, 그리고 보고 느끼는 것을 말하는 행위는 오늘날 우리와 같을까? 이야기하는 행위라는 물리적 요소는 공통적일지라도 그 행위에 대한 이해는 다르다. 그것은 지금 디지털시대의 신인류가 온라인에서 끊임없이 조잘대는 것과는 엄청난 질의 차이가 있다. 디지털 신인류의 이야기와 달리 신화시대의 옛사람이 말하는 행위는 영과 소통하는 것이며, 영적인 힘의 실현이었다. 중국 고대 문자를 연구한 시라카와 시즈카는 말이 지닌 신통력에 대한 믿음이 원시 시대에는 매우 보편적인 것임을 한자의 예를 들어 설명한다. 즉 聖(성)이라는 글자와 총명하다는 뜻의 聰(총)에는 귀 耳자가 들어있는데, 耳자는 말과 연관된다. 말의 신통력을 믿었으므로 말을 듣는 귀가 밝은 사람을 신성하게 여겼던 것이다.[71]

70) 칼 세이건, 임지현 옮김, 『에덴의 용』, 사이언스북스, 2006, 17쪽.
71) 시라카와 시즈카, 윤철규 옮김, 『한자의 기원』, 이다미디어, 2009, 73쪽 참고.

신화는 무엇보다도 먼저 하나의 이야기이다

신화는 사람들 사이에서 이야기되고 읊어진다. 한국적 상황에 적용시킨다면, 무당(심방)은 굿판에서 신화, 즉 본풀이를 구송한다.

신화적 의식에서 작동하는 상모적 세계관[72]에 의하면, 신의 내력을 구송하는 것은 인간만이 아니라 다른 존재, 즉 보이지 않는 영혼이나 신에게도 영향을 미친다. 사람들 틈에서 이야기가 감응을 이끌어내는 것과 같은 방식으로 무당은 본풀이를 구송함으로써 신령의 감응을 이끌어내고자 하는 것이다.

제주도에는 "신의 본을 풀면 신나락만나락[73]하고 산 사람의 본을

───────────

72) 상모적 세계관은 4장 4절에서 보다 자세히 서술된다.
73) 신과 인간이 함께 즐거워한다는 뜻을 가진 제주어.

풀면 백년 원수가 된다."는 말이 있다. 신의 내력은 풀면 풀수록 영험함이 드러나고 사람의 내력은 풀면 풀수록 구린 구석이 드러날 것이라는 제주 사람의 삶의 경험이 묻어나는 말이다.

유명한 신화학자 미르치아 엘리아데는 "신화는 무엇보다도 먼저 하나의 이야기이다."라고 언명함으로써 신화의 본질과 그 기능을 짐작하게 한다. 말이 이야기가 되려면 신은 서술적으로 형상화되어야 한다. 말하자면 상상적으로 이야기(narrative)를 생산하고 줄거리(story)가 구성됨으로써 신은 형상화된다. 이 과정을 좀 더 도식적으로 정리해보자.

상상력을 발휘한다고 하더라도 그 근간은 삶의 현실이다. 삶의 현실에서 불가사의하고 미스터리한 상황에 직면했을 때, 현실의 지각으로는 모순과 갈등의 상황을 설명할 수 없을 때 신화적 의식이 발동한다.

신화적 의식이란 삶(생명)을 지속하고자 하는 무의식적 감정 그리고 그 감정이 불러일으키는 불가지의 힘에 대한 상상, 불가지의 힘이 현실적 인간의 불안과 두려움을 해소할 수 있다는 무의식적 희망이 역동적으로 작용하는 의식이다. 그런데 신화적 의식의 발동만으로는 이야기가 꾸려지지 않는다. 신의 이야기가 되기 위해서는 줄거리가 구성되어야 한다.

한국의 대표적인 신화 〈바리데기〉를 예로 들어보자. 바리데기 신화는 제주도를 제외한 한국 전역에서 전승되는 신화다. 지역에 따라 약간씩 다른 내용이 전개되기는 하나 줄거리 전체를 관통하는 핵심 내용은 일치한다. 즉 바리데기는 오구대왕의 일곱 번째 딸로 태어나

버려졌으나 오구대왕의 불치병을 낫게 하려고 온갖 난관과 인고의 시간을 보내면서 생명수를 구해 귀환한다는 것, 대왕의 병을 낫게 한 후에는 대왕의 보상을 마다하고 저승의 신으로 좌정한다는 것이다.

핵심 내용은 간명하나 이야기가 전개되는 과정에는 숱한 사건들이 얽혀 있다. 아들을 바라는 오구대왕의 욕망, 그에 어긋나는 연이은 딸의 출산, 욕망의 좌절로 인해 일곱 번째 딸을 버리려는 오구대왕과 갈등하는 부인, 겨우 바리데기라는 이름 하나 얻은 채 버려지는 딸. 이렇듯 한 생명이 태어나고 버려지기까지에도 사건과 사건의 연속이다. 사정이 이러니 누군가에게 발견되고 길러지는 과정의 사건이나 불치병을 치료할 생명수를 구하는 그 기나긴 여정의 사건이야 오죽하랴. 모순이 산재하는 삶의 현실 그리고 갈등·충돌하는 삶의 욕망, 욕망의 패러독스와 극으로 치닫는 대립구조, 모순을 해소하고 지양하는 힘 또는 계기, 이 모든 것이 사건의 연속이다. 결국 신화의 줄거리를 꾸미는 것은 행동이 만들어 낸 사건을 체계적으로 배치하는 것이다. 사건의 배치를 통해 줄거리는 균형과 질서를 회복하는 결말까지 종합적이고 통일적으로 구성된다.

오래전 아리스토텔레스는 『시학』에서 시인들이 어떻게 작품을 구상하고, 어떻게 플롯을 구성하는 것이 극의 효과를 높이는지에 대한 통찰을 밝히고 있다. 이 책에서 거론되고 있는 시인들은 그리스 신화를 전해온 서사시인들, 예컨대 호메로스, 소포클레스, 에우리피데스 등등이니, 결국 아리스토텔레스의 통찰은 신화의 줄거리를 꾸리는 원칙과 내용 및 그 통일성에 관한 것이다. 그는 당시의 비극에서 가장 중요한 요소가 플롯임을 '비극의 생명과 영혼은 플롯'[74]이라는 말로써 강조한다. 플롯이란 말 그대로 사건의 결합이다. 그러나 호메로스 등의 서사시인들은 사건과 관련된 모든 내용들을 일일이 취급하는 것이 아니라 이야기의 뼈대만 플롯으로 구성하고 나머지 사건들은 에피소드로 이용하는 점을 아리스토텔레스는 주목한다. 요컨대 그는 이야기가 청중의 감정을 이끌어내기 위해서는 처음과 중간 그리고 끝을 지닌 하나의 전체적이고 완결된 행위를 드러내야 한다는 것, 청중을 이야기로 이끄는 것은 급반전과 발견이라는 것, 그리고 불의의 사건 및 인과관계의 사건이 공포와 연민의 감정을 불러일으키는 효과가 가장 크다는 것 등을 말하고 있다.[75] 그리스 비극의 뮈토스(신화)에 관하여 리쾨르는 간명하게 다음과 같이 정리한다. "줄거리 구성은 다양한 사건들로부터 하나의 통일되고 완전한 스토리를 끌어내는, 말하자면 다양성을 하나의 통일되고 완전한 스토리로 변형시키는 통합적 역동성"[76]이다.

전승되어 오는 그리스 신화에 대한 아리스토텔레스와 리쾨르의 발언을 감안하면, 신화는 '신'이라는 개념에 방점이 실리는 것이 아니라 무엇보다 하나의 '이야기'라는 점에 방점이 찍혀야 한다. 또한 그 이야기는 주저리주저리 읊어내는 이야기가 아니라 듣는 이로 하여금 인간

---

74) 아리스토텔레스, 손명현 옮김, 『시학』, 동서문화사, 2009, 555쪽.
75) 위의 책, 555~569쪽 참고.
76) 폴 리쾨르, 김한식·이경래 옮김, 『시간과 이야기 2』, 문학과 지성사, 2000, 25쪽.

의 본성을 자극하고 감정을 일으키게 하는 잘 짜인 이야기이고, 실제로 일어난 일이라기보다 사람살이에서 일어날 만한 이야기이다.

신화의 독특한 논리

그런데 놀랍게도 신화에서 줄거리가 구성되는 원리는 오늘날 스토리텔링의 원리와 맞닿아 있다. EBS 다큐프라임 '이야기의 힘' 제작팀이 출간한『이야기의 힘-매혹적인 스토리텔링의 조건』에는 재미있는 이야기의 조건을 다섯 가지로 제시하는데, 내용의 핵심을 요약하면 다음과 같다.[77]

첫째, 사건과 갈등이 뚜렷한 탄탄한 구조가 재미있는 이야기를 만든다.

둘째, 탄탄한 갈등과 사건의 구조 속에서 그 갈등과 사건을 만들어내는 등장인물들은 각각의 캐릭터가 명확해야 한다. 특히 주인공과 적대자의 경쟁구도가 명확해야 하고 주인공의 욕망과 적대자의 욕망이 끊임없이 대치하도록 해야 한다. 이때 주인공 못지않게 적대자의 힘 또한 강렬해야 한다.

---

[77] EBS 다큐프라임 '이야기의 힘' 제작팀,『이야기의 힘: 매혹적인 스토리텔링의 조건』, 황금물고기, 2011, 40~90쪽 참고.

셋째, 예상을 뒤집어엎는 반전과 반전으로써 청자(관객)에게 의외성을 느끼게 함과 동시에 결말도 예상 밖이어야 한다.

넷째, 비극적 소재로써 청자(관객)를 이야기 세상 속으로 깊이 빠져들게 해야 한다.

다섯째, 청자(관객)에게 조바심과 위태함, 분노와 기쁨의 감정을 느끼게 하는 아이러니[78]를 활용해야 한다.

이 다섯 가지 조건은 아리스토텔레스가 『시학』에서 극의 효과를 높이는 방법으로 제시하는 내용과 크게 다르지 않다. 앞에서 언급한 바리데기 신화에서도 매혹적인 스토리텔링의 다섯 가지 조건이 확인된다. 오랜 시간 생명력을 잃지 않고 전승되어 온 세상의 모든 신화도 매혹적인 스토리텔링의 조건을 갖추기는 마찬가지일 것이다.

고대부터 지금까지 호모 나랜스, 즉 이야기하는 존재로서의 인간 의식의 심층구조, 즉 생명과 삶을 영속적으로 지켜나가고자 하는 인간의 무의식적 욕망은 동일한 것으로 보인다. 시대를 막론하고 팍팍한 삶의 현실이 반영된 이야기, 그 안에서 욕망이 충돌하고 비극적인 대립과 갈등이 일어나지만 그래도 삶을 보존하고자 하는 희망의 불씨가 꺼지지 않는 완결된 이야기는 늘 사람들의 가슴에 새겨져 왔다.

---

[78] 여기서 '아이러니'는 무엇인가 어긋나 있는 것, 관객은 알고 주인공은 모르고 있는 사실을 의미한다. (위의 책, 86~87쪽 참고)

신화로부터 오늘날의 숱한 사람들을 감동시키는 드라마나 영화가 그렇다.

완결된 이야기를 꾸린다는 점에서 신화는 상당히 논리적이다. 물론 '논리'는 일반적 의미에서는 로고스로서의 말이 이어지는 법칙성을 의미한다. 게다가 신화, 즉 뮈토스는 논리적 언어인 로고스(logos)와 대립되는 말이다. 일반적 정의에 따르면, 감성적인 언술인 뮈토스는 비논리적이다. 신화는 현실적이지 않은 시간과 공간을 배경으로 하고 현실적 경험의 맥락에서 벗어난 불가사의한 사건들이 배치된다는 점에서 분명 합리적이지는 않다. 그러나 신화에서 각각의 사건들이 연관성 안에서 배치되고, 배치된 다양한 사건들로부터 전체 줄거리가 통합적으로 구성된다는 점에서 신화의 서사구조에는 신화만의 독특한 논리가 성립한다.

신화가 논리적으로 구성되어야 한다는 것은 불확실한 세계 현상을 확실하게 정립하는 방식이다. 특히 한국 신화에서 이야기의 완결점은 주인공이 신으로 좌정한다는 결말이다. 신화를 만들어내었던 인간의 욕망에 비추어보면, 신격을 획득한다는 것은 인간의 염원에 부응하는 것이고, 이야기 완결점으로도 충분한 것이다. 신화에 있어서 이야기의 완결을 통해 세계를 확실하게 정립하고자 하는 것은 바로 호모 사피엔스의 욕망이다.

이야기가 어떻게 ——————————— 3.
감정을 통일하는가?

신화의 설득력과 해석학적 공동체

인간은 누구나 이야기한다. 이야기하기는 인간의 본능이다. 그러나 무턱대고 이야기하지는 않는다. 개개인은 자신의 이야기를 들어줄 만한 대상에게 이야기한다. 사적인 이야기는 더욱 그렇다.

왜 이야기하기는 대상을 가리는가? 감정을 공유하고 경험을 공유하기를 바라기 때문이다. 앞에서 언급했듯이 경험하지 못한 것을 마치 경험한 듯 느끼게 하는 것이 이야기의 힘이지만, 모든 이야기가 공감의 힘을 지니는 건 아니다. 이야기가 힘이 되기 위한 조건 중에는 경험과 그로 인한 공감의 기반이 있어야 한다.

특정한 지역에서 전승되는 신화는 그들의 공통된 삶의 현실에 대한 공감이 기반이다. 신화는 실존적 삶을 수호하기 위해 마련된 이야기인 까닭에 그 현실에 놓여 있는 이들에게 설득력을 지닌다. 신의 이야기를 통해 인간은 자신에게 놓인 현실, 자신이 봉착한 모순을 더 깊고 풍부하게 이해할 수 있는 가능성을 획득한다.

신화의 설득력은 그 이야기가 수용자에게 '의미'를 부여한다는 사실에 기인한다. 의미는 궁극적으로 현실의 삶을 살아내야 하는 인간이 받아들여야 하는 가치이다. 신화를 공유하는 사람들은 이야기를 통해 '어떻게 살아야 하는가'에 관한 가치판단을 획득한다. 말하자면 신화적 시간과 공간이 허구적이기는 하나, 신화를 대면하는 사람들은 그 시간과 공간을 허구적으로 경험함으로써 오히려 상상적인 초월적 세계에서 삶의 현실을 실존적으로 이해하게 된다고 하겠다. 이 점을 제주도의 예를 들어 풀어보자.

'바람 많은 섬' 제주도에서는 바람신 영등할망에 대한 믿음이 강하다. '바람 많은 섬'이란 말은 제주인이 스스로 제주도를 이해하는 핵심어 중 하나이다. 제주인에게 바람은 일상에서 늘 마주치는 위력적인 자연이기에, 제주인들은 순응과 극복의 지혜를 축적하면서 바람과 관련된 독특한 신앙 문화와 생활 문화를 형성해 왔다.

〈영등할망본풀이〉에 따르면, 영등할망은 음력 2월 초하루에 바다를 건너 제주도로 들어와 바다밭과 땅의 밭에 온갖 씨를 뿌리고는 2월 15일에 제주도를 떠난다. 제주 사람들은 삶을 풍요롭게 해주는 영등할망이기에, 이 바람신이 제주섬에 도래하는 기간에는 신을 노엽게 하지 않도록 여러 가지 금기를 지키면서 영등굿을 지낸다. 과거에는 제주도 전역에서 영등굿이 행해졌을 것으로 추정되나, 역사 과정의 변화 속에서 영등신앙의 양상은 변화되었다. 현재는 대체로 해안 마을에서 영등신앙의 명맥이 유지되는 실정이다.[79] 신앙의 양상이 변화되었음에도 영등신과 연관된 각종 금기가 생활문화로 정착해 온 역사는 신화와 실존적 삶의 연관을 여실히 보여준다.

이렇듯 특정한 사회의 생활문화 및 생활의식, 그 사회구성원들의 집단심리는 그들끼리 공유하는 이야기, 특히 그들끼리 공유하는 신의 이야기에 녹아 있다. 그렇기에 신화는 그 신화를 전승하는 집단에게는 언제나 진리일 수 있는 것이다. 공동체에서 전승되고 있는 신화에 담겨 있는 존재 이해를 통해 자신을 이해하고 또 거기에 함축된 가치에 의해 가치판단과 행위를 이끌기 때문이다. 신화에 대한 서술적 이해력은 전승된 문화 안에서 성장한다.

사정이 이렇다면, 신화에서 그 본질을 드러내는 것은 등장인물이 아니라 서술적 이해를 불러일으키는 '이야기' 그 자체 아닌가. 공동체 안에서 '이야기되는' 사실이 이야기의 '진리성'을 이미 담보하고, 그 이야기의 주인공이 겪는 경험, 즉 갈등, 혼동, 모험, 시련, 결단, 보상 등등의 경험은 자신들의 삶의 재현으로서 이야기를 듣는 자의 서술적 이해를 가능하게 한다.

사실 신화에는 부인할 수 없는 자신의 삶의 모습이 있다. 그러기에 그 이야기를 통해서 자신의 삶의 얼개를 맞추어간다. 이야기가 공유되는 공동체 안에서 자신을 이해하고 자신의 자리를 잡아가는 것이

---

79) 자세한 내용은 「바람과 제주도 영등신앙」(하순애, 『제주도연구』 제33집)의 〈3장 제주도 영등신앙의 역사적 맥락〉 참고.

다. 우리가 흔히 소설에서 삶의 복잡한 양태를 만나고 그런 만남의 체험으로부터 내적인 변화를 겪는 것도 이와 크게 다르지 않다.

　신화가 지니는 설득력은 신화가 우리의 삶의 모습에 기반해 있다는 사실에 그치지 않는다. 신화에 등장하는 인물들은 초월적 존재임이 전제되어 있고 그래서 인간이 할 수 없는 행위를 하지만, 그런데도 우리와 너무 닮았다. 신들이 제각각 욕망을 드러내며, 사랑을 갈구하고, 기쁨과 슬픔을 느끼며, 분노하고 질투하는 모습은 평범한 우리와 크게 다르지 않다.[80] 동시에 신화에서 사용되는 상징이나 은유는 신화에 내재하는 초월적 차원에 생생하게 참여하는 느낌을 준다.[81] 신화를 들으며 사람들은 쉽게 공감하고 또한 쉽게 현실이 아닌 다른 세상의 이야기를 받아들이며, 그 이야기에서 삶을 예측하고, 삶의 방향

---

[80]　이론물리학자인 브라이언 그린은 신화가 지닌 설득력에 대해 다음과 같이 쓰고 있다. "신화에는 주인공의 행동과 감정이 매우 과장되어 있지만 직관에 위배되는 요소가 한두 개를 넘지 않았기 때문에 긴 세월을 걸쳐 전수될 수 있었다. 주인공이 산을 들어서 옮기고, 동물로 변신하고, 신과 맞대결을 한다고 해도 외모와 성격, 사고방식 등이 우리와 비슷하면 별 문제 없다. 신화의 주인공들이 초인적인 능력을 갖고 있으면서도 평범한 인간처럼 사소한 일에 기뻐하고 슬퍼하고 질투하고 분노하는 것은 바로 이런 이유 때문이다"(브라이언 그린, 박병철 옮김, 『엔드 오브 타임』, 와이즈베리, 2021, 264쪽)

[81]　신화학자 조지프 캠벨은 초월의 현실성에 참여한다는 느낌을 주는 것이 은유와 상징의 고유한 특성이라고 하면서 은유를 통해 힘을 얻는 상징은 단순히 무한의 관념이 아니라 특정한 형태로 무한이 실현되는 사건을 전달한다고 한다. (조지프 캠벨, 유진 케네디 엮음, 박경미 옮김, 『네가 바로 그것이다』, 해바라기, 40쪽)

타를 설정하고, 여러 가치판단을 이끌어내기도 한다.

이런 물음을 던지는 사람도 있다. "신화에는 왜 엄청난 불행, 곤란, 시련, 죽음 같은 극단적 요소가 단골처럼 등장하는 것일까?" 이유는 간단하다. 그것이 인간 삶의 양상이기 때문이다. 또 극단적인 갈등과 위험은 이야기를 맛깔나게 하는 핵심 요소이기 때문이다. 특정한 지역의 풍토성 및 역사성에 상응하는 극적인 요소가 신화의 줄거리에 적절히 배치되면 신화의 설득력, 공동체의 서술적 이해력이 한껏 발휘된다. 그리하여 신화를 공유하는 특정 지역은 해석학적 공동체가 된다.

신화의 줄거리는 변모한다

신화는 상상력으로 만들어진 신의 이야기이다. 이야기를 통해 혹은 줄거리 구성을 통해 신은 구체적으로 형상화된다. 그런데 신화의 줄거리는 처음 형상화한 그대로 전승되는 것만은 아니다. 역사적 맥락, 사회문화적 맥락에 따라 신화는 부분적으로 줄거리가 바뀌기도 하고 사건의 묘사가 변형되기도 한다. 말하자면 신화에서 삶의 뜻을 풀어내는 맥락은 부분적으로 바뀐다. 여기서 부분적이라는 단서를 붙이는 까닭은 신화의 근저에 놓인 신화적 의식이라는 원형(archetype)[82]

---

[82] 어느 민족이나 인종이 같은 유형의 경험을 반복하는 동안 일정한 정신적 반응을 나타내게 되어 특유의 집단적·무의식적 경향을 지니게 된다. 그것을 구체화한 것이 원형(archetype)이다. 특정한 집단의 원형은 신화나 전설에 많이 나타난다.

이 바뀌는 것은 아니기 때문이다.

　제주도 농경 기원 신화로 알려진 〈세경본풀이〉를 예로 들어 신화의 줄거리 변형을 들여다보자. 〈세경본풀이〉는 한마디로 자청비의 사랑 이야기이다. 물가에서 이루어진 자청비와 문도령의 우연한 만남, 자청비의 능동적 행동으로 이루어진 삼 년의 수학(修學) 동행, 석연찮은 이별, 헤어진 사랑을 찾아가는 여정에서 겪게 되는 시련과 모험, 모험의 보상으로 되찾는 사랑과 귀향이 대강의 줄거리이다. 여기서 주인공은 두말할 것 없이 자청비이다. 전체 줄거리가 자청비를 축으로 하여 전개되고 있기 때문이다. 게다가 〈세경본풀이〉 전반에 걸쳐 자청비의 행동은 능동적이나, 문도령은 수동적이기 짝이 없다. 요즘 식으로 말하면 자청비는 단독 주연이고, 문도령은 무늬만 주연일 뿐 조연급에 불과하다. 따라서 〈세경본풀이〉가 농경을 관장하는 신의 일대기를 다룬 신화인 한, 최고의 농경신은 자청비라야 아귀가 맞다. 그런데 세경본풀이 말미는 전반적인 줄거리에서의 비중과는 달리 문도령이 상(上)세경, 자청비는 중(中)세경으로 좌정한다. 하(下)세경은 〈세경본풀이〉의 또 다른 조연인 정수남이다.

　아귀가 맞지 않는 위상의 전복. 이는 분명 어떤 역사적 맥락에서 줄거리가 변모된 것일 터이다. 이쯤에서 독자는 그 어떤 역사적 맥락이 남존여비 이데올로기임을 쉽게 짐작했을 것이다.

　남존여비사상은 남성이 국가권력을 장악한 수천 년을 관통하는 사회통념이다. 특히 조선조 오백 년의 사회질서 및 정치질서는 남존여비사상을 근간으로 강화되었다. 그렇다면 도대체 어느 시점에서 자청비의 위상이 격하되었을지 짐작하기 어렵지 않다.

그러나 기록도 채록도 없는 상황에서 그 정확한 시점을 알 도리는 없다. 다만 제주도는 조선조에서도 성리학적 질서가 제대로 침윤되지 못한 사회였다는 점, 제주의 생활 문화로 추론하건대 제주도는 성평등 문화가 지배적이었다는 점은 신화 줄거리 변형의 시기를 짐작하게 한다. 제주도에서는 육지부와 달리 18·19세기에야 비로소 유교적인 문화가 생활 문화에 조금씩 등장하기 시작했다.[83] 딱히 적극적인 행위 없는 문도령이 상세경으로 좌정하는 것은 유교적 관념의 유포가 일어난 그때쯤 아닐까.

생활세계에 새로운 이데올로기가 강력한 힘으로 개입하게 되면 행동의 의미를 푸는 틀이 바뀐다. 남존여비 이데올로기라는 새로운 틀에 의하면, 비록 자청비가 천신만고 끝에 옥황에서 곡식의 씨앗을 구하고 남편인 문도령과 함께 귀향하는 공을 세웠다고 해도 공의 큰 몫은 남편인 문도령에게 넘겨주어야 마땅하다. 〈세경본풀이〉는 새로운 의미의 틀을 담아내야 했을 것이고, 상세경 문도령의 위상은 그렇게

---

83) 제주도민들은 조선조에서도 유교적 사유체계를 크게 받아들이지 않고 제주 전통 신앙인 무속에 기반을 둔 생활 의식과 생활 문화를 유지하였다. 이에 제주사회를 유교적 사회로 변화시키고자 했던 이형상 목사는 1702년 제주도 전역의 신당을 파괴하게 된다. 이 사건은 제주사회가 18세기 초까지 유교적 사회가 되지 못한 하나의 증거라 하겠다. 자세한 내용은 하순애, 「18세기 초 제주인의 신앙생활과 신당 파괴사건」(『탐라순력도연구논총』, 제주시·탐라순력도연구회, 2000) 참고.

형상화되었을 것이다. 본풀이를 통해 삶의 뜻을 찾았던 제주 여인들은 또 그렇게 자신의 현실을 꾸려갔을 것이다.

신앙의례의 문화적 형식이 감정의 통일을 이뤄낸다

앞에서 제주 신화는 무가이고 본풀이라 일컬어진다고 말한 바 있다. 원래 무가는 옛이야기 말하듯 아무 곳, 아무 때에 부르는 것이 아니다. 무가가 읊어지는 곳은 무속의례인 굿이다.

현실적 차원에서 복락을 추구하는 것, 즉 무당(심방)을 매개로 신령과 교섭하고 감응함으로써 제액초복을 기원하는 것이 굿의 목적이다. 굿이 행해지는 장소는 굿의 목적에 따라 유동적이다. 마을 단위로 신이 좌정해 있다고 관념하는 당(신당)에서 행해지는 굿을 당굿이라 한다. 한편 신앙민이 스스로 하는 개별적인 비념이나 심방을 청해서 하는 굿은 목적에 따라 다양한 장소를 선택하여 행해진다.[84] 굿이 행해지는 모든 장(場)은, 그 순간에 신앙공간이 된다.

거주하는 집이나 마을의 특정 장소 등 일상적인 공간일지라도 굿이 행해지는 그 순간은 이미 일상적 공간이 아닌 성스러운 공간이다. 성스러움이라는 의미가 부여되는 공간은 굿 참여자의 경험을 보다 특

---

84) 굿은 그 목적에 따라 다양한 장소에서 행해진다. 구체적인 내용은 하순애, 「제주여성의 전통신앙공간」(『제주여성의 삶과 공간』, 제주특별자치도 여성특별위원회, 2007) 참고.

별하게 하는 힘[85]이 있다.

우선 신앙공간 경험에서 시간은 일상적 시간 '흐름'으로부터 단절된다. 굿이 삶의 결핍과 고통을 충족시키기 위해 신력(神力)에 접근하는 행위인 한, 시간은 일상의 흐름으로부터 벗어나 초월적이고 성스러운 시간으로 전환된다. 시간의 전환은 신화, 즉 무당(심방)이 무가를 구송함으로써 가능해진다.

성스러운 시간과 공간에서의 경험은 신앙과 관련된 행위 및 관념을 형성하는 것에 그치는 것이 아니다. 신의 내력, 마을의 내력, 세상이 존재하게 된 내력, 생명과 죽음 그리고 고통과 복의 내력 등 본풀이의 내용 그리고 굿의 형식과 절차는 암암리에 굿에 참여한 이들의 행동과 의식에도 영향을 미친다. 어떻게 이것이 가능한가?

굿의 내용과 형식은 개개인이 자의적으로 만들어내는 것이 아니다. 그것은 문화적으로 '이미' 결정된 것, 즉 하나의 **문화적 형식**이다.[86]

---

85) 인간의 모든 행위는 공간적 구조에서 성립하고, 각각의 공간 구성과 연관하여 시간이 다루어지는 방식이 달라진다. 단적으로 말하면 인간의 경험은 공간과 시간의 경험이고, 그러한 경험 속에서 삶의 방식이 형성되어 가는 것이다.

86) 모든 의례의 형식과 절차에 참여하는 것은 어떤 분명한 '자격'을 요구하는데, 개인이 의례에 참여한다는 것은 이미 의례가 요구하는 자격을 갖추었다는 것, 그리고 그 자격에 맞는 '역할'을 수행할 것을 내면적으로 수용하였음을 의미한다. 이런 점에서 의례는 특정한 사회의 질서를 구축하고 문화를 재생산하는 은밀하고도 강력한 사회적 메커니즘인 것이다. 이러한 의례의 본질적 기능은 신앙의례에 있어서는 더욱 강화된다.

따라서 굿을 접한다는 것은 이미 결정된 문화적 형식과 접촉하는 것이다. 더욱이 굿이라는 신앙의례의 특성상 굿에 함축된 문화적 상징들은 참여자에게 상징적 세계에 대한 **감성적 반응**을 일으키면서 삶의 지식으로 내면화된다.

제주도의 당굿을 구체적인 예로 삼아[87] 신화가 어떻게 감정을 결합시키는지, 어떻게 의식과 행동에까지 영향을 미치는지 짚어보자.

당굿에 참여하는 자는 무엇보다도 본향신을 조상으로 섬기는 자손의 자격을 지닌다. 말하자면 그 마을 태생이거나 결혼 혹은 이주를 통해 그 마을에 거주하는 사람으로서 본향신을 조상님으로 신앙하는 의지를 가져야 한다. 또한 특정신을 신앙한다는 것은 금기를 지켜야 한다는 자격을 전제한다. 특히 무속신앙에서 신앙되는 신은 공통적으로 재앙신적 성격이다. 말하자면 그 성격상 선신(善神)인 신도 잘 모시지 않으면 신앙민에게 벌을 내리는 존재이다. 따라서 금기를 적극적으로 수용한다는 것은 신에게 기원하기 위한 일차적 조건이다. 금기의 내용은 다양하다. 신과 교섭하기 위한 시간의 금기, 신과 교섭할 수 있는 장소의 금기, 제물에 있어서의 금기, 행위와 말의 금기 등이 그것이다. 신앙민은 시간과 공간의 금기를 지킴은 물론이고 부정한 행위를 하지 않도록 정성을 다해야 한다. 만약 부정한 짓을 하거나 부정한 음식을 먹거나 부정한 것을 보았을 경우는 '몸을 버렸다'고 하여 당굿에

---

[87] 여기서 당굿의 예를 드는 것은 이 글의 주제를 전개하기 위한 것이므로, 당굿의 세세한 절차에 대해서는 논하지 않는다.

〈사진5〉 조천읍 와흘리 당굿에서 각자 준비해 온 제물을 제단에 진설하고 있다.

참석하지 못한다. 그래서 당굿에 참석하고자 하는 사람은 '몸을 버리지 않도록' 정성을 다해야 한다.

정성으로 금기를 지키는 것은 신앙의례인 당굿에서 정성으로 기원하기 위함이다. 여성들은 정성으로 기원하기 위해 정성스럽게 제물을 준비하여 본향신 앞에 진설한다. 여성들은 기원해야 할 가족의 이름과 생년월일을 적어 심방을 통해 신 앞에 열명(列名)한다.

'본향듦'88) 국면에서 여성들은 일시에 일어서서 격렬한 춤을 추며

---

88) '본향듦'이란 본향신을 청하여 기원하고 놀리는 제차인데, 이때 심방은 마치 본향신이 들어오는 것처럼 위엄을 지니며 격렬한 동작을 한다.

들어오는 심방을 향해 엄숙하고도 진지하게 절을 하거나 합장을 한다. 이 순간 본향당은 경외의 공간이 된다. 본향신을 청하여 빌고 마을 전체의 무사안녕을 점치는 '도산받음'의 국면에서, 신앙민들은 심방이 신칼점과 산판점을 하는 몸짓 하나하나를 긴장하여 바라본다. 드디어 심방이 점을 쳐 알아낸 신의 말을 전해주는 '분부사룀'의 국면에서는 "조상님이 막아줍서.", "고맙수다."가 연발된다. 마을의 안녕을 기원하는 이 순간, 당굿에 참여한 모든 여성들은 온전히 운명공동체가 된다. 당굿의 마지막 국면에는 각자 자기 집안의 길흉을 점치는 '각산받음'을 하는데, 이때 여성은 온전히 집안의 안녕을 도맡는 책임자가 된다. 이렇듯 정성으로 기원하는 몸짓은 굿이 끝난 후까지 이어진다. 각산을 받은 후 여성들은 제각기 흩어져 가는데, 서로 인사하거나 말하는 법 없이 총총히 사라진다. 이때 말을 하면 본향신에게 축원한 것이 무효하며 궂은 일이 생긴다는 믿음 때문이다.

간략히 살펴본 당굿의 과정에서 우리는 당굿에 참여한 여성의 경험 내용을 추출할 수 있다.

우선 여성은 금기를 지키는 정성과 당굿이라는 의례 과정을 통해 자신의 정체성을 획득하고 확인한다. 여성 각자는 노동의 주체, 가족의 안녕을 기원하는 주부, 마을의 구성원, 신앙하는 대상신의 수호를 받는 자손이라는 자격으로 당굿에 임하며, 그러한 자격이 곧 자신의 정체성을 구성하게 되는 것이다. 달리 말하면 여성이 신앙공간에 임하는 이 자격은 가족공동체, 생활공동체, 생산공동체, 신앙공동체라는 연대성에서 규정된 것이고, 연대성의 구조에서 규정된 역할과 의

무에 따라 신앙행위를 하게 된다. 따라서 각 여성은 신앙공간의 경험을 통해 개별자로부터 관계적 존재로, 나아가 제주의 공동체 문화를 내면화한 여성으로 거듭나는 것이다.

또한 신앙공간은 그 공간에서 상징되는 관념을 중추로 하는 하나의 사회적 세계를 구축한다. 당굿의 국면이라면, 본향신을 중심으로 하여 매인심방과 단골인 여성들이 하나의 사회적 세계를 구축하는 것이다. 심리적인 측면에서 사회란 개인의 의식과 의식 간의 심리적 관계이다. 따라서 사회적 세계란 감정이입적 관계이며 서로 모방하는 관계이다. 본향신에 대한 신앙과 공동의례인 당굿의 실수(實修)를 통하여 여성들은 자신의 가족과 마을 그리고 생산공동체와 신앙공동체에서 자신이 맡아야 할 역할을 재확인하며, 동시에 감정이입적으로 서로 하나됨을 느끼며 공동체에 대한 신뢰감을 형성하게 된다. 다시 말하면 의례에 내포된 의미들을 의례과정을 통해 내면적으로 경험함으로써 여성들은 우리감정(we-feeling), 역할감정(role-feeling), 의존감정(dependency -feeling)[89]이라는 지적 공감을 이루면서, 동시에 '제주여성으로 살아가는' 정신성을 고양하게 된다.

---

89) 이원규는 공동체 구성원이 느끼는 감정을 우리감정, 역할감정, 의존감정으로 구분하면서, 우리감정은 공동체의 구성원이 서로 하나됨을 느끼는 것이고, 역할감정은 구성원 각자가 공동체 안에서 의미 있는 하나의 몫을 차지하고 있다고 느끼는 것이며, 의존감정은 구성원이 소속되어 있는 공동체에 대한 신뢰감을 나타내는 것이라고 설명한다. (이원규, 『종교사회학의 이해』, 사회비평사, 1997, 65쪽 참고)

〈사진6〉 구좌읍 월정리 당굿에서 격렬한 춤을 추는 심방과 본향신을 경배하는 여성들

다른 한편 금기를 지키는 것으로부터 신앙의례의 각 국면마다 취해야 하는 행위방식들은 모두 제액초복을 위한 실천적 행위들이다. 이러한 행위들에서 이미 여성은 '제주 여성으로 살아가는' 의무를 이행하고 있는 것이다. 또한 이 행위가 이미 사회적으로 규정된 것이라는 점에서, 여성은 연대성의 구조가 자신에게 기대하는 실천을 하고 있는 것이며, 나아가 제주 여성으로 살아가는 실천성을 자신의 의무로 내면화하게 되는 것이다. 의무감이란 자아가 자기 자신에게 기대하는 감정 그 이상은 아니기 때문이다.

이렇듯 여성들은 전통신앙공간이라는 '이미' 있는 장소와 그 장소

〈사진7〉 당굿의 막바지에 집안의 길흉을 점치기 위해 자신의 순서를 기다리고 있는 여성들

성을 담지한 문화적 형식을 경험함으로써 그들의 공동체와 그들의 신앙에 대하여 일체감을 가지며, 동시에 자기 자신의 신체적·정신적 통일의 감정을 형성한다. 그러한 감정에 의해서 제주 여성의 정신성과 신체성은 재생산되어 왔던 것이다.[90]

90) 당굿을 예로 들어 특정 집단의 구성원이 감정의 통일을 이루는 것을 밝히는 이 글
    은 「제주여성의 전통신앙공간」(하순애, 『제주여성의 삶과 공간』)의 4절〈전통신앙
    공간에서 재생산되는 제주여성의 정신성과 신체성〉의 일부를 재수록한 것이다.

삶의 신비를 느끼게 하는 ——————————— 4.
은밀한 이야기

삶의 노래, 생명의 노래

죽음은 경험 밖의 문제이다. 때로는 타인의 주검을 볼 수도 있고, 주검을 보면서 죽음을 상상할 수는 있다. 그러나 죽음 자체를 경험하는 것은 아니다. 죽음은 "더 이상 살아 있지 않다."라는 사실을 통해 우회적으로만 인지될 뿐이다. 더더욱 자신의 죽음은 스스로 경험할 수 없다.

삶은 어떤가? 죽음과 달리 삶은 경험의 문제인가? 그렇지만은 않다. 생명을 가진 개체는 환경에 놓여 있다. 각자의 삶은 외부 환경과의 연관에서 살아진다. 각자는 삶을 잘 꾸리고자 두루두루 환경을 살피지만, 자신의 삶이 직조되는 물리적·비물리적 환경을 모두 지각적으로 경험하지는 못한다. 결국 삶 자체도 경험 밖의 문제일 수밖에 없다.

여기에 철학 그리고 신앙 및 종교의 역할이 있다. 경험 밖의 문제이기에 철학은 삶과 죽음의 의미를 탐구한다. 신앙 및 종교는 삶과 죽음의 문제를 믿음으로써 해결한다.

신화는 단적으로 **생명을 영속하고자 하는 희망의 이야기**이다. 신화에는 생명을 위협하는 것들을 방어하면서 생명을 보존하고자 하는 원리가 근간에 깔려 있다. 이 원리는 인간의 무의식적 욕망의 반영이다. 그래서 인간의 무의식적 욕망이 만들어낸 신화는 삶의 노래이고 생명의 노래이다.

삶이 있는 모든 곳에 죽음의 이야기가 있다. 생명을 지키고자 하는 욕망은 죽음이 생명의 끝이 아니라는 이야기를 지어내었다. 인간의 상상력은 저세상이라는 또 다른 공간을 만들어냄으로써 죽음을 넘어서는 희망을 확보한다. 신화에서는 죽음마저도 삶의 또 다른 신비이다.

제주 신화에서 삶이 꾸려지는 집과 관련된 〈문전본풀이〉와 죽음과 관련된 〈차사본풀이〉를 매개로 하여 삶의 신비를 느끼게 하는 이야기를 해 보자.

여성의 자궁을 아기집이라 일컫는 것처럼, 집은 사람을 살리는 공간이다, 〈문전본풀이〉는 이 공간을 지켜주는 각각의 신들의 좌정 과정에 대한 이야기이다. 이야기의 대강은 이렇다.

부부인 남선비와 여산부인에게는 일곱 아들이 있었으나, 살림이 몹시 궁했다. 여산부인은 남선비에게 배를 구해 곡물 장사를 하여 살 도리를 찾자고 하였다. 배 한 척을 마련하여 길 떠난 남선비는 육지에 닿자마자 간악하기로 소문난 노일저대귀일의 딸의 유혹에 빠졌다.

노일저대귀일의 딸의 농간으로 장사 밑천을 모두 털린 남선비는 거적대기 움막에서 눈먼 병자가 되어 노일저대귀일의 딸에게 빌붙어 살고 있었다.

몇 년째 남편을 기다리던 여산부인은 아들들에게 배 한 척 지어달라고 하여, 남편을 찾아 헤매고 다녔다. 겨우 움막에서 남편을 찾은 여산부인은 남편과 함께 고향으로 돌아오려 했다. 하지만 노일저대귀일의 딸은 여산부인을 물속에 밀어 넣어 죽이고는 자신이 여산부인 행세를 하였다. 눈이 먼 남선비는 여산부인이 죽은 걸 알아채지 못하고 노일저대귀일의 딸을 여산부인으로 알았다.

여산부인 행세를 하며 집으로 돌아온 노일저대귀일의 딸은 아들 일곱을 죽일 계략을 세웠다. 짐짓 자신이 아들 일곱의 간을 먹어야만 낫는 병에 걸린 것으로 남선비를 속여, 남선비가 아들 일곱을 죽이도록 재촉했다. 막내아들인 녹디생이가 계모의 계략을 알아채고는 멧돼지의 간으로 계모를 궁지에 몰아넣어 사태를 해결하였다.

일곱 아들은 서천꽃밭의 환생꽃을 구해 어머니를 살려내어 따뜻한 부엌의 조왕신으로 좌정시켰다. 남선비는 놀라서 달아나다 정낭에 부딪쳐 죽으니 주목지신(柱木之神)이 되었다. 노일저대귀일의 딸은 얼떨결에 변소간으로 도망가 목매여 죽으니 측신(廁神)이 되었다. 첫째 아들은 동방청대장군, 둘째 아들은 서방백대장군, 셋째 아들은 남방적대장군, 넷째 아들은 북방흑대장군, 다섯째 아들은 중앙황대장군이 되고, 여섯째는 뒷문전(뒷문의 신), 막내인 녹디생이는 일문전(앞문의 신)이 되었다.

요컨대 〈문전본풀이〉는 집 곳곳에 신이 좌정하게 된 내력을 말함으로써 집은 삶을 꾸리는 곳, 생명을 지키는 곳임을 말한다. 집에서 살아가는 이들의 삶이 온전할 수 있는 것은 가옥을 지키는 신들 덕분임을 말한다. 특히 집안에 들이닥친 불운을 결정적으로 해결한 막내아들 녹디생이가 좌정한 일문전의 중요성도 말한다. 요즘 말로 바꾸면 일문전은 현관신이다. 지금도 제주도에서는 명절 차례나 기제사를 지낼 때, 또 혼인 등의 특별한 행사가 있을 때 문전상을 따로 차려 문전제를 지낸다. 한국에서도 유일하게 제주도에서만 지내는 의례이다.

그런데 〈문전본풀이〉는 집의 평안만 말하고 있지 않다. 경이로운 이야기, 듣기에 따라서는 괴이한 이야기가 또 있다.

일곱 아들은 측간에서 죽은 노일저대귀일의 딸의 몸을 산산이 해체한다. 목을 자르고 입을 째어서 돗도고리(돼지밥통)를 만들고, 양 허벅다리를 잘라서 디딜팡(디딤돌)을 만든다. 머리털을 뽑아 바다에 던져 해조류를 만들고, 입을 잘라 던져 솔치(악구)를 만든다. 발톱과 손톱을 잘라 던지니 쇠굼벗, 돌굼벗이 되고, 배꼽을 잘라 던지니 굴맹이가 되었다. 하문(下門)을 잘라 던지니 전복이 되었고, 똥구멍을 잘라 던지니 말미잘이 되었다. 간을 뽑아 던지니 해삼이 되고 귀를 잘라내 날리니 소라가 되었다. 남은 건 갈아서 바람에 날리니 이도 되고, 벼룩도 되고, 모기도 되고, 뱀도 되고, 지네가 되었다.[91]

---

91) 진성기,『제주도무가본풀이사전』, 민속원, 1991, 111~131쪽 참고.

그렇다! 〈문전본풀이〉는 아들이 어머니를 죽인 계모를 응징하고 복수하는 이야기가 아니다. 인과응보나 권선징악 류(類)의 이야기가 아니다. 놀랍게도 삶이 꾸려지는 세상의 만물이 만들어지는 이야기가 여기 있다. 〈문전본풀이〉는 생명 세계의 창조를 말하는 생명의 노래인 셈이다.

어느 강의에서 〈문전본풀이〉 이야기를 했을 때이다. 노일저대귀일의 딸의 몸이 화생(化生)하는 얘기를 듣더니 한 수강자는 섬뜩한 표정을 지으며 말했다. "아, 이제부터 징그러워 전복 못 먹겠어요." 그 말은 와르르 웃음을 터지게 했으나, 이어지는 질문에는 모두 진지하게 고개를 끄덕였다. "왜 하필 그리 악한 여자의 몸에서 화생이 일어납니까?"

물음을 던져둔 채 〈차사본풀이〉를 마저 보자.

죽음의 노래, 또 다른 생명의 노래

차사(差使)는 저승사자이다. 〈차사본풀이〉는 강림이 저승사자인 차사가 된 내력담으로서 제주도 사령제(死靈祭)인 귀양풀이나 시왕맞이 굿[92]에서 구송된다. 제주 신화에 의하면 이승은 혼탁한 곳이고 저승

---

92) 제주도의 사령제(死靈祭)에는 두 가지가 있다. 귀양풀이는 장례를 지낸 날 저녁에 죽은 영혼을 위무하여 저승으로 보내는 굿이다. 시왕맞이는 대상(大祥)을 전후하여 죽은 영혼을 위무하고 극락으로 천도하는 굿이다.

은 맑은 곳이다. 혼탁한 이승에서의 삶은 귀양살이와 같은 것이어서 한(恨)과 원(怨)이 쌓인다. 한과 원을 지니고서는 맑은 저승으로 들어 갈 수 없다. 귀양풀이는 이승에서의 한과 원을 풀어내어 저승에 온전히 가기를 기원하는 굿이다.

귀양풀이나 시왕맞이에서 〈차사본풀이〉를 곁들이는 것은 차사에게 망인의 저승길이 온전하도록 빌기 위함이다. 차사의 내력담을 노래로 풀어내면 차사신은 '신나락만나락'할 터이니 저승길이 온전하지 않을 수 있으랴. 이제 차사신을 신명나게 할 내력담을 보자.

동관음절의 대사중이 죽음에 임하여 소사중에게 말했다. "버무왕 아들 삼 형제의 정명이 15세이니, 법당에 데려다 불공을 드려 연명시켜 주라." 소사중은 버무왕에게 그 뜻을 전하고 삼 형제를 데려가 불공을 시켰다. 3년간의 불공 끝에 삼 형제는 부모님을 뵙고 오겠다고 애원하였고, 소사중은 "과양 땅을 조심하라."는 당부를 한 뒤 가지고 온 명주와 비단을 짊어지워 보냈다. 승복 차림을 한 삼 형제는 과양 땅까지 내려오자, 갑자기 배가 고파 식은 밥이라도 얻어먹을 요량으로 과양생이의 집에 들어갔다.

과양생이 처는 명주·비단을 보자 욕심이 나서 삼 형제를 청하여 술을 먹여 취하게 하고, 참기름을 끓여 귀에 부어 삼 형제를 죽이고 주청강 연못에 수장(水葬)하였다. 7일 후 주청강 연못에 꽃 세 송이가 떠 있었다. 과양생이 처가 그 꽃을 꺾어다 걸어 놓고 보다가 불태우자 이번에는 구슬 세 알로 변하였다.

과양생이 처는 구슬이 예뻐 입에 넣고 굴리다가 삼켰는데, 그 뒤 임신하여 아들 삼 형제를 낳았다. 아들 삼 형제가 자라 과거에 급제하고 돌아왔는데, 문신에게 고사를 지내다가 일시에 죽고 말았다.

과양생이 처는 아들 삼 형제의 황당한 죽음에 필시 곡절이 있다 여겨 김치 원님에게 소지를 계속 올렸다. 난감해진 원님은 염라대왕만이 이 사건을 처결할 수 있겠다 하고, 마누라 열여덟을 데리고 사는 똑똑한 강림사령에게 염라대왕을 잡아오도록 하였다.

강림은 큰부인의 정성으로 문신과 조왕신의 도움을 받아, 멀고 험한 저승길을 헤쳐 나가 행기못가에 이르렀다. 눈을 질끈 감고 행기못에 뛰어들었는데, 정신을 차려 보니 저승문 앞에 닿아 있었다.

그곳에서 기다리다가 염라대왕의 행차가 당도하자 달려들어 염라대왕을 잡아 묶었더니, 염라대왕은 강림에게 먼저 가 있으면 어느 날 몇 시에 스스로 가겠다고 약속을 하였다. 강림은 오라를 풀고 행기못을 거쳐 이승으로 돌아와 큰부인을 만났다.

강림이 저승에 갔다 오는 데 3일이 걸렸는데, 큰부인은 대상을 지내고 첫 제사를 하고 있었다. 저승의 하루가 이승의 1년이기 때문이다. 부부는 만단정회를 나누고 염라대왕을 기다렸다.

과연 약속한 시간이 되자, 천지가 진동하는 소리와 함께 염라대왕이 내려왔다. 염라대왕은 주천강 연못의 물을 마르게 하고, 삼 형제의 뼈를 모아 놓고 살려내어 부모에게 돌려보내고, 과양생이 부부를 처형하여 사건을 처결하였다.

그러고는 김치 원님더러 강림을 빌려주면 저승에 데려가 심부름을 시키겠다고 하였다. 김치 원님이 거절하자, 영혼과 육신을 나누어 가지기로 합의하고, 염라대왕이 강림의 영혼을 데리고 가 버리니 강림은 그 자리에서 죽어 버렸다. 이렇게 하여 강림은 염라대왕 밑에 가서 이승의 사람을 잡아가는 차사가 되었다.[93]

〈차사본풀이〉는 두 개의 줄거리가 엮여 있다. 전반부는 단명의 운을 타고난 버무왕 아들 삼 형제가 소사중의 당부를 어기다가 과양생이 처에게 죽임을 당하는 사건, 버무왕 아들 삼 형제가 지닌 재물을 탐해 이들을 죽인 과양생이 처가 삼 형제가 환생한 아들을 낳고 다시 불시에 세 아들의 죽음을 맞는 사건이 시간 전개에 따라 배열되어 있다. 후반부는 이 사건을 해결하기 위해 호출된 강림이 저승길을 오가면서 염라대왕을 불러들이는 과정 그리고 사건이 해결된 후 강림이 차사가 되는 내력이다.

이야기 얼개가 이중으로 꾸려진 것은 보다 복합적인 의미로 읽힌다. 구조상으로 보면 전반부는 강림이 저승차사가 되는 과정을 위한 하나의 장치이다. 그러나 전반부의 이야기에는 세속을 살아가는 인간의 욕망, 욕망의 충돌, 금기의 의미, 죽음과 환생 등 생사 문제의 원리가 함축되어 있다.

전반부의 이야기가 후반부의 이야기와 엮이면서 〈차사본풀이〉는 단순히 강림이 저승차사가 되는 내력담에 그치지 않는다. 이승과 저승의 이원적 세계, 그리고 이승을 떠났으나 저승에 들지 못한 원령의

---

93) 한국학중앙연구원, 『한국민족문화대백과사전』, 웅진출판, 1991, 〈차사본풀이〉 참고.

세계까지 신화적 세계관이 펼쳐진다. 탄생과 죽음이 인간의 의지대로 되지 않는 이치, 생사를 관장하는 염라대왕이 밝혀내는 맑고 공정한 질서 등 초월적 세계의 신력(神力)도 드러난다. 인간 세상이 정명(定命)까지도 연장하고자 하는 욕망과 재물 앞에서 분별을 잃는 탐욕으로 얼룩져 있음도 설파한다. 당부 혹은 금기 등 지켜야 할 것을 지키지 않음에 따르는 불행과 불의의 죽음도 경고한다. 과양생이 처가 겪는 불행에서 보듯이, 탐욕의 대가가 자식의 죽음을 목도하는 더 큰 고통을 초래함을 일깨운다. 죽음을 유예할 수 있는 가능성을 말하면서도 이 승에서의 삶이 도무지 온전할 수 없음을 짐작하게 한다.

요컨대 〈차사본풀이〉는 죽음과 죽음 이후의 세상을 말하면서도 사람살이의 사사로운 욕망과 그로 인한 고통에 관한 은밀한 이야기를 전한다. 〈차사본풀이〉는 죽음이 또 다른 삶이라는 것, 염라대왕이 있는 영적 세계에 대한 기대, 저승의 강력한 대리자인 강림을 등장시킴으로써 저승이 이승보다 맑은 곳이라는 희망을 보여준다. 죽음은 끝이 아니기에 여한과 남김이 없는 새로운 출발이어야 함을 은밀하게 일깨우면서 결핍과 욕망으로 인한 존재론적 불안을 잠재운다. 그리하여 죽음은 신성한 사건이 된다.

〈문전본풀이〉와 〈차사본풀이〉에서 드러나는 이야기의 힘

간략하게 훑어본 것이긴 하나, 〈문전본풀이〉와 〈차사본풀이〉는 재미있는 이야기의 조건을 두루 갖추고 있다. 모순, 갈등, 충돌, 대립구조 등 여의치 않은 삶의 현실을 보여주는 사건이 체계적으로 배치되어 있다. 또 모순을 해소하고 지양하는 힘에 의해 질서와 균형을 회복하는 과정이 사건으로 배치되어 있고, 이 모든 사건들이 어우러져 줄거리를 구성한다.

"이야기란 '어느 순간 삶의 균형을 잃은 주인공이 그 균형을 회복하고자 부단히 노력하지만 그것은 대단히 어렵다.'를 다루는 것이다."[94] 그런데 신화는 그 대단히 어려운 것을 해낸다. 신화는 이야기로서 단단한 줄거리 구성을 가지면서 동시에 질서 잡기와 균형 잡기를 보여준다.

이야기로서의 신화에는 우리 자신의 삶의 모습이 있고, 우리와 닮은 주인공의 모습이 있다. 우리의 모습이기에 신화는 낯설기보다는 오히려 서술적 이해가 용이하다. 달리 말하면 신화는 이야기됨으로써 **의미를 생성**한다. 신화를 전승하는 집단은 이야기 공유에 의해 신화가 생성한 의미를 공통적으로 받아들인다. 신화 전승 집단은 해석의 공통성을 지닌 해석학적 공동체, 즉 문화적 전승을 공유하는 집단이 된다. 이것이 이야기의 힘이다.

이야기의 힘은 이야기 자체로부터만 나오는 것이 아니다. 이야기에서 자신을 발견하는, 자신의 삶의 모습을 발견하는 스스로에 의해 이야기의 의미는 생성된다. 이 지점에서 조르주 귀스도르프의 말을 다시 음미해 보자.

---

94) EBS 다큐프라임 '이야기의 힘' 제작팀, 앞의 책, 프롤로그 5쪽.

신화 속에는 설득력이 존재하지 않는다. 그 힘은 우리의 내부에 존재하며, 암시의 형태로 깨어나서 우리의 존재 전체를 장악하게 된다. 실제로 어떤 놀라운 신비에 의해 신화는 자신의 고유한 언어로 각자에게 말을 걸어온다.[95]

이쯤에서 〈문전본풀이〉에서 미뤄두었던 문제를 끄집어내어 짚어보자. 〈문전본풀이〉에는 생명 세계의 창조에 관한 이야기가 있었다. 그것도 하필 최고의 악역이었던 노일저대귀일의 딸의 몸이 샅샅이 나누어져서 제주 사람의 먹거리가 되고, 제주 땅의 갖가지 생물이 되고 심지어는 제주 사람들의 생활 도구가 되기도 한다. 이 요상한 전개를 어떻게 해석해야 할까? 우리의 통념에 따르면, 생명의 창조나 사람살이의 유용함은 적어도 악독하고 비열하고 치졸한 존재로부터 비롯되어서는 안 되지 않은가?

물론 세계 각국의 신화 중에는 태초에 하늘과 땅을 분리한 거인이 죽어 그 몸으로 세상 만물이 만들어지는 이야기가 더러 있다. 중국 신화의 반고가 그렇고, 북유럽 신화의 이미르가 그렇다. 그런데 집과 삶의 안녕을 이야기하는 〈문전본풀이〉에서 최고 악역의 몸이 화생(化生)하는 것은 좀 뜬금없다.

문득, 뜬금없다는 이 생각이 신화적 사유로부터 멀어져 있는 징표

---

95) 조르주 귀스도르프, 앞의 책, 371~372쪽.

가 아닌가라는 생각에 이르렀다. 생명이나 창조와 같은 긍정적 뉘앙스의 말은 착함, 선함과 같은 긍정적 가치 개념과 연관되어야 한다는 것은 고정관념 아닌가? 신화가 과연 세속의 일상에서 선과 악, 옳고 그름, 맞고 틀림으로 분별하는 이원적 사고에 입각하는 것일까? 과연 이 이분법적 흑백 논리가 진실일 수 있을까?

진실은 다른 곳에 있을지 모른다. 삶에서 우리가 놓치는 것에, 욕망에 사로잡혀 잊어버리는 곳에, 자신의 삶의 자리를 지키느라 배제하고 지워버린 타자의 자리에 오히려 진실로 가는 통로가 있을지 모른다.

신화에서 의미가 일의적인 경우란 없다. 비와 바람은 풍요를 약속하기도 하고 생명을 위태롭게도 하는 것처럼, 언제나 의미는 고정될 수 없다. 유동적이고 이중적이다. 우리네 삶도 다르지 않다. 삶에서의 성장은 언제나 성장통을 수반한다. 고통과 아픔이 생산과 성장과 잉여를 만들어낸다. 자신의 삶에서 만난 최고의 악인이 가장 큰 고통을 주지만 동시에 가장 큰 깨우침을 주는 것과 같은 이치이다.

고정관념을 털어내고 보면, 조왕신으로 좌정한 여산부인이나 측신으로 좌정한 노일저대귀일의 딸은 모두 생명을 지키는 신이다. 먹고 싸는 일이 일차적인 생명의 보루라는 점에서 그렇다. 〈문전본풀이〉에서 각 신들이 집의 각 영역에 좌정해 있으나, 조왕신과 측신만큼 생명에 직결되지는 않는다.

그리하여 노일저대귀일의 딸의 몸이 온갖 생명 있는 것, 쓸모 있는 것으로 화생하는 대목은 선과 악, 고통과 성장, 시련과 성취, 심지어 죽음과 재생까지도 분별할 것이 되지 못함을 은밀하게 알리는 암호이다. 달리 말하면 삶의 고통과 비극 속에 생성과 초월의 희망이 내재해 있음을 말하는 장치이다. 가히 신화는 삶의 신비를 느끼게 하는 은밀한 이야기이다.

현대판 신화의 ——————————————— 5.
힘

신화는 패배한 적이 없다

우리가 원시적인 관념 정도로 치부하는 신의 이야기로서의 신화, 그 줄거리의 설득력은 오늘날 사라졌다고 해도 과언이 아니다. 오늘날 누가 설문대할망이 제주섬을 만들었다고 믿겠는가? 누가 집의 안녕을 지키는 신이 집안 곳곳에 좌정해 있다고 믿겠는가?

그러나 신화란 정동(情動)을 일으키는 이야기이고 또한 고대 뮈토스의 의미, 즉 '권위 있는 말'로 이해한다면, 신화는 패배한 적이 없다. 종교의 이름으로 진리를 표방하는 저 많은 이야기, 정치권력이 만들어내는 저 많은 이야기, 국가와 민족이라는 이름에 부가되는 신성한 가치 등등 권위 있는 말의 위력은 여전하다. 권위 있는 말은 정동을 일으키면서 암암리에 사람들의 의식과 행동을 지배하기 때문이다.

더욱이 오늘날 정보사회의 면면으로 눈을 돌리면 현대판 신화가 얼마나 위력적인지 실감하기 어렵지 않다. 세상은 대중에게 정보의 바다를 마음껏 유영하라고, 그것이 이 시대에 대중이 누릴 수 있는 자유이고 권리라고 속삭인다. 정보는 '검색'이라는 행위로써 우리가 호출하기만 하면 언제라도 순식간에 눈앞에 나타난다. 그것이 참인지 아닌지 의심은 필요 없다. 마법처럼 온갖 정보들이 눈앞에 펼쳐지는 사실만으로 '정보사회'라는 말은 자신의 실체를 증명한 것이니까.

원래 지식은 그냥 얻어지는 것이 아니었다. 지식을 얻기 위한 정신의 노고는 힘든 과정이지만 지식을 얻고자 하는 사람은 기꺼이 그 노고를 감당하고자 했고, 그만큼 지식을 향한 길은 감당할 가치가 있는 행로였다. 그러나 정보사회가 펼쳐진 이후, 지식이라는 말은 어느새 정보라는 말로 대체되었다. 지식의 행로에서 감당해야 할 노고는 검색이라는 오락적 행위가 되었다. 상당한 시간을 검색에 쏟아부으면서도 검색은 편리하고 유용하고 효율적이고 즐거운 일이라는 마술 같은 인식은 어느새 통념이 되었다. 가히 정보사회 신화이다. 이런 상황인데, 어찌 신화가 패배했다고 할까.

욕망의 경제를 이끄는 이야기의 힘

지금으로부터 200여 년 전에 헤겔은 놀라운 통찰을 했다. 그는 사람의 욕구가 시장사회에서 어떻게 매개되고 촉발되는지를 짚는다. 즉 욕구는 자연적인 것도 있지만, 사회적 관계에서 또 사회적 경향을 따라 촉발됨으로써 욕구의 체계는 자본주의 경제의 기초임을 밝힌다.

이 논의의 과정에서 헤겔은 은근슬쩍 사람의 욕구가 얼마나 맹목적이고 비지성적인지를 빗대는 이야기를 덧붙인다.

영국인이 쾌적한(comfortable)이라고 일컫는 것은 좀처럼 그 속뜻을 알 수 없는 것으로, 밑도 끝도 없이 그렇게 일컬어지는 것이다. 왜냐하면 아무리 쾌적하다고 해도 이는 다시금 어떤 불편함을 드러낼 수 있어서, 그 편리함을 따지고 들면 끝이 없는 노릇이기 때문이다.96)

헤겔의 이 말은 바로 앞에서 언급한바, '정보'와 '검색'에 덧붙여진 마술 같은 인식, 편리와 유용이라는 사회통념을 그대로 빗대는 이야기가 아닐 수 없다. 짐작건대 산업혁명의 선구자였던 영국에서는 그 당시에 이미 안락과 편리와 같은 마술 어휘가 새로운 문물을 맹목적으로 선호하고 소비하게 하는 이야기의 핵심이 되었던 모양이다. 달리 말하면 21세기를 뒤덮고 있는 현대판 신화의 조짐이 그때 이미 시작됐던 모양이다. 헤겔의 글을 마저 보자.

이런 점에서 욕구라는 것은 직접 그 무언가를 욕구하는 사람들에 의해 안출(案出)된다기보다는 그 욕구가 생겨남으로 해서 이득을

---

96) G.W.F. 헤겔, 임석진 옮김, 『법철학』, 한길사, 2008, 370쪽.

얻으려는 사람들에 의해 안출된다.[97]

예리한 통찰이다. 자본주의 경제 혹은 시장사회가 작동하는 메커니즘이 이 몇 줄의 글에 고스란히 녹아있다. 이윤 동기를 가진 자들에 의해 고안되는 이야기와 그 이야기를 받아들여, 마치 그것이 자신의 말인 듯 자연스럽게 욕구하게 하는 것이 자본주의 경제가 작동되는 가장 기초적인 방식이다.

헤겔의 시대로부터 한참 뒤인 1950년대 롤랑 바르트는 자본주의사회에서 자연스럽고 자명한 것으로 생각하고 받아들이는 여러 현상들을 열거하면서 그것을 현대 신화라고 명명했다. 물론 그는 이야기 또는 글로 쓰인 담론만을 거론하지 않았다. 사진·영화·르포르타주·스포츠·공연·광고 등등 모든 것이 신화적 말(파롤)에 지주로 사용될 수 있음을 보여준다. 요컨대 그가 주장하는 것은 오늘날 신화는 말이며, 하나의 메시지라는 것, 메시지로서 신화는 의미작용을 하는 하나의 양식이라는 것, 신화의 기능은 변형시키는 것이어서 누구에 의해 신화가 안출되든 그것은 신화 소비자에게 자연스럽고 당연한 것이 됨을 말하고 있다.[98]

헤겔과 바르트의 선구적 통찰은 21세기 현재 더욱 유효하다. 헤겔

---

[97] 위의 책, 370쪽.
[98] 롤랑 바르트, 이화여자대학교 기호학연구소 옮김, 『현대의 신화』, 동문선, 1997 참고.

의 시대와는 비교 불가능할 정도로, 바르트의 시대보다는 훨씬 심화된 정도로 시장 경제는 일상을 송두리째 장악하고 있다. 욕망을 부추기면서 성장해 온 자본주의 체계는 그야말로 욕망의 경제체계이다. 욕망을 부추기고, 어떤 욕망의 충족이든지 지연시키지 말라는 메시지, 즉 현대판 신화는 도처에 넘친다.

메시지는 어떤 형태로 표상되든 이야기가 되어 일상을 채운다.

4장.
신화는 상징이다

우리가 신화의 의미를 ─────────── 1.
제대로 알 수 있을까?

문화콘텐츠로서의 신화

지금은 사회적으로나 개인적으로 전승 신화에 관심을 가지는 층이 넓어졌다. 왜 관심을 가지는가? 이유는 다양할 수 있다. 그 이유가 무엇이든 관심을 가지는 대부분의 사람들은 문화콘텐츠로서 신화에 접근한다.

신화를 문화콘텐츠로 인식하게 된 배경에는 21세기 문화산업에 관한 담론이 있다. 특히 20세기 중반에 출판된 J. R. R. 톨킨의 『반지의 제왕(The Lord of the Rings)』이 2001년에서 2003년 사이에 3부작 영화로 개봉된 것은 문화산업에 관한 담론과 더불어 문화콘텐츠로서의 신화를 각인시키는 사건이었다. 비슷한 시기인 1997년부터 2016년까지 J. K. 롤링의 판타지 소설 『해리포터』 시리즈는 엄청난 상업적 인기를 얻었다. 이 역시 소설을 바탕으로 2001년 첫 영화가 개봉되었으며,

2011년까지 여덟 편의 영화가 개봉되었다.

C. S. 루이스의 『나니아 연대기』와 함께 『반지의 제왕』, 『해리포터』는 현대 판타지 소설이라는 새로운 장르의 기념비적 작품이다. 이 작품들은 영화, TV뿐 아니라 예술과 음악 등 대중문화에 상당한 영향을 끼쳐 왔다. 판타지 작품의 문화적 영향력이 증대함에 따라 소설의 주요 소재가 되었던 북유럽 신화와 켈트족 신화에도 관심이 모아졌다. 어느새 신화는 문화콘텐츠를 발굴해 낼 보고(寶庫)라는 담론이 떠돌았다. 같은 맥락에서 톨킨과 롤링은 작품 '창조자'라기보다 구비 설화 및 신화에서 소재를 발굴해서 당대 패러다임에 부합하도록 재창조해낸 '스토리텔러'라는 평[99]이 설득력을 얻었다.

이런 기류를 타고 갑자기 제주 신화에 대한 관심이 증폭되었다. 제주도는 한국에서 전해지는 구비 서사 중 상당 부분을 보존하고 있는 땅이다. 큰굿에서 구송되는 열두본풀이, 아직도 350여 개 이상이 현존하는 신당의 당본풀이, 조상신본풀이 등 제주 신화는 일시에 날것의 문화콘텐츠를 지닌 비옥한 토양으로 부상했다. 그리고 이미 제주 신화를 소재로 한 그림책, 동화책이 상당량 출판되었다. 만화와 영화로 상당한 성공을 거둔 주호민의 『신과 함께』 역시 제주 신화에서 소재를 발굴하였다. 지금도 제주 신화에 관심을 보이는 작가들을 어렵잖게 만날 수 있는 걸 보면, 신화에 대한 관심은 앞으로도 계속되리라 전망된다.

---

99) 한혜원, 『디지털시대의 신인류 호모 나랜스』, 살림, 2010, 31~32쪽 참고.

신화 연구의 함정

신화에 관심을 가진 이들은 공통적으로 다음과 같은 질문을 할 수밖에 없다. 신화는 어떻게 생겨났는가? 신화는 어떤 의미였는가? 나는 신화를 어떻게 받아들여야 하는가?[100] 이 물음은 단적으로 "신화는 무엇인가?"라는 물음에 다름 아니다.

그런데 이 물음을 신화시대의 사람들은 물었을까? 아니다. 그들에게 신화는 세상을 이해하는 틀이었다. 그런 만큼 신화는 가장 현실적인 것이고 그들의 삶 자체였기에 이런 물음이 생겨날 수 없다. 즉 신화는 그 신화를 간직하고 살아간 사람들의 본연의 삶의 시초이다. 셸링의 말을 빌리자면, "신들의 역사는 그들 속에서 탄생하고 그들 내에서 전개되며, 또 그들 내에서 처음으로 존재하고 뚜렷이 말해진다."[101] 그러기에 그들에게는 신화가 무엇인가라는 물음이 성립될 수 없다.

오늘날 우리가 이런 물음을 던진다는 것은 우리 자신이 신화적 표상으로 세상을 이해하고 있지 않음을 반증한다. 우리가 현실의 여러 사태들을 신화적 의미에서 읽어낼 능력을 지니고 있지 않음을 반증한

---

100) 셸링은 신화철학 첫 번째 강의에서 이 세 가지 물음을 언급하고 있는데, 그는 이 세 물음은 근본적으로 하나의 물음이라고 한다. 그는 신화가 출현되었던 것과는 다른 어떤 의미로 이해하려고 할 수 없다는 것, 근원적 의미에 대한 물음은 그 출현과 관련된 설명이 뒤따를 수밖에 없음을 지적한다. (프리드리히 W.J. 셸링, 앞의 책, 33쪽)

101) 셸링, 위의 책, 49쪽.

다. 신화에 관심을 가지는 많은 이들도 마찬가지이다. 결국 신화시대를 살고 있지 않은 우리는 신화를 알기 위해 주로 활자로 된 책, 그것도 연구자들의 책을 텍스트로 삼는다. 전승되어 온 신화의 스토리라인을 살려 재생산되는 책들도 많다. 대개 소설이나 동화 혹은 그림책의 형태이다. 신화의 스토리라인을 읽음으로써 신화의 의미가 파악될까? 세상을 가슴으로 받아들인 이야기인 신화가 논리정연한 연구의 언어를 통해 파악될 수 있을까? 일정 부분 파악된다고 하더라도 불가피하게 부정적인 한계에 부딪힐 수밖에 없을 것이다.

아주 독특한 신화 연구자인 이반 스트렌스키는 신화의 연구 영역에는 '잘못된 정보의 지뢰밭'이라는 함정과 개념적 속임수가 도사리고 있'음을 잊어서는 안 된다고 일침을 날린다.[102] 한편 『신화철학』을 저술한 셸링은 "(신화에 대한) 철학적 연구라 함은 일반적으로 단순한 사실, 곧 신화의 실존(Existenz)을 넘어서 신화의 본성, 즉 그 본질을 묻는 작업"[103]임을 밝히고 있다. 그는 아마도 신화의 본성을 파악하고 난 연후에라야 신화의 의미에 다가설 수 있음[104]을 말하고 있었던 게 아닐까.

---

102) 이반 스트렌스키, 앞의 책, 249쪽.

103) 셸링, 앞의 책, 30쪽.

104) 서구에서는 폭넓게 과학기술이 발달한 20세기 초반부터 신화 연구에 대한 관심이 고조되었다. 그런데 그 관심은 개별 신화의 내용에 대한 것이라기보다 신화를 통해서 인간과 자연의 관계를 재음미하고 그 속에서 확장된 의미를 찾아내려는 의도가 주를 이뤘다. 이러한 경향은 당연히 문명에 대한 성찰을 동반한 것이었다.

신화적 사고와 영적 경험

다시 묻자. 오늘날 우리가 신화적 표상과 의미로 현실의 여러 사태를 바라볼 능력이 없다면, 왜 그럴까?

누구나 쉽게 하는 대답은 말의 의미가 다르기 때문이라고 할 것이다. 원래 말은 다의적인 데다가 그 의미는 역사적·문화적 구속을 받는 것이어서 신화시대에 소통되던 말의 의미나 이야기의 맥락을 오늘날 우리가 고스란히 재현하지 못하는 것은 당연한 일일 수 있다.

그렇다면 역사적으로 어느 시점에서부터 신화의 의미가 제대로 파악되지 못한 걸까? 이 물음은 우리를 살짝 당황하게 한다. 한국사회에 국한한다고 하더라도 신화의 의미가 삶의 형식으로 받아들여지던 때와 그 의미가 박탈되던 때를 구분할 수 있을까? 구분한다면 그 구분의 기준은 무엇이 되어야 할까?

구분의 기준은 신화적 사고가 생활세계에서 작동되는가 아닌가 여부다. 무엇이 신화적 사고인가? 심도 있는 논의는 잠시 뒤로 미루고 상식적인 접근을 해 보자.

신화적 사고란 우리가 사는 세상이 우리로서는 알 수 없는 힘으로 충만해 있고, 삶의 경험에서 그 불가사의한 힘을 느끼는 사고방식이다. 조금 더 보탠다면 신화적 사고는 우리 자신과 우리가 사는 세상(자연)이 은밀하게 연결된 내적인 관계라고 느낀다. 사실 신화는 인간이 자신의 삶의 세계 전반과 살아 있는 관계를 의식하는 데서부터 만들어졌다. 사람과 자연과 신을 상호의존적 관계에서 느끼는 심성이 신화를 꾸려낸 것이다.

신화적 사고라는 기준에서 본다면, 한국사회는 성리학적 질서가 정치 이데올로기로 작동하던 조선조 때에도 그 의미가 박탈되었다고 말하기 어렵다. 조선조 정치권력은 성리학적 질서를 공고히 하고자 하였지만 어디까지나 명분이었고 민초들의 생활의식까지 강력하게 통제하지는 않았다. 이는 정치적 포용일 수도 있고 혹은 정치 기술일 수도 있겠다. 따라서 조선조에서도 무속적 사유는 면면히 전승되어왔으며 민초들의 삶의 얼개로 작용했었다.

오늘날 우리가 신화적 표상이나 의미를 제대로 알아차리기 어려운 것은 인간과 세계에 대한 이해가 달라졌기 때문이다. 우리는 신화시대와는 전혀 다른 세계에 살고 있다. 신화적 사고에서는 자연과 나, 나아가 신과 나는 은밀하게 연결된 내적인 관계에 놓여 있다. 그런데 문명화된 인간의 정신은 추상적 개념으로 자연을 이해한다. 따라서 현대의 우리는 자연을 생명이 있는 거대한 신체로 느끼거나 감정을 지닌 것, 나아가 신성을 지닌 것으로 받아들이지 않는다. 자연은 다만 물체적인 것일 뿐이다.

우리는 타산적이고 실증주의적 사고에 매몰되어 있다. 사람과 자연을 상호의존적 관계로 인식하는 것이 아니라 수치로써 파악한다. 원자화된 개인의식은 세계의 관계망에서 이탈되었다. 자연에 '감응'하던 가치 감각은 사라지고 인공에 '반응'하는 가치 감각은 날로 확대되고 있다. 단적으로 우리는 삶에서 신비의 영역을 제거해 버렸다. 그리하여 사고방식, 감정을 느끼는 방식, 말하는 방식 및 행위의 동인이 신화시대와는 너무나 멀어졌다.

혹자는 '관계망'이라는 개념을 실마리로 삼아 신화적 세계관이 생태적 세계관과 같은 것이 아닌가라고 의문을 가진다. 같지 않다. 생태적 세계관이 자연을 관계망으로 보는 관점이긴 하지만, 그것은 신성을 결여한다.

신화적 사고는 알 수 없는 힘, 불가사의한 힘을 느끼는 **영적인 경험**에서 나온다. 영적인 경험이기에 사실적인 표현이 될 수가 없고 그 경험은 은유의 말, 상징의 말이 될 수밖에 없다. 그래서 신화의 상징적 언어는 신화와는 다른 사고의 논리를 지닌 사람들에게는 그 의미가 전달되기 어렵다. 기껏해야 교훈적이거나 규범적 해석에 머물기 일쑤다.

호모 로퀜스(Homo Loquens)와 ─────────── 2.

호모 심볼리쿠스(Homo Symbolicus)

생물학적 진화와 문화적 진화

신화의 의미를 제대로 알기 위해 신화적 상징을 만들어 낸 인간 존재에 대한 철학적 접근을 가볍게 해 보자. '가볍게'라는 단서를 굳이 붙인 것은 여기서는 '신화'에 접근하기 위한 목적에 적합한 정도의 논의만 할 것이기 때문이다.

인간을 문제 삼는 가벼운 질문은 "인간이 동물과 다른 점은 무엇인가."이다. 심층적으로 접근하면 복잡한 논의가 전개되겠으나, 간단히 말하면 동물은 생물학적 진화를 하는 존재이고, 인간은 문화적 진화[105]를 하는 존재이다.

---

105) 여기서 '진화'는 진보나 나아졌다는 의미가 아니라 달라졌다는 의미이다.

<사진8> 라스코동물벽화

〈사진8〉은 만 오천 년 전 구석기시대에 그려진 것으로 추정되는 라스코동굴벽화이다. 만 오천 년 전이라는 시간적 거리가 있음에도 이 벽화에 담긴 영적 이미지가 생생하게 전달된다. 곤추선 털, 움직임이 느껴지는 꼬리, 몸을 관통하고 있는 뾰쪽한 창, 내장이 쏟아져 내리는 들소의 모습 그리고 들소 바로 앞에서 발기한 성기를 내보이고 있는 사람. 이 벽화가 생생한 이미지를 주는 것은 바로 벽화 전체를 관통하고 있는 긴장감이다.

이미 많은 학자들이 동굴벽화에 그려진 들소, 말, 사슴 등의 동물은 주술적 의미를 지니고 있다는 것, 이 벽화에 보이는 사람은 주술적 의식을 행하는 샤먼이라는 해석을 한다.[106]

말하자면 당시의 호모 사피엔스는 자신들의 문제를 해결해 줄 수 있는 초자연적인 존재의 신비한 힘을 믿었고, 자신들의 소망과 기원을 벽화로 표현한 것이다.

한국에서도 1971년 울산의 반구대 암각화가 발견되었다. 여기에는 고래·호랑이·사슴·멧돼지·토끼·거북 등 다양한 동물과 고래를 잡거나 사냥을 하는 사람의 모습이 새겨져 있다. 학자들은 이 그림이 더 많은 사냥을 향한 열망을 반영한 것이라고도 하고, 더러는 인간에게 사냥당한 동물과 물고기의 영혼을 위로해 주기 위한 주술적 행위라고도 한다. 반구대 암각화가 주술적 행위와 연관된 것이라면 반구대는 제사를 행했던 장소인 셈이다.

서양의 동굴벽화나 반구대 암각화에서 보듯 초자연적 존재에 대한 믿음, 사후세계에 대한 믿음이 주술적 행위 및 제사 의식을 행하게 된 배경이라면, 그 믿음의 의식은 이미 추상적 사고에 의한 문화적 행위이다.

호모 사피엔스, 호모 루덴스, 호모 파베르, 호모 폴리티쿠스 등등 인간의 본질을 드러내는 여러 개념들을 관통하는 핵심은 인간이 곧 문화적 존재이며 시공간에 따라 다른 문화를 형성해 온 존재라는 것이다.

---

106) 세라 바틀릿, 임소연 옮김, 『100가지 상징으로 본 우주의 비밀』, 시그마북스, 2016, 190~191쪽 참고.

호모 로퀜스(Homo Loquens): 문화적 진화의 가장 강력한 매개는 언어이다

언어는 흔히 의사소통을 위한 도구 정도로 이해하나, 더 근원적으로는 인간의 사고 자체가 언어에 기인한다. 언어가 없다면 인간의 사고는 가능하지 않다. 곧 언어와 사고의 동근원성(同根源性)이다.

나아가 언어는 우리의 감각에 포착된 대상을 지시하기만 하는 것이 아니라 감각의 그물에 걸리지 않는 것, 현상으로 드러나지 않는 것까지도 상상하는 능력이 있다. 따라서 인간이 다른 동물과 달리 문화적 진화를 할 수 있었던 힘은 바로 언어를 사용해 온 역사에 있다.

사실 우리가 문화라고 일컫는 것들, 즉 종교·예술·사회관습 등등은 각종 상징 체계로 이루어진 것이다. 그런데 문화적 진화의 가장 강력한 매개인 언어 자체가 이미 상징 체계이다.

'하늘'이라는 개념을 예로 들어보자. 물리적으로 보면 하늘은 지평선이나 수평선 위로 보이는 넓은 공간이다. 그 넓은 공간이라는 물리적 실재는 '하늘'이라는 이름을 얻고 나서야 하늘로 인식된다. 김춘수 시인이 「꽃」이라는 시에서, "내가 그의 이름을 불러주었을 때/ 그는 나에게로 와서/ 꽃이 되었다"라는 구절에서 말하고자 한 바 그대로이다.

또한 하늘이라는 청각 이미지는 단일하나 그 소리가 의미하는 바는 다양하다. 물리적 공간을 의미하기도 하고, 때로는 인간으로서는 가늠하기 어려운 무한의 우주를 의미하기도 한다. "하늘이 무섭다."라고 말할 때는 불가사의한 초월적 존재 내지 신적 존재를 의미하기도 하고, 천도(天道)라는 말에서 드러나듯이 천지자연의 도리, 즉 형이상학적 개념이기도 하다. 이렇듯 언어가 다양한 의미를 지닌다는 점에서 이미 언어 자체는 상징이고, 상징적인 기호체계이다. 언어는 의사소통을 위해 만들어진 가장 보편적인 상징 체계이고 동시에 생각과 감정의 표현을 가능하게 하는 것 역시 언어이다.

언어가 없다면 인간은 자기 자신은 물론이고 자신을 둘러싼 세계를 드러낼 수가 없다. 언어가 있어야 세계가 있고 세계는 언어라는 상징을 통해 비로소 드러난다. 같은 맥락에서 상상의 세계도 언어가 있어야 가능해진다. 그래서 인간을 인간답게 하는 특성, 다른 동물과 구별하게 하는 특성을 지칭하여 호모 로퀜스(Homo Loquens),[107] 즉 언어적 인간이라 하는 것이다.

초월적 존재를 상상했던 인간은 '신'이라는 언어를 만들었고, 신이라는 언어를 통해 인간은 초월적 존재의 현존을 경험한다. 다시 '하늘'이라는 개념을 예로 들어보자. 문화권마다 서로 다른 이름으로 불리기는 해도 **'하늘'**은 우주적인 연결을 조정하고 자연을 통제하는 신적인 존재라는 상징적 의미를 지닌다. 이러한 상징적 의미가 수용되는

---

107) loquens는 라틴어 loquor(말하다, 이야기하다)라는 동사의 현재분사로서, Homo Loquens를 직역하면 '말하는(이야기하는) 인간'이다. 이는 3장 1절에서 언급한 Homo Narrans(이야기하는, 서사하는 인간)와 의미적으로 차이가 없다. 다만 호모 나랜스는 용례로 보면 디지털공간에서 말하기 좋아하는 소비자를 지칭하는 용어로 쓰인다.

사회에서는 하늘신에 대한 의례가 행해진다. 실제로 세상의 숱한 문화권에서 하늘신에 대한 의례는 다양한 형태로 행해져 왔다. 하늘신을 향한 의례에는 신적인 존재에게 합당한 여러 상징들이 조작된다. 의례가 행해지는 장소, 제단, 제물뿐 아니라 의례의 주관자인 제사장의 복식에도 상징이 함축된다. 그리하여 문화가 사람살이에서 형성되는 의미를 담는 그릇이라면, 문화와 문화적 진화는 언어를 매개로 이루어진다고 하겠다.

호모 심볼리쿠스(Homo Symbolicus): 문화는 상징의 조작이다

아래의 사진은 멕시코 치첸이차의 엘 카스티요 신전이다. [108]

이 신전은 마야 문명에 의하여 기원후 8세기~12세기경에 지어진 것으로 파악된다. 신전은 마야의 신 쿠쿨칸에게 바쳐진 것으로 추정된다. 쿠쿨칸은 깃털 달린 뱀신으로서 그 자체는 하늘이 아니다. 여기

---

[108] 멕시코 치첸이차 엘 카스티요 신전; 9세기 초에 세워졌다는 카스티요(El Castillo 91계단의 피라미드) 신전의 높이는 25m이다. 중앙의 계단에 나누어진 18개의 테라스는 마야력(歷)의 달을 나타내고, 한 면의 계단은 91개로서 4면의 총합은 364개, 여기에다 꼭대기의 제단을 더하면 꼭 태양력의 1년 날수와 같은 365단이 된다고 한다. 게다가 각 기단에는 판넬 부분이 한 면에 52개가 있는데 이것은 마야력의 주기인 52년과 동일하다. 매년 춘분의 일출에는 북쪽면 계단(사진에서 왼쪽 면) 맨밑의 기단에 있는 털 난 뱀의 머리 조각이 기어내려오는 모양으로 그림자가 비치고 추분에는 반대로 기어올라가는 모양이 된다. 여기서 마야인들의 예술적 건축 기술과 천문학 지식 수준을 짐작해볼 수 있다.

〈사진9〉 멕시코 치첸이차의 엘 카스티요 신전

〈사진10〉홍성군에서 행한 기우제

서 주목하고자 한 것은 신전이 세워진 자리와 하늘을 향해 단을 세워
올린 신전의 건축 양식이다. 신전의 자리는 당시 마야인들이 '세계축',
즉 우주의 중심이라고 여기던 곳이다. 우주의 중심은 하늘과 땅의 접
점이다. 그리하여 신전의 '자리'는 신성한 장소가 된다.

　〈사진 10〉은 홍성군에서 행한 기우제 국면이다.[109] 첨단과학의 시
대라 일컫는 21세기 한국에서 기우제를 지낸다는 것은 시대착오적일
수 있다. 그러나 인력으로 해결하기 어려울 때 하늘에 기원하는 것이
인간의 보편적 정서이고, 더욱이 그것이 오래된 문화적 관습인 한, 과

---

109) 2017년 6월 16일자 연합뉴스.

학의 이름으로 정서를 외면하기 어렵다. 『삼국유사』에서 이미 기우제를 지낸 기록이 나올 정도니, 초월적 힘에 기원하는 정서는 문화적 관습임과 동시에 민심을 보듬는 정사(政事)이기도 했다. 21세기에 지자체가 나서서 기우제를 지내는 것은 문화적 맥락을 벗어나서는 도무지 이해하기 어렵다.

홍성군 기우제가 행해진 장소는 예부터 제를 지내오던 산정과 산제(山祭) 바위이다. 비를 기원하는 의례이니, 하늘에 정성이 닿을 수 있는 상징적 장소를 택한 것이다. 의례의 형식은 유식(儒式)에 따라 초헌관, 아헌관, 종헌관이 있고 집례가 의례를 집전하나, 그 내용은 여지없는 신화적 사고이다. "하늘이여, 제발 비를 내려주시옵소서."이다.

관청뿐 아니라 민간에서도 비를 기원하는 여러 주술이 행해졌다. 예를 들면 천신에게 기원을 알리기 위해 혹은 천이 오르내리는 길을 밝히기 위해 한밤중에 산 정상에서 불을 지르는 것, 집집마다 처마 끝에 솔가지로 마개를 한 물병을 매달아 물이 떨어지게 하는 것, 용신이 부정을 가시기 위해 큰비를 내릴 것이라는 기대에서 용신이 있다고 전해지는 곳을 더럽히는 행위를 하는 것 등이다.

이렇듯 모든 의례는 기본적으로 상징의 조작이라는 형태를 취한다. 상징의 조작을 통해 구체화하는 의례는 한 사회를 지탱하는 관습, 제도가 되며, 동시에 제도와 관습이 작동하는 사회 안에서 구성원들은 특정한 사회의 문화를 공유하는 문화적 존재로 이행한다. 달리 말하면 인간은 단순히 자연 속에서 살아가는 것이 아니라 인간에 의해 구성된 문화 세계 속에 살아간다. 이 문화 세계란 곧 언어, 신화, 예술,

과학 등 다양한 상징형식들로 구성된 세계이다.[110]

그리하여 문화적 진화를 가능하게 하는 것은 인간이 상징을 만드는 존재, 즉 호모 심볼리쿠스이기 때문이라 해도 과언은 아니다. 그런 점에서 호모 심볼리쿠스는 여타의 인간 본질 정의의 중핵이라 할 수 있다.

여기서 상징적 존재, 문화적 존재, 정신적 존재, 정치적 존재 등등은 인간의 서로 다른 면면이 아니라 인간 정신의 근본 기능이 여러 양태로 드러나는 것이다. 정신의 근본 기능은 모사하는 힘뿐 아니라 감각적 자료로부터 상상력을 통해 다양한 상징을 형성하는 힘을 포함하고 있다. 그로부터 언어, 종교, 예술, 과학, 역사, 제도들을 만들어 왔던 것이다. 신화를 만들어 전승해 온 것 역시 인간 정신의 근본 기능인 상상력이 최고로 발휘된 결과이다.

상징은 실재와 정신을 매개하는 표상

이쯤에서 상징(symbol)이란 개념을 다시 곱씹어 보자. 사전적으로는 '상징'은 추상적인 사실이나 생각, 느낌 따위를 대표성을 띤 기호나 구체적인 사물로 나타내는 일 또는 그렇게 나타낸 기호나 사물이라 정의한다. 단적으로 상징은 다른 어떤 것을 지시하는 기호라 할 수 있다.

---

110) 에른스트 카시러, 오향미 옮김, 『인문학의 구조 내에서 상징형식의 개념 외』, 책세상문고, 2015, 11쪽 참고.

'달'을 예로 들어보자. 캄캄한 하늘에 보름달이 휘영청 떠 있다. 어떤 이는 보름달을 바라보며 달이 태양과 지구 다음 일직선상에 있다는 천문학적 **표상**을 지닐 수 있다. 어떤 여인은 보름달을 아이를 생산하게 하는 신비한 힘으로 **표상**할 수 있다. 조선시대에는 달, 특히 정월 보름달이 아이를 잉태하게 하는 에너지 덩어리라는 문화적 표상이 일반적이어서, 숱한 여인들이 정월 대보름 밤에 달의 기운을 들이마시는 주술을 행했다. 한 번 숨 들이쉬고 한 번 내쉬는 숨을 1기통, 두 번 들이쉬고 두 번 내쉬는 숨을 2기통이라 하는데, 여인들은 2기통, 4기통, 8기통, 심지어는 16기통까지 했다고 하니 잉태의 절절한 욕망이 아니라면 숨이 막혀 죽을 지경이었을 것이다.

유년 시절 내게 정월 대보름날은 소원성취를 비는 날이었다. 대가족살이를 하던 때여서 집에는 초등학교에 다니던 아이들이 졸망졸망 많기도 했다. 오후 세 시쯤이면 어김없이 할머니는 조그만 손수건에 음식을 싸서 아이들에게 제각각 하나씩 손수건 보따리를 챙겨주었다. 아이들은 손수건 제물을 들고 산에 올라 달이 떠오르기를 동동 기다렸다. 달이 떠오르면 손수건을 펼쳐놓고는 달을 향해 후다닥 절하고는 또 후다닥 제물을 집어먹었다. 유년 시절 딱히 무슨 소원이 있었을까. 그저 어른들이 공부 잘하게 해 달라고 빌라고 하니 그랬을 뿐이었고, 염불보다 젯밥에 눈이 가 있는 중처럼 우리는 손에 들고 온 작은 제물이 먹고 싶었을 뿐이었다. 그 당시 우리에게 달의 표상은 빌고 또 빌면 좋은 일 생기게 하는 그 무엇이었다.

송찬호의 시 「달은 추억의 반죽 덩어리」는 또 어떤가.

누가 저기다 밥을 쏟아 놓았을까 모락모락 밥집 위로 뜨는 희망처럼

늦은 저녁 밥상에 한 그릇씩 달을 띄우고 둘러앉을 때

달을 깨뜨리고 달 속에서 떠오르는 노오란 달

달은 바라만 보아도 부풀어오르는 추억의 반죽 덩어리

우리가 이 지상까지 흘러오기 위하여 얼마나 많은 빛을 잃은 것이냐

먹고 버린 달 껍질이 조각조각 모여 달의 원형으로 회복되기까지

어기여차, 밤을 굴려가는 달빛처럼 빛나는 단단한 근육 덩어리

달은 꽁꽁 뭉친 주먹밥이다. 밥집 위에 뜬 희망처럼, 꺼지지 않는

이 시에서 달은 밥이었다가, 주먹밥이었다가, 희망이었다가, 추억의 반죽 덩어리였다가, 이렇듯 여러 표상들로 표현된다. 물리적인 달이 송찬호의 감각 자료가 되는 순간 다양한 표상으로 미끄러지면서 표현되는 것이다. 고금을 막론하고 달을 노래한 시는 얼마나 많은가. 그 많은 시는 제각기 달의 다른 **표상**을 노래하고 있다.

달 얘기를 길게 한 것은 단적으로 우리의 정신이 실재를 그 자체로 인식하는 것이 아니라 실재의 표상을 인식한다는 점을 말하고자 한 것이다. 우리 의식은 대상 그 자체를 인식하지 않는다. 대상에 대한 우리의 의식은 정신의 작용에 의해 구성된 표상[111])을 인식한다. 그리고 **표상은 언제나 상징**이다. 카시러의 말처럼 **'상징이란 실재와 정신을 매개하는 모든 표상'**이다.

그런데 정신 내지 문화와 연관하여 호모 심볼리쿠스, 즉 상징적 존재를 인간에 대한 정의의 중핵이라 파악하는 것은 어떤 맥락에서인가?

달의 예에서 보았듯이 우리의 정신이 마주하는 대상은 각각의 의식활동에 따라 서로 다른 표상이 된다. 각각의 표상은 소리 나는 말 혹은 문자, 그림이나 기호와 같은 형상으로 표현된다. 표현은 실재의 대상을 모방할 수도 있고, 비유할 수도 있으며 상징할 수도 있다.

인간의 상징 문제를 깊이 연구한 카시러는 이 모방과 비유와 상징을 넓은 의미의 '상징'이라 한다. 카시러가 광의의 상징 개념으로써 강조하는 것은 무엇보다도 우리 정신의 '산출의 힘'이다. 카시러의 말을 빌리자면, "의식은 단순히 감각적인 내용을 소유하는 것에 만족하지 않고 그 내용을 자신에게서 만들어낸다. 이 **산출의 힘**은 단순한 감각 내용과 인지 내용을 상징적 내용으로 형성하는 힘이다."[112] 정신의 산출의 힘은 외부에서 지각된 것을 자유로운 형성을 통해 표상을 만들어낸다. 여기에서 달은 소원을 들어주는 초월적인 힘으로 표상되기도 하고, 아이를 잉태하게 하는 에너지 덩어리인 신비한 힘으로 표상되

---

111) 표상을 구성한다는 표현을 쓴 것은 표상이 전적으로 자립적이지 않다는 인식론적 반성 때문이다. 일상적으로 인간은 당대의 인식론적 틀에 구속되어 표상한다. 그러기에 하이데거나 들뢰즈 등 여러 철학자들은 '표상 없는 사유는 어떻게 가능한가'라는 문제를 자신의 철학적 화두로 삼았다.

112) 에른스트 카시러, 앞의 책, 24쪽.

기도 한다. 또 다른 누구에게 달은 희망으로 표상되기도 하고 추억으로 표상되기도 하며, 하나의 별로 표상되기도 한다.

결국 정신의 산출의 힘이 상징을 통해 언어, 신화, 예술, 종교, 과학, 제도 등의 고유한 영역을 구축하는 것이니, 카시러는 이들 영역을 '상징형식'이라 부른다.[113] 서로 다른 상징형식은 제각각 정신의 힘이 형성하는 서로 다른 산출이다.

그리하여 각각의 상징형식들을 총칭하여 우리가 문화라 일컫는 한, 문화는 인간이 상징을 만들어내는 존재이기 때문에 가능한 것이 된다. 따라서 호모 심볼리쿠스는 인간에 대한 정의의 중핵이라 아니할 수 없다.

---

[113] 에른스트 카시러, 위의 책, 111~112쪽 참고.

상징형식으로서의 신화

예술적 상상력과 신화적 상상력

신화를 전승해 온 문화에서는 신의 형상을 표현하거나 신을 향한 기원 의례와 연관하여 자연스레 예술적 작업들이 있어 왔다. 따라서 예술의 기원을 신화시대로까지 거슬러 올라가는 이론들은 정당하다. 그런데 오늘날 우리는 신화로부터 직접적으로 파생된 예술행위 및 결과들을 예술작품이라 일컫지는 않는다. 그것은 신앙의 소산일 뿐으로 인식된다.

이와 달리 문학, 음악, 회화, 조각 등의 예술작품들이 신화에서 모티브를 가져오는 경우도 많다. 우리에게 익히 알려진 서구권의 작품들, 예컨대 그리스·로마 신화를 소재로 한 회화, 조각, 문학, 음악 등은 신화적 인물, 신화적 심상, 이야기, 신화적 사건 등 신화적 요소들을 변주하여 보여준다. 이 작품들은 각각 다른 표현 양식을 쓰고 있지만,

〈사진11〉 보티첼리, 〈비너스의 탄생〉(1486년)

공통적으로 신화적 의미가 살아 숨 쉬는 작품을 창작하기 위해 예술
적 상상력을 동원한 것이다. 이러한 작품들이 작품 내에 신화적 구조
를 지니고 있다고 하더라도 우리는 이것을 예술로 인식한다. 보티첼
리[114]의 작품 〈비너스의 탄생〉의 예에서 보듯이, 작품의 소재는 신화
이나 이 작품은 보티첼리의 예술적 상상력의 소산이다.

　앞에서 예술과 신화는 각각 서로 다른 상징형식이라고 언급한 바

---

114) 산드로 보티첼리(Sandro Botticelli, 1445~1510)는 이탈리아의 화가로서, 역사·신
　　화·종교에서 소재를 가져온 작품을 많이 남겼다.

있다. 신화를 소재로 한 예술작품이라도 그것은 신화라는 상징형식과는 다르다. 상징형식으로서의 신화와 상징형식으로서의 예술은 어떻게 다른가? 이 물음은 단적으로 예술적 상상력과 신화적 상상력은 어떻게 다른가라는 물음으로 바꿀 수 있다.

예술이 외부 사물의 모방에서 시작되었더라도 예술의 여러 작업은 현실을 재현하는 데 그치는 것이 아니라 예술가의 자발성에 의한 창작 행위이다. 즉 예술은 예술적 상상력의 소산이다. 여기서 상상력이 무엇인지 다시 짚어보자. 사전적 의미로 상상력은 경험하지 않은 현상이나 사물에 대해 머릿속으로 그려보는 능력이다. 예술과 연관하여 말하면, 상상력은 경험하지 않은 것을 창조하는 힘이고, 그래서 예술은 창작이다. 그런데 그 어떤 상상력도 감각적 지각의 자료를 실마리로 삼지 않을 수 없다. 그러기에 예술적 상상력은 감각적 자료로부터 예술가의 정서와 의미 등을 융합하는 능동적 힘이고 '역동적 구성력'115)이다. 결국 예술가의 힘 혹은 예술가의 미덕은 일상과는 다른 세계를 드러내 보이는 데 있다.

상상력 그 자체의 기능이라는 점에서 본다면, 예술적 상상력과 신화적 상상력은 크게 다르지 않다. 신화란 인간 삶이 펼쳐지는 세계의

---

115) '역동적 구성력'은 질베르 뒤랑이 상상력을 설명하는 용어이다. 뒤랑은 상상력은 이미지들을 '형성하는' 능력이 아니라 지각이 제공하는 실제적 복제물들을 '변형하는 역동적 힘'이라는 바슐라르의 견해를 차용한다.(질베르 뒤랑 지음, 진형준 옮김, 『상상계의 인류학적 구조들』, 문학동네, 2007, 33쪽 참고)

불확실성과 유동성 앞에서 상상력을 최대한 발휘하여 만들어진 이야기이다. 신화적 상상력의 역동적인 힘은 '신'이라는 상상된 대상을 실재하게 한다. 바꾸어 말하면, 상상된 대상은 그대로 즉각 주어짐으로써 인간의 의식에 실재하게 되는 것이다.

신화가 온갖 자연현상과 인문현상을 두루 포괄한다는 점에서 신화적 상상력은 거침이 없다. 세상의 시작으로부터 온갖 자연현상의 신비스러움, 인간으로서는 가늠할 수 없는 시간과 공간 너머의 이야기, 온갖 오묘한 난관이 도사린 사람살이의 이야기까지 신화의 주제와 그 이야기에서 전하는 말은 가히 헤아릴 수 없다.

그런데 신화는 그 자체 안에 예술적 창작의 요소를 결합하고 있다. 무엇보다도 신화는 어느 문화권을 막론하고 운문의 형식으로 전승되고 있다.[116] 그리스·로마 신화가 시인들에 의해 전해져왔으나, 시인들이 신화를 시화(詩化)한 것이 아니라 원래 신화는 서사시였다. 그러나 비록 신화가 시인의 창작 정신과 맞닿은 지점이 있다고 하더라도, 신화적 상상력과 시인의 상상력은 근본적 차이가 있다.

카시러는 이 점을 신화와 예술 사이의 근본적 차이라고 하면서, "신화적 상상 속에는 언제나 믿음의 활동이 내포되어 있다. 그 대상의 실재성에 대한 믿음이 없으면 신화는 그 기반을 잃고 말 것이다."[117]라

---

116) 카시러는 신화가 우리를 놀라게 하는 것은 무엇보다도 그것이 시와 흡사하다는 점이라고 지적한다.(에른스트 카시러, 최명관 옮김, 『인간이란 무엇인가』, 창, 2008, 137쪽 참고)

고 한다. 말하자면 신화적 상상력은 초월적이고 영적인 존재, 신성(神性)에 대한 확고한 믿음 그리고 신성과의 깊은 유대에서 작동하는 정신의 힘이다.

도덕적 정서에 어긋나는 신화소

그런데 막상 신화를 접하면 당황하게 되는 측면이 있다. 상식 혹은 일상의 도덕 정서로는 선뜻 받아들이기 어려운 이야기가 곳곳에서 펼쳐진다. 신 내지 신성에 대한 믿음을 기반으로 하는 신화가 어찌 그리도 황당할 수 있는가?

신화를 황당하고 허구적인 이야기로 취급한 최초의 사람은 철학자들일 것이다. 흔히 그리스 문명에 대해 철학의 시작이라는 사건을 언급하게 되는데, 그 사건은 간단히 말하면 신화로부터 철학으로의 이행, 즉 뮈토스로부터 로고스로의 전환이다. 이는 **말하는 방식** 및 **사고 방식의 변화**와 다름이 없다. 브루스 링컨은 이를 "상징적 담론에서 이성적 담론으로, 신인동형적 사고에서 추상적 사고로, 그리고 종교에서 철학으로의 전환과 관련된다."[118)라고 정리한다.

여러 권의 저술을 남겨 로고스로의 전환에 한 획을 그은 플라톤, 그는 특히 서양철학과 서양 문명의 지배적인 담론을 산출한 자로 간주

---

117) 에른스트 카시러, 위의 책, 138쪽.
118) 브루스 링컨, 앞의 책, 21쪽.

되는데, 그런 만큼 플라톤은 상징적 담론인 **신화에 대한 경멸적 태도**를 견지했다.[119] 플라톤은 공공연히 신화의 내용을 허구 혹은 비도덕적인 것이라 비판했다. 어쩌면 아테네를 합리적이고 도덕적인 사회로 재구축하고자 열망했던 플라톤에게 신화는 비합리적이고 비도덕적이었을 수 있다.

한 예를 들어보자. 기원전 7세기경 헤시오도스의 『신들의 계보』에는 하늘의 신 우라노스가 아들인 크로노스에 의해 거세당하는 이야기가 전해진다.

우라노스가 대지의 신 가이아와의 사이에서 낳은 자식들을 가이아의 깊숙한 곳에 감추고는 그들이 햇빛 속으로 나오지 못하게 했다. 가이아는 치를 떨며 복수를 계획한다. 가이아가 자식들에게 큰 낫을 만들어 우라노스를 제거할 자신의 계획을 밝히자 모두 두려움에 사로잡혀 아무도 말문을 열지 못했다. 오직 크로노스만이 가이아의 계획에 동참할 뜻을 밝힌다.

"어머니, 이 일은 제가 맡아 완수하겠습니다. 저는 말로 형언할 수

---

119) 플라톤의 『국가』 10권에는 신화를 노래하는 시인과 신화를 폄훼하는 글이 도처에 있다. 플라톤은 어렸을 때부터 호머(호메로스)를 좋아했으나, 인간보다 진리가 더 소중한 까닭에 호머를 비롯한 모든 시인들을 비판한다. 그들은 한낱 모방자에 지나지 않는다, 그들은 실재에 대해서는 아무것도 모르며 결코 진리에 도달하지 못한다, 모방자이기 때문에 올바른 지식과 견해를 갖지 못한다 등등의 비판이 그것이다.

없는 우리 아버지가 두렵지 않아요. 그분이 먼저 못된 짓을 꾀했으니까요."

가이아는 크게 기뻐하며 크로노스를 은밀히 매복시킨다. 밤이 되어 우라노스가 가이아 위에 자신을 펼치자, 매복해 있던 크로노스는 날카로운 거대한 낫으로 아버지의 남근을 재빨리 잘라 등 뒤로 던져버렸다.[120]

이야기 자체만 보면 끔찍한 일이다. 우라노스는 아내와 아들에 의해 죽임을 당한 것이다. 말 그대로 근친살해, 존속살해이다. 이와 유사한 패륜적 내용은 신화 곳곳에서 발견된다. 크로노스가 아버지의 생식기를 자르듯이, 제주 신화에서 할락궁이는 아버지가 있는 곳을 알기 위해 자신의 어머니인 원강암이의 손을 뜨거운 솥에 지진다. 크로노스는 자신 외에 그 누구도 왕의 명예를 누리지 못하게 하기 위해 아이가 태어나는 족족 집어삼킨다.[121] 제주 신화에서는 어린 자식이 수염을 잡아당겼다는 이유로 자식을 무쇠석함에 담아 바다에 띄워버린다. 그리스 신화에서 미노스 왕의 아내인 파시파에는 황소와 사랑을 나눈다. 제주 신화에서 여러 여신은 돼지와 통정한다. 오늘날 우리의 도덕적 정서에 어긋나는 신화소, 이를 어떻게 이해해야 할까? 이는 신화의 표현방식에 대한 이해를 요구한다.

---

120) 헤시오도스. 앞의 책, 42~43쪽 참고.
121) 헤시오도스. 위의 책 114쪽 참고.

알레고리적 표현과 상징적 표현

신화를 고대 학문(철학) 형성의 전 단계로 보는 이들은 "신화적 형상의 내용에도 반성에 의해 가려내고 그 핵심으로서 드러낼 수 있는 어떤 합리적인 인식 내용이 포함되고 은폐되어 있다."[122]는 입장에서 알레고리적(寓意的)으로 신화를 해석하고자 했다. 그리스의 소피스트들 그리고 당시의 수사학자들이 그랬다. 알레고리(allegory)는 헬라어 allegoria를 어원으로 하는데, allos(다른)와 agoreuein(공공장소에서 말하다)의 합성어로서 다르게 말하는 하나의 방식이다.

플라톤의『파이드로스』의 앞부분에는 신화의 알레고리적 해석과 연관된 대화가 나온다. 일리쏘스 강변을 걸으며 파이드로스와 소크라테스가 나누는 대화이다. 파이드로스는 일리쏘스 강변 어디선가 보레아스가 오레아튀이아를 납치해갔다는 신화에 대해 말하면서 소크라테스에게 이 신화를 참이라고 믿는지 묻는다. 소크라테스는 신화를 믿지 않는다고 해도 부당한 일이 아니라고 하면서, 신화에 대한 일말의 해석을 던진다. 즉 파르마케이아와 함께 놀던 오레아튀이아를 차디찬 북풍인 보레아스가 바윗돌 아래로 밀쳐내었고, 그 바람에 그녀는 죽었다는 것, 그렇게 죽음을 맞은 이야기가 "보레아스의 손에 납치되었다."는 말이 생겨나게 된 배경이라고.

---

122) 에른스트 카시러, 심철민 옮김,『상징형식의 철학 II-신화적 사고』, 도서출판 b, 2012, 18쪽.

말하자면 바람에 밀려 바위 아래로 떨어져 죽은 오레아튀이아의 이야기가 북풍의 신 보레아스가 오레이튀이아를 납치하여 결혼하였다는 신화가 되었다는 것이다. 나아가 소크라테스는 '다르게 말하는 방식'에 대해 비판적인 말을 덧붙인다. '다르게 말하기'는 "영리하고 일 많고 팔자가 사나운 사람들이나 할 일"이고, 소크라테스 자신은 '스스로 자신을 아는 것'도 힘이 부치는 처지인데, 신화에 눈독을 들이는 것은 우스운 일이라고.[123]

소크라테스의 말은 곧 플라톤의 논변이다. 플라톤이 파이드로스와 소크라테스의 대화를 통해 드러내고자 하는 바는 소피스트와 당시 수사학자들의 신화 해석에 대한 비아냥거림이다. 플라톤으로서는 신화 자체도 허구일 뿐인데, 그것에 알레고리적 해석을 하는 것 역시 재치의 유희 이외의 어떤 것도 아니며, 억지스러운 지혜를 쥐어 짜낸 것에 다름이 없는 것이었다.[124]

플라톤의 신화 비판에 동의하는 것은 아니지만, 신화가 알레고리적 해석방법만으로 그 의미가 드러날 수 없다는 점은 주목할 만하다. 같은 맥락에서 신화란 실제 역사를 반영한 것이라고 해석하는 '에우헤메로스주의(Euhemerism)'[125]에서도 신화의 의미는 제대로 드러나지 않는다.

---

123) 플라톤, 조대호 역해, 『파이드로스』, 문예출판사, 2008, 15~17쪽.

124) 에른스트 카시러, 앞의 책, 19쪽 참고.

125) 에우헤메로스주의에 관해서는 2장 3절에서 보다 자세히 다루고 있다.

근대 독일의 비교언어학자 막스 뮐러는 신화가 자연현상의 알레고리라고 주장했는데, 근대의 인식틀에서 보자면 그의 주장도 일견 설득력이 있다. 그러나 신화를 알레고리적으로 해석하는 것, 말하자면 신화를 알레고리적 표현으로 간주하는 것은 신화의 의미를 한갓 '**소재**'에 그치게 한다.

　　신화, 즉 신들에 관한 이야기는 자연현상이나 인문현상을 단순히 **소재**로 삼아 그 기원을 이야기로 꾸려낸 것이 아니다. 신화는 신화를 만든 **그들**이 독자적으로 세계를 파악하는 하나의 정신 체계이다. 그들은 정신의 포괄적인 체계, 즉 신화적 의식으로써 세계를 바라보았다. 신화는 그들이 도무지 알 수 없는, 헤아리기 어려운 세계에 직면하여 세계를 이해하고자 하는 대응 형식이다. 헤아리기 어려운 대상이기에 그들의 대응은 상상력에 의한 **상징적 표현**일 수밖에 없다. 이 점에서 카시러는 언어, 예술, 종교, 과학, 제도를 상징형식이라고 일컫는 것과 같은 의미에서 신화를 하나의 상징형식이라고 했던 것이다.

　　2장 3절에서 언급한바, 『고대인의 지혜(De Sapientia Veterum)』를 쓴 베이컨, 『새로운 학문』을 쓴 짐바티스타 비코, 『신화철학』을 쓴 셸링 등은 모두 신화를 인간 지식의 한 형식으로, 정신의 순수하고도 참된 통일로, 신화적 사고의 정신활동으로 본다는 점에서 일맥상통한다. 즉 그들은 공통적으로 신화를 단순히 알레고리적 표현으로 보지 않았으며, '신화적인 것의 내적 형식'에 대해 통찰하였던 것이다.

　　그렇다면 '알레고리적 표현'과 '상징적 표현'이 함축하고 있는 의미는 어떤 차이가 있을까? 사실 알레고리와 상징은 학자들 사이에 주장도 다르거니와 알레고리나 상징 개념이 사용되는 맥락과 사용하는 학자에 따라서도 의미가 명확히 드러나는 것이 아니니, 이 두 개념에 선명한 경계를 두기는 어렵다. 그런데도 알레고리적 표현과 상징적 표현을 선명히 구별하는 셸링의 의도[126]에서 드러나듯이, 신화를 알레고리적 표현으로 해석하는 것은 신화에 대한 표면상의 설명일 뿐이다. 한편 신화를 상징적 표현으로 보는 것은 **신화적 의식**이라는 근본 문제에 천착하기를 요구하는 것이다.[127]

알기 쉬운 사례를 통해 알레고리적 표현과 상징적 표현이 함축하는 의미의 차이를 짚어보자. 기독교의 여러 복음서에는 '오병이어의 기적' 이야기가 나온다. 즉 예수가 빵 다섯 개와 물고기 두 마리로 오천 명을 먹이는 기적을 행했다는 이야기이다. 이 이야기를 예수가 초자연적인 행위를 했다고 해석하는 이들은 예수의 행위를 '기적'의 개념과 연결한다. 다른 해석도 가능하다. 예수가 자신의 오병이어를 다른 이에게 나누어주는 행위를 본 사람들이 다 같이 자신의 것을 다른 사람에게 나누어줌으로써 아무도 굶는 자가 없었다는 해석이다. 이런

---

126) 셸링은 『신화철학』에서 표면상으로 신화를 설명하는 알레고리의 원리를 극복하면서, 신화적인 의식이 지니는 독자적인 실재성을 파악하기 위해 상징적 표현이라는 근본 문제까지 천착한다. (프리드리히 W.J. 셸링, 김윤상·심철민·이신철 옮김, 『신화철학』, 나남, 2009. 첫 번째 강의, 두 번째 강의, 세 번째 강의 참고)

127) 바로 이 점에서 필자는 미술가, 문학가들을 대상으로 하는 신화 강의에서 신화를 단지 소재로 접근하는 자세로는 신화 그 자체에 대한 이해가 충분치 않다는 점을 누누이 강조하였다.

해석에서 기적이라는 개념은 감동적인 사태를 설명하는 은유이고 알레고리이다. 즉 오병이어의 기적은 알레고리적 표현이다. 오병이어의 기적이라는 예수의 행위가 상징이 되는 지점은 따로 있다. 예수의 심성이 그 자리에 있던 수천 명의 가슴에 녹아들어 그들이 모두 예수의 심성이 되는 것, 즉 타인을 자기 자신과 동일시하는 심성이 되었다면, 오병이어의 기적은 내적 의식을 드러내는 상징적 표현이다.

이 장의 1절에서 필자는 오늘날 "우리가 신화의 의미를 제대로 알 수 있을까?"라는 도발적인 물음을 던졌다. 이 물음은 이제 "우리가 '신화적 의식'에 다가갈 수 있을까?"라는 물음으로 바꾸어도 좋겠다. 로고스 문명에 지배되고 있는 근대인의 시각에서 본다면, 신화는 허구 그 자체일 뿐이다. 세계를 보는 우리의 방식은 물리적 관점에 갇혀있는데, 어떻게 신화적 의식에 근접할 수 있을까?

이쯤에서 〈신화는 상징이다〉라는 이 장의 제목을 다시 짚어볼 필요가 있다. 사전적 의미로 상징은 추상적인 사실이나 생각, 느낌 따위를 대표성을 띤 기호나 구체적인 사물로 나타내는 일 또는 그렇게 나타낸 기호나 사물이다. 이런 의미의 상징은 인간 문화 전반에서 나타난다.

신화를 특별히 상징이라고 할 때 그 의미는, 알레고리적 표현과 상징적 표현의 구별에서 드러났듯이, 사전적 의미를 넘어선다.

신화적 상상은 상징적 활동 자체이다. 그러나 그 상징은 엘리아데의 표현으로는 **'신성과의 연대성을 실현하도록 하는 상징'**이고, 내재적으로 동기 부여된 것이다. 달리 말하면 신화의 상징이 지니는 고유한 특성은 초월의 현실성에 참여한다는 느낌을 주는 것, 형언할 수 없는 신비의 깊이에 다가가게 하는 것이다. 그러기에 캠벨은 "신화는 의미의 영역에 참여한다는 느낌을 정신과 감성에 부여하는 상징들의 체계"[128]라고 정의했던 것이다. 따라서 신화의 은유, 그 상징적 의미를 이해할 수 있는 것은 신화적 의식, 신화적 사고 혹은 **신성(영성)에 대한 감성적 직관**에서만 가능하다.

---

[128] 조지프 캠벨, 유진 케네디 엮음, 박경미 옮김, 『네가 바로 그것이다』, 해바라기, 2004, 44쪽.

신화적 사유와 ——————————— 4.
상모적(相貌的) 세계관

신화 언어는 감성 언어이다

오늘날 우리가 신화의 의미를 파악하기 어려운 것은 우리가 신화를 만들어낸 의식의 세계로부터 멀어졌기 때문이기도 하고 또 그만큼 신화에서 말해지는 언어의 의미를 제대로 읽어내지 못하기 때문이기도 하다.

앞의 문제와 관련해서 셸링은 인간 의식 자체가 신화의 발상지이자 신화의 작용 주체임을 밝히려고 했고, 신화적인 것의 '내적 형식'을 신화적 의식으로 밝히려고 했다. 이는 인간 정신의 구조적 분석까지 나아가야 하는 문제이니 이쯤에서 멈추자. 당장 파악해야 하는 것은 소위 신화 언어라 일컬어지는 것이 여타 언어와 어떤 점에서 다른지를 짚어보는 일이다.

동서양을 막론하고 신화에는 환생의 신화소가 등장한다. 환생이란 말 그대로 죽음에서 삶으로 돌아온 것이다. 환생의 신화소는 죽음이 끝이 아니라 다른 삶이고, 그 역시 삶의 연속임을 말하는 것이다.

일상적으로 죽음은 삶과 대척점에 있다. 그래서 죽음을 맞이하는 순간을 임종(臨終)이라 하고, 삶이 끝났다는 의미에서 '떠났다'고 하며, 생명이 왔던 그곳으로 '돌아가셨다'고 한다. 실제로 한 개인의 죽음 이후에도 그의 기억은 생생히 간직할 수는 있으나 그것을 살아있다고 하지는 않는다. 과학적인 차원에서 삶과 죽음의 구별은 더욱 정밀하다. 과학 언어로 죽음은 생명활동이 정지되어 다시 원상태로 돌아오지 않는 생물의 상태라든가 전 조직세포의 생활기능의 정지, 심장 고동과 호흡운동의 정지 등으로 정의한다.

그런데 신화에서는 왜 죽음이 끝이 아닌가? 어떻게 죽음에서 환생이 일어나며 어떻게 죽음이 또 다른 삶으로의 이행일 수 있는가? 왜 신화의 표현방식, 신화 언어의 표현은 이렇게 다를까?

단서는 신화적 의식에서 찾아야 한다. 신화적 의식에는 일상적 경험이나 과학적 사고가 요구하는 명확한 경계선이 아예 없다. 무엇보다도 신화적 의식은 소망하는 바를 반영하고 소망을 성취해 줄 이미지를 생성한다. 죽음이 결코 '끝'이어서는 안 되는 것, 이것이 바로 인간의 근원적 소망이다. 그러기에 신화적 의식은 숨이 끊어진 현실적 지각 앞에서도 또 다른 삶으로의 출발, 환생이라는 이미지와 그 이미지의 의미를 생성한다. 여기에는 단지 '표상되었을 뿐인 것'과 '현실적' 지각 간의, 소망과 성취 간의, 상(이미지)과 사물 간의 확고한 구별이 결여되어 있는 것이다.[129] 말하자면 삶과 죽음의 구별이 없다.

신화적 의식에서 표출되는 신화 언어는 감각적 직관에 따르는 표현, 말하자면 감각에 의하여 획득한 현상이 마음에서 재생된 상, 즉 이미지로 표현된다. 이때 이미지는 감각과 정서의 상상 속에서 만들어진 것이다. 인간의 정신은 자신에게 유리한 방향으로, 자신이 소망하는 방향으로 이미지를 생성하는 것이니 환생, 또 다른 세계, 신비의 세계는 얼마든지 가능하다. 환생의 이미지, 환생이라는 신화 언어는 삶과 죽음의 경계를 허물고 죽음을 삶에 합류시키는 감성적인 언어이다.[130]

삶과 죽음에 관련된 것뿐만 아니라 신화에는 물리적·비물리적, 시간적·공간적으로 신비의 세계를 드러내는 독특한 언어 사용의 실례가 많다. 이에 대해 오늘날 우리는 비현실적·비실재적인 표현이라 규정한다. 그런데 과연 그런가? 초현실적인 세계를 꿈꾸는 능력은 인간 정신의 고유함 아닌가? 정신이 상상력에 의해 거침없이 개화시킨 신화의 세계는 과연 비현실적·비실재적이기만 한가?

플라톤을 비롯하여 신화를 허황되고 우매한 원시사회의 이야기로 치부하는 이들은 공통적으로 신화 언어의 표현방식을 도외시하였다.

---

129) 카시러, 『상징형식의 철학』 II, 70쪽.
130) 카시러는 "신화적 직관은 스스로 결부시키는 것을 종국에는 합류시킨다(zusammen fallen). 여기에서 작용하는 것은 결합의 통일성(Einheit?)이 아니라 사물의 一樣성, 합치(Koinzidenz)인 것이다."(카시러, 『상징형식의 철학』 II, 110쪽)라고 하면서 신화 언어의 특성을 드러낸다.

오늘날 이들의 주장은 설득력을 상실했다. 언어가 세계를 드러내는 방식인 한, 각각의 언어는 서로 다른 세계를 표상하는 것이다. 일상 언어나 과학 언어 역시 그 나름으로 해석된 세계를 드러낼 뿐이다. 일상 언어나 과학 언어를 잣대로 하여 신화 언어를 비실재적이라 규정하는 것은 로고스의 폭력일 수 있다. 신화시대의 사람들에게 실재나 세계의 사태는 현재의 우리와 다르게 표상될 수 있다. 신화 언어는 신화시대 사람들의 감성에 있어 실재인 세계를 표현한 것이다.

감성 언어와 상모적 세계관

감각적 직관에 따르는 감성적 언어라는 신화 언어의 특성은 상모적 세계관과 연관되어 있다. 상모적 세계관이란 **정서**에 근거하여 서로 얼굴을 맞대듯이 대상을 감정을 지닌 존재로 바라보는 것, 즉 동물, 식물, 바위나 태양이든 세계 내 모든 대상을 나와 마찬가지로 생명을 지닌 존재자로 지각하는 것이다. 좀 더 풀어서 말해 보자.

신화에서 모든 존재는 물리적·객관적 성격이 아니라 상모적 성격으로 지각된다. 세상을 상모적으로 바라보는 것은 가시적/비가시적, 생물/무생물이라는 과학의 이분법적 사고와는 다르다. 신화에서 모든 '있음'은, 비록 상상의 '있음'일지라도 심정적으로 느끼는 대상이다. 여기서 '있음'은 말 그대로 구체적인 사물과 사태 그리고 상상의 사물과 사태까지 포괄한다. '있음'을 심정적으로 느낀다는 것을 이해하기 위하여 잠시 우리의 경험을 떠올려 보자. 혹시 한갓 사물 혹은 자연물에서 특별한 감정을 느낀 경험은 없는가? 신화시대로부터 멀어진 현대의 우리조차도 애착을 가지는 사물에서, 때로는 어떤 자연물에서나 자연현상을 마주하면서 그 대상을 자신과 같은 생명과 감정을 지닌 존재로 느끼는 경험을 할 때가 있다. 필자 역시 마찬가지다. 필자의 경험 중 한 가지만 예로 들어보겠다. 수년간 제주도에 현존하는 신당을 답사하러 다녔을 때, 신당으로 관념되는 암석이나 바위굴이 문득 온갖 기원의 말을 새겨들은 영적인 존재로 느껴질 때가 있었다. 그때 그 암석과 바위굴은 그저 물리적인 존재가 아니었다. 신당의 신목으로 관념되는 오래된 팽나무가 내게 말을 건네는 느낌도 받았다. 그때 그 팽나무는 그저 나무가 아니었다. 그리고 보면 불에 그을린 미륵석상을 마치 상처를 달래는 듯 백지로 감싸는 것,[131] 애달픈 사연을 지닌 채 죽은 처녀신으로 관념되는 나무에 매년 곱디고운 치마저고리를 입히는[132] 심정이 그대로 이해된다. 그 행위를 하는 그들에게 미륵석상과 신목은 그저 바위나 나무가 아니라 자신과 똑같은 감정을 지닌 생명이었던 것이다. 세상을 상모적으로 지각한다는 것은 바로 이런 것이다.

슬픔과 기쁨, 즐거움과 괴로움, 우수와 환희 등 온갖 감정의 느낌으로 마주하게 되는 존재는 생명 없는 사물이 될 수는 없다. 따라서 상

---

131) 제주도 제주시 화북동 〈윤동지영감당〉의 석상과 관련된 이야기이다.(하순애, 『제주도 신당 이야기』, 62~67쪽 참고)

132) 제주도 성산읍 신천리 〈현씨일월당〉과 관련된 이야기이다. (위의 책, 172~180쪽 참고)

모적 세계관에 근거한 신화적 사고에서 있음, 존재, 생명은 동일한 의미로 소통된다. 달리 말하면, 신화는 세계의 모든 존재를 의인화한다. 의인화란 형체 없는 것과 생명 없는 것을 사람으로 나타내는 것이다. 하위징아는 의인화는 모든 신화 창조와 거의 모든 시의 정수라고 하면서, 여기서 인지된 것은 처음부터 생명과 변화를 가지고 있는 것으로 상상되며 은유는 그것의 일차적 표현이라고 한다.[133]

그리하여 신화적 사고에서 생명은 우주적 차원으로까지 확대되며, 세상은 **생명의 연대성이 작용하는 생명 세상**이다. 오늘날 우리가 세계를 지각하는 방식은 신화적 사고와는 상당히 멀어져 있긴 하지만, 이제 신화의 의미를 알아차릴 수 있는 하나의 단서가 잡혔다. 우리가 신화를 생성한 원천이 되는 상모적 세계관, 그 세계관의 역동적인 생명감정을 느낄 수 있다면, 그때 신화의 세계는 이해의 지평에 놓이게 된다.

신화적 사유에서 역설(paradox)은 신화 고유의 논리이다

다시 신화적 사고로 돌아가자.

신이라는 존재 개념이 인간의 마음에서 상상되고 인식되는 것이야말로 모든 신화적 사고의 첫걸음이다. 그런데 신화 속의 신은 오늘날 제도 종교에서 신앙되는 신과 상당히 다르다. 단적으로 기독교의 신

---

133) 요한 하위징아, 이종인 옮김, 『호모 루덴스』, 연암서가, 2018, 271~272쪽 참고.

인 하나님은 전지 전능 전선(全善)의 존재이다. 이와 달리 신화 속 신의 성격은 선신인지 악신인지 분명하지 않다. 신화 속 사건의 양상도 좋은지 나쁜지 명확하게 규정짓기 어렵다. 신은 다면적인 인간과 닮았고, 사건은 다양한 사람살이의 양상과 너무 닮았다.

3장 4절에서 〈차사본풀이〉, 〈문전본풀이〉를 소재로 하여 죽음이 또 다른 삶이 되고, 악한 여신의 몸으로부터 생명이 창조되는 신화의 특이한 논리를 잠시 엿보았다. 로고스적 사고에서는 신화의 이 특이한 논리는 모순이다. 어떻게 모순이 신화의 논리일 수 있는가?

신화적 사고에는 로고스적 사고에 있어서 행해지는 구별, 구분, 분화 등이 없기 때문이다. 로고스에 의하면 서로 대립하고 갈등하는 개념은 동시적이지도 동연적이지도 않다. 예컨대 삶과 죽음, 사랑과 미움, 강함과 약함(강인함과 나약함), 승리와 패배, 묶는 것과 푸는 것, 오고 감 등 모든 대립적 요소들은 우리의 일상 논리에서는 서로 다른 것이고 배척하는 것이다. 그런데 인간의 삶은 이러한 대립적인 상황을 회피할 수도 없고 거기에서 빚어지는 갈등에서 벗어날 수도 없다. 가히 인간 삶의 난관이고, 난문이고 그리하여 인간에게 고통이 따르는 것이다.

신화는 이러한 난관과 난문, 고통으로부터 화해하고자 하는 인간의 몸부림이다. 그러기에 신화에서는 대립적인 항들이 상호침투하면서 동시적이고 동연적으로 이야기된다. 죽음은 삶의 대립항이 아니라 또 다른 삶으로 화해한다. 고통과 불운은 행운의 대립항이 아니라 행운 성취의 계기로서 화해한다.

요컨대 신화적 사고에는 존재와 비존재, 생과 죽음, 강인함과 나약함, 선과 악 등등 우리의 일상적 의식에서 당연하게 여겨지는 분별의 의식이 없다. 꿈속에서 꿈인지 생시인지 구별되지 않는 것처럼 신화적 사고에서는 세상은 미분화된 독특한 형태로 혼융되어 있다. 그러기에 신화를 집단의 꿈이라고 하지 않는가.

신화는 분석적으로 읽을 수 있는 대상이 아니다. 신화가 인간으로서는 막막한 한계 상황에서 초월적인 힘을 믿고 갈망하는 마음이 만들어 낸 것인 한, 신화가 담고 있는 의미는 그와 같은 느낌, 믿음 그리고 초월적인 존재에 다가갈 때 비로소 드러난다.

사실 대립항을 서로 다르게 구분하고 분별해 온 이성의 역사는 아주 중요한 진실을 놓쳤다. 더 큰 고통이 있어야 고통의 극복이 가능하고 나약함 속에서 겪는 시련이 있어야 강인해진다는 사실, 미움도 사랑의 다른 얼굴이며 죽음이 있어야 생명이 연속된다는 사실, 이렇듯 서로 대립적인 항들이 미분화된 채 혼융되어 있는 이것이 삶의 진실이다. 그래서 여기저기서 역설이 춤추는 신화는 구체적 삶의 진실을 꿰뚫어 말하고 있는 것이다. 다만 구분과 분별의 논리에 익숙한 로고스적 인간이 신화의 말을 알아채지 못할 뿐이다.

신화는 구별하지 않음으로써, 분화되지 않음으로써 역설(paradox)이 성립한다. 어원적으로 접근하면 paradox는 서로 다른 주장(doxa)이 평행(para)하는 것이다. 예컨대 '죽음은 삶이 아니다'와 '죽음은 영원한 삶이다'라는 두 주장이 평행적으로 받아들여지는 것이 역설이다. 그래서 사전적으로도 역설은 "모순을 일으키기는 하지만 그 속에 중요한 진리가 함축되어 있는 것으로 간주한다."고 정의되어 있다.

인간으로서는 도무지 간파할 수 없는 심원한 힘, 그 깊숙한 비밀에 다가가기 위해 인간의 상상력을 최대한 발휘한 것이 신화이다. 그 상상력의 단서는 인간이 마주치는 일상의 미미한 사건들이다. 그것으로부터 무한의 시간과 공간으로 상상력을 펼치면서 우주적 비밀에 접근하고자 한 것이 바로 신화이다. 신화의 서사는 말할 수 없는 것을 말하는 것, 드러낼 수 없는 것을 드러내는 것, 감추면서 펼치는 것이 되지 않을 수 없으니, 신화의 표현은 상징일 수밖에 없고 역설[134]일 수밖에 없다. 따라서 신화의 서사에 진리와 허위, 선과 악의 평가 기준을 적용해서는 안 된다. 신화는 어떤 측면에서 대립적 관계 바깥에 존재하는 것이다.

---

134) 조현설은 『신화의 언어』(한겨레출판사, 2020)에서 신화 언어의 네 가지 키워드를 제시한다. 무의식과 역설, 자연과 타자, 문화와 기억, 이념과 권력이 그것이다. 신화 언어가 조현설이 제시한 네 가지 키워드로 모두 수렴될 수 있는가는 더 깊은 논의를 필요로 하는 것이나, 이 네 가지 키워드는 함축적인 의미에서 신화의 면모를 보여준다.

신화의 해석

신화 해석에는 본질적 난점이 있다

내밀하고도 아득한 지점까지 상상력을 펼쳐나간 신화는 세상을 향한 인간의 꿈이다. 신화는 몽상이기에 상징으로 말한다. 상징은 의미를 함축한다. 신비를 상징과 역설로 말하는 신화는 해석을 기다린다. 상징에 의해 암시되고 숨겨진 의미를 어떻게 해석할 수 있을까? 로고스적 사고는 역설에 담긴 의미의 세계에 어떻게 다가갈 수 있을까?

신화를 해석하는 일은 참으로 어렵다. 무엇보다 (앞에서 누누이 언급한 바이지만) 신화 자체가 암막 커튼처럼, 때로는 깊고 깊은 우물처럼 스스로 의미를 숨기고 있기 때문이다.

"신화의 본연의 의미와 본연의 깊이는 신화가 그 고유한 형상 내에서 드러내는 것이 아니라 그것이 은폐하고 있는 것 속에 존재한다. 신화적 의식은 암호와 같은 것으로서 그것을 푸는 열쇠를 지니는 자에게만 이해되고 해독될 수 있는 것이다."[135] 카시러의 이 말은 신화 해석의 어려움을 경험한 이들에게 절실하게 와닿는다.

신화 해석의 어려움은 무엇보다도 신화 언어의 의미가 이중적이기도 하고 유동적이기도 하기 때문이다. 신화에 등장하는 물을 예로 들어보자. 물은 '위협'이기도 하고 '거듭남'을 상징하기도 하고, 다른 맥락에서는 '생명'이기도 하고 '건너감'이기도 하다. 어느 맥락에서도 물의 의미는 고정되지 않는다. 게다가 신화를 전승하는 집단의 문화적 맥락까지 개입하면, 물의 의미에 대한 해석은 미로에 빠지기 십상이다.

『신약』「요한복음서」는 "태초에 말(logos)이 있었다."로 시작된다. 이 한 구절이 이천 년 역사에서 얼마나 많은 해석을 낳았는가. 지금도 해석은 진행 중이다. 신화는 오죽하랴. 아득한 시공간을 건너온 신화를 해석하는 것은 상징에 함축된 아득한 의미만큼이나 아득하다.

신화 해석의 또 다른 난점은 해석자로부터 나온다. 지성은 구분과 분별로써 사태를 파악한다. 게다가 불가피하게 각각의 해석자들은 당대의 인식틀에 사로잡힐 수밖에 없다. 분석적 사고, 실증주의적 사고가 지배하는 이 시대에 신화를 분석의 대상으로 삼은 채 해석을 의도한다면, 첫걸음부터 잘못된 길로 접어드는 꼴이다.

신화를 가슴에 품고 살던 사람들에게 신화에 담긴 말의 뜻은 낯설

---

135) 카시러, 『상징형식의 철학』Ⅱ, 72쪽.

지 않다. 비록 신화가 온갖 심상과 상징 밑에 의미를 감추고 있다고 하더라도 그들은 그것을 가슴으로, 나아가 믿음으로 받아들였기에 그것은 결코 분석의 대상이 되지 않았다. 신화시대에 신화는 현실의 근거, 현실의 질서를 뒷받침하는 원리였다. 신화에 담긴 말의 뜻은 곧 그들의 삶의 뜻이었다. 그들의 모듬살이는 신화의 말이 만들어낸 유산을 오롯이 전승하는 해석학적 공동체였다.

지금은 다르다. 신화가 지닌 말의 뜻이 결코 삶의 뜻이 되지 않는 상태에서 신화 연구자들은 일종의 지적 기획으로 신화를 대한다. 지적 기획은 의미를 개방하지 않는다. 기획은 기획 의도에 따라 진행된다. 이것은 곧 로고스적 지성의 본질적 경향이다. 이러한 지적 기획에는 견강부회의 오류라는 덫이 놓여 있다.

어떻게 신화적 사유에 근접할 수 있을까? 어떻게 하면 신화적 사유의 핵심을 놓치지 않을 수 있을까? 과연 신화의 진정한 해석이란 무엇일까?

〈초공본풀이〉로 읽는 상징의 세계

제주 신화 〈초공본풀이〉를 간략히 보자.

천하 임정국 대감과 지하 김진국 부인 사이에 자식이 없었다. 황금산 도단땅 절간에서 백일정성을 들여 딸을 낳았다. 딸의 이름은 'ᄌᆞ지멩왕모에단풍아기씨'이다.

딸이 열다섯이 되었을 때, 부부는 타지로 벼슬살이를 가게 되었다.

딸아이를 걱정한 부부는 딸을 방 안에 가두어 문을 잠그고는 종에게 문구멍으로 딸을 보살피도록 당부하였다.

황금산 도단땅의 중들 사이에서 달보다 더 고운 즈지멩왕아기씨를 두고 내기가 벌어졌다. 주자 선생이 자신이 상대하겠다고 나섰다.

주자 선생은 명과 복을 이어주겠다는 술책으로 아기씨의 마음을 열고, 술법으로 잠긴 문을 열어 재미(齋米)를 받으며 한 손으로 아기씨의 머리를 세 번 쓸고 떠났다.

주자 선생의 술법으로 임신한 즈지멩왕아기씨는 부모로부터 내쫓김을 당한다. 어렵사리 키운 쌍둥이 세 아들이 과거에 합격했으나, 과거에 낙방한 삼천 선비는 시기심으로 물명주 전대를 즈지멩왕아기씨의 목에 걸어 삼천천제석궁에 가둔다.

삼 형제는 아버지 주자 선생을 찾아 어머니를 구할 도리를 묻는다. 주자 선생은 아들들에게 어머니를 구하려면 전생팔자를 그르쳐야 한다면서 '天地門'이란 글자를 새긴 무구(巫具)를 만들어 주고, 초감제, 초신맞이, 시왕맞이제를 마련한 후 어머니를 구할 방법을 알려준다. 삼 형제가 너사메아들 너 도령을 만나 무악기인 북과 울쩡(징)을 만들어 삼천천제석궁에 가서 열나흘을 울리니 궁에서 아기씨를 내어놓는다. 아들들은 어머니를 위하여 금법당을 만들고 여기에 무구(巫具) 전체와 삼만 제기(祭器)를 보관해 놓고 어머니로 하여금 이곳을 지키게 한다. 그리고 이어 상잔과 천문, 요령, 삼멩두를 만들어 연당에 두고 양반의 원수를 갚고자 시왕대반지[신칼]를 만들어 삼시왕으로 들어서다가 유정승따님아기를 만난다.

유정승따님아기는 일곱 살에 육간제비를 받은 후 10년 간격으로 눈이 멀었다 나았다 하는 병을 앓다가 예순일곱 살에 눈이 뜨이고 신안을 얻었는데, 아랫마을 자복장자집 아기가 죽어가는 것을 살려 주며, 만약 딸이 살아나면 10년 후에 굿을 하라고 권한다. 유정승따님아기가 일흔일곱 살에 자복장자의 부탁으로 굿을 하려 했으나 굿하는 법을 몰랐다. 그러다가 혼절하여 서강베포땅의 신당에 도착하게 되었는데, 삼시왕에 있던 삼 형제는 유정승따님아기가 왔다는 말을 듣고 물명주 전대로 걸어 올려 약밥과 약술을 먹이고 어인타인을 찍은 후 무당서 삼천 권을 주고 수레감봉 막음법을 알려 준다.

유정승따님아기는 다시 신당으로 내려와 여기에서 무당서를 통달한 후, 자지멩왕아기씨로부터 삼천기덕과 일만 제기, 궁전궁납 멩두멩철을 얻고 너 도령, 삼 형제와 함께 아랫마을 장자집에 가서 굿을 한다. 이때 도임상처럼 초감젯상을 크게 차려 놓고 무당서에 쓰인 대로 공신가신법을 설연하였는데, 이때 유정승따님아기가 낸 굿법이 지금까지 대대로 전승되어 오는 것이다.[136]

〈초공본풀이〉는 초공과 굿의 유래에 관한 신화이다. 여기서 '초공'은 제주도 최초의 심방인 무조(巫祖)인 동시에 무업(巫業)의 수호신이다.

---

136) 〈초공본풀이〉 개요는 한국민속문학사전(설화 편)을 참고하였다. 〈초공본풀이〉는 여러 채록본이 있으나, 전반적인 줄거리는 대동소이하다.

〈초공본풀이〉는 즈지멩왕아기씨 출생의 내력으로부터 남편 없이 세 아들을 낳아 기르는 어려움, 천하문장가인 세 아들을 시기하는 자들에 의한 어이없는 유폐, 무구와 무악기를 마련한 세 아들에 의한 구출, 그리고 신당의 좌정까지, 한 여인의 고달픈 인생사 시련을 이야기한다.

이야기 후반부에서는 팔자 궂은 유정승따님아기가 금법당(신당)에 좌정한 즈지명왕아기씨를 만나 무구를 받고 굿을 하는 심방으로 거듭나는 이야기가 이어진다.

이야기는 즈지멩왕아기씨라는 한 여인을 중심으로 전개되나, 전체적으로는 제주무속이 시작된 내력을 말하고 있다.

황금산 도단땅 주자 선생이 세 아들에게 어머니를 구할 방도를 알려주는 대목을 보자.

> 이제랑 상산일 올르라/ 물사오기가 싰져/ 쳇동이랑 그차당 북을 멩글곡/ 둘쳇동이랑 그차당 장골 멩글곡/ 정멩두 정대장 신 디 강/ 대양 맹글곡 맹돌 멩글라/ 이걸 들러 ᄀ졍 느네 어멍/ 열두ᄉ촌/ 중문에 간 갇쳐시메 살려오라.[137]
>
> (이제는 상산에 올라라. 벚나무가 있다. 첫 마디를 잘라다가 북을 만들고 둘째 마디를 잘라다가 장구를 만들고 정명도(明刀) 정씨 대

---

137) 진성기, 『제주도무가본풀이사전』, 61쪽.

장장이에게 가서 꽹과리 만들고 명도[신칼]를 만들라. 이것을 들고
가서 너희 어머니 열두사촌 중문에 갇혀 있으니 살려서 오라.)

어머니 살려낼 방도를 이르는 이 내용은 그대로 무구와 무악기를
마련하는 과정이다. 무구와 무악기를 마련한 삼 형제는 굿을 한다.

　삼성제라 굿을 출령/ 왈랑달랑 ᄒ여가난/ 옥황이선/ 인간에 벤국
이 나시니/ 삼관장 삼체사를 보내명/ 알앙 오라/ 삼관장 삼체ᄉ/
인간이 도임ᄒ여/ 미신 일로 굿을 ᄒᄂᆞᆫ냐/ 우리 어멍이 짚은 곳엘
/ 앚아시난/ 살려오젠 ᄒ염쑤다/ 느네 삼성젠 비멘이 아니여/ 어
멍이랑 살려당 잘 앚정/ 금법당을 짓엉 도앚져두엉.
　(삼 형제가 굿을 차려서 왈랑달랑 하여가니까 옥황에서는 인간세
계에 변국(變國)이 났으니 삼관장 삼차사를 보내면서 알아서 오라
하였다. 삼관장 삼차사가 인간세계에 도착하여 무슨 일로 굿을 하
느냐 하니 우리 어머니가 깊은 곳에 앉아있으니 살려오려고 하고
있습니다. (삼차사가 말하기를) 너희 삼 형제는 보통이 아니다. 어
머니는 살려다가 금법당 지어서 높이 앉혀두고.)

　굿하는 국면이 '왈랑달랑'이라는 의성어로 표현되어 있다. 북과 장
구 치는 소리, 요령 흔드는 소리가 신명나게 어우러진 상황이다. 굿에
서 왈랑달랑한 소리를 내는 까닭은 무엇인가? 굿은 인간이 신과 소통
하기 위한 의례이고, 소리는 신을 부르고 신을 감응시키기 위함이다.

특히 쿵쿵 울리는 북소리는 하늘 옥황과의 소통을 가능하게 하는 상징이다.

이렇게 어머니를 살려낸 세 아들은 서천강가에 금법당을 지어 어머니에게 맡기면서 당부를 한다.

멩두 엇이 굿ᄒ레 오랐건/ 멩두만 내여주지 맙서/ 일천기덕 삼만제기/ 그걸 ᄒ영 직ᄒ영 앗앙/ ᄉ나이랑 오랐건 아들로 삼곡/ 예ᄌ랑 오랐건 똘로 삼앙 빌려줍서.[138]
(멩두 없이 굿하러 오면 멩두만 내어주지 마십시오. 굿에 소용되는 모든 제기를 지키고 앉아서 남자가 오면 아들로 삼고 여자가 오면 딸로 삼아서 무구를 빌려주십시오.)

이 대목은 처음 신당이 마련된 내력 그리고 굿을 하는 심방은 신당의 주인으로 좌정한 ᄌ지멩왕아기씨의 자식이 되어야 하는 이치를 알려준다. 오늘날 한국무속에서 말하는 신아들, 신딸의 유래가 그대로 여기에 드러난다.

심방이 되지 않으면 단명할 팔자를 타고 난 유정승따님아기가 ᄌ지멩왕아기씨가 지키고 있는 금법당을 찾아와 신딸이 된다. ᄌ지멩왕아기씨는 유정승따님아기에게 일천구덕 삼천제기를 내어주면서 굿하

---

138) 진성기, 『제주도무가본풀이사전』, 61쪽.

는 법을 일러준다.[139] 이렇게 유정승따님아기는 제주 최초의 심방이 되었고, 제주 심방의 굿법은 유정승따님아기가 행한 바에 의거함으로써 신성성과 정통성을 확보한다.

이런 연유로 하여 제주도 심방들은 자신의 집에 수호신인 초공의 신체(神體)를 늘 모셔 둔다. 신체는 '멩두'라 일컫는데, 심방의 기본 무구인 신칼·산판·요령이다. 심방들은 '멩두'에 무조신의 영력이 내재하는 것으로 믿어 이를 자기들의 '조상'이라 여긴다. 신칼·산판·요령은 기능적으로는 무구이나 의미적으로는 무조신 초공의 상징이다.

무조신의 상징으로 표상되는 멩두는 구체적이고 물리적이다. 그런데 신화 자체가 상징 언어인 만큼 〈초공본풀이〉에는 추상적이고 비물리적인 상징들이 넘쳐난다. 그 상징의 뜻을 일일이 새기는 것은 (신화 해석의 본질적 난점에서 언급한바) 가능하지 않다. 여기서는 신화가 어떤 상징 언어를 포함하고 있는가를 짚는 정도에 그칠 수밖에 없다.

모든 신화가 그렇듯이, 〈초공본풀이〉는 합리적 맥락이 없는 때와 장소, 즉 신화적 시간과 신화적 공간에서 사건이 일어난다.

신화는 태초에, 원초적 무시간적 시간, 지속 없는 순간, 신성한 시간에 일어났던 사건들을 이야기한다. 〈초공본풀이〉 역시 최초의 사건을 말하는 이야기이다. 여기에는 역사적 시간도 물리적 시간도 명시되어 있지 않다. 이러한 신화적 시간은 언제라도 재현될 수 있다. 굿

---

139) 진성기, 『제주도무가본풀이사전』, 62~63쪽.

〈사진12〉 멩두: 신칼, 산판, 요령

에서 〈초공본풀이〉가 구송되는 순간, 그 사건의 시간은 고스란히 재현된다. 〈초공본풀이〉를 구송함으로써 세속적 시간은 소멸되고 신성한 시간이 재현된다. 구송하는 사람과 듣는 사람 모두 신성한 신화적 시간 속으로 들어가는 것이다.

한편 즈지멩왕아기씨의 부모가 벼슬살이 하러 간 하늘옥황, 주자선생이 있는 황금산 도단땅, 삼 형제가 성장하는 불도땅, 자지명왕아기씨가 갇혀있던 삼천제석궁, 삼 형제가 삼시왕으로 들어선 저승 등 〈초공본풀이〉에 등장하는 장소는 물리적으로 실재하지 않는다. 상상의 공간이다. 그런데 상상의 공간이라고 해서 실재하지 않는 것은 아니다. 물리적으로 실재하지 않는데 그렇다고 실재하지 않는 것이 아니라는 건 형용모순이다. 이 모순이 용인되는 것이 신화이다.

상상의 공간은 상상하는 정신 혹은 마음에 실재한다. 이승, 저승, 불도땅 등등 현실의 공간 및 상상의 공간을 지시하는 신화 속 개념들은 실재하는 공간에 관한 언어가 아니라 우리 마음의 깊은 곳에 있는 공간이고, 내적 영역에 있다는 의미에서 실재적이다. 그래서 신화적 공간에 관한 이야기는 '신화적 지리학'이 된다. 신화적 지리학에서 신성한 공간은 사람들이 신성과 직접 소통하고 접촉할 수 있는 공간이다.

〈초공본풀이〉의 등장인물들, 즉 임정국과 짐정국 부부, 이 부부 사이에 태어나는 ㅈ지맹왕아기씨, 아기씨 몸종인 늦인덕이 정하님, 아기씨와 인연을 맺는 주자 선생, 여기서 태어나는 세 아들(본맹이, 신맹이, 살아살축신맹이), 세 아들을 시기하는 삼천선비, 유정승따님아기 등 이 모두는 인간 현실의 면면들이다. 이들 사이에 관계가 맺어지고, 관계에 금이 가고 갈등하고, 관계를 회복하는 과정은 철저히 인간 현실과 결부되어 있다.

〈초공본풀이〉에서 드러나는 사건은 등장인물이 겪는 사건이라기보다 인간 삶의 근원적인 사건들의 표상이다. 말하자면 사건들은 인간 삶의 양상들이고, 삶에서 인간들이 체험하는 것들의 상징이다. 어떤 삶에도 고난이 있고, 삶의 행로를 방해하는 악한 존재가 등장하는 것처럼 ㅈ지맹왕아기씨가 겪는 고난의 길, 삼 형제의 행로를 막아서는 삼천 선비 등은 굴곡진 삶의 상징이다. 또한 아픈 만큼 성숙해지는 이치대로 악한 존재가 야기한 고통과 고난의 과정이 난관 극복의 단서가 되고, 세상은 궁극적으론 공존과 공생이라는 메시지의 상징이기도 하다.

황금산 도단땅의 주자 선생이 아기씨의 머리를 세 번 쓰다듬는 술법으로 아기씨가 임신하는 것은 일반적인 잉태의 사건을 상징함과 동시에 특별한 신성의 상징이다. 이는 성경에서 예수가 동정녀 마리아로부터 태어나는 것이나, 석가가 마야부인의 옆구리를 뚫고 태어났다는 비일상성이 예수나 석가의 특별한 신성을 상징하는 것과 같은 맥락이다.

한편 〈초공본풀이〉에는 숫자 3이 여러 차례 등장한다. 주자 선생이 ᄌᆞ지멩왕아기씨를 잉태시키기 위해 술법을 쓸 때 아기씨의 머리를 세 번 쓰다듬는다. 아기씨는 세 쌍둥이를 낳는다. 삼 형제는 굿을 하기 위한 무구인 삼멩두를 만든다. 삼형제는 저승 삼시왕으로 들어간다.

하필 왜 3인가? 제주 신화뿐 아니라 한국 문화에는 숫자 3에 대한 특별한 인식이 있다. 태양 안에 산다는 세 발 달린 까마귀 삼족오나 삼신할머니, 삼칠일 등도 마찬가지다. 그렇다면 숫자 3은 신성함의 상징이 아닐 수 없다.

〈초공본풀이〉를 소재로 하여 상징의 몇 가지 예를 짚어보았다. 사실 신화는 이미지를 구사하는 상징적 사고가 넘쳐나는 것이어서, 몇 가지 예로써 신화적 상징의 의미를 밝힐 수는 없다. 다만 이 예들을 통해 신화적 상징의 기능을 짐작할 수는 있다. 즉 상징은 구체적 이미지로써 우리 마음의 실재를 표현한다. 이제 상징으로 나타나는 다양한 이미지, 그리고 이미지들의 연결이 엮어내는 신의 이야기에서 신성과 신비를 읽어내는 것은 온전히 우리의 몫이다.

기왕 신화 해석의 문제를 다룬 김에 한 가지 얘기를 덧붙여야겠다. 신화가 이야기인 한, 신화의 상징은 요소적인 것에 그치지 않는다. 서사구조 자체가 상징이 되기도 한다. 〈초공본풀이〉만 보아도 그렇다. 즈지멩왕아기씨나 삼 형제의 행위에는 자신보다 가족을 지키고 살리고자 하는 동기가 강력하게 작용하며, 이러한 동기가 이야기를 끌어가는 힘이 되고 있다. 그리스·로마 신화는 다르다. 거기에서는 개인에게 집중하여 이야기가 전개된다. 1장에서 언급한바, 신화적 상상력이 문화적 방향성을 지닌다는 내용을 다시 떠올리자. 서로 다른 풍토에서 각각 다르게 경험되는 현실은 각기 다른 서사구조를 만들어낸다. 서구의 개인주의 문화, 우리의 가족주의 내지 집단주의 문화는 하나의 상징으로서 서로 다른 서사구조가 형성되는 요인이 되었음을 부인하기 어렵다. 그러니 신화 해석이라는 우리의 몫에는 문화적 방향성 안에서 스스로 의미를 밝혀내야 하는 책무도 함께 있다.

5장.
신화, 우주적 질서[140]를 말하다

---

140) 우주라는 개념에 질서의 의미가 함축되어 있으므로 '우주적 질서'란 의미상 동어반복인 셈이나, 장의 제목은 일상적 용례에 따랐다.

질서의 기반은 ——————————————— 1.
'처음'을 말하는 것

'처음'을 알아야 '지금'을 안다

사유란 직접적으로 주어지는 감각적 지각을 넘어서 보지 못하는 것을 알고자 하는 욕구에서 성립한다. 이 욕구는 단적으로 호기심이다.

언어를 사용하는 호모 사피엔스의 가장 강력한 호기심은 무엇이었을까? 그것은 자신을 둘러싼 세상과 세상에서 일어나는 현상을 알고자 하는 것 아닐까? 세상과 세상의 현상을 이해하고자 하는 호기심은 당연히 세상의 시작으로 향한다. 자신이 디디고 서 있는 땅, 우뚝 솟은 산, 계곡을 따라 흐르는 강, 끝없이 펼쳐져 있는 바다, 가없는 하늘 등등 이러한 것들은 어떻게 생기게 되었을까? 사람은 어떻게 생겨나서 세상에 살게 되었을까? 어떻게 생멸 변화가 일어나는가? 이렇듯 '어떻게'라는 물음으로 일어나는 모든 의문은 그 모든 것의 '처음'을 묻고 있다.

'처음'이 왜 중요한가? 처음을 알아야 '지금, 여기'의 나의 존재를 이해할 수 있기 때문이다. 처음을 알아야 세상이 흘러가는 방향 그리고 세상에서 맺어지는 관계를 가늠할 수 있기 때문이다. 그래서 "세상은 어떻게 시작되었는가?"는 아주 매혹적인 의문이다. 유한한 인간에게 세상의 처음은 가늠하기 어려운 문제이다. 가늠하기 어려울수록 의문은 더욱 매혹적으로 마음을 붙잡는다. 세상의 시작에 관한 여러 설명이 있다. 가장 대표적인 설명 중 하나는 신화이고 다른 하나는 과학이다. 신화는 가장 오래된 설명이고, 과학은 가장 최근의 설명이다.

세계적인 천문학자인 칼 세이건은 『코스모스』에서 우주의 탄생, 은하계의 진화, 태양의 삶과 죽음, 우주를 떠돌던 먼지가 의식 있는 생명이 되는 과정, 외계 생명의 존재 문제 등 광막한 대우주의 세계를 탐구한다. 과학자의 이러한 탐구 작업은 단순히 대상 세계를 밝혀내고자 하는 것에 그치지 않는다. 과학이 대상 세계를 밝혀내고자 하는 근간에는 역시 '지금 여기'의 인간 존재를 이해하고자 하는 목적이 있다.

칼 세이건은 『코스모스』의 머리말을 고대인들 얘기로 시작한다. 아주 사소한 일조차 하늘의 사건과 연계하는 고대인의 주술을 예로 들면서[141] 인류의 사고방식과 우주론적 신비의 뿌리 깊은 연계를 강조한다. 이어서 그는 과학자로서 인간과 우주의 기원과의 상관성을 다음과 같이 말한다.

---

141) 기원전 1000년경 아시리아인들은 벌레가 치통의 원인이라고 믿고, 벌레를 쫓는 주문을 외웠는데, 이 주문은 치통을 치료하기 위해 우주의 기원까지 거슬러 올라가는 내용이 담겨 있다. (칼 세이건, 홍승수 옮김, 『코스모스』, 사이언스북스, 2010, 7~8쪽 참고)

인류는 코스모스에서 태어났으며 인류의 장차 운명도 코스모스와 깊게 관련돼 있다. 인류 진화의 역사에 있었던 대사건들뿐 아니라 아주 사소하고 하찮은 일들까지도 따지고 보면 하나같이 우리를 둘러싼 우주의 기원에 그 뿌리가 닿아 있다.[142]

오늘날 과학계에서 '세상의 시작'에 관한 정통이론으로 간주하는 것은 빅뱅(Big Bang) 이론이다. 빅뱅 이론을 간단히 말하면, "시간과 공간 그리고 물질과 에너지까지 모두 합친 이 우주는 137억 년 전 무한한 밀도와 매우 높은 온도를 가진 점(點)만 한 불덩어리가 폭발해서 생겨났으며, 그 이후 확대되고 식어서 오늘날의 우주가 되었다."[143]이다.

빅뱅 이론을 정통 이론으로 간주한다고 해서 세상의 시작에 관한 논의가 완결된 건 아니다. 빅뱅 이론으로 설명되지 않는 여러 문제가 있고, 그 문제를 해결하기 위한 새로운 이론들이 제기되고 있기 때문이다. 아직도 우주론에 관한 갑론을박은 진행 중이다.

과학을 만능 해결사로 보는 과학주의가 팽배한 오늘날, 과학을 신

---

142) 칼 세이건, 위의 책, 9쪽.
143) 존 핸즈, 김상조 옮김, 『코스모사피엔스』, 소미미디어, 2022, 41쪽. 빅뱅 이론은 현재 우주가 계속하여 팽창하고 있으니, 그 과정을 역으로 계속 되짚어 가면 '최초의 순간'에는 모든 것이 한 점에 모여 있었을 것이라는 일종의 역발상이다. 그런데 빅뱅의 원인과 빅뱅 시작 후 초기를 설명하는 이론들이 아직 완성되지 않았기 때문에 이 이론으로써 우주 발생을 완전히 설명할 수는 없다. 한편 '빅뱅이 우주의 시작이라면, 빅뱅 이전에는 도대체 무엇이 있었느냐?'라는 질문이 이 빅뱅 이론의 가장 핵심적인 논의 거리 중 하나다.

봉하는 사람들은 조만간 우주론에 관한 갑론을박이 종지부를 찍을 것이라는 직선적 기대감을 갖고 있는 듯하다. 그러나 놓치지 말아야 할 중요한 사실이 있다. 모든 과학적 이론은 가설[144]이라는 사실이다. 과학은 과학적 상상력으로써 가설을 세우고, 그 가설을 전제로 삼아 세상을 설명한다. 설명되지 않는 문제에 관해서는 또 새로운 가설이 등장한다. 빅뱅 이론의 문제점과 한계를 해결하기 위해 인플레이션 우주론이라는 새로운 가설이 등장하는 것이 그 좋은 예이다.

요컨대 첨단과학은 세상의 시작, 우주의 기원이 무엇인지 아직도 명쾌히 밝혀내지 못하고 있다. 이는 과학주의가 팽배하고, 과학에 대한 신뢰가 극에 치닫고 있는 현실과는 사뭇 다른 양상이다.

알고자 하는 욕구가 궁극적으로 우리 자신의 위상과 관련된다는 점은 과학과 신화가 다르지 않다. 문화권마다 세상의 시작에 관한 신화는 다양한 형태로 이야기된다.

예나 지금이나 삶의 형편은 땅의 형편과 연관되어 있다. 땅의 형편은 일차적으로 그 땅에서 사는 사람의 삶의 기반이다. 신화를 꾸려내었던 인간-호모 사피엔스는 자신들이 디디고 있는 땅의 형편을 설명하고자 이야기를 만들었다. 이야기의 완결을 욕망하는 호모 사피엔스는 디디고 있는 땅을 넘어 보다 광대한 영역으로 생각을 펼쳐나갔다.

---

144) 정통 실증주의에서는 과학이론을 '확정된 가설', 즉 '가설이 검증을 통해 확정된 것'이라고 한다. 한편 칼 포퍼의 반증주의에서는 이론이란 '아직 반박되지 않은 가설', '아직 반증되지 않은 가설'이라고 본다.

끝없이 펼쳐져 있는 땅, 아득하고 아득하기만 한 하늘을 바라보며 자신들이 디디고 있는 땅 너머에 있는 세상을 상상하였다. 상상은 단순히 감각 '너머에 있는 세상'에 그치지 않았다. 눈에 보이지 않으나 땅과 하늘이 끝없이 펼쳐져 있는 것처럼 세상의 '처음'에까지 상상을 넓혀 갔다.

세상의 처음에 관한 기원 신화는 문화권마다 다양하다. 존 핸즈는 모든 신화가 서로 다르지만 9가지 주요 주제가 반복적으로 나타나며 더러는 중첩된다고 한다. 그가 제시하는 9가지 주제는 다음과 같다.

① 태초의 카오스 혹은 물 ② 어스 다이버(Earth diver) ③ 우주 탄생의 알 ④ 세계의 부모 ⑤ 자녀들의 반란 ⑥ 희생 ⑦ 태초의 전쟁 ⑧ 무로부터 창조 ⑨ 영원한 순환.[145] 이 중에서 태초의 카오스로부터 혹은 태초의 알로부터 세상이 시작되었다는 것은 동서양 신화에서 자주 등장하는 주제이다. 또한 세계의 아버지와 세계의 어머니가 교합하여 세상이 시작되었다는 주제 역시 여러 신화에 자주 등장한다. 중국의 반고 신화를 바로 떠올리게 하는 희생이라는 주제, 그리고 제우스의 예에서 보듯이 부모에 반역하여 세상을 장악하는 반란 혹은 전쟁이라는 주제 역시 낯설지 않다. 따라서 태초의 카오스, 세계의 부모, 자녀 반란, 태초 전쟁 등은 서로 중첩되면서 기원 신화를 구성한다. 어스 다이버, 즉 이미 존재하고 있던 짐승이 태초의 바닷속으로 뛰어들어 땅을 가지고 나온다는 땅 잠수부라는 주제는 몇몇 원주민 부족에게 퍼져 있

---

145) 존 핸즈, 위의 책, 42~47쪽 참고.

는 신화인데, 기원에 대한 신화적 상상력의 맥락에서는 앞서 언급한 주제들과 크게 다르지는 않다. 다만 무로부터의 창조와 영원한 순환이라는 주제는 여타 주제들과는 성격이 사뭇 다르다. 이 두 주제는 모두 인도 신화와 연관되는데, 전자는 리그베다로부터 우파니샤드에서 발전되는 사상이고 후자는 영원한 우주가 순환한다는 인도 자이나교의 사상이다. 게다가 무로부터 창조라는 주제는 도가 사상과 히브리 성서에도 나오며, 놀랍게도 세상의 기원에 대한 과학적 설명과도 맞닿아 있다.

'처음'에 관한 과학과 신화의 유사점과 차이점

과학과 신화가 세상의 시작에 대해 전혀 다른 설명을 하고 있음에도 명백하게 유사점이 있다.

무엇보다 과학은 단지 가설을 전제로 논리적 입증을 하고자 하고, 신화는 상상의 이야기를 풀어놓고 있으나, 세상의 시작은 여전히 미스터리라는 점이다.

또 세상을 구성하는 개별적인 요소들, 예컨대 해와 달, 무수한 별, 하늘과 땅, 그리고 온갖 자연과 생명들이 어떻게 '세상'이라는 전체와 엮여 있는지 밝히고자 했다는 점은 공통적이다.

즉 과학과 신화는 세상이 존재하는 기본적 형식을 기반으로 대상 세계를 세계 전체와 연관 짓는다. 그 기본적 형식은 공간과 시간 그리고 수의 형식이다. 빅뱅 이론으로부터 우주(세상)에 관한 모든 지성적(물리학적) 접근은 공간과 시간 그리고 수의 형식을 원리로 한다. 신화적 접근 또한 다르지 않다. 이 점을 카시러는 "신화적 의식의 내용과 경험적 의식의 내용 둘 다 점차 획득해 가는 모든 연관은 공간, 시간, 수라는 이들 형식 내에서만 그리고 이들 형식을 통과해서만 도달할 수 있다."[146]고 지적한다.

그런데 신화와 과학이 시간·공간·수라는 기본적 형식 위에서 세상의 존재를 전체와의 연관성에서 엮어내고자 하는 유사점에도 불구하고 세상에 대해 서로 다른 이해를 결과하는 그 차이는 무엇일까?

과학은 소위 과학적 방법이라 일컫는 것, 즉 측정 가능한 관찰과 실험, 이성을 적용한 검증 가능한 법칙을 도출함으로써 설명하고자 했다.[147] 반면 신화는 상상력을 통해 설명한다. 간단히 말하면 과학은 물리적인 작용에 의해 세상이 존재한다는 이해를 만들어내는 이성적 설명이고, 신화는 비물리적인 신비한 힘에 의해 세상이 존재한다는 이해를 만들어내는 감성적 설명이다.

이제 신화를 예로 들면서 이 점을 살펴보자.

중국 신화를 연구하는 이들은 공통적으로 우주 개벽 이전의 혼돈의 신 제강(帝江)을 언급한다. 제강은 『산해경(山海經)』 제2편 서산경(西山經)에 등장한다.

---

146) 에른스트 카시러, 『상징형식의 철학 2』, 132쪽.
147) 존 핸즈는 과학의 정의를 다음과 같이 내린다. "체계적으로, 가급적이면 측정가능한 관찰과 실험을 통해 자연현상을 이해하고 설명하며, 그렇게 얻은 지식에 이성을 적용하여 검증가능한 법칙을 도출하고 향후를 예측하거나 과거를 역행추론하려는 시도"(존 핸즈, 앞의 책, 36쪽).

다시 서쪽으로 350리를 가면 천산이 있다. 금과 옥이 많고 청웅황도 있다. 영수가 이 산에서 나와 서남쪽으로 흘러 양곡으로 들어간다. 이곳의 신은 모습이 황색 자루 같은데 불처럼 붉고 여섯 개의 다리와 네 개의 날개를 갖고 있으며 얼굴이 없다. 노래와 춤을 알고 있는 이 신이 바로 제강이다.[148]

『산해경』은 중국 각지의 산과 바다의 풍물에 관한 기록이면서도 내용적으로 온갖 상상의 생물 및 산물들이 적혀 있는 지리서이다. 그런만큼 각각의 서술은 공간적 표상을 기본으로 한다. 그런데 내용적 구성으로 보아서는 『산해경』에 등장하는 무수한 괴이한 생물 중에 제강이 천지개벽 이전의 근원적 존재임은 드러나지 않는다. 원문에 '渾敦無面目'이라는 구절의 혼돈(渾敦)이라는 글자는 신의 이름이라기보다 얼굴 없음(無面目)을 형용하는 것으로 읽힌다.

혼돈을 근원적 실재로 드러내고 있는 기록은 『장자』이다. 『장자』에 나오는 혼돈 이야기는 『산해경』과 좀 다르다.

남해 임금은 숙(儵), 북해 임금은 홀(忽), 중앙의 임금은 혼돈(渾沌)이었다. 숙과 홀은 혼돈의 땅에서 만났는데 혼돈은 그들을 잘 대

---

148) 『山海經』「西次三經」 원문은 다음과 같다. 又西三百五十里 曰天山 多金玉 有靑雄黃 英水出焉 而西南流注于湯谷 有神焉 其狀如黃囊 赤如丹火 六足四翼 渾敦無面目 是識歌舞 實爲帝江也.

접했다. 숙과 홀은 혼돈의 은덕을 갚을 방도를 의논했다. "사람에게
는 누구나 모두 일곱 개의 구멍이 있어 보고, 듣고, 먹고, 숨쉬는데,
오직 혼돈에게만 구멍이 없으니, 시험 삼아 구멍을 뚫어 줍시다."
날마다 구멍 한 개씩 뚫어주었는데 칠 일 만에 혼돈은 죽어버렸
다.149)

『장자』의 혼돈 이야기는『산해경』보다 신화적 상징에 담긴 의미가
깊고도 깊다.

우선 혼돈에게 구멍을 뚫은 숙 임금과 홀 임금의 이름은 둘 다 시간
의 의미이다. 숙은 儵 혹은 倏으로 쓰이기도 하는데, 儵은 '빠르다'는
뜻, 倏은 '갑자기'라는 뜻이다. 홀(忽) 역시 '갑자기'라는 뜻이니, 숙과
홀은 시간의 신으로 해석할 만하다. 시간의 신인 숙과 홀이 혼돈에게
구멍을 내었으니, 시간이 없던 혼돈에 갑자기 시간의 구멍이 생긴 셈
이다. 즉 혼돈이 죽고 세상이 시작되었다는 것은 시간이 시작되었다
는 것과 다름이 아니다.

혼돈으로부터 세상의 시작을 말하는『장자』와『산해경』의 이야기
는 공간과 시간, 수의 형식 위에 전개되기는 하나, 이야기를 관통하는
요소는 신비이다. 천산으로 묘사된 장소도, 남해·북해·중앙으로 묘사

---

149) 『장자』「내편」〈응제왕편〉. 원문은 다음과 같다. 南海之帝爲儵 北海之帝爲忽 中央
之帝爲渾沌 儵與忽時相與遇於渾沌之地 渾沌待之甚善 儵與忽謀報渾沌之德曰「人
皆有七竅 以視聽食息 此獨無有 嘗試鑿之」日鑿一竅 七日而渾沌死.

된 장소도 모두 물리적 좌표를 설정할 수 없는 신비한 공간이다. 이야기 속에 전개되는 사건과 사건이 놓인 시간 역시 비물리적인 신비한 시간이다. 당연히 제강(혼돈)과 숙과 홀 모두 기이한 존재이고 신비한 힘이다.

기왕 신비한 이야기를 꺼낸 김에 신화적 상징에 대한 이야기를 덧붙여 보자. 『장자』의 혼돈 이야기는 혼돈이 죽음으로써 만들어진 세상에 대한 암시가 있다. 숙과 홀은 은덕을 갚고자 하여 혼돈에게 구멍을 뚫었는데, 오히려 혼돈을 죽음으로 몰아넣었다. 이로부터 세상이 시작되었으니, 세상의 시작은 의도나 계획과는 무관한 우연적 사건일 뿐이다. 우연적 사건으로부터 시작된 세상이니, 세상사에 어찌 필연이 있을까. 혼돈 이야기는 세상사가 모순되고 혼란스러운 것은 오히려 당연한 일임을 암시하지 않는가.

장자는 『산해경』과는 다른 이야기를 풀어놓으면서 세상의 시작이 시간의 시작이며, 세상은 한갓 이치로 밝힐 수 있는 곳이 아님을 말하고자 한 듯하다. 도가 사상가인 장자는 마치 신화의 옷을 빌려 철학적 상상력을 펼쳐놓은 듯하다. 물론 『장자』를 철학서로 읽으면, 혼돈의 우화는 심오한 인식론적 메시지를 던진다. 즉 장자는 인간의 합리적 사유로서는 파악할 수 없는 우주적 자연의 이치를 인위와 분별의 잣대로 왜곡하는 것, 함부로 시시비비를 가리는 것에 관한 경고를 날리고 있다. 그러기에 도교 연구의 탁월한 학자인 후쿠나가 미츠지(福永光司)는 「혼돈이 일곱 구멍이 나서 죽다」라는 이 우화는 〈응제왕편〉의 결론인 동시에 『장자』 전체의 결론이라고도 볼 수 있다고 했다. [150)

다시 신화로 돌아가자. 헤시오도스의『신들의 계보』는 무사(Mousa) 여신[151]들에게 도움을 청하는 것으로 노래를 시작하는데, 도움의 호소는 사뭇 길어 103행까지 이어진다.

> 내게 이것들을 처음부터 말씀해주소서. 올림포스의 집들에 사시는 무사여신들이여, 그들 중 어떤 것이 처음 생겼는지 말씀해주소서.

그리고는 세상의 '처음'에 대한 설명이 이어진다.

> 맨 처음 생긴 것은 카오스(χάος khaos)고,/ 그 다음이 눈 덮인 올림포스의 봉우리들에 사시는 모든 불사신들의/ 영원토록 안전한 거처인 넓은 가슴의 가이아와/ 길이 넓은 가이아의 멀고 깊은 곳에 있는 타르타라와/ 불사신들 가운데 가장 잘 생긴 에로스였으니/ 사지를 나른하게 하는 에로스는 모든 신들과/인간들의 가슴 속에서 이성과 의도를 제압한다/ 카오스에게서 에레보스(Erebos)와 어두운 밤이 생겨나고/ 밤에게서 다시 아이테르와 낮이 생겨났으니/ 밤이 에레보스와 사랑으로 결합하여 이들을 낳았던 것이다/ 가이아는 맨 먼저 자신과 대등한 별 많은 우라노스를 낳아/ 자신의 주위

---

150) 후쿠나가 미츠지, 정우봉·박상영 옮김,『장자 내편』, 문진, 2011, 414쪽.
151) 무사 여신들은 시가(詩歌)의 여신들이다.

를 완전히 감싸도록 함으로써 우라노스가/ 영원토록 축복받는 신들에게 안전한 거처가 되게 했다.[152]

헤시오도스의 『신들의 계보』에 나타난 카오스 그리고 『산해경』과 『장자』의 혼돈은 서술된 내용 자체는 상당히 다르다. 헤시오도스의 카오스는 그저 이름일 뿐 카오스가 무엇인지 알 수 없다. 다만 카오스는 그것으로부터 다른 무엇이 창조되는 그런 것이라 하겠다. 『신들의 계보』를 번역한 천병희는 카오스는 뒤에 생겨날 우주가 들어갈 공간[153]이라 하고 김헌은 무엇이든지 받아들일 수 있는 텅 빈 그릇이나 공간과 같은 것이라고 설명한다.[154] 여하튼 카오스가 무엇인지 명확하지는 않으나 '생겨났다'는 것만으로도 카오스는 구체화된 존재이다. 한편 중국 신화에서 혼돈은 구체적인 형체를 지닌 존재로 묘사된다.

의미적으로 본다면 카오스[155]와 혼돈 양자는 다르지 않다. "무엇이든지 받아들일 수 있다."는 카오스, 여섯 개의 다리와 네 개의 날개로

---

152) 헤시오도스, 앞의 책, 39~41쪽.

153) 헤시오도스, 위의 책, 40쪽 각주 45 참고.

154) 김헌, 『그리스문학의 신화적 상상력』, 서울대학교 출판문화원, 2016, 221쪽.

155) 카오스는 흔히 혼돈으로 번역된다. 여기서 카오스를 혼돈으로 번역하지 않은 것은 헤시오도스가 『신들의 계보』를 쓴 당시에 카오스가 혼돈의 의미였는지가 분명치 않아서이다. 카오스는 어원상으로는 '크게 입 벌리다'는 뜻의 카이노(χαίνω, chainō)인데, 이는 넓음, 모든 것에 여전히 열려 있음, 그러므로 채워지지 않은 것, 따라서 모든 질료로부터 비어 있는 공간을 가리킨다. 카오스가 혼돈의 의미로 쓰인 것은 로마의 작가 오비디우스 이후라는 견해가 있다.

땅과 하늘을 모두 아우르는 혼돈 그리고 혼돈의 죽음과 시간의 시작은 모두 생명 세계의 시작을 의미하는 점에서 다르지 않다.

그런데 카오스와 혼돈은 왜 무가 아니고 구체성을 띤 존재로 설명되고 있을까? 이를 이해하기 위해서는 신화를 꾸려내는 신화적 의식을 다시 짚어볼 필요가 있다.

신화적 인간이 아득하고 아득한 공간 그리고 처음의 그 아득한 시간을 상상하는 것은 벅차고도 벅찬 것이기에 상상은 무엇보다 신성한 '힘'에 대한 느낌을 만들어 낸다. 이를 카시러는 다음과 같이 말한다.

> 신화적 의식이 대상을 '지닌다'고 한다면 그것은 단지 이 의식이 대상에 압도되는 때이다. 신화적 의식은 대상을 점차 자립적인 것으로서 구축해 가는 방식으로 대상을 소유하는 것이 아니라 전적으로 대상에 의해 사로잡히는 것이다.[156]

'사로잡힘', 이것이 신화적 감정이고, 신화적 의식이 세상을 만나는 순간의 느낌이다. 게다가 나는 4장에서 신화적 의식에는 상모적 세계관이 작용함을 강조했다. 사로잡힌 의식은 알 수 없는 그 신성한 힘을 상모적으로 지각하는 것이니, 거기서 혼돈의 표상은 구체화된다.

---

156) 에른스트 카시러, 앞의 책, 124쪽.

신화적 시간과 신화적 공간의 ———————— 2.
신비한 특성

원초적 시간과 원초적 공간

앞에서 과학과 신화는 세상이 존재하는 기본적 형식으로서 공간과 시간 그리고 수의 형식을 기반으로 설명한다고 언급했다. 그러나 엄밀히 말하면 시간과 공간 그리고 수의 본질이 양자에 있어서 다르다.

과학적 사고에서 시간과 공간은 존재의 조건이다. 모든 물리적 존재는 시간과 공간을 점유하지 않을 수 없다는 점에서 그렇다. 칸트는 이를 '경험의 가능성의 조건인 동시에 경험 대상의 가능성의 조건'이라 했다. 인식적 차원에서 본다면, 시간과 공간을 점유하는 것은 감각의 대상이다.

그런데 신화는 상상으로 세상을 만난다. 신성한 힘을 느끼는 감성과 상모적 지각으로 만난다. 그래서 신화적 세계에서 시간과 공간은 본질적으로 신성한 시간이고 신성한 공간이다. 신화가 '처음'을 말한다는 점에서 신화적 시간과 공간은 원초적 시간, 원초적 공간이다.

원초적 시간과 공간, 그것은 이미 신화로부터 멀어진 일상을 살고 있는 우리로서는 쉽사리 알 수 없는 '암호'이다. 그것은 오늘날 우리가 이해하는 시간과 공간의 규정으로는 도무지 접근할 수 없는 것이기 때문이다. '암호'에 한발 다가가기 위해, 원초적 시간 그리고 원초적 공간의 의미를 좀 더 더듬어 보자.

원초적 시간이란 우리의 일상적 시간으로 추적해 갈 수 있는 과거 혹은 어떤 역사적 시기로서의 어느 '때'가 아니다. 그것은 신의 행위, 즉 신화적 사건이 일어나는 신화적인 '때'이다. 왜 신화적인 '때'가 원초적 시간이 되는가? 신화, 즉 신의 이름으로 전해 내려온 이야기가 세상에 관해 사람이 이해해야 할 '처음'의 사건을 말하고 있기 때문이다. 사람살이의 온갖 국면으로부터 우주적 자연의 온갖 양상까지 그 '처음'이 되는 신화적 사건이 일어나는 '때'이기에 원초적 시간이다.

한편 세상의 모든 신화는 온갖 신화적 사건을 이야기하고 있다. 해와 달, 별과 바람, 가없는 하늘의 내력과 온갖 만물이 있게 된 내력을, 이 땅에 사람이 살게 된 내력과 사람살이의 온갖 내력을 말한다. 신화는 농사와 목축의 시작으로부터 집안 곳곳에 이르기까지 목숨을 온전히 이어가는 원리를, 사람이 살아 겪는 온갖 기괴한 사건을 말한다. 만남과 사랑, 욕망과 갈등, 느닷없는 이별과 재회, 고난의 여정과 귀환, 억울한 죽음과 환생 등 인간의 삶에서 나타나는 시련과 어떻게 그러한 시련들이 극복되었는가를 말한다.

이렇듯 온갖 원초적인 사건, 신화적 사건이 일어나는 공간은 우리의 일상적 공간을 벗어나 있다. 초자연적 존재인 신의 행위가 일어나는 곳이기에 그 '곳'은 초월적 공간이고, '처음'의 사건이 일어나는 곳이기에 근원적인 공간이다. 그러기에 이 근원적이고 궁극적인 공간을 우리는 원초적 공간이라 이를 수밖에 없다.

재현되는 신화적 시간과 신화적 공간

일상적 시간과 공간을 벗어나 있는 원초적 시간과 공간은 두 가지 신비한 특성을 지닌다. 시간의 흐름으로써 추적할 수 없는 근원적인 시간이라는 점에서 **신비적**이고, 그것이 언제나 일상적 시간과 공간 속에 재현될 수 있다는 점에서 **신비적**이다. 구체적 예를 들어보자.

한국무속의례인 굿에서는 언제나 무가, 즉 본풀이가 구송된다. 제주 신화 중 하나인 〈천지왕본풀이〉는 제주형 창세 신화이다. 창세 신화란 신성한 존재들에 의해 일어나는 신성한 사건을 통해 세상의 시작을 이야기하는 것이니, 〈천지왕본풀이〉는 제주 사람들에 의해 전승되어 온 세상의 시작에 대한 이야기이다. 이 본풀이는 제주에서 행해지는 굿에서 첫 번째 제차인 초감제[157)의 배포도업치는 대목에서 구송된다. '배포도업침'이란 굿하는 장소를 설명하기 위하여 천지 혼합 때로 거슬러 올라가 천지개벽, 일월성신의 발생 등 자연현상의 형성과 국토·

---

157) 초감제(신의 내력, 좌정, 흠향 등을 위함)의 기능은 굿을 하고 있는 시간과 장소, 굿의 목적을 임재(臨齋)할 신들에게 알리는 것이다.

국가의 형성 등 인문 현상의 형성을 노래하여 내려오는 것을 말한다.

굿의 처음에 〈천지왕본풀이〉를 구송하는 것은 '의미적 차원'에서 천지가 시작되는 그 원초적 시간으로 회귀하는 것이다. 동시에 굿이 행해지는 시간과 공간이 신성한 시간과 공간임을 천명하는 것과 다르지 않다.

이렇듯 신화적 사건을 줄거리로 하는 본풀이를 구송함으로써 신성한 신화적 사건이 일어난 '때'를 재현한다. 그 '때'가 재현되는 시간 그리고 공간은 불시에 일상적 시간과 공간에서 원초적 시간과 원초적 공간으로 전화(轉化)한다. 물론 신의 내력담인 본풀이는 함부로 아무나, 어느 때나 구송하는 것은 아니다. 본풀이는 반드시 굿에서 무(巫[심방])에 의해 구송되어야 한다. 이 조건만 갖추면, 일상의 시간과 일상의 공간은 신화적 시간과 신화적 공간으로 바뀐다, 이것이 신화와 의례의 놀라운 기능이다.

여기서 신화적 시간과 공간이 일상적 시간과 공간 혹은 과학적 시간과 공간들과 어떻게 다른지 드러난다. 시간과 공간에 관한 우리의 일상적 인식은 근대 고전물리학자 아이작 뉴턴에 의해 정립된 절대시간관, 절대공간관에 지배되고 있다. 절대시간관이란 시간은 어떤 것의 영향을 받지 않고 항상 같은 속도로 과거에서 미래로 흘러가는 절대적인 것이라는 관념이다. 절대공간관이란 공간은 다른 무엇에도 관계없이 부동하는 절대적인 것이라는 관념이다. 물론 현대물리학에서는 절대시간과 절대공간의 존재를 인정하지 않고 있다. 아인슈타인의 특수상대성 이론에서 '절대시간'에 대한 생각은 뒤엎어졌다. 현대물리학에서 상대시간과 상대공간까지 논의되고 있으나, 그렇다고 그것이 신화적 시간·신화적 공간과 닮아 있지는 않다.

신화적 시간과 공간은 순환하는 것, 영원히 반복하는 시간과 공간이다. 마치 굿에서 본풀이가 구송될 때 원초적 시간으로 회귀하는 것과 같은 이치이다.

신화 그리고 신화적 사건은 고단한 삶의 터 한가운데 처한 사람들의 가슴에 '신성성'으로 되새겨진다. 신화는 최초의 사실을 말함으로써 사람으로 하여금 세상과 자신이 처한 일상을 이해하게 하고, 결손과 결핍의 삶 속에서도 희망의 끈을 놓지 않고 살게 한다. 그러기에 의례를 통해 원초적 시간과 공간에서 행해진 '처음'의 사건을 말하는 제주 신화는 오랫동안 제주인의 가슴에서 전승되어 왔고, 그 사건의 의미는 늘 되살아 났던 것이다.

비록 신화가 문화권마다 제각기 다른 서사를 말하고 있다고 하더라도 하위징아의 다음과 같은 말은 신화가 인간 삶에 얼마나 강력한 힘이었는지를 깨닫게 한다.

사물의 질서정연한 운행은 신들에 의해 선포되고 의례에 의해 유지되었는데, 이렇게 하는 것은 인간의 목숨을 보존하고 또 구원하기 위해서였다. 이런 우주적 질서는 신성한 것들, 그것들의 이름, 세상의 기원 등을 인식함으로써 강력하게 유지될 수 있었다.[158]

---

158) 요한 하이징아, 앞의 책, 218쪽.

카오스에서 ——————————— 3.
코스모스로

신성한 힘의 요청

세상의 시작을 이야기하는 창세 신화는 무엇보다 어떻게 세상이 이러저러하게 되었는가에 대해 말한다. 이러저러한 세상에 관한 이야기는 간단히 말하면 세상이 생겨나기 전으로부터 세상이 생겨난 내력에 관한 이야기이다.

현대물리학이 세상의 시작을 빅뱅으로 설명하지만, "빅뱅 이전은 무엇이었는가?"라는 문제는 지금도 심각한 논쟁거리이다. 그런데 세상의 여러 신화는 세상이 시작되기 전의 상황을 혼돈 혹은 카오스로 묘사한다. 이 장의 1절에서 중국 신화에서의 혼돈, 그리스 신화에서의 카오스에 대해 설명한 바 있다. 혼돈 혹은 카오스는 그저 이름일 뿐이기도 하고, 무엇인지 알 수 없으나 형상을 지닌 존재이거나 생겨났다는 점에서 구체화된 존재로 묘사되기도 한다. 그런데도 그것이 무엇인지 명확하지는 않다. 묘하게도 명확하지도 않은 혼돈 혹은 카오스에 관한 이야기는, 그것이 세상이 시작되기 전의 존재라는 점에서 오히려 선명하고 설득력 있고 그래서 재미있다.

세상이 시작되기 전의 혼돈을 묘사하는 양상은 문화권마다 참으로 다양하다. 검은 덩어리, 끝이 없는 바다로 묘사되기도 하고 거대한 알 혹은 괴물의 형상으로 묘사되기도 한다. 혼돈의 양상이 다양하기는 해도, 모든 신화는 공통적으로 세상이 시작되기 전 태초가 구분이 없는 단일성이었음을 말한다. 덩어리, 알, 바다, 깜깜함은 바로 단일성의 표상이고 상징이다.

한편 세상은 단일성이 아니다. 세상은 온갖 만물로 이루어진 것이다. 그래서 잡다하다. 앞의 『장자』의 혼돈 이야기에서 세상의 시작은 우연적인 사건일 뿐이고, 세상사는 모순되고 혼란스럽다는 해석을 한 바 있는데, 이는 단일성으로부터 잡다로의 이행이 곧 세상의 시작임을 의미한다.

그러나 세상은 잡다로 머물지 않는다. 그저 잡다로만 머물러서는 사람살이가 가능하지 않다. 신화적 감성은 잡다의 혼란스러운 세상을 질서 지워진 세계, 즉 코스모스(cosmos)로 구축한다. 그래서 창세 신화는 카오스로부터 코스모스로 이행된 이야기이다. 코스모스의 원래 뜻은 '질서' 혹은 '질서 있는 상태'였으나, 흔히 우주로 번역한다.

우주라는 말은 사람이 생각할 수 있는 최대치의 공간과 시간이다. 이미 오래전 전국시대에 上下四方을 우(宇)라 하고, 往古來今(과거, 현재, 미래)을 주(宙)라고 했으니, 우주는 공간적으로 또 시간적으로 전체를 일컫는 말이었다. 그러나 유한한 인간이 시간과 공간 전부를 어떻게 알 수 있을까? 끝이 없는 시간, 끝을 알 수 없는 공간을 "그저 아득하고 아득하다."라고 밖에는 표현할 길이 없었다. 천자문의 첫 네 글자 천지현황(天地玄黃)은 무한의 시간과 공간 앞에 선 인간이 뱉어낸 가장 추상적인 말이 아닐 수 없다.

도무지 알 수 없는 우주, 그 우주의 질서를 누가 잡을 수 있을까? 여기서 신화적 의식은 신성한 힘인 신을 **요청**하지 않을 수 없다.

한자로 神은 천체의 여러 가지 변화를 주재하는 존재이다. 神 글자의 유래를 간단히 더듬어 보자. 갑골문과 금문 일부에서는 단순히 申으로 쓰던 것이 주(周)나라 때부터 시(示)가 더해서 神으로 쓰이기 시작했다. 申은 번개가 치는 빛의 형상으로부터 만들어진 글자이다. 어떻게 번개의 형상이 申 또는 神의 의미로 정착하게 되었을까? 고대인의 감성적 사유를 추정할 수밖에 없다. 고대인에게 번개는 두려운 것이었다. 두려움을 주는 대상은 인간으로서는 범접할 수 없는 신령스러움의 표상이었다. 이로부터 神은 신령스러운 존재, 신비한 힘을 지닌 존재, 온갖 변화를 주재하는 존재의 의미를 지니게 되었다.

또한 그리스어로 신은 theos이다. "그리스 말에서 '신'이란 '인간의 한계 너머에서 존재하며 작동하는 놀라운 존재, 놀라움을 일으키는 존재'를 가리킨다. 그래서 테오스는 '놓는 자, 세우는 자, 만드는 자, 창조하는 자'라고 새겨질 수 있다."[159]

---

159) 김헌, 『그리스문학의 신화적 상상력』, 서울대학교출판문화원, 2016, 43쪽.

동서양의 신의 어원적 의미를 참고하면, 세상이 시작되었다는 것은 '천체의 변화를 주재하는 존재' 혹은 '놓는 자', '만드는 자'가 등장하는 사건이고, 그 신에 의해 우주적 질서가 세워지는 사건이다. 기독교에서는 동서양 각 문화권에서 전해오는 창세 신화를 미신으로 간주하는데, 사실 구약성경 1장 〈창세기〉는 세상의 시작에 관한 이야기이다. "태초에 하나님이 천지를 창조하시니라."로 시작되는 1장 1절, 그리고 "그 땅이 혼돈하고 공허하며 흑암이 깊음 위에 있고 하나님의 영이 수면 위에 운행하시니라."로 묘사되는 창조할 당시의 상태가 1장 2절에서 말해진다. 그야말로 창세 신화 그 자체이다. 물론 제도 종교인 기독교로서는 성경의 내용은 전승되는 신화와 진리값이 다르다고 할지 모르겠다. 그런데도 성경의 내용 역시 신의 이야기라는 점에서는 전승 신화와 다를 바 없다. 다만 '기독교적인 관점'에서는 〈창세기〉는 상상력에 의한 신화가 아니라 역사일 테지만 말이다.

구분과 구별 그리고 조정

무엇에 의해 질서가 구축되는가? 구분과 구별 그리고 조정이다. 하늘과 땅, 해와 달, 산과 물, 뭍과 바다, 사람과 짐승, 산 자와 죽은 자 등등을 구분함으로써 질서가 선다. 세상의 모든 창세 신화는 세상의 질서가 세워지는 데 필수적인 요소들, 즉 천지개벽, 인간의 출현, 일월 조정, 생사(生死)의 기원, 불[火]의 시작 등에 관한 신화소(神話素)를 갖추고 있다.

사실 세상의 모든 신화는 자연현상이든 인문현상이든 그 '처음'을 말한다. 흔히 신화의 외연을 우주 생성 신화 혹은 창세 신화, 인간 탄생 신화, 자연현상 신화, 건국 신화, 사후세계 신화, 농경 기원 신화 등의 문화 기원 신화 등으로 범주를 구분하는데, '창세 신화'는 천지가 열리는 시작을 말한다는 점에서 범주가 한정됐을 뿐이다.

그렇지만 '창세'의 의미는 포괄적이다. 창세란 단순히 하늘과 땅이 열리는 사건만이 아니라 세상사가 시작되는 사건 전반을 포괄하기 때문이다. 그래서 '처음'을 이야기하는 신화적 사건은 창조의 사건만이 아니라 세상사 전반이 '어떻게' 형성되었는지를 말함으로써 세상의 존재들과 그 근본구조를 드러낸다. 또한 '어떻게'는 '왜'를 밝히는 자리이기도 하다. '어떻게' 시작되었는지를 말하는 것은 '왜' 그렇게 살아야 하는지를 말하는 것과 다름없다. 이 점을 엘리아데는 다음과 같이 말한다.

> 신화는 어떤 의미로 세계가 존재하는가를 말해준다. 우주발생론은 존재의 완전한 드러남이다. 신화는 세상 속에서 다중적인 존재의 방식과 실재의 구조를 드러낸다. 그렇기 때문에 신화는 인간 행동의 전거가 되는 것이다.[160]

---

160) 미르치아 엘리아데, 강응섭 옮김, 『신화·꿈·신비』, 도서출판 숲, 2006, 9~10쪽.

이제 세상사라는 현실에서 신화를 생각해보자. 인간은 자신이 놓인 환경 세계 앞에서 너무 왜소하다. 또 인간이 꾸리는 세상사는 온갖 욕망이 충돌하는 인위의 세계인 까닭에 모순되고 혼란스럽지 않을 수 없다. 그리하여 결국 신화란 인간이 환경세계와 인간의 삶에서 겪게 되는 모든 상황에 대해 느끼는 욕망과 공포를 신의 이름으로 대치하여 풀어 놓은 이야기(story)이다. 신화에는 인간이 터를 잡고 살아가는 물리적 현실과 그 현실 앞에서 유한한 인간의 욕망이, 개별적인 인간의 삶에서 나타나는 모순 혹은 시련과 그것의 극복에 대한 인간의 희망이 고스란히 반영되어 있다. 이런 신화의 이야기들은 불가피하게 마주쳐야 하는 죽음을 새로운 생명의 시작으로 느끼게 하고, 결손과 결핍의 인간적 삶을 보완할 수 있는 사랑의 힘이 있음을 알게 하고, 모순과 갈등에서 화해와 조화의 과정을 제시하며, 시련과 패배를 딛고 영웅이 되는 신들처럼 우리도 그렇게 영웅들을 따라 자신을 극복하며 살아야 한다는 것을 사람들에게 말해준다.

그리하여 신화시대 사람들에게 신화는 행동의 체제이고 사회집단의 기준이며 삶의 형태인 것이다. 그러기에 신화는 사람살이의 하나의 규범으로 작용했던 것이고, 민족적인 차원에서도 민족적 정체성을 형성해 왔다. 그들에게 살아간다는 것은, 생명을 영위한다는 것은 신화에서 말해지고 있는 것에 따라 행동하는 것이고, 그것은 곧 온갖 신들의 세계와 감응하는 것이다.

질서 잡기

천지개벽과 천지 분리

혼돈으로부터 세상이 시작되는 그 처음 사건은 대개 하늘과 땅을 분리하는 것이다. 하늘과 땅을 분리하는 것은 세상을 시작하는 최초의 행위인데, 이 최초의 행위는 본질적으로 혼돈의 단일성을 깨는 것이다. 엘리아데 역시 일본 신화를 예로 들면서 하늘과 땅 사이의 분리는 특히 우주발생적 행위인 동시에 태초의 단일성을 파괴함을 뜻한다고 강조한다.[161]

---

161) "일본의 우주발생신화가 우리에게 알려주는 것이 있다. 태초에 하늘과 땅, 이자나기와 이자나미는 분리되지 않았었다. 그들은 중심에서 배아가 발견되는 달걀과 유사한 카오스를 구성했다. 하늘과 땅이 이렇게 뒤섞여 있었을 때 남성과 여성은 아직 존재하지 않았다. 그러므로 카오스가 완전한 전체를 대표했고, 따라서 양성구유를 나

세계 모든 창세 신화의 양상이 다양하기는 해도, 천지개벽 혹은 천지 분리로부터 세상이 시작된다는 것은 보편적이다.[162] 이로 미루어 보면 하늘과 땅을 세계 인식의 근본 요소로 삼는 것은 신화시대의 보편적인 인간 사유라 하겠다. 신화적 의식이 세계를 감성적으로 지각한다는 점에서 하늘과 땅은 세계에 대한 가장 근본적인 감성적 구분이 아닐 수 없다.

그런데 엄밀한 의미에서 천지개벽과 천지 분리는 같지 않다. 천지개벽은 원래 하나였던 혼돈체에서 하늘과 땅이 서로 나뉘면서 각각 열린다는 뜻이다. 개(開)와 벽(闢)이 모두 열다, 열리다는 뜻이니 천지개벽은 곧 천개지벽(하늘이 열리고 땅이 열리다.)이다. 하늘과 땅이 각각 열리는 것은 하늘과 땅이 분리되는 것과 다르지 않다. 다만 용어의 용례에 따르면, 하늘과 땅이 저절로 열리는 경우에는 천지개벽이라 하고, 어떤 초월적인 주체가 의도적으로 하늘과 땅을 여는 경우에는 천지 분리라는 용어를 쓴다. 몇 가지 신화의 사례를 보자.

제주의 창세 신화 〈천지왕본풀이〉은 다음과 같이 시작된다.

태초에 천지가 서로 맞붙어 혼합되고 있었는데, 갑자년 갑자월 갑

타냈다고 말할 수 있다. 하늘과 땅 사이의 분리는 특히 우주발생적 행위인 동시에 태초의 단일성을 파괴함을 뜻한다."(미르치아 엘리아데, 앞의 책, 220~221쪽)

162) 세상의 시작에서 천지 분리가 전해오지 않는 신화도 있다. 예를 들어 북유럽 신화의 경우, 혼돈으로부터 거인 이미르가 태어나는 내용은 있으나, 하늘과 땅의 분리에 관한 내용은 없다.

자일 갑자시에 하늘의 머리가 자방(子方)으로 열리고, 을축년 을축
월 을축일 을축시에 땅의 머리가 축방(丑方)으로 열려 천지는 금이
나 개벽되었다.[163]

〈천지왕본풀이〉에서 천지개벽은 저절로 일어났다. 즉 천지개벽의
주체가 드러나지 않는다. 이와 유사한 내용이 헤시오도스의 『신들의
계보』에도 나온다.

"맨 처음 생긴 것은 카오스고, 그 다음이 눈 덮인 올림포스의 봉우
리들에 사시는 모든 불사신들의 영원토록 안전한 거처인 넓은 가슴의
가이아"가 먼저 절로 나타난다. 이후 가이아는 "별 많은 우라노스를
낳아 자신의 주위를 완전히 감싸도록 함으로써 우라노스가 영원히 축
복받는 신들에게 안전한 거처가 되게 했다."[164]

그리스 신화에서도 카오스로부터 땅인 가이아와 하늘인 우라노스
가 생겨나는 과정에서 천지개벽의 주체가 드러나지 않는다.

한편 천지가 분리되는 신화에는 분리의 주체가 등장한다. 손진태가
채록한 함흥 〈창세가〉는 그 한 예이다. 채록한 내용은 다음과 같다.

하늘과 땅이 생길 적에/ 미륵님이 탄생한즉/ 하늘과 땅이 서로 붙
어/ 떨어지지 아니하여/ 하늘은 북개(釜蓋)꼭지처럼 도드라지고/

---

163) 출처: 한국민족문화대백과사전(천지왕본풀이).
164) 헤시오도스, 앞의 책, 40~41쪽 참고.

땅은 네 귀퉁이에 구리 기둥을 세우고.[165]

서사의 내용은 붙어 있는 하늘과 땅을 미륵의 공력으로 분리시켰다는 것이다. 미륵의 공력은 천지의 분리로 그치지 않는다. 해도 둘, 달도 둘이 되니 미륵은 달 하나를 떼어 북두칠성, 남두칠성을 마련하고, 해 하나를 떼어 큰 별, 작은 별을 마련한다. 천지를 분리한 미륵의 공력은 드디어 인간을 만들어내는 데까지 이른다. 이 대목은 도발적이고도 신비로운 신화적 상상력을 엿볼 수 있으니, 짧게라도 보자.

미륵님이 한쪽 손에 은쟁반 들고/ 한쪽 손에 금쟁반 들고/ 하늘에 축사하니/ 하늘에서 벌레가 떨어져 … (중략) … 그 벌레 자라나서/ 금벌레는 사나이 되고/ 은벌레는 계집으로 마련하고/ 금벌레 은벌레 자라나서/ 부부로 마련하여/ 세상 사람이 생겼어라.[166]

〈창세가〉는 천지의 시작으로부터 인간 출현의 내력을 일거에 노래한다는 점에서 '창세'의 의미를 고스란히 드러낸다. 이 장의 서두에서 세상의 '처음'이 중요한 까닭은 처음을 알아야 '지금, 여기'의 나의 존

---

165) 손진태, 『孫晋泰先生全集 五: 朝鮮神歌遺篇』, 태학사, 1981, 9쪽. 띄어쓰기와 원문을 현대어로 바꾼 것은 독자의 이해를 돕기 위해 필자가 한 것이다.

166) 위의 책, 15쪽. 띄어쓰기와 원문을 현대어로 바꾼 것은 독자의 이해를 돕기 위해 필자가 한 것이다.

재를 이해할 수 있기 때문이라고 했다. 이를 감안하면 창세는 세상의 '처음'으로부터 시작하되, 인간의 '처음'으로 창세가 완성된다 하겠다.

그런데 신화란 본래 전승되어 온 이야기이다. 전승되는 과정에서 이야기 줄거리는 가감되기도 하고 윤색되기도 하면서 개변(改變)한다. 이 점을 중국의 반고(盤古) 신화를 예로 들어 살펴보자.

천지가 혼돈스러움이 계란과 같았는데 반고가 그 속에서 생겨나 1만 8천 년이나 살았다. 천지가 개벽하여 맑고 맑은 것은 하늘이 되고 어둡고 탁한 것은 땅이 되었다. 하늘은 날마다 1장씩 높아지고 땅은 날마다 1장씩 두터워지고 반고는 날마다 1장씩 커졌다. 이와 같이 1만 8천 년이 지나니 하늘은 지극히 높아지고 땅은 지극히 두터워졌으며 반고도 지극히 커졌다.[167]

이는 서정의 『삼오역기(三五歷記)』에 실린 내용으로서, 이에 따르면 천지는 저절로 개벽하였다. 그런데 반고 신화는 중국의 역사 속에서 여러 문헌에 기록되었는데, 기록된 문헌마다 그 내용에 약간씩 차이가 있다. 다른 문헌에는 반고가 무려 18,000년이라는 긴 시간을 잠자다가 깨어나 도끼를 휘둘러서 하늘과 땅을 분리한 것으로 나온다. 말

---

167) 정재서, 「중국신화의 역사와 구조-반고신화를 중심으로」, 한국구비문학회, 『구비문학연구』 제11집, 183쪽 재인용.

하자면 천지가 저절로 개벽하였다는 이야기가 어느 순간에는 반고라는 초월적 존재가 의도적으로 천지를 분리한 것으로 바뀐 것이다.[168]

반고 신화의 예로 미루어보면, 세상이 어떻게 시작되었는지를 설명하는 신화적 사유에서는 천지개벽과 천지 분리는 별개의 사건이라기보다 동연(同延)의 사건이다. 여기서 하늘과 땅을 여는 주체가 있고 없고는 중요한 문제가 아니다. 저절로 천지가 개벽하였다는 것도, 누군가에 의해서 천지가 분리되었다는 것도 모두 인간으로서는 가늠할 수 없는 초월적 힘을 상상하는 신화적 심성의 작용이다. 즉 신화적 사유에서는 세상이 시작되었다는 점이 중요할 뿐이다.

우주적 거인의 신체화생(身體化生): 뿌리-의식과 연결-의식

천지 분리의 주체로서 초월적 존재를 상상하는 것은 신화적 의식에서는 지극히 자연스럽다. 세상을 아득하고 아득한 하늘과 가없는 땅으로 나눌 수 있는 존재는 얼마나 대단해야 할까? 더할 수 없는 위력을 지닌 존재인 미륵이거나 상상의 극단에서야 만날 수 있는 어마어마한 거인이라야 했을 것이다. 반고가 18,000년 동안이나 키가 자라면서 하늘과 땅을 9만 리나 떨어지게 했다는 이야기에서 숫자는 의미가 없다. 다만 사람이 측량할 수 없음을 드러내는 상징일 뿐이다.

---

168) 정재서, 앞의 논문, 192~193쪽 참고.

같은 맥락에서 창세 신화에 종종 거인이 등장하는 것도 신화적 의식의 반영일 것이다.

한국에서 전승되는 창세 신화에도 거인 신이 있다. 마고할미와 설문대할망이다.

마고할미에 관한 전승은 여럿 있다. 전승에 따르면 마고할미의 몸집이 얼마나 큰지 그저 평평한 데 가서 줄을 쭉쭉 그으면 산이 되고 골이 되었다. 오줌발이 얼마나 센지 큰 바윗덩어리를 깨뜨릴 정도였다. 제주섬을 만든 설문대할망도 거인성과 창조성이라는 점에서 마고할미와 다를 바 없다. 얼마나 키가 컸던지, 설문대할망은 한라산을 베개 삼고 누우면 다리는 제주 앞바다의 관탈섬에 걸쳐졌다 한다. 제주도의 수많은 오름은 설문대할망이 치맛자락에 흙을 담아 나를 때 치마의 터진 구멍으로 흙이 조금씩 새어 흘러서 된 것이고, 오줌 줄기의 힘이 얼마나 세었던지 육지가 파이며 섬이 되었는데, 그것이 바로 우도(소섬)라 한다.[169]

시작도 전개도 가늠할 수 없는 세상, 사람의 생각으로 측량할 수 없는 세상을 거인이 만들었다는 상상은 자연스레 최초의 존재인 거인의 몸으로부터 세상 온갖 만물이 만들어졌다는 상상으로 이어진다.

중국의 반고 신화에서는 하늘과 땅을 나눈 반고가 죽자 그의 몸이 샅샅이 나누어져 자연의 일부로 바뀐다. 하늘의 해와 달, 숱한 별들,

---

169) 조현설은 마고할미의 다면적 형상을 논하면서, 설문대할망 역시 마고할미의 유형으로 본다. (조현설, 『마고할미 신화연구』, 민속원, 2013, 39~46쪽 참고)

바람과 구름, 천둥, 산과 강 등등 모든 자연은 반고의 몸으로부터 생겨난 것이다. 이와 유사한 이야기들은 여러 곳에서 전해진다. 가장 잘 알려진 북유럽 신화 한 대목을 보자.

북유럽신화에서 태초의 거인 이미르(Ymir)는 최초의 신족인 오딘(Odin)과 베(Ve), 빌리(Vili)에게 죽임을 당한다. 오딘은 이미르의 시체를 찢어 두개골로 하늘을 만들고 뼈와 이빨로 산맥과 바위를 만든다. 살로는 땅을 만들고 피로는 바다와 호수를 만든다. 털로는 숲을 만들고 머리카락으로는 나무와 풀을 만든다. 그렇게 만들어진 나무 중에는 물푸레나무와 느릅나무도 있었다. 오딘은 물푸레나무로 아스크(Ask)라는 남자를 만들고 느릅나무로는 엠블라(Embla)라는 여자를 만들었다. 그런 후에 인간들은 우주나무 이그드라실(Yggdrasil)의 중간세계 미드가르드(Midgard)에 살게 하였다.[170)]

이 이야기는 죽은 이미르의 신체가 화(化)해서 온갖 자연만물이 생겨났다는, 즉 신체화생의 이야기이다.

한국의 마고할미, 중국의 반고, 북유럽의 이미르 등은 태초의 존재이니 이들을 일러 우주적 거인이라 칭해야 옳을 것이다. 이 우주적 거인의 신체로부터 하늘과 땅과 자연의 온갖 만물이 만들어졌다는 신체

---

170) 이호창, 「신화를 통해 본 신과 인간과 대자연의 관계」(『동유럽연구』 제26권, 한국외국어대학교 동유럽발칸연구소, 2011), 93~94쪽 참고.

화생의 이야기가 곳곳에서 전해온다는 것은 신화적 의식에 보편적인 사유 패턴이 있음을 짐작하게 한다. 무엇일까?

무엇보다 **뿌리-의식**이다. 흔히 인간이 자신의 혈통의 계보를 찾는 것을 뿌리를 찾는다고 말하는 그 의미에서 신화적 의식은 자신과 자신을 둘러싼 세상 만물의 뿌리를 우주적 거인으로 상상했을 것이다. 또한 우주적 거인이라는 저 하나의 뿌리에서 나온 세상 만물은 서로 간에 뗄 수 없는 유기적인 관계이다. 즉 하나의 근원인 뿌리와 연결된 세상 만물은 서로 연결되어 있다는 **연결-의식**도 작용했을 것이다. 뿌리-의식과 연결-의식이 보편적인 사유 패턴이 아니라면 세계 곳곳에서 동일한 문법의 이야기가 전해오는 까닭을 설명할 도리가 없다.

그런데 철학 역시 그 태동의 시기에 만물의 근원을 문제 삼았다. 서양철학의 아버지라 불리는 탈레스 그리고 당시의 자연철학자들은 공통적으로 아르케(arche)를 화두로 던졌다. 아르케가 무엇인가? 만물의 근원이 되는 물질 혹은 만물을 지배하는 우주의 근본 원리이다. 학자에 따라서 아르케를 물이라고 하기도 하고 공기 혹은 불, 이성, 원자(atom)라고 하기도 했지만, 무엇을 아르케라고 간주했든 간에 공통적으로 근원을 탐구했다는 것, 그 근원으로부터 세상 만물을 이해하려고 했다는 점은 공통적이다. 오늘날 우리는 신화와 철학은 그 성격이 판이하게 다르다고 구분 짓고, 역사는 신화시대로부터 철학의 시대로 이행했다고 알고 있으나, 양자가 모두 뿌리-의식과 연결-의식의 산물이라는 점에서는 다르지 않다.

한편 거인 신화에도 동서양 분위기에 차이가 있다. 북유럽 신화의 이미르는 새로운 질서를 위해 나선 오딘에 의해 살해당한다. 오딘은 살해한 이미르의 몸으로 세상 만물을 만들어낸다. 반면 중국 신화의 반고는 18,000년 동안 자발적으로 고생하여 하늘과 땅을 분리시킨 후 스스로 죽음을 맞이한다. 분명 동서양의 문화적 차이가 서로 다른 줄거리를 만들어 내었을 터이나, 여기서 동서양의 문화적 차이에 관한 분석으로 나아가기보다는 다만 신화적 상상력에 문화적 방향성이 영향을 미친다는 정도를 지적하는 것에 그치자.

생명 창조: 존재의 기원에 관한 아주 심오한 지혜

창세와 창조는 엄격한 의미에서는 다르다. 창세는 세상을 여는 것이다. 하늘과 땅의 분리는 세상을 여는 행위이다. 창조는 생명을 만들어 내는 것이다. 그러나 신화적 심성에서 본다면 세상을 여는 것과 생명이 만들어지는 것이 서로 다른 사건일 수 없다. 세상은 생명의 '있음'으로 하여 온전해지기 때문이다. 즉 창세는 생명의 창조로써 완성된다.

우주 창조 신화는 두 양태로 나누어 볼 수 있다. 첫째는 천공의 지고 존재자에 의한 창조이고, 둘째는 하늘과 땅의 결합에 의한 우주 창조이다.[171]

---

171) 미르치아 엘리아데, 앞의 책, 212~214쪽 참고.

지고 존재자에 의한 창조 신화로는 인도 창세 신화나 중국 쫑족 창세 신화가 좋은 예가 된다.

인도 신화에서는 위대한 영혼 브라흐마가 나타나 세상을 창조했다고 한다. 브라흐마는 명상을 통해 가장 먼저 물을 창조한 다음, 하늘, 땅, 그리고 우주 만물을 만들었다. 또한 천계의 신과 숨을 쉬는 생물을 창조했으며, 시간, 해, 달, 별, 강, 호수, 바다, 산과 들을 만들었다. 우주를 만든 후에 브라흐마는 여섯 명의 위대한 조물주를 자신의 영혼과 몸으로 낳았다. 첫째는 영혼에서, 둘째는 눈에서, 셋째는 입술에서, 넷째는 오른쪽 귀에서, 다섯째는 왼쪽 귀에서, 여섯째는 콧구멍에서 낳았다. 이 여섯 명의 위대한 조물주로부터 신과 악마, 사람과 짐승을 비롯하여 삼계에 존재하는 모든 생물 그리고 위대한 신들이 나타났다. 결국 세상에 존재하는 모든 것은 최초이고 최고의 영혼인 브라흐마가 자신의 생각과 몸으로 창조한 것이었다.[172]

중국 소수민족 중의 하나인 쫑족에서 전승되는 창세 신화에서는 거인 여신인 무리우쟈가 세상을 창조하였다.

아득한 옛날 하늘과 땅이 갈라지지 않았던 시절, 알 수 없는 꽃이 활짝 피어나 무리우쟈가 나왔다. 무리우쟈는 천지를 만들고 인류와 만물을 만들었다. 숨을 내쉬어 하늘을 만들었고 하늘에 구멍이 나

---

172) 황천춘, 정주은 옮김, 『한 권으로 읽는 인도신화』 불광출판사, 2020, 17~20쪽 참고.

자 목화솜으로 막았다. 그것이 흰 구름이 되었다. 하늘이 작고 땅이 커서 하늘이 땅을 다 덮지 못하자 땅의 가장자리에 바느질을 하여 실을 당겨 땅에 주름을 잡아 하늘과 땅의 크기를 맞췄다. 그때 튀어 나온 부분은 산이 되었다. 어느 날 무리우쟈는 두 발로 각각 산을 하나씩 딛고 서서 소변을 보았다. 소변이 땅을 적시자 그 흙을 떠서 인간을 빚었다.[173]

중국 좡족의 창세 신화나 인도 창세 신화는 앞에서 언급한 신체화생 신화와는 달리 태초의 신이 세상 만물을 창조하는 이야기이다. 이 창세 신화는 세상 만물을 창조함으로써 세상을 열었다는 것, 그리고 인간을 창조하는 것이 세상을 여는 행위의 마침표가 되고 있다.

대개의 생명체가 그러하듯이 인간은 남녀의 결합에서 탄생된다. 그런데 이 창조 신화는 남녀의 결합 이전의 인간 생명의 등장을 말하고 있다. 말하자면 인간의 세계에서는 남녀의 결합이 생명 탄생의 조건이지만 태초의 신의 세계에서는 남녀 결합이라는 조건 없이 인간 생명이 등장하는 것이다. 어떻게 이런 상상이 가능할까? 의외로 답은 간단하다. 태초의 신은 스스로 남성이고 여성이기 때문이다. 세상을 열어젖히는 태초의 신이라면 완벽한 존재일 것이 틀림없고 따라서 그 창조의 행위에 어떤 조건도 필요 없는 것 아닌가.

---

173) 김선자, 『중국 소수민족 신화기행』, 안티쿠스, 2009, 387~388쪽 참고.

이 점을 엘리아데는 '신의 양성구유', 즉 '신적 존재 안에서의 두 성의 융합을 의미'한다고 한다. 그의 설명을 좀 더 보자.

양성구유는 고대적이고 범우주적인 형식이다. 양성구유는 충만과 성적인 자급자족 이외에도 제약받지 않은 태초의 완벽한 상태를 상징적으로 보여준다. 신성이 양성구유라고 말하는 것은 그것이 절대적인 존재, 궁극적인 현실이라는 것을 말하는 것이다. 양성구유는 결국 신성의 속성이다.[174]

태초의 생명 창조의 비의를 설명하기 위해 신화적 의식은 생명의 원형으로서 양성구유의 신성을 표상하였겠으나, 이 표상은 신화 곳곳에서 비범한 신성을 드러내는 상징으로 등장하기도 한다. 제주도 〈세경본풀이〉에 등장하는 농경신 자청비는 신으로 좌정하기까지의 지난한 여정에서 남장한 채로 사랑하는 문도령과 동행하기도 하고, 또 남자 행세를 하면서 서천꽃밭 꽃감관의 딸과 혼인하기까지 한다. 이는 그야말로 양성구유의 상징이다. 〈세경본풀이〉에 한정해서 본다면, 자청비의 남자 행세는 자신 앞에 닥친 문제를 해결하는 하나의 방편이었겠으나, 신화의 논리로 보자면 그것은 신이 본래적으로 가진 양성구유의 초월성이 아니고 무엇이겠는가.

---

174) 미르치아 엘리아데, 앞의 책, 216쪽.

창조 신화의 두 번째 양태는 하늘과 땅의 결합에 의한 우주 창조이다. 하늘과 땅이 하나가 되어 우주에 새로운 질서가 이루어지는 과정을 담은 신화들은 남녀의 결합으로부터 생명의 탄생으로, 그리하여 새로운 세대의 연결로 이어진다. 때로는 새로운 세대의 연결로부터 국가의 탄생으로까지 이어진다. 국가의 탄생으로 이어지는 창세 신화는 대부분 건국 신화들이다. 우리의 경우, 하늘의 환웅과 지상의 곰 여인의 결합을 말하는 고조선의 단군 신화, 하늘의 금와왕과 땅의 유화 부인의 결합을 말하는 고구려 주몽 신화, 가야국의 김수로왕(하늘에서 내려온 황금알)과 지상의 허황옥의 결합을 말하는 가야국 김수로왕 신화, 신라의 박혁거세 신화, 부여의 해모수 신화가 모두 이에 해당한다.

하늘과 땅의 결합은 그야말로 신화적 의식을 그대로 보여준다. 즉 남녀의 성적 결합에 신성성을 가미함으로써 세상의 생명 창조를 상징하는 것이다. 이를 엘리아데는 '**신성한 결혼**', 우주적 히에로가미[175]라 칭한다. 엘리아데에 의하면 신성한 결혼은 창조의 한 행위로서 그것은 인간 생명의 탄생에 머물지 않는다. 신성한 결혼은 "우주 발생인 동시에 생물 발생이며, 우주의 창조인 동시에 생명의 창조이다."[176]

하늘과 땅의 결합이라는 신성한 결혼 이야기에는 땅과 생명에 대

---

175) 히에로스 가모스(그리스어: ἱερὸς γάμος) 또는 히에로가미(그리스어: ἱερογαμία)
는, 신과 여신의 성교를 흉내내는 종교 의식이다.
176) 미르치아 엘리아데, 앞의 책, 212쪽.

한 신화적 사고가 배어 있음에 주목해야 한다. 땅은 동서고금을 막론하고 생명이 시작되는 곳이고 생존의 터전이다. 그러기에 모든 신화에서 땅은 생명을 낳는 어머니라는 지모신 관념이 형성되었다.

같은 맥락에서 땅의 여러 지형은 생명을 잉태하고 출산하는 여성(어머니)의 몸과 대비되는 신화적 상징들을 형성하였다. 구석기시대 동굴 벽화가 그려진 장소가 여성 생식기 구조를 반영한 것이나『노자』6장에 골짜기를 여인에 비유한 것[177]이 모두 어머니 여성의 몸과 관련된 상징이다.

신화에서 대지의 상징으로 나타나는 여성의 몸은 생명을 담는 그릇이니, 이는 곧 세상을 담는 그릇과 같다. 특히 동굴은 생명의 그릇이라는 구체적 이미지를 지니면서, 어머니-여성의 신비를 형상적으로 드러내는 중심적 상징이다. [178]

한편 오늘날 성역할 이데올로기를 경계하는 이들은 성불평등의 근

---

177) 『노자』6장 원문은 다음과 같다. "谷神不死 是謂玄牝 玄牝之門 是謂天地根"
178) 이 점에 대해 엘리아데는 보다 분명하게 다음과 같이 쓰고 있다. "거대한 어머니의 육체라고 비유된 대지의 이미지를 고찰해보자. 분명히 광산의 갱도와 강의 하구가 어머니-대지의 질에 비교되었다면, 똑같은 상징이 굴과 동굴에도 적용될 것이다. 동굴은 구석기시대부터 종교적 역할을 해 왔다. 동굴은 선사 시대의 미궁이 의례화된 것인데, 동굴은 죽은 자들을 묻었던 장소이며 동시에 가입의례의 무대였다. 잭슨나이트가 연구한 바에 따르면 대지여신의 육체라는 가치를 부여받은 미궁이란 상징은 좀처럼 소멸되지 않는다. 신화적인 결혼들이 거행되었던 곳은 바로 동굴이다."(미르치아 엘리아데, 앞의 책, 211쪽)

간이 되는 남존여비 이데올로기가 창세 신화에도 녹아 있지 않은가 문제 삼기도 한다. 그럴 수도 있다. 신화의 스토리는 역사적 맥락에 따라 변모한다는 점을 감안하면, 남성 권력의 긴 역사가 전승되는 신화에까지 영향력을 미쳤을 수도 있다.

그런데 다른 해석도 가능하다. 신화적 의식에 있어서 땅은 생명이 나고 자라는 곳이니 생명을 낳아 기르는 여성이 땅의 표상이 되는 것은 자연스럽다. 게다가 하늘이 신성성의 표상으로 신력의 표상으로 떠오르는 것 역시 자연스럽다. 그런데도 하늘과 땅의 결합을 남존여비 이데올로기의 반영으로 보는 것은 어쩌면 이데올로기 감염을 경험한 세대의 해석에 지나지 않는 것은 아닐까? 신화적 의식에 상모적 세계관이 작동하는 것을 감안하면, 남녀를 차별적으로 보는 서열적 인간관은 신화적 사고와는 거리가 멀지 않은가? 다시 생각해 볼 일이다.

창조의 완성은 자발적 희생

세상이 창조된 이야기 중에서 가장 많이 알려지고 또 가장 많은 사람이 믿는 것은 기독교 구약성서의 〈창세기〉이다. 창세기는 유일신 하나님이 빛과 어둠, 하늘과 땅, 태양과 달과 별, 바다와 하늘의 생물, 땅 위의 생물을 창조한 이야기이다. 〈창세기〉는 창조의 위대한 권능으로 넘친다. 그런데 신화는 지고한 존재에 의한 창조라 할지라도 창조의 권능을 이야기하는 데서 그치지 않는 경우가 많다.

일본의 창세 신화를 보자.

아득한 옛날 천지는 하나였다. 그것이 갈라져 둘이 되었을 때 다카마가하라(高天原)에 (…) 신들이 나타났다. (…) 마지막으로 태어난 이자나기와 이자나미는 다카라가하라에 사는 신들로부터 "너희 힘으로 떠다니는 대지를 붙잡아 형태를 굳혀라. 그리고 이제부터는 미코토(命)라고 부르라" (…) (이자나기와 이자나미는) 부부가 되어 잇따라 튼튼한 아이 (…) 여덟 개의 섬을 낳았다. 두 신은 다시 (…) 여섯 개의 섬을 낳았다. 국토창세를 마친 이자나기와 이자나미는 다음에는 오야시마노쿠니(大八島國)에 살 신들을 낳았다. (…) 그런데 비극이 일어났다. 이자나미는 마지막으로 히노카미(火神)를 낳다가 여음(女陰)에 큰 화상을 입었다. (…) 이자나미는 고통 속에서도 계속 신을 낳아, 죽음에 이를 때까지 토사물과 대변, 소변에서 (…) 6위의 신을 낳았다.[179]

『고사기』에는 이와 유사한 이야기가 여러 군데 있다.

사랑하는 아내를 잃은 이자나기는 슬퍼하며 (…) 허리에 차고 있던 칼을 뽑아 갓 태어난 아들 히노카미의 목을 베어버렸다. 그러자 히노카미의 피에서도 신들이 태어났다. (…) 히노카미의 머리와 가슴, 배, 음경, 좌우 손발에서 (…) 모두 8위의 신이 태어났다.[180] (…)

---

179) 최박광 옮김, 『일본서기 고사기』, 동서문화사, 2021, 655~658쪽 참고.
180) 위의 책, 659~660쪽 참고.

스사오노에게 (…) 살해된 오케쓰히메의 몸에서 다양한 것이 태어났다. 머리에서는 누에, 두 눈에서는 볍씨, 두 귀에서는 좁쌀, 코에서는 팥, 여음에서는 보리 그리고 항문에서는 콩이 태어났다.[181]

일본 신화에서 드러나듯이 창조는 지고한 존재에 의한 창조나 하늘과 땅의 신성한 결혼에 의한 창조만 있는 것이 아니다. 때로는 신이 자신의 죽음이라는 희생을 통해 많은 것을 창조하기도 한다. 그러고 보면 오딘에 의해 살육당한 이미르와 죽음 이후 저절로 온갖 자연으로 화생하는 반고가 그리 다르지 않다. 다른 신들에 의해 몸이 절단되고 절단된 몸이 자연과 생명이 되는 것이나 자발적으로 자신의 죽음으로써 자연과 생명을 창조하는 것이 다르지 않다는 것이다. 그 어느 쪽이든 죽음이라는 희생이 있고서야 생명이 창조된다는 이치에서 그렇다.

제주 신화 〈문전본풀이〉에서도 노일저대귀일의 딸은 녹디생이에 의해 죽임을 당하고 측신이 되는데, 그 몸의 부분들은 제주의 여러 해산물이 된다. 비록 노일저대귀일의 딸은 자발적으로 죽음을 맞이한 것은 아니지만 그 죽음이 바다밭을 일구며 사는 제주인에게 요긴한 먹거리, 즉 생명의 원천이 되었던 것이다.

나는 다른 책에서 "생명은 죽음을 먹고 산다."는 주제의 글을 쓴 적

---

181) 위의 책, 669쪽.

이 있다. 얼핏 듣기에는 섬뜩할지 모르나, 우리는 그 어느 하루도 다른 죽음에 기대지 않고서는 살아 있을 도리가 없다. 우리의 모든 먹거리는 원래 다른 생명이었다. 우리 자신은 잉태될 때부터 부모와 다른 생명을 갉아먹으면서 성장해 왔다. 미시적으로 보면 우리 몸을 이루는 세포들은 끊임없이 생명을 다하면서 새로운 세포를 생성시킨다. 달리 말하면 세포들이 정상적으로 죽어가는 그 바탕 위에서 우리 몸은 살아 있는 것이다. 상황이 이렇다면, 죽음이 곧 생명의 원천이라 말하지 않을 도리가 없다.

창조 신화 그리고 신체화생의 신화가 말하고자 한 바는 바로 이것이다. 모든 죽음은 생명의 원천이라는 것, 어떠한 죽음도 생명을 위한 희생이라는 것, 그래서 모든 죽음은 끝이 아니라는 것을 신화는 말한다.

여기서 사족 하나.

창세와 창조를 말하는 신화를 우주적 기원에 관한 신화로 한정하는 것은 편협한 해석 아닐까. 이 신화들이 신화적 의식의 근간을 보여주고 있다는 점에서, 또 그 신화의 의미가 사람살이와 세상의 이치를 말하고 있다는 점에서, '우주적 질서'는 모든 신화를 관통하는 원리일 것이다.

무한 확장하는 신화적 사유와 ──────── 5.
현대의 편협한 세계 이해

〈천지왕본풀이〉로 읽는 신화적 세계관

한국의 창세 신화로서 채록된 자료는 26편[182]이나 된다. 이 중 제
주도 창세 신화인 〈천지왕본풀이〉는 한국의 다른 지역에서 전승되어
온 창세 신화보다 내용이 풍부하고 구성에 짜임새가 있다. 앞에서 〈천
지왕본풀이〉에서는 천지가 자생적으로 개벽하였음을 언급한 바 있
다. 여기서는 〈천지왕본풀이〉의 전반적 내용을 간략하게 보자.

　　하늘의 천지왕이 지상에 내려와 총맹부인과 동침을 하고 돌아갔
　　는데, 부인은 아들 형제를 낳았다. 형은 대별왕, 아우는 소별왕이라

---

182) 김헌선, 『한국의 창세신화』, 길벗, 1994, 제6부 참고.

이름을 지었다. 형제는 자라나 아버지를 찾아가려고 천지왕이 남기고 간 박씨를 심었다. 그 뒤 박씨는 싹이 나고 자라서 하늘로 줄기가 뻗어 갔다. 형제는 그 박 줄을 타고 아버지를 찾아가니, 천지왕은 형인 대별왕에게 이승을, 아우인 소별왕에게 저승을 차지하라고 하였다. 그러나 이승을 탐낸 아우는 수수께끼, 꽃 가꾸기 등의 내기를 하여 이기는 자가 이승을 차지하기로 하자는 제안을 하고, 속임수로 이겨서 이승을 차지하였다.

그러나 이승에 오고 보니 해와 달이 둘씩이나 뜨고, 나무와 짐승들이 말을 하고, 귀신과 인간의 구분이 없고, 인간의 불화·역적·도둑·간음 등이 들끓고 있었다. 아우가 형에게 이승의 질서를 바로잡아 달라고 간청하였다. 형은 활로 해와 달을 하나씩 쏘아 없애 하나씩만 남기고, 송피가루를 뿌려 짐승의 혀를 저리게 하여 나무와 짐승들이 말을 못하게 하였으며, 무게를 달아 그 경중으로 귀신과 인간을 구분지어 주었다. 그러나 인간의 사회질서는 바로잡아 주지 않았기 때문에 인간의 불화·역적·도둑·간음 등 죄악은 지금까지도 그대로 남아 있게 되었다.[183]

간략하게 요약된 내용이긴 하나, 〈천지왕본풀이〉는 제주인(내지 한국인)이 세상을 어떻게 이해했는지 드러난다.

---

183) 출처: 한국민족문화대백과사전.

우선 〈천지왕본풀이〉는 세상의 구조를 말해준다. 세상은 하늘과 땅, 이승과 저승, 인간과 짐승과 나무들이 사는 가시적 세계와 귀신이 사는 비가시적 세계가 공존하는 구조이다.

둘째, 하늘과 땅에 대한 한국 문화의 특징적인 관념이 드러난다. 즉 하늘과 땅은 분리되어 있으되 짝을 이룬다. 천지왕과 총맹부인의 결합이 이를 상징한다. 하늘과 땅이 조화를 이루어 새로운 생명이 탄생한다. 대별왕과 소별왕이 이를 상징한다. 그리고 천지왕이 대별왕과 소별왕에게 각자 맡을 역할을 결정해 주는 대목에서 드러나듯이, 하늘과 땅 중에서 하늘이 주도권을 행사한다.

그런데 이 정도쯤은 한국에서 전해지는 옛이야기와 크게 다를 바 없다. 흥미 있는 내용은 따로 있다.

세상의 많은 창세 신화 중에 〈천지왕본풀이〉처럼 천지개벽 후에도 혼돈의 양상이 지속되고 있음을 이야기하는 신화는 흔치 않다. 혼돈의 구체적 양상은 다양하게 묘사된다. 해도 둘, 달도 둘이어서 낮에는 뜨거워 죽을 지경이고, 밤에는 추워 죽을 지경인 상황이다. 나무와 짐승까지 말을 하니 세상은 얼마나 시끄럽고 분쟁이 많았을까. 귀신과 인간의 구분이 없으면 어떤 상황이 벌어질까? 모르긴 모르되 산 자의 두려움은 시도 때도 없이 증폭되었으리라. 원(怨)과 한(恨)을 지닌 귀신을 마주칠까 두렵고, 귀신의 위해(危害)를 겪을까 두렵고, 더 근원적으로는 산 목숨을 잃을까 전전긍긍하는 일이 비일비재하리라. 다행히도 대별왕이 일월을 각각 하나씩으로 조정하고 사람만 말하게 하고, 귀신을 인간 세상과 분리시켰으니, 이로써 이승의 질서를 위한 **필요조**

건은 갖춰진 셈이다.

〈천지왕본풀이〉의 절묘한 지점은 대별왕이 인간사회의 질서를 잡아주지 않았다는 대목이다. 인간사회는 예나 지금이나 갈등과 불화, 배반과 배신, 강탈과 찬탈 등 온갖 불의한 일이 자행된다. 말하자면 〈천지왕본풀이〉는 인간사회에 불의가 계속되는 까닭을 말한다. 이 대목을 절묘하다고 하는 것은 두 가지 이유에서이다.

첫째, 개개인이 삶에서 불의한 일을 겪는 것은 불가피하다. 불의한 일을 겪는 사람으로서는 터무니없고 억울하겠으나, 세상사는 그럴 수밖에 없다. 원래 천지왕은 대별왕에게 이승을 맡으라고 하였다. 천지왕의 명령을 어기고 간교한 속임수를 써서 이승을 차지한 자가 소별왕이다. 탐이 나서 이승을 차지하긴 했으나, 막상 차지하고 보니 이승의 혼란한 상황을 수습할 역량이 소별왕에게는 없다. 다급하여 대별왕에게 도움을 청했으나, 대별왕은 여러 문제를 해결하면서도 인간사회의 질서는 잡아주지 않았다. 역량 없는 소별왕이 다스리는 이승이니, 어찌 세상이 온전한 질서로 조화로울 수 있을까. 이승이 맑고 공정하지 못한 것은 제 욕심을 채우기 위해 속임수를 자행한 소별왕 탓이다. 즉 인간 세상의 온갖 불의는 불의한 소별왕 탓이라는 이야기는 인간사의 한계를 고스란히 드러낸다는 점에서 절묘하다.

둘째, 〈천지왕본풀이〉는 대별왕의 능력으로써 혼돈으로부터 자연의 질서는 세워졌으나 인간사회만은 여전히 혼돈이 지속되는 배경을 신화적으로 설명하고 있다. 이는 세상의 질서가 세워질 수 있는 **충분조건**, 세상 질서의 완결점은 인간사회의 질서임을 에둘러 말하는 것과 다름없다. 그런데 어쩌겠는가? 인간사회의 질서는 어느 시절이라도 혼란스럽지 않은 적이 없고, 여전히 혼란상은 거듭되고 있으니 말이다. 오늘날 문명의 진보 끝에 직면한 엄청난 환경 위기에서 드디어 인간을 지구의 '해충'이라고 일컫는 사태까지 왔으니 말이다. 도무지 세상의 질서가 완결될 것 같지 않은 세태에서, 세상 질서의 충분조건이 결코 갖춰질 수 없음을 말하는 이야기는 더더욱 절묘하다. 여하튼 신의 이름을 빌려 인간 세상의 혼란상을 이야기하는 이 대목은 그리스의 판도라 신화보다 훨씬 짜임새 있다.

그리스 신화와 대비한다면 주목할 만한 점은 또 있다. 세상의 주도권이 교체되는 대목이다. 그리스 신화에서 하늘의 신 우라노스는 아들인 크로노스에 의해 거세당해 죽는다. 〈천지왕본풀이〉에서는 두 아들이 장성하자 천지왕이 스스로 물러나면서 이승과 저승을 두 아들에게 맡긴다. 전자가 투쟁에 의한 교체라면, 후자는 양도에 의한 교체이다.

양도에 의한 주도권 교체 역시 다른 문화권의 신화에서 보기 힘든 대목이다. 이 대목은 고스란히 제주 생활 문화의 반영이다. 제주도에는 독특한 주거 문화가 있다. 안거리 밖거리 문화다. 한집 안에 안거리 밖거리가 있어, 안거리에는 부모 세대가 살고 밖거리에는 자녀 세대가 살다가, 자녀 세대가 자식을 낳게 되고 살림살이 규모가 늘어나면 부모가 안거리를 자녀 세대에게 넘겨주고, 자신들은 밖거리로 옮긴다. 자식들을 혼인시키고 점점 나이 들면서 살림살이가 단출해진 부모가 안거리에서 밖거리로 옮기는 것은 합리적이고 실용적인 생활 문화이다. 이 문화는 육지부에는 존재하지 않는다. 주거 공간은 실용적인 차원도 있지만, 상징적인 의미를 지니는 것이어서 부모가 거주하는 안채 공간이란 가정 권력의 상징이다. 따라서 육지부에서는 부모의 상징적 권력이 살아 있는 동안에는 박탈되지 않는다. 반면 제주도에서는 부모가 규모가 큰 안거리 공간을 자발적으로 자식 세대에게 양도한다. 갈등 없이 양도하는 생활 문화가 있었기에 천지왕 신화가 꾸려졌을 것이고, 천지왕 이야기를 듣고 살았기에 양도하는 생활 문화가 이어져 왔을 터이다. 가히 신의 이야기는 그 땅에 사는 사람들의 삶의 거울이다.

여기서 〈천지왕본풀이〉를 살펴본 이유는 따로 있다. 〈천지왕본풀이〉뿐 아니라 모든 신화에서 세상은 인간의 인식 범위를 넘어선다. 현실적인 시간과 공간은 인간의 인식 대상이다. 현실에서 드러나는 인간사회의 양상 역시 인식 범위 안에 있다. 그런데 신화는 개인의 제한된 경험 및 지식정보로 접하는 현실을 넘어선다. 신화는 인간 세상을 관통하는 세상의 이치와 자연의 질서까지 말한다. 죽음 이후의 비가시적 세계까지 포함한다. 나아가 시간과 공간의 처음인 세상의 시작으로부터 지금 여기의 현상까지 아우른다. 이야기 갈피에는 인간이 앞으로 살아갈 시간과 공간의 현상까지 담겨 있다. 가히 신화의 세상은 겹겹으로 주름진 세상이다. 주름이 펼쳐지면 아득한 태초가 거기에 있고, 세상에 질서가 구축되는 과정이 있다. 주름에는 가시적 세계와 비가시적 세계가 함께 녹아 있다. 이렇듯 신화적 사유에서 세상은 무한히 확장된다.

찰나적 세상을 사는 현대

세계화(globalization)라는 말이 일상 가까이에 맴돈 지 수십여 년이 되었다. 복잡하고 다면적인 현상이긴 하지만 단적으로 세계화는 세계를 규제되지 않은 시장으로 만드는 자본주의 확장의 한 형태이다. 1970년대에 이 용어가 등장했으나, 그 당시 한국의 정치권은 이 말의 의미를 제대로 파악하지 못했다. 20세기가 거의 끝나가는 시점까지도 한국이 세계의 중심으로 나아간다는 의미로 파악하는 순진한(?) 오해들이 있었다. 오해의 대표적인 예로서 김영삼 대통령의 〈시드니선언〉을 들 만하다. 김영삼 대통령에게 세계화란 한국이 세계 중심국가로 우뚝 서는 것이었고, 이를 이루기 위한 발전 전략은 모든 부문의 세계화였다.

세계화의 의미를 제대로 파악했건 하지 못했건 지금 우리는 '사회적 관계와 거래의 공간 구성 변화'를 실감하고 있다. 인터넷, 트위터, 페이스북 등 전자 문명이 만든 네트워크가 우리가 사는 세상이 되었다. 온라인이라는 가상세계는 언제나 우리 곁에서 깜박거리고 있다. 우리는 접속만으로 공간과 시간을 넘어 다닌다. 세상은 '바로 내 곁에' 있는 듯 축소되었고, '손가락 끝으로 열리는' 세상은 참으로 버라이어티하다.

너무 익숙해서 도무지 낯설지 않은 온라인 세상이다. 온라인 세상을 별 비용 부담 없이 유영하는 우리에게 세계는 얼마나 넓은가? 아니, 실제로 넓기나 한가? SNS는 무엇을 소통시키고 있는가? SNS에 접하면서 세상을 살고 있기나 한가? 전자 네트워크로 펼쳐지는 세상에서 우리는 세계를 어떻게 이해하고 있나? 몇 가지 의문은 떠오르는데, 선뜻 답하기는 어렵다. 어쩌면 언제나 '바로 내 곁에서' 열리는 온라인 세상을 살면서, 세상 그 자체에 대한 물음을 잊고 있었는지도 모르겠다.

신화시대의 사람들이 알고 있던 세상과는 판연히 다른 세상을 사는 우리. 그런데 이상하게도 우리가 사는 세상이 그리 넓은 것 같지 않다.

지금은 저 아득한 세상의 시작까지 상상의 나래를 펼치지 않는다. 죽음 너머의 세상도 상상하지 않는다. 크기가 몇천 리 되는 물고기 곤(鯤)도, 등 너비가 몇 천 리나 되는 새 붕(鵬)도 상상하지 않는다. 심지어는 자신의 일생의 여정도 생각하지 않는 듯하다. 기후 위기, 환경 위기라는 땅덩어리 지구도 안중에 없는 듯하다. 그래서 어떤 이는 온라인 세상을 사는 현대인이 인생 문해력도, 지구 문해력도 없다고 통탄한다. 왜 이럴까? 왜 이렇게 세상이 편협해졌을까?

어쩌면 아주 좁은 공간과 아주 짧은 시간만으로 접속이 가능해서인지 모르겠다. 어쩌면 인스턴트 문화가 지배하는 만큼 인스턴트 세상이 되었기 때문인지 모르겠다. 어쩌면 세상이 문해력을 길러주지도 않고, 기르기를 요구하지도 않기 때문인지 모르겠다. 세상에 대한 궁금증도 호기심도 질문도 없는 것이 오히려 당연한지 모르겠다. 어쩌면 상상의 나래를 펼치면서 다른 세상, 더 넓은 세상을 꿈꿀 여지도, 그럴 이유도, 그럴 필요도 없는지 모르겠다. 시시각각 새로운 것들이 현란하게 등장하고, 변화의 물결이 흘러넘치는 세상을 뒤쫓아가기에도 벅차기 때문인지 모르겠다. 그래서 지금 우리가 일상에서 접하는 이 세상이 신화적 사유에서는 터무니없이 좁고 작고 찰나적인 세상임을 깨달을 겨를이 없는지도 모르겠다.

현대인들을 지배하는 관심사가 무엇인지 짚어본다면 현대인이 대면하는 세상의 면모 혹은 윤곽이 드러날지 모르겠다. 도대체 어떤 관심사? 무엇에 대한 관심? 물음에 대한 답이 너무 뻔해서 물음을 제대로 던지는 것도 쑥스럽다.

행복, 능력, 성공, 출세, 안락, 편리, 풍요 등등 삶의 중요한 가치라고 말해지는 것들은 묘하게도 단 하나의 키워드로 수렴된다. 돈이다. 이런저런 가치개념의 뿌리는 돈에 연결되어 있다. 단지 교환의 도구에 불과한 돈은 만사를 형통하게 하는 제왕이 되었다. 인간사에는 '돈으로 살 수 없는 것'이 있는데, 그것들은 삭제되거나 삶의 괄호 밖으로 축출된다. 세계화의 시대에, 확장된 자본주의사회에서 삶은 메마르고 닫힌 세계가 되고 만 듯하다.

하기야 지구 문해력이 빈약한데 자연의 질서에까지 생각이 미칠 수 있을까? 인생 문해력이 근시안 수준인데, 비가시적이고 초월적 세계까지 생각이 미칠 수 있을까? 사실 지금 우리가 대면하는 세상은 자연의 질서가 아니라 기계 혹은 테크놀로지의 질서가 지배하는 세상이다. 우리가 지금 세상을 제대로 이해하기 위해서는 상상력이거나 사유가 필요한 것이 아니라 컴퓨터, SNS, 정보네트워크와의 접속이 요구될 뿐이다. 사정이 이러한데, 너무 편협한 세상에 갇히지 말고 다른 세상으로 눈을 돌리자는 말이 무슨 힘이 있을까. 공허할 따름이다.

6장.
신화, 생명의 원리를 담다

생명의 정의는 ─────────── 1.
아직 합의되지 않았다

삶과 죽음은 경험 밖의 문제

살아 있는 자 누구에게나 죽음은 언제일지 모른 채 다가온다. 세상은 우리에게 죽음을 두려워하면서 조심하라고 늘 속삭이고, 그런 세상에서 우리는 대체로 삶과 죽음을 대칭적인 것으로 사고하면서 삶을 지속하고 죽음을 가능한 한 유예하려 한다. 여기서 제기되는 물음이 "어떻게 잘 살 것인가?", "어떻게 죽음을 최대한 유예할 것인가?"이다.

그런데 인간이 직면하는 문제 혹은 물음에는 경험적으로 해결 가능한 것과 경험의 한계를 넘어서는 것이 있다. 삶과 죽음이라는 문제는 엄밀하게 경험 밖의 문제이다. 무엇보다 개인적 차원에서는 '온(全) 삶'을 경험할 수 없다. 기껏해야 자신이 겪은 것에 관한 불완전한 기억과 직면하는 현실의 경험이 전부일 뿐, 자신의 삶이 놓인 복잡한 그물망을 읽어낼 도리가 없다. 그렇다면 아직 겪지 않은 삶의 시간과 죽음은? 물론 경험 밖이다. 혹자는 간접 경험과 관찰자로서의 경험으로써 삶과 죽음의 문제를 밝힐 수 있다고 말하기도 한다. 실제로 숱한 사상가들이 삶과 죽음의 문제를 말하기도 했다. 그런데 다람쥐 쳇바퀴 돌듯, 이 물음은 그 긴 사상사 속에서 계속 반복되었다. 왜? 궁극적 근원에 도달하기 어려운 지성의 한계, 인간 인식의 한계 때문이다.

이 한계는 삶의 근원인 '생명'이 무엇인가라는 물음에서도 여실히 드러난다. 생명이란 무엇인가? 우리는 대개 이 물음의 의미를 직관적으로 안다. 살아 있는 것을 직관적으로 구분해 내는 만큼 살아 있는 것이 지니는 특성이 생명임을 아는 것이다. 그러나 정작 생명 개념을 정의하는 것은 쉽지 않다. 어떤 관점에 서느냐에 따라 답이 달라지기 때문이다.

생물학, 생물물리학, 분자생물학, 생화학 등 분과화된 각종 학문 영역에서는 제각각 다르게 생명을 정의하는데, 이는 각 학문 영역에 따른 한정적인 정의일 뿐이다. 생명이 무엇인가를 과학적 관점에서 설명하려는 모든 노력은 결국 난관에 봉착한다. 생명은 전체적이고 복잡한 내용을 지니는데, 과학의 하위 범주에 따라 생명의 정의는 서로 다르고, 그 어느 정의도 전체적이고 복잡한 생명을 포착해 내지 못한다. 첨단과학의 진전에도 불구하고 각 학문은 결코 "생명이 무엇인가."라는 물음에서 한정적인 정의를 넘어서지 못한 채 '색다른 딜레마'184) 와 마주하고 있다. 그래서 삶의 근원으로서의 생명이 무엇인가라는 문

---

184) 에르빈 슈뢰딩거는 『생명이란 무엇인가』의 서문에서 다양하고 다채로운 지식 분야가 발달했지만, 누구든 자신의 좁은 전문 분야를 넘어서서 세계 전체를 완전히

제는 여전히 애매하고 모호하다. 이론물리학자인 프리먼 다이슨은 과학계의 세계적인 석학들과 함께한 특별 대담에서 고백 같은 말을 한다.

> 나는 늘 '생명이 대체 어떻게 시작되었을까' 하는 의문이 생물학에서 가장 흥미로운 문제라고 생각해 왔어요. 내가 아는 한 우리 모두 다 그 문제에 똑같이 무지해요. 그 덕분에 나 같은 사람이 전문가 행세를 할 수 있는 거죠.[185]

이렇듯 생명 그리고 삶과 죽음은 엄밀하고도 확실한 정의, 명료한 대답이 불가한 문제이기에, 철학에서는 이 문제를 의미와 가치의 지평에서 탐구해 왔다. 한편 철학이 등장하기 훨씬 이전부터 현재까지 이 문제에 대한 가장 강력한 해답은 '믿음'의 영역, 즉 신앙[종교]이 제공해 왔다.

과학과 철학에서의 생명

오늘날 많은 사람이 최선의 해답을 말해주는 것으로 알고 있는 과학은 생명을 어떻게 정의하는가? 우선 주목할 것은 과학이 생명을 분

이해한다는 것이 거의 불가능해진 현대의 상황을 '색다른 딜레마'라고 서술하고 있다.(에르빈 슈뢰딩거, 서인석·황상익 옮김, 『생명이란 무엇인가』, 한울, 2001, 15~16쪽 참고)

185) 리처드 도킨슨 외, 존 브릭만 엮음, 이한음 옮김, 『궁극의 생명』 미래엔, 2017, 133쪽.

명히 정의할 수 없음을 고백한다는 점이다.[186] 과학이 생명을 분명히 정의할 수 없는 것은 생명을 정의함에 있어서 과학이 지니고 있는 약점 때문이다.

무엇보다 과학은 세계 그리고 모든 생명체를 물리적 존재로 본다. 생명은 어떤 물리적 존재를 살아 있게 하는 그 무엇으로서 생명 현상을 드러내는 본질이다. 과학은 생명체가 생명 현상을 드러내는 그 본질을 파악하고자 했다. 그러나 생명체를 물리적 존재로 보는 과학의 시각은 의식, 마음, 영혼 등을 설명하기 어렵다. 즉 정신 영역을 인정하지 않는 과학으로서는 정신적 차원을 물리적 현상으로 환원하는 것 이외에는 생명에 접근할 방도가 없다. 인간을 떠올리면 이 점은 쉽게 이해된다. 인간의 생명 현상을 물리적으로만 설명할 수 있는가? 인간의 '살아 있음', 그 모든 현상을 정신적 차원을 배제한 채 이해할 수 있는가? 가능치 않다.

그런데도 생명을 물리적 현상으로 보는 과학의 정의는 다양하게 시도 되어 왔다. 그중 대표적으로는 생리학적·물질대사적·생화학적·유전학적·열역학적 정의가 있다. 그러나 이러한 다양한 정의의 모든 경우에

---

186) 에르빈 슈뢰딩거는 『생명이란 무엇인가』에서 우리가 생명을 분명히 정의할 수 없음을 인정한다. 물론 그럼에도 불구하고 과학자의 입장에서 생명은 물리화학적으로 설명될 수 있다고 주장했다. 슈뢰딩거 이후에 다시 『생명이란 무엇인가』를 쓴 린 마굴리스와 도리언 세이건은 책의 첫 장에서 '생명이란 영원한 수수께끼'라는 글을 쓰고 있다. (린 마굴리스·도리언 세이건, 김영 옮김, 『생명이란 무엇인가』, 리수, 2016)

예외가 존재하므로 그 어떤 정의도 경계가 모호하기는 마찬가지다.[187]

과학이 지닌 또 다른 약점도 있다. 과학은 생명을 담지하고 있는 생명체, 즉 미생물로부터 고등생물인 인간까지 모든 생명체를 개체적 존재로 본다. 생명체를 하나의 개체로 보는 것과 물리적 존재로 보는 것은 사실 연관된 맥락이다. 그런데 생명은 환경과 역동적 관계에 놓여 있다. 즉 생명체 유지를 위해 주변 환경을 이용하고, 생식작용을 위해 다른 개체와 관계를 맺어야 하는 점 등을 감안하면, 개체중심적 시각으로는 생명에 대한 온전한 이해가 불가능하다.

최근에 공생명을 기반으로 한 생명론을 전개하려는 시도는 있었으나, 과학의 기본 전제가 세계를 물리적 현상으로 보는 한 생명 그 자체를 과학적으로 규정하기는 힘들다.

한편 철학에서 생명은 생기론과 기계론적 정의가 주축을 이뤄왔다.

생기론(vitalism)은 아리스토텔레스 시대부터 주창되었던 것이다. 아리스토텔레스에 따르면, 생명은 생물이 가지고 있는 생기(vital force)에서 비롯되며, 그것이 무생물과 근본적으로 다른 점이라는 믿음이다. 생기가 무엇인지에 대한 어떤 기계론적인 해석도 불가능하지만, 이것이 생물의 형상과 성장을 조절하며, 생명 활동을 관장한다는 것

---

187) 여기서 생명에 관한 과학 영역의 다양한 정의를 세세하게 살펴보지는 않는다. 브리태니커백과사전만 보더라도, 과학에서의 생명에 관한 정의를 분류하고, 그 각각의 정의에 내재된 문제점을 지적하고 있다. 장회익은 이에 대해 간략하지만 명쾌한 분석을 하고 있다.(장회익, 『삶과 온생명』, 솔, 1998, 168~174쪽 참고)

이다. 현대에 들어 생명 현상의 화학 및 물리적 본질들이 속속 밝혀지면서, 생물학에서의 생기론은 폐기된 이론이 되었다. 하지만 생기론은 아직도 전통 의학(또는 대체의학)의 근간이 되는 사고이다. 전통 의학에서 질병이란 모종의 생기(또는 기)의 불균형에 의해 초래되는 현상이고, 따라서 전통 의학의 치료는 이 불균형을 해소하는 방법을 적용하는 것이다.

생명에 대한 기계론적 이해는 기계론적 세계관과 맞물려 있다. 기계론적 세계관은 코페르니쿠스, 갈릴레이 등의 과학이론이 등장하면서 아리스토텔레스의 자연철학이 무너지기 시작한 17세기에 등장하여 데카르트 철학에 의해 철학적으로 정초되었다. 데카르트는 모든 대상을 정신 혹은 물질이라는 두 실체로 이해한다. 정신은 사유의 속성을 지니는 것, 물질은 연장의 속성을 지니는 것으로 보는 데카르트 철학 체계에서 자연은 물질이다. 따라서 물질인 자연의 모든 현상은 기계적 운동으로 환원하여 설명될 수 있고, 이것이 바로 기계론적 세계관이다. 앞에서 생명에 대한 과학적 정의는 기계론적 세계관, 기계론적 생명관에 의거한 것이다.

결국 과학이나 철학 그 어느 쪽도 생명에 대해 만족할 만한 정의를 내리지 못하고 있다. 그리하여 존 핸즈는 "직관적으로는 명백하지만 생명의 특징이 무엇이냐는 점에 관해 과학자 등이나 철학자들 간에는 아직 합의가 이루어지지 않았다."[188]고 언명하면서 "2004년 네이처

---

188) 존 핸즈, 앞의 책, 327쪽.

지의 자문편집인이었던 필립 볼은 생명을 정의하려는 모든 노력은 무의미할 뿐 아니라 철학자와 과학자의 시간 낭비라고 보았다.”[189]는 말까지 끌어오고 있다.

이렇듯 생명이 무엇인지 정의 내리기 어렵다는 인식이 일반화되고 있는 상황에서, 최근 주목받는 관점이 있다. 린 마굴리스와 도리언 세이건은『생명이란 무엇인가?』라는 책에서, 프리조프 카푸라는『생명의 그물』에서 생명이란 '자기 생성성(auto-poiesis)'[190]이라 정의한다. 이는 생명현상의 여러 특질 중에 자기 생성성이 가장 본질적이라는 것에 착안한 정의이다. 그러나 식물의 씨앗, 박테리아의 포자는 상당 기간 동안 대사작용을 멈춘다. 자기 생성성이 없는 이 순간의 씨앗과 포자는 생명이 없다고 해야 하나? 촛불은 활발한 신진대사, 즉 자기 생성성을 갖고 있는데, 촛불에게 생명이 있다고 해야 하나? 역시 '자기생성성'이란 정의도 난점을 지니기는 마찬가지이다.

1970년대 초, 생명 논쟁에 상당한 충격을 던지는 이론이 등장했다. 영국의 과학자인 제임스 러브록(James Lovelock)이 발표한 가이아 이론이 그것이다. 익히 알다시피 가이아는 그리스 신화에 나오는 대지의 여신이다. 간단히 말해서 가이아 이론이란 지구가 하나의 생명체

---

189) 위의 책, 331쪽.

190) 자기 생성성(auto-poiesis)은 고대 그리스어 poiein(만듦)에 바탕을 둔 말로서, 인지생물학자인 움베르또 마투라나(Humberto R. Maturana)와 그의 제자 바렐라(Francisco J. Varela)가 고안한 용어인데, 이를 세이건과 카푸라가 수용하였다.

라는 것이다. 가이아는 지구의 생물, 대기권, 대양 그리고 토양까지를 포함하는 하나의 범지구적인 실체이다. 지구를 생물과 그것의 환경, 즉 생물과 무생물로 구성된 하나의 초유기체로 보는 것이다. 더 자세히 말하면, 지구는 하나의 생명체로서 자기 조절 기능을 갖고 있으며, 능동적으로 주위 환경을 조절하는 것은 이 지구상의 모든 생물이라는 것이다. 또한 지구의 생물권 전체는 주변 환경에 적응하는 소극적 전체가 아니라, 오히려 지구의 여러 물리적 환경을 변화시키는 능동적 존재임을 주장하고 있다.[191] 러브록의 관점에서 보면 그동안 과학이나 철학이 끊임없이 생명이 무엇인가에 대한 논쟁을 해 온 것이 부질없어 보인다.

그런데 지구 전체를 하나의 생명 유기체로 보는 관점은 그렇게 낯설지 않다. 러브록이 자신의 관점을 지지하는 근거로 제시하고 있는 내용이 과학적이라는 점을 제외한다면, 그의 사상은 불교의 화엄 사상과 닮았다. 화엄 사상에서 이 세계는 우주의 모든 사물이 끝없는 시간과 공간 속에서 서로 대립하면서도 서로 융합하는 약동적인 큰 생명체이다. 한편 무생물까지도 지구 생명체의 구성요소로 보는 러브록의 관점은 생명에 대한 고대적 이해와도 맥락이 닿아 있긴 하다.

---

191) 제임스 러브록은『가이아: 살아있는 생명체로서의 지구』의 2장에서 가이아라는 복합적 실체에 의해서 지구 온도가 적당하게 유지될 수 있는 가능성을 검토한 후, 책의 여러 장에 걸쳐 가이아가 스스로의 존재를 위해 능동적으로 주위 환경을 조절하고 있음을 고찰한다. (제임스 러브록, 홍욱희 옮김,『가이아: 살아있는 생명체로서의 지구』, 갈라파고스, 2003)

생명감정에 의해 비로소 ——————————— 2.
이해되는 신화적 생명

신화는 생명의 연대성을 말하는 이야기

고대의 생명 이해의 대표적인 관점은 물활론(Animism)이다. 물활론은 해와 달 같은 자연계의 모든 사물 그리고 비, 바람 등의 온갖 자연현상에도 생명이 있다고 보고, 이 모든 것에 어떤 영적인 힘, 즉 영혼을 인정하는 관점이다. 이는 우리가 흔히 원시 신앙이라고 일컫는 것 그리고 신화의 생명 이해와 맥락이 닿아 있다.

물활론과 더불어 생명에 대한 고대적 이해는 영(靈)뿐 아니라 숨결과 연관된다. 불교 성립 이전부터 인도에서 꾸준히 성립되어 온 우파니샤드에는 생명의 본질에 대한 기록이 있는데, 생명을 '프라나(prana)'로 이해한다. 프라나는 접두어 pra와 숨결을 뜻하는 na의 합성이다. 즉 프라나는 우주 전체의 근본적인 생명 에너지일 뿐 아니라 개개인에게도 작용하는 근본적인 생명 에너지이다.[192] 중국 도교 문헌은 기

(氣) 개념으로 생명을 이해하는데, 기는 숨결과 생명을 주는 영, 두 가지 모두를 뜻한다. 오늘날 영 또는 영혼으로 번역되는 프시케(psyche)는 기원전 8세기 호메로스가 쓴 시의 용례에 따르면 영웅이 죽으면 그 몸에서 떠나는 숨결이나 영을 뜻했다. 후에 로마에서는 스피리투스(spiritus)라는 용어를 사용했는데, 이 역시 숨결이나 영을 뜻하였다. 전반적으로 보면 고대의 생명 이해를 관통하는 핵심은 '영'이다.

이렇듯 신화적 의식에서는 세계의 온갖 사물 그리고 자연현상까지도 생명으로 표상한다. 생명에 대한 고대적 이해는 생명을 생물과 연관시키는 오늘날의 실증주의적(과학적) 사고로서는 쉽게 납득하기 어렵다. 고대와 현대의 이런 차이는 단적으로 인간이 자기의식의 역량을 어떻게 평가하고 있는지, 인간 존재의 위상을 어떻게 보았는지에 따라 생겨난 것이다. 과학적 사고는 인간 정신이 대상 세계를 온전히 파악할 수 있고 그에 따라 대상 세계를 조작·통제할 수 있다는 오만을 전제로 한다. 가히 인간중심주의이고 이성중심주의이다. 이에 비해 신화적 의식은 아득한 우주적 질서 속에서, 신성한 우주적 힘 속에서 인간 자신의 왜소함을 전제로 한다.

끝없는 하늘과 땅이, 빛과 어둠이 교차되는 오묘함이, 눈에 보이지 않는 바람의 길이, 모든 손에 잡히지 않는 세상이 아득하고 아득하여 홀연 막막했던 그때, 가없이 막막한 세상 앞에서 한없이 왜소할 수

---

192) 존 핸즈, 앞의 책, 315쪽 참고.

밖에 없는 사람이기에, 가슴의 떨림으로 세상을 이해했던 것이 신화이다.

가슴의 떨림으로 전하는 말은 신비롭다. 하늘과 땅이 열리는 날의 이야기, 해가 어둠을 걷어내는 이야기, 달과 별이 이슬을 만드는 이야기, 이슬이 모여 물을 이루는 이야기, 꽃이 피고 지는 이야기, 닭의 울음으로 세상을 잠 깨우는 이야기, 박씨에서 뻗어 나온 줄기가 하늘에 닿는 이야기, 물을 건너 만나는 또 다른 세상의 이야기 등등 이 모든 신비한 가슴의 언어를 우리는 신화라고 일컫는다.

가슴으로 느낀다는 것, 그 느낌의 원천은 무엇인가? 생명이다. 새의 지저귐에서 들리는 것은 소리이되 그 소리에서 느끼는 것은 생명이다. 피어나는 꽃에서 보이는 것은 색깔이되, 그 색깔에서 느끼는 것은 생명이다. 물이 땅을 적시고 바람이 하늘을 가를 때, 바위가 땅을 버티고 구름이 비를 몰고 올 때, 그때 가슴을 떨리게 하는 것은 생명의 울림이다. 앙상하게 마른 나뭇가지와 언 땅에서도 숨겨진 생명의 싹이 느껴지고, 끊어지는 목숨에서 또 다른 세상의 생명을 느낀다.

이렇듯 가슴의 떨림으로 만나는 세상은 온통 생명의 세계이고, 신비롭게도 그 생명의 세계에서 생명은 낱낱으로 떠돌지 않는다. 세계의 온갖 '있음'이 생명의 고리로 연결되어 있다. 그래서 신화적 의식에서 온갖 사물과 온갖 자연현상은 영적인 존재이고, 생명이었던 것이다.

신화적 사유에서 생명 개념은 살아있는 것/죽은 것, 생물/무생물의 구분을 넘어선다. 한갓 바위와 돌에서도 생명의 영을 느끼는 신화적

의식은 죽음마저도 생명의 지평에서 이해한다. 즉 죽음은 또 다른 생명 세계인 것이다,

그리하여 신화적 사유에서 생명의 의미를 굳이 밝히고자 한다면, **우주적 생명** 개념이라 할 만하다. 우주적 개념이기에 생물/무생물과 같은 모든 대립적이고 이원적인 구분은 무의미하다. 뿐만 아니라 썩는 것과 썩지 않는 것, 딱딱한 것과 말랑말랑한 것, 미움과 사랑 등등 세상의 모든 대립적인 것들까지도 우주적 생명에서는 생명의 연대성으로 드러난다. 그래서 신화는 생명감정으로 충만한 이야기이고 생명의 연대성을 말하는 이야기이다.

다시, 신화 세계에서 생명이란 개념이 어떻게 이렇게까지 확대될 수 있는가? 신화적 의식에서는 인간의 삶이 우주적인 연대에 놓여 있다고 인식되기 때문이다. 사람이 살아 있을 수 있는 것은 우주적 연대에 의한다고 인식하기 때문이다. 신화적 의식은 생명을 지키기 위해 우주적 생명 세계와 더불어 살아가야 한다는 것을 가슴으로 받아들였기 때문이다. 이것이 바로 신화시대의 삶의 지식이다.

신화는 삶에 대한 지식과 능력을 밝혀준다. 뜻 같지 않은 현실에서도 삶을 지속시킬 가능성을 열어준다. 신화는 삶은 견딜 만한 것이고 충분히 견뎌내야 하는 것이라고 말한다. 신화의 영웅들, 그 신들이 고난을 거쳐 영웅이 되듯이, 신이 자신 안의 무한한 가능성으로 신격을 얻고 영웅이 되는 것처럼 우리에게 우리 자신 안의 무한한 가능성을 열어젖히며 삶을 살아내라고 말한다. 모든 신화는 궁극적으로 생명에 대한 기원이라고 해도 과언이 아니다.

한국무속적 사유로 풀어보는 신화적 생명의 의미

여기서 생명의 신화적 의미를 한국 무속적 사유[193]로 풀어보자.

한국의 무속적 사유에서 '삶'의 의미는 '생명'에 대한 이해와 맥락이 닿아 있다. '생명'에 대한 무속신앙적 관점은 '생명현상'에 대한 설명이 아니라 '생명'의 의미 문제이다. 의미 지평에서의 '생명'이란, 가시적인 세계를 대상으로 생명을 문제화하는 과학주의적 사고와는 달리 가시적/비가시적, 생물/무생물이라는 이분법을 넘어서 있다. 그러기에 무속적 사유에서는 식물인 나무와 무생물인 바위가, 한갓 미물로 치부되는 동물들과 눈에 보이지 않는 바람, 심지어는 귀(鬼)까지도 '생명'의 의미 지평에 놓이게 된다.

이렇듯 우주적 차원에서의 삼라만상을 '생명'의 의미 지평에서 이해한다고 할 때, '생명'은 '살아 있음'이고, 단적으로는 '있음'으로 이해된다. 바람이 '있음'이기에 바람은 생명의 의미로 받아들여지는 것이고, 한갓 바위도 '있음'이기에 생명의 의미로 받아들여지는 것이다. 이것은 대상을 분석적으로 파악하는 것이 아니라 심정적으로 느끼는 것이다. 따라서 무속적 '생명' 개념은 정서적인 느낌인 '생명감정'에 의해서 비로소 이해되는 개념이다. '생명'이 '생명감정'을 통해 이해되기에,

---

193) 2장에서 언급한바, 한국에서 신화는 무속의례를 통해 전승되어 온 무가이다. 한국 무가에 담긴 의식을 필자는 한국 무속적 사유라 칭한다.

무속적 사유에서 '생명'은 우주적 차원으로까지 확대될 수 있다.

'생명'에 대한 이해로서 '생명감정'이 표출된 것이 바로 영(靈)이다. 무속신앙의 관점에서는 '영'이 있다고 이해되는 것에 대해서는 '생명감정'이 작용하고, 역으로 '생명감정'이 느껴지는 대상에 대해서는 '영'을 인식한다. 말하자면 '영'이라는 인식 범주와 '생명감정'이라는 정서적 반응은 동시적 관계, 동연(同延)의 관계이다. 이런 관계 속에서 '영'(혹은 영혼)은 생명의 근원이 된다.

무속적 사유에서 '영'은 생명체에만 깃드는 것이 아니다. 육신을 떠난 영혼에게도 그 생명성을 연장시키는 생명감정이 '사령(死靈)'의 관념을 형성한 것과 마찬가지로, 그러한 생명감정은 온갖 자연 및 자연의 사물, 추상적인 세계에까지 영의 관념을 확장한다. 무가에 나타나는 세계 구조, 즉 하늘, 땅, 지하로 상징되는 세계는 온갖 영의 세계이다. 다시 말하면 하늘에는 천신, 일신, 월신, 성신 등이 있고, 땅에는 온갖 자연신이 있으며, 지하에는 명부신이 있다는 무속의 신관(神觀)은 '영'으로써 세계의 있음-존재를 인식하는 인식구조이며, 그러한 인식구조를 관통하고 있는 것이 바로 '생명감정'이다. '영'으로 표상되는 '생명감정'은 생명의 시간적·공간적 제약을 초월한다. 가히 생명에 대한 신비주의적 사고이고, 신화적 사고이다.

이러한 **'영'의 세계는 곧 무속적 의미의 '생명세계'**에 다름 아니다. 세계를 구성하는 각각의 고유한 '영'들은 생명력의 안배와 더불어 서로 교통함으로써 '존재'한다. 그리하여 '영-생명의 세계'는 그 다양한 '영'의 층위에도 불구하고 유기적 관련성을 지니는 생명세계이다. 다시 말하면 무속의 세계상은 세계를 '생명'이라는 하나의 원리로 연결시키는 공감적 사고로 구성된 것이다.

생명의 원리는 감응이다

무속적 관점에서 세계는 '영'의 세계이다. 존재론적 측면에서 '영'은 '있음'이고, 또 '생명체'의 근원이다. 나아가 비가시적인 '영'의 '있음'은 신성성으로 이해된다. 영의 세계는 서로 교통(交通)하고 교령(交靈)한다.

이 생명세계가 교통·교령하는 원리, 공감하는 원리는 '감응'이다. 신령들끼리도 감응하며 각각의 생명들끼리도 감응한다. 인간과 신령과의 감응은 한국의 생활의식으로 침윤된 무속적 사유이다. 그리하여 감응은 유기적이고 영성적인 생명세계의 존재원리이다.

생명세계에서 감응이 제대로 이루어지지 못하는 것이 '맺힘'이며, 감응이 이루어지는 것이 '풀림'이다. 그리하여 무속의 종교적 실천 및 각종 무속의례들은 바로 '감응'을 지속시키는 것이다. 또한 삶의 불의한 문제들은 감응이 되지 못해 발생한 것으로 보아, 불가지의 영-생명 세계와의 감응을 통해 '푸는' 행위가 곧 무속의례이다. 따라서 다양한 형태의 굿은 '맺힘'을 '풀림'으로 전환시키는 것, 즉 '감응'을 가능하게 하는 방법으로 이해된다.

무속적 생명세계의 원리를 '감응'으로 이해하고 나면, 각종 굿의 구성이 지니는 복합성의 의미도 드러난다. 성주굿의 예를 들어보자. 새로 집을 지어 가내의 길흉화복을 관장하는 가택신을 위한 의례인 성주굿은 단지 성주라는 가택신만을 위한 의례가 아니다. 성주굿(부여 지역)의 절차를 보면, 조왕굿, 당산굿, 성주굿, 조상굿, 제석굿, 칠성굿, 손님굿, 장자풀이, 군웅풀이, 대감굿, 삼신굿, 수부굿 등 12개의 거리로 구성되어 있다. 부엌신인 조왕, 마을을 수호하는 당신, 선대의 조령, 포태출산의 신인 제석, 명과 복을 주는 칠성, 천연두를 가져다주는 병귀인 마마신(손님) 등등, 심지어는 신을 따라다니며 시중드는 하위의 신격인 수부신에 이르기까지 성주굿에서 불러내어, 굿을 하는 집안의 안위를 위해 그 각각의 신들이 감응되기를 기원한다. 아이 낳기를 기원하는 삼제왕굿(영일 지역)도 굿장(場)을 정화하는 부정굿, 골매기굿, 조상굿, 세존굿, 칠성굿, 삼신제왕굿, 거리굿으로 구성되어 있다. 아이를 점지하는 삼신제왕에게만 기원하는 것이 아니라, 조상신령과 마을을 수호하는 골매기신령, 나아가 잡귀에게까지 제물을 바치고 '감응'을 기원한다.

이렇듯 무속에서 행하는 모든 굿은 굿의 목적과 부합되는 신령만을 부르는 것이 아니라, 다양한 신령들과 교통할 수 있는 절차를 구성하고 있다. 인간과 신령뿐만 아니라 신령들 간에도 '감응'이 이루어져야 굿의 목적을 이룰 수 있다고 관념하기 때문이다.

김열규는 "무당의 굿은 피안과 이승 사이, 또는 현실과 초월적 세계 사이의 다리 놓기다."[194]라고 하는데, 이 다리는 '감응'이 이루어지는 교

---

194) 김열규, 『동북아시아 샤머니즘과 신화론』, 아카넷, 2003, 13쪽.

통의 다리이고, 세계의 다름, 생명의 다름 사이에 생긴 틈을 메우는 '감응'의 주술이다. 따라서 굿을 비롯한 각종 무속의례들은 감응을 위한 방법들로 이해되며, 그 방법들은 몇 가지 범주로 나누어 볼 수 있다. 즉 영과의 직접적인 소통을 위한 '교통'의 방법,[195] 희생에 의한 '대체'의 방법,[196] '상징의 방법'[197] 등이 그것이다. 여기서 굿을 주재하는 무당은 가무, 무가, 주술, 설경(設經) 등 감응을 위한 기술을 지닌 사람이 된다.

그리하여 '감응'이란 영성적인 세계에서의 '생명활동'에 다름 아니다. 이러한 생명활동의 연장선상에 인간 생명이 있다. 말하자면 인간

---

195) 한국 무속은 동북아 샤머니즘 계열이면서도 한국 특유의 무속 문화를 가지고 있는데, 그중 하나가 신령과의 직접적인 교통이다. 북방계의 샤머니즘에서는 샤먼이 타계로 여행하여 신령과 접촉하지만, 한국 무속에서는 신령을 불러내려 교통한다. 게다가 무당만이 아니라 굿판의 참여자도 신령과 교통한다. 오구굿(씨끔굿), 수왕굿, 방무기, 조상굿, 집가심에서 죽은 사람의 영혼을 불러 산 자와 죽은 자와의 맺힘을 풀어가는 것이 그 한 예이다.

196) 그 한 예로 액막이(마을이나 집안의 액을 막는 것) 때 희생(닭을 죽임으로써 인명을 살리는 것)을 사용하는 것을 들 수 있다. 무당들은 이를 '대명대충한다'고 하는데, 이것은 희생물을 통한 대체의 방법으로 감응의 효력을 결과하고자 하는 것이다.

197) '상징'이라는 용어의 본래적 의미에서 보면 모든 제의는 상징적 행위이다. 그런데 여기서 사용된 '상징'이라는 용어는 제의의 구성에서도 특히 은유적인 표상 행위를 일컫는다. 상징적 행위를 통한 '감응'의 실천은 굿이 이루어지는 제장(祭場)에 배치되어 있는 제반 도구들[設經]이나 민간의 속신에서 많이 드러난다. 대나무에 지전(紙錢)을 매달아 영혼의 강림을 비는 〈亡人대〉, 망인의 넋을 싣는 〈신태집〉, 저승길로 들어가는 〈길베〉, 〈命실〉, 제장에 붙여지는 〈紙設經〉, 〈꽃〉 등등은 모두 신령을 감응시켜 액을 막고 동시에 복을 기원하기 위한 것이다.

생명은 우주적인 영의 세계와 연결되어 있는 것이니, **인간에게 '삶'이란** **감응을 통해 공리를 극대화하는 것이다.**

생명신 신화와 무속의례

신화의 근원적 의미가 생명 세계의 지속이라면, 개별 신화들은 그 생명 세계가 지속될 수 있도록 하는 개별 신들의 직능을 밝히는 것이다. 말하자면 사람살이의 배경인 자연환경과 인문환경의 모든 요소는 각각 그것을 관장하는 신이 존재하며, 그러한 신의 이야기를 우리는 '신화'라고 부른다. 따라서 신화적 세계관에 의하면, 세상은 신들이 펼쳐준 것이고, 그 신들과 감응함으로써 인간의 삶은 온전하게 되는 것이다. 그리하여 신화가 전승되고 있는 모든 문화권마다 구체적인 내용은 다르지만, 신의 직능이 대체로 유사한 것은 사람살이를 구성하는 요소가 공통적이기 때문이다.

그런데 사람살이에서 가장 중요한 일 중의 하나가 생명을 재생산하는 것이다. 그래서 문화권마다 생명의 뿌리에 대한 신화, 다산(多産)

의 여신에 관한 신화, 치병신(治病神)에 관한 신화 등 생명의 지속에 직접적으로 연관된 신화가 없는 곳이 없다. 한국 문화의 경우, 인간에게 생명을 주는 신은 삼신할머니, 삼승할망, 지앙할망, 당금애기, 불도할망, 제석, 시준, 세준 등 지역에 따라 그 명칭이 다르기는 하지만, 생명을 점지한다는 그 역할은 동일하다.

생명신에 대한 한국인의 믿음이 얼마나 강하였는가는 무속의례에 그대로 드러난다. 생명신에 대한 의례는 개인굿, 마을굿, 무당굿 등 모든 형태의 굿에서 연행되는데, 그만큼 생명신에 대한 기원행위가 무속의례의 중심축을 형성하고 있다고 볼 수 있다. 더욱이 각 굿의 절차에 있어서도 삼신의례는 앞머리에 위치한다. 굿의 도입부에서 굿장의 부정을 가시는 부정거리, 마을 수호신인 골매기신 혹은 서낭신과 조상신에 대한 의례 이후에 바로 등장하는 것이 삼신에 대한 의례이다. 이는 그만큼 생명을 점지하는 삼신의 중요성을 반영하는 것이고, 동시에 한국인의 생명과 관련된 원초적인 종교성을 짐작하게 한다.

생명신에 관한 각종 신화[무가]를 보면, 그 내용은 공통적으로 ① 신의 내력 ② 생명을 점지·포태·출산시키는 이야기 ③ 신에 대한 인간의 기원이 포함되어 있다.

여기서 ②의 내용은 임신 중에 인간의 생명현상과 그 생리적 조건이 갖추어지는 과정을 묘사하고 있는데, 예를 들어 소개하면 다음과 같다.

삼신제왕이 들어오실 적에 우편에는 곤명지주(坤命地主) 좌편에는 건명대주(乾命大主) 호호입택 시킬 적에, 한달만에 일월정기 모와다가 일신성체(一身成體) 마련하야 태중 든지 두 달만에 음양정기 모와다가 내외오장 마련하고 태양정기 모와다가 남자마련시키시고, 태중 선지 석달 만이면 삼태육경 정기 모와다가 삼혼칠백(三魂七魄)을 마련시키시고 태중 든지 넉달만이면 사방정기 모와다가 사지수족 마련하고 태중든지 다섯 달이 되면 오행정기 모와다가 오장육부를 마련하고 태중 든지 여섯 달이면 육정육갑 정기 모와다가 육십사혈 혈맥을 마련하여 젖줄을 주어 신복을 시키시고 태중 든지 일곱달이면 칠성님전 명을 빌고 태중 든지 여덟 달이며 강태공의 선팔십 후팔십을 마련시키시고 태중 든지 아홉달이 되면 구구는 팔십일이라 소진장의(蘇秦張儀) 변호주어 말구멍을 마련시키시고 태중 든지 열 달이 되면 거적자리 집씨토매 애기를 점주하여 탄생시킬 적에.

　- (제석본풀이 영동본, 서대석 채록)

　한두 달에는 피를 모으고, 다섯 달에는 오색을 갖추고 오장육부 산통 혈기를 마련하고, 일곱여덟 달에는 오장육부가 마련되어서고, 아홉열 달에는 육천 마디가 마련되어.

　- (바리공주 무가, 공주 노재용 구송, 홍태한 채록)

　이처럼 신화[무가]에 따라 그 양의 차이는 있어도 잉태와 탄생의 과정, 즉 생명창조의 과정은 아주 어렵고 오묘한 과정으로 묘사된다.

한편 ③의 내용들을 보면, 생명신에 대한 기원이 단지 생명의 탄생에만 머무르지 않는다. "지왕님이 이 자손 탄생하러 오실적에, 좋은 날 좋은 시에 가려" 오시라고 기원하고, "물샘에 물솟듯 어질고 순탄하게 명(命)은 삼천갑자 동박석에 긴긴 명, 복은 석순에 갖은 복 무량대복 점지헐 적 눈에 눈재간 손에 손재간, 글 총명, 말 총명"을 기원하며, "자손을 젖줄, 밥줄, 명(命)줄, 복줄을 많이 태워서 일취월장하게 점지해 주시오."라고 기원한다. 이는 생명신의 역할이 생명을 점지하는 데서 끝나는 것이 아니라 생명을 지속시키며, 그 생명의 질(質)을 담보하는 데까지 미치는 것으로 관념하고 있음을 나타낸다. 달리 말하면 한국의 생명 신화에서 나타나는 '생명'은 단순히 '주어지는 것'이 아니라 역동적인 생명 과정에 '놓여지는 것'이며, 그 불가피한 역동적인 과정에서 생명 가치를 유지하며 살아가는 것을 인간 생명의 이상적인 형태로 관념하고 있는 것이다. 여기서 '생명 가치'란 '살아 있음' 그 자체의 가치라기보다는 '잘 살아 있음'을 의미한다.198)

제주의 생명신과 〈삼승할망본풀이〉

제주의 생명신은 삼승할망 혹은 생불할망, 불도할망이라고 불린다. 제주의 삼승할망 신화 그리고 삼승할망에 대한 의례 역시 그 의미

---

198) 보다 자세한 내용은 하순애, 「한국무속신앙에서의 '생명'의 의미」(동아대학교 석당 전통문화연구원, 『한국인의 생명관과 배아복제윤리』, 세종출판사, 2005) 참고.

와 의례의 중요성에 있어서 육지부와 크게 다르지 않다. 그런데도 그 내용에 있어서 또 이야기의 구체성에 있어서 육지부와는 차별성을 드러낸다. 삼승할망 신화의 개략적인 내용을 살펴보자.[199]

동해 용왕 따님 아기가 자라면서 여러 가지 죄를 지었으므로 용왕은 딸을 내쫓으려 하였다. 왕비는 딸에게 아기를 잉태하고 낳아 기르게 하는 삼승할망으로 살아가라고 방도를 알려 주었다. 그러나 해산시키는 방법을 마저 가르쳐 주기 전에 동해 용왕 따님 아기는 석함에 담겨 바다에 띄워지고 말았다. 석함은 인간 세계에 닿게 되고 자식이 없는 임 박사에게 발견되었다.

동해 용왕 따님 아기는 임 박사를 따라가서 먼저 어머니가 가르쳐 준 대로 임 박사의 부인에게 아기를 점지하였다. 아기는 뱃속에서 점점 커 갔지만 따님 아기가 해산시키는 방법을 모르는 것이 낭패였다. 임신한 후 열두 달이 넘어가자 급한 김에 임신부의 겨드랑이로 아이를 꺼내려 하니 아이와 어머니가 모두 죽게 될 판이었다.

임 박사는 이 억울함을 옥황상제에게 호소하였다. 옥황상제는 현명한 명진국 따님 아기를 골라 삼승할망으로 보내어 이를 해결하도록 하였다. 같은 일을 하게 되었음을 알게 된 두 아기는 누가 삼승할망으로 들어설 것인가를 두고 다투다가, 결국 옥황상제에게 가서 판결을

---

199) 제주도에서 〈삼승할망본풀이〉는 수차례 채록되어 자료가 많다. 또한 〈삼승할망본풀이〉의 채록 내용들은 각각 분량이 상당하여, 이 글에서는 간략히 요약된 내용을 싣는다.

받기로 하였다.

내력을 들은 옥황상제는 두 아기를 보고 꽃 가꾸기 내기를 해서 이기는 자에게 삼승할망의 자격을 주겠다고 하였다. 두 아기는 각각 꽃을 심어 가꾸었는데, 명진국 따님 아기의 꽃이 크게 번성하였다. 경쟁에 이긴 명진국 따님 아기는 인간 세상의 잉태와 출산을 주관하게 되었고, 동해 용왕 따님 아기는 열다섯 살 전에 죽은 아이를 차지하게 되었다.

이렇게 해서 명진국 따님 아기는 아이의 운명을 정하는 서천꽃밭의 꽃을 가지고 분주히 돌아다니며 아이를 점지하고, 무탈한 해산을 도우며, 열다섯 살까지 아이를 키워 주는 삼승할망(생불할망, 불도할망, 인간할망)이 되었고, 동해 용왕 따님 아기는 구삼승할망(저승할망)이 되었다.[200]

제주의 생명신에 관한 신화에서 가장 특이한 점은 두 명의 생불할망이 등장하고, 서로 경쟁한 끝에 한 명은 산육신으로, 다른 한 명은 죽은 아이를 관장하는 신으로 좌정한다는 내용이다. 더욱이 산육신(産育神)인 명진국 따님 아기는 "앉아서 천리 보고 서서 만리 보는" 탁월한 인물로, 저승할망인 동해 용왕 따님 아기는 "흔두슬에 불효나고 일곱슬에 무쇠석함에 담아진" 인물로 묘사된다는 점이다.

또한 진정한 생불할망을 가리는 경쟁에서 "서천서역국 계모살왓디

---

200) 『한국민족문화대백과사전』〈삼승할망본풀이〉.

(자잘한 모래밭에) 꽃씨를 싱경 꽃번성 ㅎ는대로 생불왕을 구별ㅎ"는데, 모래밭이라는 극단적인 환경을 배경으로 한다는 점은 그만큼 생명을 기르는 일의 어려움을 상징하는 것이라 볼 수 있다. 여기서 '생명을 기르는 일'이란 단순히 생명을 점지하는 것에 그치는 것이 아니라 생명 가치를 유지하며 살아갈 수 있도록 함을 의미한다 하겠다.

한편 제주 삼승할망 신화에는 생명의 신비와 출산 시 산모의 육체의 변화에 관한 내용, 출산 시의 위생에 관련된 내용이 자세히 묘사되기도 한다.

"아방 몸에 흰 피 석 둘 열흘, 어멍 몸에 감은 피 석 둘 열흘, 술(肉)술아 석둘, 뻬 술아 석둘, 아홉둘 열둘 준삭 체왕 아기어멍 늣인 뻬 ㅂ 띄우고(빳빳하게 하고), 바뜬 뻬(빳빳한 뼈) 늣추왕, 열두구에문으로 해복"하는 내용이나, "보릿낭 삼수세 패우곡 늘핏내 나는 방"에서 "은ㄱ새와 츰씰 석죄"로 애기를 받아, "속물 솜앙 애기 머리 모욕 시견 청대 구덕에 눅져두고 업게 할망, 구덕할망, 걸레할망 삼할망을 정ㅎ여 주멍." 아이 키우는 방법을 마련해 두는 내용 등이 바로 그것이다. 말하자면 아이의 잉태와 더불어 출산과 육아가 얼마나 중요한 것인가를 삼승할망 신화는 구체적으로 보여주고 있다. 특히 육아에 있어서 위생의 중요성을 '속물(쑥물)'로 강조하는 대목이나, '업게할망, 구덕할망, 걸레할망'으로써 보육의 기본적 조건을 제시하는 것은 삼승할망 신화의 현실적 설득력을 드러내는 것이라 하지 않을 수 없다.

삼승할망의 탁월한 능력은 〈마누라본풀이〉에도 언급된다. 서신국 대별상홍진국마마(마누라신 혹은 마마신)의 부인이 해산을 하지 못해 죽을 지경에 이르렀을 때, 삼승할망이 해산을 시켜준다. 이 일로 마마신은 삼승할망에게 굴복하게 되는데, 본풀이의 내용을 그대로 옮겨보자.

> 우리 재주가 좋댕 ᄒ여도, 할마님 재주가 기특ᄒ우다. 일지후제랑 할마님이 질헤서 맞컬어서도, 할마님 칸 물랑 우으로 익경 갑서, 우린 물알로 걸으쿠다.

제주어를 몰라도 이 대목이 어떤 의미인지는 짐작된다. 간단히 말하면 삼승할망의 역량이 한 수 위이니 마마신이 스스로 굴복하겠다는 말이다. 신화 읽기가 상징의 해석이라는 점을 고려하면, 남신(男神)인 마마신이 스스로 자신을 삼승할망보다 위계를 낮추는 것은 굉장한 의미로 읽힌다. 무엇보다도 신의 질서가 세계의 질서란 점에서, 제주삼승할망의 높은 위상은 '생명을 기르는 일'의 가치를 반영한다. 다른 한편 신화가 문화의 반영이라는 점에서, 삼승할망의 위상은 제주 여성의 여성성의 가치를 표상하는 것이기도 하다.

또 다른 생명, 죽음: ──────────── 4.

한국 무가에 나타난 죽음의 서사[201]

사건으로서의 죽음

죽음은 우리가 일상적으로 경험하는 것이지만, '죽음' 그 자체는 '존재'하지 않는다. 우리는 죽음을 예감하거나 결과적 현상으로서의 죽음을 인지할 뿐이다. 따라서 죽음은 실체가 없는 하나의 인식론적 사건일 뿐이다. 그 '존재'를 표현할 길이 없는 '사건으로서의 죽음'은, 그래서 공포이고, 인간은 죽음의 공포와 죽음으로부터 달아나고 싶은 욕망을 투사하는 다양한 이미지와 상징을 구체화해 왔다.

무속의 서사는 사건으로서의 죽음에 대한 인식적 반응 중의 하나이다. 전승되고 있는 무가에서 죽음의 서사가 차지하는 비중은 압도

---

201) 이 절의 내용은 하순애의 「죽음의 서사를 통해 읽는 무속적 사유, 그 현대적 변용에 관하여」(동아대학교 석당전통문화연구원, 『한국인의 죽음관과 생명윤리』, 세종출판사, 2005)의 II절에서 상당 부분 인용하였다.

적인데, 우선 죽음이라는 '사건'이 어떻게 표현되는지를 보자.

　　이내 몸에 **태산 같은 병**이 들어/ 하릴 없이 이내 몸이 죽년 몸이 될 것인데다/ 약을 쓴들 드를 소나 정(經)을 너른들 드를소나/ 명상대청 올나가서 불공드린들 드를소나/ 무녀 불러 굿을 한들 드를소냐/ 하릴 없이 이내 몸은 저져졌으니

　　- (평양지역 〈수왕굿〉 일곱째 거리 〈사자굿〉 중에서)

　　정은 떼어 부부 주고/ 멩(命)은 떼어 형제 주고/ 이 세상을 떠나갈 때/ 신든 신은 손에 들고/ 입든 옷은 등에 걸쳐/ 일직사제 절입사제 월직사제 강님사제 도령사제/ **쇠사슬로 목을 자리며 쇠방멩이 등을 후리며**/ 가자 재촉허여

　　- (광양지역 〈씨끔굿〉 중 셋째 거리 〈혼맞이〉 중에서)

　　천운이 불행하사 병세잠정 유중아빙안/ 일반중세 대후약방 주야로 귓병한들/ 한문으 한춘지 병석에 누워서/ 좌우를 살펴보니/ 어떠한 사람이 싸운이 오는지라/ 오늘날 망제씨 병문차 오십니까/ 반가이 생각하니/ 삼사제 호통한다/ 왕명이 시급하다 어서 가자/ 재촉이 성화로세/ 오늘날 망제씨 그제야 사젠 주루 생각하고/ **말못하고 누워서 눈물을 흘리며. 삼사제 딸어갈 적 성자는 자식 주고 인정은 동네 주고**/ **신던 신 이별하고**/ **개 볼로 정설하고**/ **방 불러 하직하고.**

　　- (해남지역 〈씨끔굿〉 일곱째 거리 〈넋울림〉 중에서)

북망산천 머다 마소/ 앞동산이 북망이고/ 걷는 질이 황천이라/ 이화 춘풍 죽어지면 허사로다/ 역발사 초해왕도 기운 없어 죽었시랴/ 초로같은 우리 인생 부유같이 시러지고/ 가련타 망제님 **우연이** 병이 들어/ 아무리 약을 씨구 서들인들/ 어차카구 어서 가구 세상을 떠났으니/ **어찌 아니 불쌍하리**

  - (순창지역 〈오구굿〉 첫째 거리 〈오구해원〉 중에서)

앞에서 열거한 서사들은 무가에서 죽음이라는 사건을 상징하는 관용구를 제시하기 위한 예들이다. 지역별로 다양하게 구송되는 죽음의 서사는 ① 병이 들다 혹은 병석에 눕다 ② 빨리 가자 호통 치는 저승사자 ③ 저승사자 따라감 혹은 세상을 떠남 ④ 가련하고 불쌍한 망자(亡者)라는 관용구들을 축으로 전개된다. 말하자면 '죽음에 이를 수밖에 없는 병'에 관한 묘사가 ①에 덧붙여지고, '쇠사슬로 목을 끌고 쇠방망이로 등을 후리는' 저승사자에 대한 망자의 불가항력이 ②에 덧붙여진다. 떠남의 상황에서 이승의 단절에 관한 묘사가 ③에 덧붙여지고, 못다 살고 가는 망자에 대한 비통함이 ④에 덧붙여진다.

죽음이라는 사건을 표현하는 이 관용구로부터 우리는 무속의 죽음이 '떠남'의 상징에 수렴됨을 알 수 있다. '(우연한) 병'이 떠남의 간접적 원인이라면, '저승사자 나타남'은 떠남의 직접적 원인이다. 떠남은 '머무름'에 대한 애절함을 남기며, 그리하여 떠나는 자는 불쌍하게 떠남으로써 한을 남긴다.

죽음은 소멸이 아니라 떠남이다

죽음을 '떠남'으로 상징하는 한 무속적 사유에서 죽음은 소멸이 아니다. 그렇다면 죽음이라는 사건에서 떠나는 것은 무엇인가? 육신은 병들어 사라지지만 영혼은 존속하여 저승사자와 함께 떠난다. 이로부터 삶과 죽음의 경계가 분명해진다. 삶은 영혼이 육신에 깃든 상태이고, 죽음은 영혼이 육신으로부터 분리된 상태이다. 여기에서 살아 있는 몸에 깃든 영혼을 생령(生靈), 육신을 떠난 영혼을 사령(死靈)이라고 부르는 무속 특유의 개념이 생겨난다.

한편 '떠남'으로서의 죽음은 떠남의 여정(旅程)이라는 관념, 그 여정에서 삶을 돌아보는 한(恨)의 관념, 여정의 귀착지로서의 저승 관념, 그리고 죽음의 사건으로부터 저승까지의 여정이 전개되는 '개념화되지 않은 상징공간'[202]의 관념을 형성하게 된다. 실로 인간의 삶은 본

---

202) 무속적 사유에서 우주적 공간은 크게 이승과 저승으로 개념화되어 있는 데 비해, 저승으로 가는 여정이 전개되는 세계에 대한 별도의 개념은 보이지 않는다. 다만 무가에는 '저승길', '황천길', '천량 없는 길', '열시왕 전에 가는 길' 등으로 저승으로 가는 여정을 묘사하고 있다. 무가에 따라서는 보다 구체적인 표현으로 이 길이 얼마나 고달픈지를 묘사하고 있는데, 한 예를 들면 다음과 같다. "낮은 데는 가 높아지구 높은 데는 낮아지구 천방지방 열낙허너/ 배고프구 시장하구 천량 없는 길"(함흥지역 〈망묵굿〉의 넷째 거리 〈타승〉 중에서). 그런데 이런 구체적 표현이 가능하다는 것은, 저승으로 가는 여정이 인식 범주로서의 공간관념을 전제로 하기 때문일 것이다. 그러기에 필자는 저승이 개념화된 상징공간인 데 비해 여정이 전개되

질적 한계성으로 인하여 도무지 충만될 수 없는 것이고, 또 죽음이 '사라짐' 혹은 '소멸'이 아니기에 사자에게는 '한(恨)'이 남을 수밖에 없다. 무속적 사유에서는 한을 가진 영은 온전히 저승으로 가지 못하고 '개념화되지 않은 상징공간'을 떠도는 원령이 된다.

그리하여 한 맺힌 원령을 온전히 저승으로 보내기 위한 사령제가 있다. 서울·경기 지역의 진오기, 충청도의 오구굿, 함경도의 망무기굿, 평안도의 수왕굿, 황해도의 진오기, 강원도의 오구자리, 호남방의 씻김굿, 제주도의 귀양풀이·시왕맞이 등이 바로 그것이다. 이렇게 사령제가 역사적으로 전승되어 현재까지 행해진다는 것은 죽음에 대한 한국인의 특별한 이해, 나아가 사령203)의 존재에 대한 신념에 기인할 것이다. 물론 굿의 내용에는 역사적 상황의 변화에 따라 불교적 요

는 터전을 '개념화하지 않은 상징공간'이라 칭하는 것이다. 한편 저승 혹은 저승길이 상징공간이기에 공간에 관한 인식은 물리적 공간에 대한 인식과 달리 미분적이다. 따라서 '네 문전이 황천길', '문 밖이 황천', '이 건네 안산이 저승'과 '천량 없는 길'이라는 관용구가 공존할 수 있으며, 저승길이 쉬어갈 수 있는 '길'로 묘사되는 것과 배를 타고 가야 하는 '물길'로 묘사될 수도 있는 것이다.

203) 김태곤은 『한국무속연구』(302쪽)에서 "사령은 다시 조상(조령)과 원귀(원령)로 세분된다. 전자는 선령(善靈)으로서 민간층의 조상과 무속의 '대신', '말명'이고, 후자는 악령으로서 '왕신', '몽달귀신', '객귀', '영산', '수비', '수부' 등의 원귀"라고 한다. 김태곤 외에도 대부분의 민속학자들은 김태곤의 이러한 구분에 의견을 같이한다. 그러나 무속에서의 모든 영[신 혹은 영, 신령, 도깨비 등]은 인간과의 교섭관계에서만 그 관계에 놓인 인간을 이롭게 하거나 해롭게 한다. 그런 점에서 영은 본질적으로 선령/악령으로 구분되기보다는 인간과 관계 맺는 양태에 있어서 이롭거나 해로운 신으로 구분될 뿐이다.

소,[204] 유교적 요소가 습합되어 있기는 하지만, 그것은 역사적 변용일 뿐, 무속 고유의 죽음관은 근본적으로 달라진 바가 없다.

사령제, 즉 사자(死者)를 위한 굿은 지역마다 약간의 차이가 있지만, 공통적으로 망자가 이승에서 풀지 못한 한을 달래는 이야기[소리][205]와 상징적 행위로서의 고풀이,[206] 사령의 고달픈 여정을 배려하는 장치,[207] 망자의 넋을 저승으로 보내는 '길베'[208]의 설치와 연행을 한다. 결국 사령제의 여러 내용은 사령을 온전히 저승에 보내야 한다는 목적에 집중해 있다.

---

204) 서울을 비롯한 중부지방의 진오기에는 시왕가망, 시왕말명, 사재(死者)삼성, 시왕군웅 등의 거리에서 망자 및 저승과 관련된 불교신앙의 내용이 강력하다.(『서울새남굿』, 국립문화재연구소, 1998, 12쪽 참고)

205) "풀러가세 풀러 가세/ 부정고를 풀러 가세/ 첫차(첫째)에는 부정고를 풀고/ 두치(둘째)에 가서는 맹인(亡人)고를 풀러야 쓸 것 아닙니까. 주요 부정 사요부정 인간 삼신부정/ 초성 상자 영정 부정 일제 소멸 급급시고/ 다 맹인(亡人)에 불쌍한 맹인에/ 원혼고 신원고를 풀어보세"(해남지역 〈씨끔굿〉 중 여섯 째 거리 〈고풀이〉에서).

206) 무가 굿을 할 때, 무열 고 열두 개를 맺어 놓고 하나씩 잡아당겨 풀어가는 절차인데, 이것은 망인이 저승길에 가면서 맺힌 한을 다 풀고 간다는 상징적인 행위이다.

207) 한 예를 든다면, 사람의 숨이 떨어지면 먼저 '사자상'에 밥과 돈을 놓아 사자의 마음을 달래고자 한다. 그 사자상의 반찬으로는 날된장이나 날간장 등 짜디짠 반찬 한 가지만을 떠놓는다. 이것은 사자가 그 짠 것을 먹어야 영혼을 끌고 저승으로 갈 때 목이 말라 자주 물을 마시게 되고, 그 사자가 물을 마실 때 영혼도 물을 얻어 마실 수 있으며, 또 잠시나마 쉬어갈 수 있으리라는 생각에서 나온 행위이다.(배영기, 『죽음의 세계』, 교문사, 1992, 308쪽)

208) 망인이 가는 저승길을 상징하는 이 '길베'는 지역에 따라 명칭이 다르다. 서울지역에서는 이를 '중디'라 하는데 7척 7촌의 포이다.

죽음은 또 다른 생명의 시작

사령을 온전히 저승에 보내야 하는 이유는 무엇일까? 여기서 우리는 무속의 저승관념이 배태된 근원을 다시 짚어볼 필요가 있다. 저승이란 이승과는 또 다른 세상이다. 또 다른 세상으로서의 저승관념은 죽음이 종말 혹은 소멸이 아니라, 또 다른 생명의 시작이어야 한다는 종교성의 산물이다. 따라서 또 다른 생명으로 가는 죽음은 이승에서의 남김이 없어야 온전할 수 있다. 이를 역으로 말한다면 도무지 온전할 수 없는 이승에서의 삶, 그 여한을 죽음을 통해 해소하고, 다시 여한과 남김이 없는 원점으로부터의 새로운 출발이 저승세계인 것이다. 그렇기 때문에 남김이 있는 죽음은 해소되지 않은 삶이고, 온전하지 않은 죽음이며, 그래서 부정한 것이다.

그리하여 부정한 것을 '씻기고' 맺힌 것을 '풀어야' 한다는 당위성은 사령제의 시간적 제한을 완화하는 결과를 낳은 듯하다. 즉 무속에서는 불교에서의 사십구재와는 달리 사령제를 치러야 하는 결정적인 시기가 존재하지 않는다. 사령제는 '자리걷이', '집가심', '귀양풀이' 등과 같이 장례 직후에 행해지기도 하지만, 사후 몇 개월 혹은 몇 년이 되어 행해지기도 한다.[209] 제의가 행해져야 할 시간적 제한이 이렇듯 완화

---

209) 대개 사후 3~6개월 경과 후에 사령제를 행하는데, 진오귀(경기도), 수왕굿-十王굿(평안도, 황해도), 망묵굿(함경도), 오구굿(충청, 전라, 경상), 씨끔굿(전라도), 시왕맞이(제주도) 등이 그렇다. 그러나 이러한 시기는 얼마든지 바뀔 수 있다.

된 형태로 전승된다는 것은 그만큼 사령이 저승으로 가야만 안도되는 심리적 메커니즘이 작용된 것이리라.

다른 한편 사령제가 사후 일정 시간이 지난 후에까지 연행된다는 것은 죽음이라는 사건을 통해 인간이 곧바로 다른 세상에 진입하는 것이 아니라는 관념(그래서 개념화되지 않은 상징공간이 있다.), 또한 개념화 되지 않은 상징공간에 머무는 시간이 사령에 따라 다르다는 관념이 작용하고 있음을 반증한다. 왜 사령이 다른 세상으로 진입하는 시간이 서로 다른 것일까? 바로 여기에 한의 관념이 개입한다. 즉 한이 맺힌 사령은 저승으로 온전히 가지 못하는 것이고, 맺힌 한을 푸는 계기가 주어질 때까지 저승 진입은 유예되는 것이다. 따라서 한풀이의 계기로서의 사령제가 연행되는 시점은 사령의 한 맺힘을 살아 있는 자들이 인지하고 실천하는 시점이고, 그리하여 사령이 죽음의 사건으로부터 저승 진입에 이르기까지 겪는 시간은 각각 다를 수밖에 없는 셈이다.

이런 점을 감안하면, 무속적 사유에서 '죽음'이라는 개념은 이중적인 의미를 지닌다. 즉 육신이 영과 분리되는 사건으로서의 죽음은 이승에서의 삶이 끝난다는 의미를 지니며, 사령이 온전히 저승에 진입하는 사건으로서의 죽음은 이승에서의 한이 풀린다는 의미를 지닌다. 그리하여 사령제에 불려지는 영[210]은 아직 온전한 죽음에 이른 것이 아니다. 온전한 죽음과 미진한 죽음에 관한 무속적 관념은 〈혼맞이〉

---

210) 한이 남은 사령을 굿에 불러오기 위해 〈혼맞이〉라는 거리를 행한다.

서사에 그대로 반영되어 있다.

> 몸은 주어 영결종천 갔건마는/ 혼은 어디로 행허셨넌가/ 사몬칠
> 백(三魂七魄) 넋이 되야 송림산천 지난 골에/ 두견새 벗을 삼고 뗏
> 장 여 가삼 없고/ 황잘목 울을 삼아 앉았으니 잠이 오냐/ 누웠으니
> 벗이 오냐/ 원통허고 통분헌 이 망제/ 불쌍허구 애처로운 망제더
> 라/ 뼈넌 썩어 물이 되고/ 살은 썩어 황토 되야/ 연년 허골 되얐건
> 만/ **등신 없이 표가 오고 흔적 없이 혼이 왔네.**
>   - (광주지역 〈씨끔굿〉 셋째 거리 〈혼맞이〉 중에서)

이렇듯 사령이 '흔적 없이' 살아 있는 자들의 곁으로 올 수 있다는
관념, 이것은 다른 무엇보다도 무속의 종교성 내지 무속적 의례를 역
사적으로 전승하게 되는 중요한 기제이다.

그런데 무속에서 죽음의 **의미**가 비록 이중적이라고는 하지만, 그
어떤 의미의 죽음도 결코 삶으로 회귀될 수 없다는 점에서는 일관된
다. 달리 말하면 무속에서는 부활이나 윤회의 관념은 없으며, 단지 다
른 세계인 저승에서의 재생만이 있을 뿐이다. 그래서 '삶으로 회귀할
수 없는 사건으로서의 죽음'에 관한 서사[211]는 각 지역의 사령제에 일

---

211) 일반적으로 등장하는 서사는 다음과 같다. "…꽃도 졌다가 다시 피고/ 잎도 졌다
가 다시 피고/ 수만년된 고목도 제 때 되면 환생허넌디/ 이 질[저승길은 무슨 길인
가디/ 가는 길은 있건마는 오는 날은 전혀 없네"(부여지방 오구굿에서).

반적으로 등장한다. [212]

　한편 무속에서는 죽음 이후에 다시 삶으로 회귀할 수 없다는 절대적인 관념이 있기는 하지만, 죽어가는 과정, 즉 죽음이라는 사건이 일어나기 직전까지는 인간의 조작[정성]에 따라 죽음을 유예할 수 있다는 관념도 있다. 제주도의 〈명감본풀이(亽만이본풀이)〉에는 저승차사가 소사만이라는 사람을 잡으러 올 때에 소사만이 그것을 미리 알아서 차사에게 인정을 걸어 딴 사람을 저승에 데리고 갔다는 내용이 나온다. [213] 말하자면 인간이 죽음의 대리자인 저승차사(저승사자)를 회유하는 것이다. 무(巫) 의식 중에 닭을 죽이는 것은 액을 막는다는 의미이기도 하지만, 닭을 죽임으로써 인명을 살리고자 하는 의도의 표출이기도 하다. 타인의 생명 혹은 다른 동물의 생명을 희생함으로써 자신의 죽음을 회피하는 것을 '대명대충(代命代充)한다'고 하는데, 이러한 관념은 죽음에 대한 인간의 적극적 개입을 허용하는 것이다. 그리하여 '대명대충' 관념이 작용하는 무속의 입장에서 죽음은 언제나 죽음을 회피할 방편을 찾지 못한 불가피한 죽음[214]일 뿐이다.

---

212) 예외적인 서사도 있다. 제주도의 '이공본풀이'에는 죽은 사람을 다시 살려내는 환생꽃에 관한 서사가 있는데(『제주도 무속신화 열두본풀이 자료집』, 문무병, 칠머리당굿보존회, 1998, 160쪽), 이는 전승 과정 중에서 불교와의 습합으로 인해 변이된 것으로 보인다. 제주도 무속신화 중에 불교적 용어인 업, 전상[前生] 등이 보이는 것도 같은 맥락일 것이다.

213) 문무병, 위의 책, 289쪽.

무속에서 죽음의 의미는 단적으로 또 다른 세상[저승]에서의 삶으로 이해된다. 죽음을 또 다른 생명으로 여기는 무속적 사유에서 '생명-영' 개념은 공간적 초월성과 시간적 무한성을 지닌 우주적 개념이고, 이것은 가히 생명에 대한 신화적 사고라 하겠다. 이러한 무속적 생명 개념에 입각한다면, 현세적 생명의 가치 우월성은 성립되지 않는다.

그런데도 생명 개념의 존재론적 의미와는 달리, 신앙으로서의 무속이 생명 가치에 대해 풀어가는 서사는 사뭇 다르다. 그것은 우주적 생명에 대해 이야기하는 것이 아니라 현세적 생명에 대해서만 집중한다. 여기서 현세기복적인 무속신앙의 특성이 여실히 드러난다. 그런데 이 글은 생명의 의미 지평을 논하는 것이기에 신앙적 측면의 고찰은 하지 않는다.

---

214) 죽음을 불가피하게 인식하는 내용은 여러 무가에서 등장하는데, 예를 들면 다음과 같다. "혼비백산 하였구려 이내 몸이 죽넌 몸에 어뉘 누구 대신 갈사나/ 부모 전전 대신 갈가/ 동기항넌 많다한들 대신 가며/ 친구 섯이 좋다한들 대신 갈까/ 하릴 없이 가는구나."(평양지역 〈수왕굿〉 중 일곱째 거리 〈사자굿〉 중에서) "처자권속 많다 해도 대신 갈 이 전연 없네. 친구 벗님 많다 해도 등장 들이 전연 없네."(서울지역, 〈진오귀〉 중에서)

생명의 의미가 ─────────── 5.
박탈되는 시대

기술의 문제가 되어버린 생명

옛사람들이 신화를 읊조리며 기원했던 것은 생명의 영속성과 세상의 지속성이었다. 지금도 마찬가지이다. 생명의 영속성을 기원하는 것은 인간의 깊고도 깊은 욕망이다. 또 세상의 지속성은 생명 지속성의 바탕이다. 그러기에 옛사람들이 간절히 기원했던 생명의 의미는 여전히 유효하다.

그런데 과학주의가 지배적 이데올로기가 된 오늘날 생명 개념은 지나치게 물리적으로 해석된다. 지나치게 개체 중심으로 생명을 이해한다. 현대의 생명관은 생명감정으로 생명을 이해하고, 생명의 연대성을 말하던 신화적 생명과는 너무나 거리가 멀다.

오늘날 생명에 대해 우리가 가지고 있는 표상은 무엇인가? 우리는 생명을 단지 낱낱으로 단절된 것으로, 또 비생명체와 구분되는 물리

<사진13> 영화 <스플라이스>

적 생명으로만 인식하고 있는 것은 아닌가? 사실 그렇다.

그뿐만이 아니다. 생명공학이라는 용어가 아무렇지 않게 유통되는 시대이다. '생명'과 '공학'이라는 용어가 하나의 복합명사가 되는 것이 가능한가? 아직 '생명'에 대한 정의가 학문 간에 합의된 바도 없음은 1절에서 누누이 말했다. 생명의 의미가 얼마나 광대하고 신비한지도 앞에서 언급했다. 그런데 공학이라니? 단적으로 공학은 기술적 해결을 모색하는 학문이다. 그러니까 생명공학은 생명의 문제를 기술적 문제로 보고 기술적 해결책을 찾는 학문인 셈이다. 사전적으로도 생명공학기술(生命工學技術) 또는 바이오테크놀로지(biotechnology, BT)는 생명 현상, 생물 기능 그 자체를 인위적으로 조작하는 기술이다. 유전자 창조, 유전자 가위, 유전자 복제 등을 행하는 유전공학은 생명공학의 대표적인 하위 범주이다. 현재 사이보그, 인공 신체 등 생물학적 한계를 벗어나기 위한 기술, 육체 제조에 적용되는 기술이 나날이 성장하고 있다. 생명공학은 가히 신에게 도전장을 낸 학문 분야임은 분명하다. 생명공학은 어디까지 진화할까?

'인간이 창조한 아름다운 생명체'라는 캐치프레이즈를 걸고 2010년에 개봉된 영화 〈스플라이스(Splice)〉. 영화제목 '스플라이스'는 '끝을 붙이다'라는 뜻이다. 제목은 유전자를 자른 다음 재조합하는 유전공학 기술인 스플라이싱(splicing)을 직설적으로 표현하고 있다. 영화에서 생명공학자 부부는 인간의 DNA와 여러 종의 DNA를 결합하여 새로운 생명체를 창조한다. 이 생명체를 둘러싸고 예측할 수 없는 상황들이 벌어지는데, '아름다운 생명체'라는 캐치프레이즈와는 달리 영화는 끔찍하다.

이것이 영화적 상상력이기만 할까? 1996년 복제 양 돌리가 탄생하고 유전공학자들은 복제 열풍에 휩싸였다. 2000년대 초반 한국에서는 난치병 치료를 위한 인간배아줄기세포 연구가 사회적 이슈가 된 적이 있다. 난치병을 치료할 수 있다는 희망과 연구가 가져올 경제적 부가가치에 온 사회가 들떠 있었다. 연구의 주역인 황우석 교수는 일순간 영웅으로 치켜세워졌다. 사건은 사기극이었고 허상이었음이 드러나면서 영웅은 추락했다. 그러나 생명을 공학적으로 조작할 수 있다는 것은 여전히 장밋빛 환상의 주역이 되고 있다.

일상에서도 생명의 표상이 흔들리고 있다. 이종이식,[215] 인공 장기, 인공 수정 등 기술적 조작의 용어는 이제 낯설지 않은 일상의 말이

---

215) 이종이식은 동물로부터 얻은 기관이나 조직, 세포 등을 치료를 위해 사람에게 이식하는 것이다. 국내에서도 최근 이종 췌도이식 임상시험이 승인되면서 이종이식에 대한 기대감이 커지고 있다는 보도가 있었다. (아시아경제, 2022. 12. 8.)

되었다. 이 말들에 씌워진 의학적 치료라는 외피는 너무 당당하다. 이러한 사태 앞에서 생명의 의미를 운운하는 것이 참으로 무색하다.

생명도 물화하는 현대

소비(구매)를 통해 존재를 확인하는 이 시대에, 소비자로서의 삶에 익숙한 이들에게 의학적 조치나 생명의 기술적 처리를 구매하여 소비하는 일은 거의 본성에 걸맞은 행위가 되었다.

생명이 기술적 조작과 처리의 대상이 된다는 것은 생명을 사물로 취급하는 것과 다르지 않다. 신화적 의식에서는 사물도 생명으로, 영적 힘으로 간주되었다. 첨단과학의 시대인 현대는 생명도 물화한다. 생명을 물화한다는 것은 생명의 의미 차원을 박탈하는 것이다. 생명의 의미가 박탈되는 것은 삶의 의미가 박탈되는 것과 밀접하다.

무엇이 생명의 의미, 삶의 의미를 박탈하고 있는가? 도대체 무엇이?

나는 여기서 생명의 표상이 뒤흔들리게 된 배경을 논하지 않겠다. 이는 단순히 패러다임의 변화도 아니고, 학(學)의 문제만도 아니고, 근대성의 문제만도 아니다. 또 단순히 삶의 모든 영역을 시장 논리로 무장시킨 자본주의 체계의 문제로 환원시키는 것도 마땅찮다. 다만 시대의 표상이 생명의 의미를 놓치고 있는 점만 지적할 뿐이다. 자각이 하나의 실마리가 될 것이라는 희망만 말할 뿐이다.

누구나 '잘 삶'을 원하고, 놀랍게도 누구나 '잘 사는 것'에 관해 쉽게 말한다. 그러나 엄밀하고 철학적인 의미에서는 이것은 너무 어려운 궁극적인 물음이고 문제이다. 그런데 '잘 산다는 것'에 관해 누구나 쉽게 말할 수 있는 배경에는 '잘' 그리고 '삶'에 특별히 한정된 의미를 부여하는 힘이 있다. 그 힘의 실체가 무엇이든, 그 힘은 시대마다 폭력적으로 의미를 변조해 왔고, 지금도 그러하다. 오늘날 '좋은 삶', '잘 삶'이란 경제적 차원의 풍요와 편리와 안락이 요체(要諦)가 되고 있다. 이는 이미 우리에게 체화된 자본주의적 심성의 은밀한 슬로건 같은 것이다. 우리의 삶을 피폐케 하는 자본주의 정신의 오만한 위협 같은 것이다. 그래서 많은 철학자는 이 시대 문명의 물화(物化)를 비판한다. 우리 자신은 어떤가? 비록 뒤틀린 삶일지라도, 네크로필리아(necrophilia)[216]로 넘치는 삶일지라도 '숫자'가 '의미'보다 확실하다고 생각지는 않는가? 혹시 충만한 생명감정 속에서 생명의 연대성을 말하는 신화적 생명, 그 풍성한 의미를 되살릴 방도는 없을까?

---

[216] 네크로필리아(necrophilia)는 '시신·유골에 대한 애착'을 뜻한다. 시체, 죽음을 나타내는 그리스어 'νεκρός(nekros)'와 사랑을 뜻하는 'φιλία(philia)'를 합친 단어이다. 에리히 프롬은 『인간의 마음』에서 네크로필리아와 바이오필리아(biophilia)를 대비하면서 전자는 죽음에 대한 사랑으로, 후자는 삶에 대한 사랑으로 구분한다. 나아가 그는 심리적으로나 도덕적으로 사람들을 구별하는 경우, 죽음을 사랑하는 사람과 삶을 사랑하는 사람이라는 구별보다 더 근본적인 구별은 없다고 하면서, 죽음을 사랑하는 사람은 유기적인 것을 무기적인 것으로 바꾸어 놓고, 마치 생명 있는 모든 사람이 사물이기라도 한 것처럼 욕망하고 행위하는 사람으로 정의한다. 네크로필리아에 대한 에리히 프롬의 분석은 인간으로서 존재하기보다 소유에 매몰되어 있는 현대인에 대한 비판으로 이어진다. (에리히 프롬, 황문수 옮김, 『인간의 마음』 문예출판사, 2021, 55~62쪽 참고)

7장.
생명 원리의 상징들

최초의 신은 ——————————————— 1.
위대한 어머니 여신 [217]

약 10만 년 전의 무덤이 발견되었는데, 그 무덤의 시신은 태아 자세를 취하고 있었고, 동물의 뼈와 무기 등이 함께 묻혀 있었다[218]고 한다. 무덤과 시신의 자세 그리고 부장품 등은 10만 년 전 당시 호모 사피엔스가 이미 죽음을 의식화(儀式化)했다는 증거이다. 죽음의 의례가 행해졌다는 것은 그 당시 인간이 이미 죽음을 끝이거나 무화(無化)가 아니라 의미 있는 사건으로 이해했다는 것이다. 그들에게 죽음의 의미는 무엇이었을까? 단서는 시신의 자세이다. 시신을 태어날 때와 같

---

[217] '위대한 어머니 여신'이라는 개념은 에리히 노이만의 저서 『위대한 어머니 여신』에서 따왔다. 이 책은 인류의 무의식적 심층 속에서 여성의 원형을 찾는 탐구라는 부제를 달고 있다. 또한 조지프 캠벨의 저서 『여신들』의 서문에서도 '위대한 여신' 개념이 등장하며, 캠벨은 이 책의 내용에서 위대한 어머니의 원형에 대해 논하고 있다.

[218] 프레데릭 르누아르·마리 드뤼케르, 양영란 옮김, 『신의 탄생』, 김영사, 2014, 14~15쪽 참고.

은 자세로 묻었다는 것은 그들이 죽음을 새로운 생명, 새로운 탄생의 의미로 이해했다는 것이다.

짐작하건대 죽음을 의식화하는 호모 사피엔스의 추상적 사고력이 신이라는 개념을 만들어내었을 터이다. 이러한 맥락에서 나는 앞에서 누누이 신화는 죽음에 대한 두려움 앞에서 생명 세계를 지속하고자 하는 인간의 열망으로부터 만들어졌음을 강조하였다.

죽음마저도 비생명이 아니라 생명 세계의 연장으로 보는 신화적 의식, 생명을 열망하는 인간의 신화적 의식은 어떤 내적 이미지를 만들어내었을까? 생명에 대한 무의식적 충동은 어떤 상징으로 정신에 표현되었을까? 어떠한 상징으로 생명 원리를 드러내었을까? 이 장에서는 생명 원리를 상징하는 대표적인 이미지들을 고찰한다.

마르지 않는 생명의 샘

생명에의 열망은 인간 정신에서 어떤 내적 이미지를 만들어내었을까? 아마도 신화시대의 사람들은 여인의 출산에서 생명의 신비를 처음으로 지각하였을 것이다. 여인이 생명을 잉태하고 자신의 몸에서 생명을 길러 그 생명을 세상에 탄생케 할 때, 그 여인은 단순히 한 명의 산모가 아니다. 신비로 가득 찬 세상, 신성한 힘이 가득한 세상에서 여인은 신성한 힘과 맞닿아 있는 존재이고 생명의 신비를 실현하는 신성한 존재이다. 그러기에 여인은 그리고 여인의 몸은 생명의 상징이요, 생명 세계를 담는 신성하고도 위대한 존재로 인식되었을 것이다.

〈사진14〉 발렌도르프의 비너스   〈사진15〉 로셀의 비너스

〈사진16〉 차탈휘위크 여신상

구석기시대 조각으로 알려진 '발렌토르프의 비너스'(B.C. 24,000~22,000, 오스트리아), '로셀의 비너스'(B.C. 22,000, 프랑스)를 보자. 이 조각이 당시 어떤 문화적 의미를 지녔는지에 관해서 여러 해석이 있다. 그런데도 유방과 불룩한 배, 성기가 강조된 점은 이 조각이 생식, 출산과 관련되어 있고 다산과 풍요의 상징이었을 것이라는 추정에는 이견이 없다.[219]

신석기시대에도 여러 여인 조각상이 발견되었다. '차탈휘위크'(B.C. 6,500, 터키)를 비롯해 '어린이를 안고 있는 여신'(B.C. 5,500, 터키), '잠자는 여인'(B.C. 2,500, 몰타), '발레롱의 우상'(B.C. 2,000, 카나리아 제도) 등이다.

이 여인 조각상은 독특하다. 분명 출산하는 여인의 모양을 형상화하였는데, 두 마리 표범이 지키고 있는 의자에 앉아 있다. 위엄이 느껴진다. 이 여인 조각상을 발견한 영국의 고고학자 제임스 멜라트는 "모든 정황으로 보아 이 여인상은 위대한 여신과 그 여신을 상징하는 동물을 묘사한 것"이라고 했다.[220]

---

[219] 중앙 시베리아 바이칼호수 주변 말타-부레트 주거지에서도 비슷한 연대에 만들어진 여인 조각상들이 발견되었다. 이 조각상은 뚱뚱한 유형과 날씬한 유형으로 구분되었는데, 뚱뚱한 유형은 다산의 상징과 연관성이 있고, 날씬한 유형은 자연의 모든 생명에 깃든 수호신을 표현한 애니미즘적 관념과 연관되어 있다고 한다. (하랄트 하르만, 이수영 옮김, 『문명은 왜 사라지는가』, 돌베개, 2021, 61~67쪽 참고)

[220] 하랄트 하르만 지음, 위의 책, 61~67쪽 참고.

남성 권력과 여신의 위상

그렇다면 신화적 상상력이 생명의 신비를 만들어내는 최초의 신으로 받아들인 것은 여신일 것이다. 여신은 생명의 원천으로서 최초의 신이고 '위대한 어머니 여신'이다. 이는 한국은 물론이고 세계 신화에서도 확인된다.

많은 문화권에서 최초의 신은 위대한 어머니 여신이었다는 점을 캠벨은 "여성의 마법은 가장 원초적인 것이며 본성이다."[211]라고 표현한다.

그런데 이런 반문도 가능하다. 그리스 신화의 제우스, 중국 창세 신화의 반고, 북유럽 신화의 이미르와 오딘 등등에서 보듯이 최고의 신이 남성인 경우가 얼마나 많은가? 그렇다. 현재 전승되고 있는 모든 신화에서 여신의 위상이 최고인 것은 아니다.

세상의 그 숱한 건국 신화를 보라. 대부분 남신이다. 여신은 간간이 건국신의 어머니 정도로 등장한다. 건국 신화가 남신 위주로 전개되는 것은 쉽게 이해된다. 고대로부터 국가는 남성 권력이 장악해 왔으니, 건국의 신은 당연히 남신일 수밖에 없다. 국가 등장과 더불어 가부장적 질서는 공고해질 수밖에 없다. 또한 역사적 맥락에 따라 전승 혹은 문헌에 기록된 여신 신화는 남성 권력의 편의에 따라 그 위상이 많이 변경되고 왜곡될 수 있다.

---

221) 조지프 캠벨, 구학서 옮김, 『여신들』, 청아출판사, 2016, 13쪽.

한 가지는 분명하다. 위대한 어머니 여신에 관한 신화[太陰신화]는 지배적인 남성 신화[太陽신화]에 선행한다는 것, 그리고 남성 지배사회에서 여신들은 평가절하 당하면서 그 위상이 변경되었다는 것. 그런 와중에서도 여신의 원형적 상징성은 살아남아 세계 모든 신화에서 여전히 생명력을 잃지 않고 있는 것이다. 아직도 저 유명한 에베레스트[222]의 다섯 봉우리 산신은 모두 여신이다. 물론 남성중심적 역사의 결과 현재 티벳의 산신은 대개 남신이긴 하지만.

그런데 생명의 근원인 '위대한 어머니 여신'이라는 상징은 신화적 상상력에 의해 그리고 의식의 분화에 의해 다양한 상징으로 분화하게 된다. 즉 '위대한 어머니 여신'은 다양한 이미지로 형상을 바꾸어 나타나게 된다.

---

222) 티벳어로는 '초모랑마'라고 한다. 초모랑마는 대지의 여신, 세상의 어머니라는 뜻이다.

생명의 ──────────────────────────── 2.

그릇 ²²³⁾

대지의 어머니로서의 여신

미국 워싱턴 주 시애틀, 세계적인 도시다. 이 도시 이름은 1852년
명명되었다. 미국 정부가 원주민의 땅을 사려고 할 때, 당시 인디언 추
장이던 시애틀의 이름을 그대로 가져온 것이다. 시애틀 추장이 정부
에 보낸 편지 한 대목을 보자.

> 그대들은 어떻게 저 하늘이나 땅의 온기를 사고팔 수 있는가? 우
> 리로서는 이상한 생각이다. 공기의 신선함과 반짝이는 물을 우리가
> 소유하고 있지도 않은데 어떻게 그것들을 팔 수 있다는 말인가?

───────────

223) 에리히 노이만은 "여성의 중심적 상징성은 그릇(vessel)이다."라고 하면서 '여성=몸
=그릇=세계'라는 상징적 공식을 제시한다.(에리히 노이만, 앞의 책, 61~66쪽 참고)

우리에게는 이 땅의 모든 부분이 거룩하다. 빛나는 솔잎, 모래 기슭, 어두운 숲속 안개, 맑게 노래하는 온갖 벌레들, 이 모두가 우리의 기억과 경험 속에서는 신성한 것들이다. 나무속에 흐르는 수액은 우리 홍인(紅人)의 기억을 실어 나른다. 백인은 죽어서 별들 사이를 거닐 적에 그들이 태어난 곳을 망각해 버리지만, 우리가 죽어서도 이 아름다운 땅을 결코 잊지 못하는 것은 이것이 바로 우리 홍인의 어머니이기 때문이다. 우리는 땅의 한·부분이고 땅은 우리의 한 부분이다. 향기로운 꽃은 우리의 자매이다. 사슴, 말, 큰 독수리, 이들은 우리의 형제들이다. 바위산 꼭대기, 풀의 수액, 조랑말과 인간의 체온 모두가 한 가족이다.[224]

기껏 170여 년 전임에도 인디언들은 이 세상이 어머니의 몸이라는 의식을 고스란히 간직하고 있었다. 대지에 대해 위대한 어머니의 이미지를 간직하고 있는 인도인의 이야기가 엘리아데의 책에도 나온다.

인도 예언자 우마틸로족의 스모할라는 땅을 경작하는 것을 거부했다. 그가 말하길, "농사 지음은 우리 공동의 어머니를 상처 입히거나 자르고 찢거나 할퀴는 죄악이다. 당신은 나에게 대지를 갈라고 요구하십니까? 나의 어머니의 가슴에 비수를 꽂기 위해 칼을 들

---

224) 김동섭, 『미국을 만든 50개 주 이야기』, 미래의 창, 2021, 273~274쪽.

생명 원리의 상징들 **327**

라는 겁니까? 당신은 나에게 삽으로 돌을 파서 꺼내라고 하셨습니까? 나보고 어머니 살 밑의 뼈를 파내란 겁니까? 그렇게 하면 나는 다시 태어나기 위해 더 이상 그의 몸 속에 들어갈 수 없을 것입니다. 당신은 나에게 풀과 건초를 베고 그것을 팔아서 백인종들처럼 부유해지라고 요구하셨지요? 그러나 어떻게 나의 어머니의 머리카락을 감히 자를 수 있겠습니까?"[225]

앞의 두 글에서는 대지-세계를 생명의 원천인 어머니로 관념하는 신화적 사고가 아주 명확하게 드러나고 있다. 이렇듯 생명을 담는 그릇으로서의 여성 이미지는 가장 먼저 대지의 상징으로 드러난다.[226]

신성한 장소, 동굴

그런데 원형의 상징성은 그 자체가 특정한 정신적 이미지들로 발현된다. 위대한 어머니라는 신화적 의식의 원형은 무엇보다 먼저 동굴의 이미지로 발현된다.

대지를 어머니의 몸으로 상징하는 신화적 의식에서 동굴은 생명의 집이다. 어머니의 자궁이 생명을 기르고 지키는 가장 안전한 보금자

---

225) 미르치아 엘리아데, 강웅섭 옮김, 『신화·꿈·신비』, 도서출판 숲, 2006, 193쪽.
226) 캠벨은 『여신들』에서 "여신의 최초 형상은 단순히 대지의 어머니로서 여신이다." 라고 말한다. (조지프 캠벨, 주학서 옮김, 『여신들』, 청아출판사, 2016, 58쪽)

〈**사진17**〉 서귀포시 중문동 〈도람지궤당〉

〈사진18〉 제주시 용강동 〈궤당〉

리인 그 맥락에서 동굴은 자궁을 상징한다. 구석기시대의 벽화가 발견되는 동굴 역시 그 당시 사람들에게는 생명의 보금자리를 상징하는 신성한 장소였을 것이다.

그런데 고고학자들의 연구는 동굴이 원시사회에서 가입 의례의 장소였다는 점, 또 때로는 매장의 장소였다는 점을 보고한다. 이는 신화적 의식에서는 너무나 당연하다. 가입 의례를 통해 부족의 일원이 되는 것은 진정한 생명의 획득이다. 또한 죽음은 새로운 생명의 탄생이다. 또는 죽음은 어머니 대지에로 회귀하는 것이다. '위대한 어머니는 생명뿐 아니라 죽음의 부여자'[227]이기 때문이다. 따라서 동굴이 가입 의례의 장소, 매장의 장소였던 것은 신성한 장소로서의 동굴, 생명의 집으로서의 동굴의 상징을 고스란히 간직한다.

제주도에는 생명의 근원으로서의 자궁 이미지인 동굴(궤)을 신성한 장소 곧 신이 좌정해 있는 곳으로 관념하는 사례가 아주 많다. 생태지리적 관점에서 보자면 화산섬이라는 특성에서 곳곳에 동굴이나 바위의 갈라진 틈이 많기는 하다. 중요한 것은 여성의 음부 내지 자궁 이미지를 지닌 곳에 신이 좌정한다는 제주 특유의 관념이다.

제주 신화에는 음부의 생명력을 더 적나라하게 드러내는 신화도 있다. 간략하게 〈삼공본풀이〉를 보자.

두 거지가 만나 부부가 되고 첫째 딸 은장아기, 둘째 딸 놋장아기, 막내딸 가믄장아기를 낳았다.

---

227) 에리히 노이만, 앞의 책, 99쪽.

가믄장아기를 낳은 후 하는 일마다 잘 되어 거지 부부는 거부가 되었다. 거지 부부는 딸들의 효심을 시험해 보기로 하였다. 부부는 딸들에게 누구 덕으로 잘 사느냐고 물었다. 큰딸과 둘째 딸은 부모님 덕에 잘 산다고 효심을 나타내었다. 그런데 막내딸 가믄장아기는 "내 배또롱 아래(배꼽 밑의) 선그뭇(배꼽에서부터 음부 쪽으로 내리그어진 선) 덕에 잘 산다."고 대답하여 불효하다는 이유로 쫓겨났다.

집에서 쫓겨난 막내딸은 들판을 가다가 마퉁이 삼 형제를 만나 살게 되고, 가믄장아기는 막내 마퉁이와 부부가 되었다. 둘은 마 파던 구덩이에서 금덩이와 은덩이가 쏟아져 나와 일약 거부가 되었다. 한편, 가믄장아기를 내쫓은 부모는 갑자기 장님이 되고 재산을 탕진하여 다시 거지가 되었다.

'배또롱 아래 선그뭇'은 직접적으로 음부의 생명력을 지시하고 있으나 〈삼공본풀이〉에서는 생산력의 의미로 확대된다. 부귀를 가져다주는 생산력의 원천을 음부로 상징하고 있으니, 이쯤이면 생명력의 의미가 제대로 확장된 셈이다. 음부의 생명력과 생산력을 직설적으로 표현한 작품이 있어 소개한다. 제주 신화를 소재로 작업하는 고영만 작가의 작품이다.

한편 〈삼공본풀이〉는 나쁜 전상을 제거하고 행운이 오도록 기원하는 의미에서 구송되는데, 여기서 '전상'의 의미는 애매하다. 현재는 굿을 연구하는 학자들에 의해 전상이 전생의 의미로 받아들여져 가믄장아기를 전생신이라 이름 짓고 있다. 제주어 용례로는 평상시와 달리 술을 마구 먹거나, 해괴한 짓을 하여 일을 망치거나 가산을 탕진할 때

〈사진19〉 고영만, 〈가믄장아기〉

그 행위를 '전상'이라 한다. 제주어 용례에 따라 해석한다면 가믄장애기는 나쁜 전상을 제거하고 행운을 가져다주는 신이다. 이는 성격상 전생신이라는 이름에 걸맞지 않다.

신화적 결혼의 장소, 동굴: 모흥혈(삼성혈)과 혼인지

동굴은 자궁을 상징하는 것에서 한 걸음 더 나아간다. 생명의 잉태가 남녀의 결합으로부터인 한, 남녀의 결합인 결혼은 생명에로 나아가는 길이다. 그래서 "항상 신화적인 결혼이 거행되었던 곳은 바로 동굴이다."[228]

제주도에는 신화적 결혼의 장소에 관한 설화가 있다. 〈혼인지 설화〉이다. 이 설화는 탐라 개국 신화인 삼성 신화와 연관되어 있다. 탐라를 개국한 삼신인(三神人)이 솟아오른 세 개의 구멍인 '삼성혈'과 삼신인이 삼공주와 혼인했다는 '혼인지'는 현재 두 곳 모두 관광지로 유명하다.

삼성혈의 원래 이름은 모흥혈(毛興穴)이다. '모흥혈'은 '털이 무성한 옴팍한 구멍'이니, 여성 음부에 대한 직접적인 묘사이다. 그러니까 삼신인이 솟아난 모흥혈은 생명의 원천인 동굴의 상징 그 자체이다. 놀랍다! 동서양을 막론하고 생명에 대한 정신의 내적 이미지는 어떻게 이리도 일치할까. 모흥혈이라니! 어떻게 이리도 생생한 이미지를 표

---

228) 미르치아 엘리아데,앞의 책, 211쪽.

상해낼 수 있을까.

그런데 제주사회에서 삼성혈과 혼인지의 위상은 다르게 인식된다. 삼성혈은 개국 신화의 근원이고, 혼인지는 설화의 장소일 뿐이다. 신성한 장소로서의 동굴 이야기가 나온 김에 이 내용도 짚고 가자.

삼성 신화는 탐라사회의 형성에 관한 것으로서,《영주지》,《고려사》,《신증동국여지승람》,《탐라지》,《동국통감》등 여러 문헌에 기록되어 있다. 물론 각 문헌 간에는 내용상 약간의 차이를 보이고는 있지만,[229] 모흥혈에서 용출한 삼신인과 외래(벽랑국 혹은 일본국)에서 건너온 삼녀(三女)[230]가 혼인을 했다는 사건을 적고 있다는 점은 공통된다.

무릇 남녀 간의 결합은 인간사회의 기본 골격이다. 그렇기에 동서를 막론하고 종족의 유래에 관한 신화가 있는 것과 같은 맥락에서, 남녀의 결합과 연관된 신화가 있다. 이 점을 감안하면, 모흥혈로부터의 삼신인의 출현은 탐라사회 형성의 필요조건일지언정 충분조건이 되지 못한다.《영주지》[231]에도 "(삼신인은) 가죽옷과 육식을 하면서 항상

---

[229] 본고는 혼인지에 관한 것이므로, 삼성 신화에 관한 자세한 논의는 생략한다.

[230] 삼신인에 대응하는 용어로는 삼신녀라야 할 것이다. 그러나 삼성 신화가 기록된 문헌에는 탐라를 연 남성에 대해서는 삼신인이라는 용어를 공통적으로 쓰고 있지만, 여성에 대해서는《영주지》에는 '처자삼인(處子三人)' 혹은 '삼녀'로,《고려사》에는 '처녀삼인'으로 기록되어 있다.

[231] 《영주지》는 여러 이본(異本)이 있으나, 이 글에서는 규장각에 소장되어 있는《영주지》의 내용을 참고한다.

사냥을 일삼으며 생활하나 가업을 이루지 못하였다(皮衣肉食 常以遊獵爲事 不成家業矣)."고 적혀 있다. 이 구절은 탐라사회를 구성할 요건이 미처 형성되지 못하였다는 의미로 해석된다. 따라서 삼신인과 삼녀의 혼인에 관한 전승은 바로 탐라사회 '뿌리내리기'에 관한 신화의 핵심이라 하지 않을 수 없다.

그런데 삼성 신화를 언급하고 있는 여러 문헌에는 '사건으로서의 혼인'에 관한 내용은 있지만, '혼인이 성사된 곳'에 관한 내용은 없다. 다만 여러 문헌에 삼녀가 도래한 지점 혹은 삼신인과 삼녀가 만난 곳이 동쪽 바닷가(東海 혹은 東海濱)로 기록되어 있는 점, 특히《영주지》에는 삼녀가 뭍에 내린 지점이 금당의 해안가(金塘之岸)[232]라고 기록되어 있는 점만 '혼인이 성사된 곳'을 짐작하게 하는 실마리일 뿐이다.

그러나 신화는 사실로서의 역사가 아니다. 같은 맥락에서 신화적 사건이 일어난 장소 역시 실제 공간을 요구하는 것이 아니다. 신화가 상상력의 산물인 한, 신화적 사건의 장소는 민간의 신화적 감수성에 의해 상징된 공간일 수밖에 없다. 그런 점에서 '혼인이 성사된 곳'으로 전승되고 인지되어온 성산읍 온평리의 혼인지는 신화 공간으로서의 자격을 획득하는 것이고, 1971년 제주도기념물 제17호로 지정된 사실 역시 타당성을 확보한다.

그런데 혼인지는 오랫동안 신화 공간으로서의 의미가 희석되거나

---

232)《영주지》의 여러 이본(異本) 중 장흥고씨가승(長興高氏家乘)에 실린《영주지》에는 삼녀가 내린 지점인 금당지안을 조천관 밑의 포구로 주석을 달고 있기도 하다.

배제되어왔다. 탐라 남성의 출현지로서의 모흥혈[삼성혈]이 탐라 개국의 근원으로 조명받는 것에 비교하면, 실질적으로 사회구성의 근원인 혼인지의 의미가 희석되어 온 과정을 배제라는 말로 표현하여도 지나치지 않을 것이다. 배제는 '삼신인'과 '삼녀'라는 용어의 위상에서 단적으로 드러난다. 이는 남성 중심의 역사 과정의 산물일 것이다. 하지만 혼인지가 제주도기념물로 지정된 이후에도 신화 공간으로서의 혼인지의 의미는 크게 부각되지 못하였다. 1970년대 말까지도 혼인지는 소들이 물먹는 장소였다. 최근에는 혼인지에 대한 새로운 인식에서 공간을 정비하고 있지만, 그마저도 관광지 개발이라는 시각에 집중되어 있을 뿐 신성한 공간이라는 인식은 결여되어 있다.

그래서 신화 공간인 혼인지에 대한 배제의 역사는 아직도 끝나지 않았다. 무엇보다도 혼인지가 婚姻址인지 婚姻池인지도 모호하다. 물론 혼인지는 '혼인이 이루어진 땅[址]'이다. 하지만 인터넷의 혼인지에 관한 정보들은 한결같이 혼인지를 연못으로 소개하고 있다.[233] 더러는 삼신인과 삼녀가 신방을 차린 곳으로 전해지는 동굴을 언급하기

233) 한국관광공사가 제공하는 여행정보에는 "삼성혈에서 태어난 탐라의 시조 고·양·부 3신이 수렵생활을 하며 지내다가 동쪽나라(벽랑국)에서 온 세 공주와 합동혼례를 올렸다는 조그마한 연못이다. 얕고 작은 연못에 불과하지만, 삼신인이 이곳에서 혼례를 올림으로써 비로소 제주민이 늘어나고 농사가 시작되었다 한다. 혼인지 바로 옆에는 삼신인이 혼례를 올린 후 신방을 차렸던 조그만 굴이 있는데, 그 굴이 세 갈래로 되어 있어 순전히 전설만은 아닌 듯하다."라고 소개되고 있다. 이러한 사정은 여타의 사이트들도 마찬가지이다.

〈사진20〉 성산읍 온평리 혼인지 동굴

도 하지만, 그 동굴의 상징성 또한 희석되기는 마찬가지이다. 필자는 이에 대해 여러 차례 문제 제기를 하였다. 필자 때문인지 확인할 수는 없으나, 이전에 婚姻池로 기재되어 있던 것들이 최근에 婚姻址로 바뀌었다.

　동굴이 지니는 신화적 설득력은 크다. 신화적 의식에서 동굴은 자궁이고, 생산이며, 생명의 원천으로 표상되기 때문이다. 이는 삼성혈(穴)이 신화적 장소가 되는 것과 같은 이치이다. 그러나 '신방을 차린 곳'으로서의 이 동굴은 아직 변변한 이름조차 없다. 기껏 제주대학교 박물관팀에 의해 이 신화적 장소는 '온평리 동굴입구집자리'라는 이름

〈**사진21**〉 성산읍 온평리 혼인지 동굴

을 얻었을 뿐이다. [234]

이런 상황이니, 탐라 개국의 신화 공간인 혼인지는 온평리의 자랑거리 혹은 볼거리, 관광지 개발사업의 대상이거나 아니면 마케팅해야 할 신혼관광지 정도로 의미가 축소되고 있는 것이다.

혼인지의 의미가 축소되거나 배제된 가장 근본적인 원인은 남성 중심의 역사과정일지라도, 그에 맞물려 그러한 역사과정을 여과 없이 재생산하고 있는 지역의 무관심, 그리고 모든 것을 경제적 시각에서 접근하는 환원주의적 태도 역시 또 하나의 원인이라 생각된다.

앞에서 언급한바, 남녀 간의 결합은 사회구성의 기본 골격이다. 그런데 그것은 왜 신화여야 하는가? 하나의 이유는 인간이 자신에게 놓인 현실, 그 세상에서의 삶을 설명해 줄 얼개를 마련하지 않으면 안 되는 본성을 가지고 있기 때문이다. 또 다른 이유는 제주인들의 사고의 영역에서 제주섬은 자족적인 의미 공간, 즉 세계 그 자체이기 때문이

---

234) 제주대학교 박물관, 『제주도유적』, 1986년 참고. 이 자료에 기재된 내용은 다음과 같다. "이 동굴유적은 관광지로 유명한 온평리 혼인지 동편 50m 지점에 있다. 주변은 완만한 구릉지대로서 해안에서 직선거리 1.5㎞, 해발 60m의 위치에 있다. 이 유적은 용암동굴의 천장부가 무너져 입구가 형성되었고 사람이 살기에 적당한 은거지가 생겼다. 돌계단이 만들어진 남쪽으로 트인 굴입구를 들어가면 세 방향으로 굴이 나 있는데, 그중 맨 오른쪽 굴 가운데 홀에서 적은 양의 토기편이 수습되었다. 이 홀의 크기는 동서길이 5.3m, 남북길이 6.2m, 높이 1.3m~1.8m이고, 바닥은 용암 암반층 거의 그대로이고 일부 5~10㎝의 얇은 두께로 흙이 쌓였을 뿐이다. 이 얇은 두께의 흙무더기 속에서 수습된 유물은 적갈색 토기편뿐이다."

다. 다시 말하면 하나의 세계로서의 제주섬에서는 제주 사회의 시발점에 대한, 제주인의 삶의 행위가 이루어지는 구조에 대한 정당화가 이루어져야 한다. 그래야만 '실존의 정당화'라는 맥락에서, 신화는 제주 사회라는 존재세계를 뒷받침해주는 얼개로서 기능하는 것이고, 동시에 제주인은 그 신화를 통해서 스스로를 이해하고, 자신의 삶이 놓인 세계를 포착하는 것이다.

신화적 의식에서 모흥혈과 혼인지는 제주 사회의 시발점을 제시하는 신화 공간이다. 즉 모흥혈이 남성의 출현 장소라면, 혼인지는 남녀의 결합 장소이다. 그런데 남녀의 결합은 인간사회가 지속되는 원리임과 동시에 삶(혹은 사회)의 전체적인 영속성을 보장하는 근원적 행위이다. 바로 그 점에서 제주인의 발생지인 모흥혈은 혼인지와의 연관 속에서 비로소 개국 신화 공간으로서의 의미가 완결된다. 달리 말하면 탐라 개국 신화의 완결성을 충족시키는 의미 공간이 바로 혼인지이다.

더욱이 '사건으로서의 혼인'이 사회구성의 근본적인 행위, 즉 제주인의 삶을 재생산하는 원리라는 점에서, 혼인지는 '원리적인 공간'이고, 재생산을 통해 사회 역사를 구성해 간다는 점에서 혼인지는 '팽창하는 공간'이다. 따라서 혼인지는 부분적으로 한정된 공간 내지 형태적인 공간이 아니라 제주섬 전체의 삶을 포괄하고 있는 표식(mark)이며, 제주 사회의 진정한 지지점이다. 사정이 이렇다면, 혼인이 이루어진 장소를 '못'이라는 형태에 한정하는 것이 타당한가, 아니면 사회구성의 근본적인 행위가 이루어진 터[땅]로 '느끼게' 하는 것이 타당한가?

〈사진22〉 혼인지

〈사진23〉 혼인지

그런데 최근 혼인지로 진입하는 도로가 확장되면서, 새로운 표석이 세워졌다. 놀랍게도 이 표석에는 婚姻址라고 새겨져 있다.

婚姻池인가, 婚姻址인가? 혼란스럽다. 혼란스럽기는 다른 자료도 마찬가지이다.『민족문화대백과사전』에는 혼인지(池)로 되어 있다. 디지털서귀포문화대전을 검색해보니, 혼인지(池)를 "삼성 신화의 주인공 삼 신인과 벽랑국 세 공주가 혼인했다고 전하는 장소"라고 정의한다. 또 "삼 신인과 세 공주의 혼례와 신혼 밤을 보낸 의미 있는 장소로 널리 알리기 위해 조성되었다."고 건립 경위를 쓰면서 신방을 차린 동굴을 언급한다. 이 글의 출처는 한국학중앙연구원의 〈향토문화전자대전〉이다. 분명 혼인지를 못(池)으로 쓰고 내용은 터(址)로 기술하고 있다.

이런 혼란은 대개 전승이 문헌으로 기록되는 과정에서 발생한다. 최초의 기록을 반성 없이 답습하면서 혼란은 묻히고 그 자리에 통념과 상식이 위치한다. 혼인지 전설을 처음으로 채록하여 기록한 이는 故 현용준 교수이고, 현용준의『제주도 전설』과 1985년 제주도에서 간행한『제주도전설지』에 혼인지(婚姻池)라고 수록되어 있다.

이미 혼인지(池)로 통용되고 있는데, 뭘 별스럽게 가타부타 따지느냐고 필자를 타박할까? 당연한 것을 뒤집어보는 일은 너무 도발적인가? 그렇다고 해도 어쩔 도리 없다.

이름은 그저 '소리'가 아니다. '혼인지'라는 이름은 '사건으로서의 혼인'이 지니는 의미를 담아내야 한다. 제주 사회의 시발점, 그 신성한 공간이 조그만 '못'일 수는 없지 않은가. '뿌리내린 곳', 기원(起源)의 장소는 팽창하는 공간의 의미를 함축한 '터[땅]'라야 하지 않겠는가.

생명의 또 다른 그릇: 부엌과 고팡

자궁 그리고 동굴은 생명의 근원인 위대한 어머니의 중심적 상징이다. 여성성의 비의를 형상화한 이 상징은 생명의 또 다른 그릇인 집에도 투사된다.

생명을 지속하고자 하는 신화적 의식에서 집의 중심, 즉 생명을 수호하는 자리는 온기와 음식을 준비하는 부엌(조왕)이다. 보다 직접적으로 자궁의 비의와 연관된 곳은 부엌의 화덕이다. 화덕은 변화 속에서도 생명을 지속시키는 그릇이다. 그리하여 한국에서는 화덕 혹은 부뚜막 뒤에 조왕신이 좌정해 있다고 관념하는데, 이러한 양상은 중국과 일본도 마찬가지이다.

제주도 신화에서 여성성의 비의는 조왕뿐 아니라 식량을 저장하는 곳간(고팡)과 배설로써 생명을 지키는 측간(통시)에까지 투사된다. 고팡에서 곡물을 지키는 신은 제주도에서 안칠성 혹은 안할망이라고 불리는 뱀신이다. 물론 여신으로 관념한다. 또한 화장실을 지키는 측신 역시 여신이다.[235] 이렇듯 여성이 생명의 원리인 그 맥락에서 조왕, 고팡, 통시는 '생명 변환의 저장소', 즉 생명의 또 다른 그릇이다.

---

[235] 이 책 3장 4절의 〈문전본풀이〉에 측신에 관한 내용이 보다 자세히 서술되어 있다.

생명의
숨

바람[風]의 표상

바람은 일상생활에 큰 영향을 끼치는 하나의 커다란 변수이다. 바람이 어떤 방향으로 어느 정도로 부느냐에 따라 기상이 달라지기 때문이다. 그래서 바람을 일컫는 말도 많다. 순풍, 미풍처럼 듣기에도 간지러운 말이 있는가 하면 돌풍, 폭풍, 태풍처럼 위협적인 말도 있다. 만물의 생육 번성, 일상의 평안과 고단함에 바람이 직결되어 있으니, 바람이 모든 것을 정해준다는 생각은 자연스러운 귀결이다.

그리하여 바람의 이미지는 사람살이에 진하게 스며들었다. 숨겨진 욕망과 내밀한 정서는 바람의 메타포로 이어졌다.

'바람나다'라는 말은 이성에 대한 욕망이 표출된 행위를 은유한다. 욕망이 감추기 어려운 뜨거운 열기라면 그것 역시 뜨거운 바람이긴 하다. 조그만 틈새에도 바람이 드나들 듯, 연정의 마음 또한 틈새에서도 일어나는 법, 그래서 바람 없는 세상이 없는 것처럼 '바람나다'라는 행위 역시 사람살이의 보편적 현상 아닌가?

갈피 없이 부는 바람이 번뇌를 은유하고 스산한 바람이 비애와 고독 그리고 그리움을 은유하는 것처럼 온갖 인간의 정서는 거친 바람, 시원한 바람, 황량한 바람, 봄바람, 가을바람 등 온갖 바람에 빗대어 문학과 예술의 메타포가 되었다. 또한 바람은 기풍, 풍토, 풍속 등등 사람이나 인간사회의 모습을 상징하기도 하였다.

결국 사람살이란 바람 따라 사는 것, 바람과 더불어 살고 바람 앞에서 흔들리며 살고, 바람에 쓰러지기도 하고 그 바람에 일어나기도 하는 것이다.

폴 발레리의 저 유명한 시 〈해변의 묘지〉. 길고 긴 시를 다 읽고 나면 한 구절만 뇌리에 각인된다. "바람이 분다 살아야겠다". 어쩌면 우리는 알게 모르게 바람에서 살아 숨 쉬는 영혼의 이미지를 생생하게 떠올리며 동시에 바람에서 삶에 대한 강한 애착을 느끼는지도 모르겠다.

영혼의 숨, 우주의 숨결로서의 바람

구약성경에는 신 혹은 영을 히브리어 '루아흐(חור, rūah)'로 기록하고 있다. 원래 이 말은 호흡, 바람, 숨결, 생기 등의 의미를 갖는다. 한편 신약성경에서 신 혹은 영은 고대 그리스어 '프네우마(πνευμα, pneuma)'로 표기되는데, 역시 '숨 쉬다, 불다'라는 동사 '프네우에인(pneuein)'

에서 유래한 말이다.

『장자』〈제물론(齊物論)〉에는 "대저 대지가 토해내는 숨을 이름하여 바람이라 한다. 한번 바람이 일게 되면 곧 저 만물의 셀 수 없는 많은 구멍이 힘차게 소리를 낸다."[236]라는 구절이 있다. 천지에 가득 바람이 일어나는 것을 통해 장자는 도의 운작(運作)을 설명하는 것일 터이다. 손에 잡히지 않는 바람 그리고 우리 힘으로는 파악하기 어려운 신비한 도는 장자에게서 이렇게 연결된다. 장자에서 바람은 가히 우주의 숨결이다.

『주역(周易)』〈설괘전(說卦傳)〉 제6장 신묘문(妙神文)에는 신은 만물을 이루고 묘하게 하는 권능이라고 하면서 그 권능의 요소로 바람을 들고 있다.

　　신이라는 것은 만물을 묘하게 함을 말한 것이니 만물을 움직이는 것이 우레보다 빠른 것이 없고, 만물을 흔드는 것이 바람보다 빠른 것이 없고, 만물을 말리는 것이 불보다 말리는 것이 없고, 만물을 기쁘게 하는 것이 못보다 기쁘게 하는 것이 없고 만물을 적시는 것이 물보다 적시는 것이 없고, 만물을 終하여 始하는 것이 艮보다 성한 것이 없으니, 그러므로 물과 불이 서로 따르며, 우레와 바람이 서로

---

236)　원문은 다음과 같다. "夫大塊噫氣 其名爲風…作則萬竅怒呺"

거스르지 아니하며 산과 못이 기운을 통한 후에야 능히 변화하여
만물을 다 이루느니라.237)

　이렇듯 동서양의 경전에서 바람과 숨 그리고 생기와 만물이 상징
적으로 연결되어 표현된다. 예부터 시가나 각종 서사에서 바람은 또
얼마나 다원적 의미를 가진 은유였던가.
　하기야 바람의 은유는 물리적이거나 생물학적인 차원에 머물지는
않았을 것이다. 숨을 쉬어야 목숨이 유지되는 것은 너무나 자명하다.
구약의 '루아흐' 개념에서처럼 물리적인 숨이 비물리적인 영혼이나 성
령을 의미하는 것은 단순히 은유의 확장이기만 할까?
　문득 제주살이에서 소스라치게 다가왔던 깨우침이 떠오른다. 화산
섬 제주에는 돌담이 많다. 바닷가나 밭이나 심지어는 산에도 돌담은
이어진다. 어떤 이는 이를 '흑룡만리'라고 표현하기도 했다. 구불구불
이어진 밭담은 밭에서 나온 돌을 엉성하게 쌓은 것이어서 돌과 돌 사
이에 구멍이 숭숭 나 있다. 손으로 밀면 금방 넘어질 듯하다. 그러나
거센 바람이 불어도 그 엉성한 밭담은 무너지지 않는다. 그런데 돌 틈
구멍을 시멘트로 메운 곳은 바람 앞에서 오히려 쉽게 무너진다. 엉성

---

237)　神也者는 妙萬物而爲言者也ㅣ니 動萬物者ㅣ 莫疾乎雷하고 撓萬物者ㅣ 莫疾乎風
　　하고 燥萬物者ㅣ 莫熯乎火하고 說萬物者ㅣ 莫說乎澤하고 潤萬物者ㅣ 莫潤乎水하
　　고 終萬物始萬物者ㅣ 莫盛乎艮하니 故로 水火ㅣ 相逮하며 雷風이 不相悖하며 山
　　澤이 通氣然後에아 能變化하야 旣成萬物也하니라

하기만 한 밭담이 센 바람에도 쉽사리 무너지지 않는 것은 돌 틈 구멍 사이로 바람이 빠져나가기 때문이었다. 엉성한 밭담이 무너지지 않는 이치를 깨닫자, 그 생각은 곧장 사람살이의 이치로 전이되었다. 사람의 가슴에도 답답하고 막막한 사람살이의 드센 바람이 빠져나갈 구멍이 있어야 살아 있을 수 있다! 그래서 바람은 숨이기도 하고 숨구멍이기도 하다. 물리적으로 숨이 있어야 살아 있을 수 있고, 심리적으로 숨구멍이 있어야 살아 있을 수 있다!

바람의 신화적 의미

바람을 세상을 관장하는 중요한 신으로 관념하는 것은 보편적이다. 그만큼 바람은 모든 문화권의 신화적 인식에서 생명의 근간이다. 몇몇 신화에서 예를 들자.

한국의 창세 신화에 있어서, 인간사회의 백사(百事: 삼국유사의 기록으로는 三百六十餘事)를 주관하기 위해 내려온 환웅이 거느린 삼 신 중, 그 첫째가 바람신인 풍백(風伯: 風神)[238]이다. 티벳의 창세 신화에서도 천

---

[238] 『三國遺事』紀異(기이) 제1권의 「古朝鮮고조선(王儉朝鮮왕검조선)」條(조)에 의하면, 桓雄(환웅)이 무리 3천을 이끌고 태백산頂(꼭대기) 神檀樹下(신단수 아래)에 내려와, 이곳을 神市(신시)라 하고 그를 桓雄天王(환웅천왕)이라고 하게 되었는데, 그는 風伯풍백(風神바람신) 雨師우사(雨神비신) 雲師운사(雲神구름신)의 三神(삼신)을 거느리고 主穀(주곡) 主命(주명) 主刑(주형) 主善惡(주선악) 등 무릇 人間三百六十餘事(인간의 360여 가지 일)를 主管(주관)하였다.

계의 왕이 지닌 다섯 가지 원초적 물질로부터 가장 먼저 생긴 것이 바람이며, 그 바람으로부터 불(火: 햇빛), 물(水), 산(山), 하늘이 생겼다.[239] 북유럽 신화에 나오는 아사 신족(神族)의 최고신인 오딘(Odin)은 원래 천공(天空) 또는 바람의 신이다. 그리스 신화에도 바람의 신 아이올로스(Aiolos)가 등장한다. 뿐만 아니라 그리스 신화에서는 바람의 각 방위에 따라 동풍의 신인 에우로스(Euros), 서풍의 신인 제피로스(Zephyros), 남풍의 신인 노토스(Notos), 북풍의 신인 보레아스(Boreas)가 있다. 메소포타미아 문명에서 전해오는 수메르 신화에서는 아누(하늘의 신: An)와 엔키(땅 또는 물의 신: Enki)에 버금가는 신으로, 하늘·바람·폭풍우 등을 지배하고 또한 인간의 운명도 다스리는 바람의 신 엔릴(Enlil)[240]이 있다.

몇 가지 예에서 드러나듯이 바람신은 하늘신(천공신)과 연결되어 있

---

239) 티벳의 창세 신화를 요약하면 다음과 같다. 천계의 왕이 지닌 다섯 가지 원초적 물질을 법사가 자신의 몸에 넣고 불었더니 바람이 생겼다. 바람이 빠르게 돌면서 불이 생겼고, 불의 열기와 바람의 냉기가 합쳐져 이슬방울이 생겨났다. 이슬방울에서 미립 원소들이 나왔고, 그것이 바람에 날려 쌓여서 산이 되었다. '바람(風)과 햇빛(火), 설산(土)과 호수(水), 그리고 텅 빈 하늘(쪼)이라는 다섯 가지가 바로 티벳 신화에서 세상을 만드는 요소이다. 네팔불교에서 만물의 근원이며, 만물을 생성하고 형성하고 있는 5대 원소를 지수화풍공地水火風空으로 보는 것 역시 유사한 맥락이다.
240) 수메르 신화에서 만물을 창조한 자는 태모신 닌후르쌍이었다. 닌후르쌍에서 하늘과 땅이 맞붙어 있는 우주산이 태어났다. 안(하늘의 신)과 키(땅의 신)가 결합하여 공기의 신인 '엔릴'이 나왔고, 그리하여 땅이 하늘로부터 분리되었다.

다. 엘리아데는 하늘신(천공신)이 보다 구체성을 갈망하는 인간의 정신에 의해 풍신이나 우신(雨神)으로 전문화되었다고 본다.[241] 그러고 보면 하늘신이나 바람신 또는 폭풍신이나 우신 등은 생명의 지속과 풍요를 기원하는 인간의 정신이 발현시킨 초자연적인 힘이라 하지 않을 수 없다.

그리하여 신화에서 바람(風)은 자연현상뿐 아니라 동시에 생명과 풍요라는 초자연현상을 관장하는 신이다. 달리 말하면 하늘을 자유자재로 떠다니는 바람은 하늘의 또 다른 표상이며 비, 생식력, 생명, 풍요 등 신화적 복합성이 드러나는 상징이다.

제주 신화에서 바람신은 영등신, 영등할망이다. 그런데 마을을 수호하는 당신 중에 바람웃도, 바람알도라는 명칭이 더러 있다. 말 그대로 풀이하면 바람 위의 신, 바람 아래의 신이다. 이 둘은 부부신인데 대개 바람웃도는 남신으로 바람알도는 여신으로 관념한다. 이를 두고 어떤 이는 남신의 신격이 서열적으로 위임을 드러낸다는 해석을 한다. 나의 생각으로는 그런 해석은 타당하지 않다. 우선 이 명칭으로 불리는 신의 직능은 바람과 상관없다. '바람'을 신명에 넣은 그 바탕에는 신의 권능을 자유자재로운 바람으로 표상하는 의식이 작용했다. 게다가 신화적 사유에서 보면 바람웃도와 바람알도는 위계적 서열이 아니라 단지 구분일 뿐이다.

---

241) 미르치아 엘리아데, 이은봉 옮김, 『종교형태론』, 한길사, 1996, 151~162쪽 참고.

생명의 신성한 길 ——————————— 4.

물과 여성의 친연성: 모성의 물

여성을 생명의 근본으로 보는 신화적 의식에서 생존의 필수불가결한 자연적 요소는 여신으로 상징된다. 그 자연적 요소는 대지와 물이다. 대지(흙이나 땅)는 삶의 터전이고,[242] 물은 생존의 필수조건이다. 여기서 대지와 물은 여신으로 관념하게 된다. 티벳의 모든 호수의 신이 여신인 것은 신화적 의식이 반영된 것이리라.

생명 유지에 있어 물의 필수불가결함은 우리 자신의 몸이 여실히

---

[242] "태초에는 가래나 쟁기가 남근을, 흙은 대지의 자궁을 상징했음을 잊지 말자. 농사 행위는 생식 행위와 비슷했다. 흙은 어머니-대지를, 씨앗은 정액을, 그리고 비는 하늘과 당 사이의 신성한 결혼을 상징하는 것이다."(미르치아 엘리아데, 『신화·꿈·신비』, 173쪽)

증거한다. 물을 오래 마시지 못하면 생명은 끊어진다. 왜? 몸의 주성분이 물이고, 몸의 생명을 담보하는 것이 몸 안의 물길이기 때문이다. 인체의 약 67%는 물이다. 인체의 버팀목과 같은 뼈는 22%가 물이다. 생물학적으로 생명의 지휘부인 뇌조직은 73%가 물이다. 흔히 "물보다 피가 진하다."고 하는데, 피는 80% 내지 92%가 물이다.[243] 피 역시 물이라고 해도 과언이 아니다. 피가 도는 혈관이나 림프액이 도는 림프관은 몸 안의 물길이다. 몸 안의 물길이 제대로 돌지 않으면 몸은 썩고 종내 죽고 만다. 가히 물은 곧 생명이다.

다시, 물이 어떻게 생명을 담보하는가? 매개자로서의 기능 때문이다. 기름이야 물과 겉돌지만, 물은 많은 것을 녹이면서 결합한다. 때로는 분리하고 다시 재결합한다. 우리 몸속에서 물은 산소와 영양분을 운반하기도 하고 노폐물과 독소를 배출하기도 하는 생명의 중요한 매개이다.

생명의 매개로서 물의 기능은 낮은 곳으로 흐르고, 흐름을 통해 좋은 변화를 일으키는 물의 본성에 의해 발휘된다.

이러한 물의 본성을 노자는 『도덕경』 제8장에서 "최고의 선은 물과 같다(上善若水)."고 하면서 물의 은유를 통해 대자연의 원리인 도(道)를 말한다. 또한 『도덕경』 제6장은 물과 여성 그리고 천지자연의 원리의 친연성을 고스란히 드러낸다. 너무 놀라운 구절이니 원문을 그대로 보자.

---

243) 베로니카 스트랭, 하윤숙 옮김, 『물의 인문학』, 반니, 2020, 43~45쪽 참고.

곡신(谷神)은 불사(不死)하니 시위현빈(是謂玄牝)이오. 현빈지문
(玄牝之門)은 시위천지근(是謂天地根)이니 면면약존(綿綿若存)하
야 용지불근(用之不勤)이니라.

골짜기신[谷神]은 여신이다. 게다가 현빈이라니! 직역하면 아득하
고 아득한 암컷이다. 의미를 새겨 읽으면 '위대한 어머니 여신'이다.
현빈지문을 천지의 뿌리라 한 것은 여신이 '마르지 않는 생명의 샘'이
라는 뜻과 다르지 않다. 그래서 "이를 쓸지라도 마르지 않는다(用之不
勤)."고 했다.

참으로 오묘하다. 신화적 의식에서 일어난 생명의 표상, 즉 여성과
물과 음부의 상징이 자연의 대이치를 밝힌 도가사상에 그대로 반영되
어 있다. 신화적 의식이 근원을 문제 삼는 철학에 닿아 있다고 해야 할
까? 도가사상이 신화적 의식에 닿아 있다고 해야 할까? 시간적 선후관
계로 말하자면, 물에서 생명의 모성(母性)을 상상해 낸 신화적 의식이
물의 철학 그리고 도의 철학에 영향을 미쳤다고 해야 할 것이다. 하지
만 더욱 중요한 것은 생명과 생성의 힘에 관한 한, 신화적 상상력과 철
학적 상상력의 방향성이 다르지 않다는 점이다. 그도 그럴 것이 모든
살아 있는 생명이 물을 근본으로 하거나 물을 매개로 한다는 경험을
한 사람들이 물에서 생명의 기원, 세상의 기원을 상상하는 것은 어렵
지 않았을 것이기 때문이다. 서양철학의 아버지로 일컫는 탈레스가
만물의 아르케(arche: 근원, 원리)는 '물'이라고 한 것도 같은 맥락이다.

물의 이원적 상징성

물이 생명의 근간이라는 점은 이견이 있을 수 없다. 그러나 세상에 어떤 것이 일면적이기만 할까. 물이 흐르지 않으면, 즉 고여 있기만 하면 오래지 않아 썩는다. 본질적으로 물은 흐르지 않으면 죽은 물이다. 물은 창조와 파괴의 이중성을 지닌다. 결합하고 분리하는 물의 본성은 생명과 죽음의 가능성이다. 그래서 신화에서 물은 여러 상징으로 나타난다.

다음은 물에 대한 인문학적 연구를 펼친 베로니카 스트랭의 글이다.

대체로 수렵 채집 생활자들의 신화는 생명력을 지닌 땅과 물의 풍경이 자비로운 상호협력관계를 맺는 것으로 묘사한다. 하지만 다른 한편으로는 큰 규모의 물이 지니는 모호성, 생명을 주기도 하고 빼앗기도 하는 깊은 물의 특성을 명확하게 설명함으로써 단테와 프로이트의 징후를 수천 년이나 앞서 보여주기도 한다. 물이 있는 곳은 지하 영역으로 들어가는 입구가 되므로 위험하다.[244]

스트랭은 신화에서 물이 생명/죽음이라는 이원적 상징으로, 그리고 때로는 생명/죽음 사이의 경계(문턱)를 상징하는 것을 말한다. 이는

---

244) 베로니카 스트랭, 위의 책, 95~96쪽.

프로이트가 생명 본능인 에로스와 죽음 본능인 타나토스를 말한 것, 단테가 『신곡』에서 지옥과 연옥, 천국이라는 저승세계를 말한 것과 같다. 여기서 스트랭을 언급한 것은 그가 물의 상징성을 말했기 때문이 아니다. 그가 신화적 상상력을 문학과 정신분석학의 징후로 언급한 대목이 눈여겨볼 만했기 때문이다.

여러 신화에서 물이 생명과 생식, 풍요를 상징하는 이야기가 자주 등장한다. 예컨대 제주 신화에서 벽랑국 삼공주가 배를 타고 바다를 건너왔다는 이야기는 물의 생명력을 함축하는 상징이다. 또 예부터 우물이나 샘을 여신의 영역으로 관념했다는 점도 그렇다. 우물이나 샘의 물이 마르지 않기를 기원하는 것은 풍요의 기원이었다.

삶과 죽음의 문턱에 놓인 물

신화에서 놀라운 것은 물이 삶과 죽음의 경계, 그 문턱을 상징한다는 점이다. 문턱은 벽이나 담처럼 가로막힌 게 아니다. 그렇다고 이쪽과 저쪽의 구분이 없는 것도 아니다. 있지만 없는 듯이 있어, 이쪽에서 저쪽으로 혹은 저쪽에서 이쪽으로 넘나드는 경계일 뿐이다.

자, 어디까지가 삶이고, 어디부터 죽음일까? 모호하다. 생명이 무엇인지 합의된 정의가 없듯이 죽음의 정의도 쉽지 않다. 그저 의학적으로 혹은 법률적으로 사망을 진단하고 선고할 뿐이다. 진단과 선고가 아니라면 죽음은 경험의 영역이 아니다. 이미 죽은 자라면 아예 죽음을 경험할 수 없고, 죽어가는 자라도 아직 죽음을 경험한 것이 아니다.

죽음아, 거만 떨지 말아라. 비록 누군가는 너를 가리켜

강력하고 무시무시하다고 하지만, 넌 그렇지 않아

왜냐하면 너가 쓰러뜨릴 수 있다고 생각하는 그런 사람들은

사실 죽지 않는다. 가여운 죽음아, 또한 너는 나를 죽일 수도 없

다.245)

인용한 글은 17세기 영국의 시인 존 던의 〈신성한 소네트(Holy Sonnet) 10번〉 앞 구절이다. 존 던의 시심(詩心)이 어떠했는지 모르나, "죽음 너는 나를 죽일 수 없다."고 하는 이 구절은 그야말로 죽음이 내 경험의 영역이 아님을 선언하는 듯 읽힌다. 뒤이어 존 던은 죽음은 "몸은 쉬게 하고 그리고 그저 영혼의 이동을 위한"246) 것이라 말한다. 마지막 구절은 반전이다.

짧은 휴식이 지나가면 우리는 영원히 깨어난다.

죽음은 더 이상 없을 것이다. 죽음아 너가 죽을 것이다.247)

---

245) 원문은 다음과 같다. "Death, be not proud, thouth some have called thee/ Mighty and dreadful, for thou are not so;/ For those whom thou think'st thou dost overthrow/ Did not, poor Death, nor yet canst thou kill me"

246) 원문은 다음과 같다. "Rest of their bones, and soul's delivery"

247) 원문은 다음과 같다. "One short sleep past, we wake eternally/ And death shall be no more ; Death thou shalt die"

마지막 구절에서 존 던이 이 시의 제목에 '신성한'의 의미를 붙인 까닭이 짐작된다. 죽음은 나의 경험이 아니니 죽음이 나를 죽일 수도 없고, 육체를 벗어난 영혼이 다른 세상으로 이동하여 영원히 깨어날 것이니 더더욱 죽음은 나를 죽일 수 없는 것이다! 이는 신성한 이야기, 그 신화적 생명의 의미에 닿아 있다. 물론 존 던은 영국 성공회의 성직자이기도 했으니, 기독교적 의미로 읽어야 하겠지만, 기독교적 신성함과 신화적 신성함이 그리 멀지 않으니 어떠랴!

여하튼 존 던의 이 시는 삶과 죽음 사이에 놓인 문턱을 떠올리게 한다. 문턱은 삶을 건너가는 자리이고 육체에서 벗어나는 휴식이다. 육체를 훌훌 벗은 영혼은 문턱을 건너 영원히 살아 있게 된다. 죽음까지도 생명의 지평에서 이해하는 신화와 무엇이 다른가?

신화에서 경험의 영역이 아닌 죽음의 세계, 그 세계로 들어가는 입구는 물로 상징한다. 즉 물이 문턱이다. 그리스 신화에서 망자가 저승으로 가려면 모두 다섯 개의 강을 건너야 한다. 슬픔의 강 아케론, 탄식의 강 코키투스, 불의 강 플레게톤, 증오의 강 스틱스, 그리고 망각의 강 레테가 그것이다. 저승으로 가는 것이 끝이 아니다. 저승에서 환생하여 이승으로 돌아올 수도 있다. 플라톤의 『국가』, 베르길리우스의 『아이네이스』에서도 레테의 강물을 마시고 저승의 일을 잊은 채 새롭게 환생하는 이야기가 나온다. 이렇듯 신화에서 문턱은 삶에서 죽음으로 가는 일방통행로가 아니다. 삶이 건너가고 또 삶으로 건너오는 문턱이기에 물이 문턱의 상징이 되지 않았을까?

생명의 신성한 길을 여는 뱀

신화에서 뱀은 생명, 재생, 영생의 의미로부터 재물, 풍요, 다산, 지혜를 상징한다. 조지프 캠벨도 『원시 신화』에서 뱀이 동서양을 막론하고 생명과 연관된 의미 있는 상징으로 등장하는 여러 예들을 언급하고 있다.[248]

그런데 뱀이 생명의 창조에 개입한다는 상상은 어떻게 가능했을까? 뱀은 물과 땅, 나무 위까지 자유자재로 움직여 다니기도 하지만 허물을 벗고 재생된다는 점에서 신령한 힘을 지닌 존재로 받아들였을 것이란 점은 쉽게 짐작된다. 또한 뱀 상징은 앞에서 언급된바, 물이 생명의 근간이라는 원초적 의식 그리고 물의 흐름이 생명의 변화를 이끌어낸다는 원초적 경험과 연관이 있다. 물은 흘러야 살아 있는 물이다. 흐르는 물은 물길을 낸다. 자연 상태에서 물길의 형태는 온몸을 땅에 붙인 채 구불구불 움직이는 뱀의 모습과 닮았다. 자연스레 뱀은 신성한 길을 내는 물의 영물로 등장한다.

> 북미와 남미 전역에도 힘센 물의 영물-호피족의 물뱀 팔루콩, 푸에블로족의 뿔 달린 뱀 아와뉴, 아즈텍의 깃털 달린 뱀 케찰코아틀-은 원시의 창조적 힘으로 작용했다.[249]

---

248) 조지프 캠벨, 이진구 옮김, 『원시신화』, 까치, 2003, 267쪽 참고.
249) 베로니카 스트랭, 앞의 책, 55~56쪽.

물길로부터 뱀의 길을 연상해 낸 대표적인 예는 호주 원주민 아보리진(Aborigine)의 '무지개뱀(rainbow serpent)' 신화이다. 신화에서 무지개 뱀은 온갖 지구 생명의 창조자로 묘사된다.

무지개뱀이 대륙을 가로질러 미끄러져 나가자 계곡과 산, 수로가 만들어졌고 그렇게 호주 땅의 원형이 탄생했다고 한다. 무지개뱀은 땅을 가로지르며 노래를 불러 바위, 동식물, 사람을 만들었다. 노랫길 혹은 드리밍 트랙(dreaming track)이라 불리는 이 천지창조 과정에서 뱀이 지나간 자리는 눈에는 보이지 않는 신성한 길이 되어 온 호주땅 구석구석까지 미치지 않는 곳이 없었다.[250]

무지개는 비가 그쳐야 뜨는 법이다. 아보리진 원주민들에게 무지개뱀은 물길을 상징하는 뱀과 비 그친 후 햇빛 속에 뜨는 무지개가 하나로 결합된 신적인 존재로 상징된 것이다. 비와 햇빛, 우기와 건기의 순환에서 생명이 이어지는 이치를, 동시에 물이 신성한 물길을 만들어 영원히 마르지 않는 생명의 순환이 이루어짐을 상징하고 있는 것이다.

그런데 신화 속 뱀의 성(性)은 무엇으로 인식되었을까? 앞에서 '물'

---

250) 무지개뱀은 베냉, 나이지리아, 콩고 등 아프리카 창조 신화뿐 아니라 아이티 폴리네시아, 파푸아뉴기니 등지의 신화에서도 중요한 역할을 한다.(세라 바틀릿, 『100가지 상징으로 본 우주의 비밀』, 18~19쪽 참고)

〈사진24〉 복희여와도(伏羲女媧圖)

은 '위대한 어머니 여신'의 맥락에서 여성으로 관념된다고 했다. 뱀은 물 그리고 물길과 연상된다. 그렇다면 여신으로 관념되었을까? 꼭 그렇지만은 않다. 한국 특히 제주도에서 뱀신은 여신이다. 그러나 호주의 무지개뱀의 경우, 다양한 신화에서 여성, 남성 혹은 양성으로 묘사되기도 한다. 중국의 창조 신화에서 뱀은 여성과 남성으로 표현된다. 저 유명한 〈복희여와도(伏羲女媧圖)〉 이야기이다. 상반신은 사람의 형상이나 하반신은 뱀의 형상을 한 채 서로 얽혀 꼬여 있다. 그림 왼쪽이 여신인 여와, 오른쪽이 남신 복희이다. 전체적으로 두 신의 형상은 머리만 따로 보일 뿐 한몸처럼 묘사되어 있다. 뱀 그 자체만으로도 생명과 재생, 다산과 풍요를 상징하는데, 한몸으로 꼬여 있으니, 이미지만으로도 영속적인 생명, 위대한 생식, 풍요로운 생명, 생명의 순환 등이 표상된다.

짐작건대 〈복희여와도〉처럼 남녀의 결합으로써 생명의 영속성과 우주적인 조화를 상징하는 것은 신화적 의식이 사회적 관념체계와 맞물려 다양한 분화가 전개된 후대의 양상일 것이다. 생명 혹은 생명의 신비에 대한 원형(archetype)의 이미지는 '위대한 어머니 여신'이었다!

제주도 뱀신 신화 〈칠성본풀이〉

뱀신 이야기가 나온 김에 제주 신화를 짚지 않을 수 없다. 제주도는 지금도 뱀신앙이 존속되고 있는[251] 만큼 뱀신에 관한 신화가 다양하다. 그중 특수한 것으로서 〈칠성본풀이〉가 있다.

한국에서 제주도를 제외하고는 칠성신은 북두칠성을 의미한다. 북두칠성은 오래 전승되어 온 민간신앙에서 그리고 특히 도교에서 신앙 대상이 되어 왔다. 북두칠성은 칠성신으로 불리며, 인간의 생사, 수명, 화복을 관장하는 신이다. 그런데 제주도에서 칠성신은 북두칠성이 아니라 뱀신이다. 제주도 〈칠성본풀이〉를 간략하게 보자.

장설룡 대감과 송설룡 부인은 나이가 들도록 자식이 없다가 절간에 불공을 드려 아기씨를 낳았다. 그러나 대감 부부가 집을 떠난 사이에 아기씨가 중의 아이를 임신한다. 부모는 중의 자식을 가졌다는 이유로 아기씨를 무쇠상자에 담아 바다에 버린다. 아기씨는 무쇠상자에 담겨 바다를 돌아다니다가 제주도에 닿아 오르려고 하였으나 상륙하려는 곳마다 이미 그곳을 차지한 당신 탓에 적절한 좌정처에 오르지 못한다. 그러다가 조천읍 함덕리 바닷가에 이르러

---

251) 졸저 『제주도 신당 이야기』에서 필자는 제주도의 뱀신앙과 뱀신 신화에 관해 서술하였다. 특히 3장에서 뱀신 신화 및 뱀신앙을 둘러싼 사회적 편견에 대해 서술하였다.

물질하러 나섰던 잠수부(해녀)와 낚시하러 나선 어부에게 발견되어 그곳에서 자신을 위할 수 있는 적절한 신앙민을 구하게 된다. 이때 아기씨와 아기들(칠성)은 뱀의 모습을 하고 있었는데 그 모습을 보고 어부와 잠수부는 더럽다며 외면한다. 아기씨와 칠성은 이들에게 흉험(凶險)을 주어 마침내 조상으로 섬김을 받는다. 잠수부와 어부는 칠성을 섬기면서부터 부자가 되어 잘산다. 동네 사람들이 이를 알고 너나없이 칠성을 모시기 시작하면서 자신의 마을을 지켜주는 본향당을 도외시하게 된다. 이에 함덕리의 본향신인 서물할망이 칠성을 핍박한다. 칠성은 하는 수 없이 사람들의 눈을 피하여 제주성 안으로 들어간다. 관덕정으로 갔더니 지나다니는 사람들이 못살게 굴어 칠성은 산지물로 간다. 그곳에서 빨래하러 나온 칠성통 송씨 집안의 며느리를 따라간다. 칠성은 송씨 집안으로 들어가 조상으로 섬김받고 송씨 집안을 소문난 부자가 되게 해 준다. 나중에 칠성은 제각기 흩어져 막내는 밧칠성, 어머니는 안칠성으로 각각 좌정하여 곡물을 지켜 사람들을 부자가 되게 해 주는 신이 되었다. 나머지는 추수지기, 형방지기, 옥지기, 과원지기, 창고지기, 관청지기로 각각 좌정하여 단골민들의 제향을 받게 되었다. 그 뒤로 칠성은 제주도에서 너나없이 모시는 집안의 부군칠성신이 되었다.[252]

---

252) 출처: 한국민속대백과사전.

〈칠성본풀이〉에서도 신화의 이야기 구조는 여실하게 드러난다. 도식화하면 다음과 같다.

불의의 임신 – 바다에 버려짐(무쇠석함) – 혐오의 대상이 됨 – 제주인과의 갈등 – 권능의 현시 – 좌정 – 토착신과의 갈등 – 배제됨의 여정 – 권능의 효험 – 제주인의 신으로 좌정

결국 아기씨와 일곱 아기들은 제각각 좌정처를 정하는데, 어머니 아기씨가 안칠성으로 좌정한 곳은 곡식을 보관하는 고팡[253]이다. 막내가 밧칠성으로 좌정한 곳은 뒷마당에 마련된 각종 씨앗을 보관하는 눌이다. 결국 안칠성과 밧칠성은 사람의 생명줄인 곡식을 지키는 신인 셈이다.

칠성신은 한마디로 생명을 보전하게 하고 집안을 부유하게 하는 신, 복을 생산할 수 있는 능력을 갖춘 신이다. 이런 상징은 여성의 출산이 의미하는 생산성과 연관되기도 한다.

제주도에서는 마을 단위에서도 뱀신이 신앙된다. 몇몇만 거론한다면, 김녕의 '괴노깃또' 뱀신, 표선면 토산리의 본향당, 이로부터 파생된 토산당 계열, 한경면 고산의 본향당신인 뱀신, 내도동 본향당 드리빌레 용해부인할마님 등등이다.

---

[253] 고팡은 창고에 해당하는 제주어이다. 육지부에서는 곡식 창고가 마당에 있으나 제주도에는 본채(안거리)의 큰구들(큰방) 뒤쪽에 자리하고 있다.

제주도에서는 뱀신의 거처뿐 아니라 당신이 좌정한 곳으로 관념하는 곳이 궤[石窟]이다. 그런데 여기에서 특히 뱀신의 거처를 궤로 관념하는 것에는 무의식적인 연관이 함축되어 있다. 즉 생명의 상징으로서의 동굴과 생명의 또 다른 상징으로서의 뱀이 복합적으로 연관된 것이다

혹자는 뱀신 신앙에 대해 의혹의 눈길을 보낸다. 그 눈길은 뱀을 사악시하는 기독교적 관점의 영향을 받았을 수 있다. 제주인 중에도 뱀신 신앙을 후진성의 징표인 양 수치스러워하는 이들도 있다. 전 세계적으로 뱀이 얼마나 신성성의 상징인가를 안다면 이들의 반응은 변할까? 필자의 경험으로는 변했다. 상징의 기능과 상징의 의미를 강의를 통해 들은 이들은 자신들이 오인 메커니즘의 그물에 걸렸음을 단번에 알아차리고는 뱀의 신성한 상징에 대해 새삼스레 감탄했다.

물의 원리를 표상화한 용

물과 관련된 또 다른 중요한 상징은 용이다. 물론 문화권에 따라 상상의 동물인 용의 상징적 의미는 다르기는 하나, 한국, 중국을 비롯한 아시아권에서는 용의 권능을 물과 관련시키고 있다. 『예기』「禮運편」에서 용은 봉황, 기린, 거북과 함께 사령(四靈)의 하나로 꼽는데, 예로부터 중국 문화에서 용은 구름을 일으키고 비를 내리는 신령스러운 동물로 여겼다. 한국 문화에서도 용은 물을 지키는 신이며 바다의 신이며 비를 관장하는 신이다. 천진기는 한국의 민간신앙에서 "용은 비

를 가져오는 우사(雨師: 비를 맡은 신)이고, 물을 관장하는 수신이며, 사귀를 물리치고 복을 가져다주는 벽사의 착한 신이다."[254]라고 한다.

농업을 기반으로 하는 사회에서 비는 생명의 근간이다. 어민에게 바다는 목숨줄이다. 구름을 일으키고 비를 내리는 용, 물을 지배하는 용은 농민이나 어민에게는 이미 신앙의 대상이다. 그러기에 기우제에 용의 형상이나 용의 그림이 등장했던 것이고, 어촌에서는 바다를 지배하는 용왕에게 풍어와 안전을 비는 용왕제, 풍어제, 용왕맞이를 지냈던 것이다.

그런데 용은 상상의 동물이다. 상상은 감각적 경험을 실마리로 한다. 용의 감각적 실마리는 뱀이다. 뱀이 물의 원리, 여성의 원리를 표상화한 그 맥락에서 용의 수신적 성격이 성립한다. 또한 수신적 성격으로부터 우신의 관념도 성립한다. 따라서 생명의 신성한 길을 여는 물, 뱀, 용은 생명의 근원인 여신의 생생한 이미지로부터 다양한 형태의 상징으로 분화한 것이라 할 수 있다.

앞에서 뱀신의 성별이 다양하게 나타나는 점을 언급했는데, 마찬가지로 용의 성별 또한 모호하다. 세계적으로 본다면, 수신, 우신으로 상징되는 뱀신, 용신은 성적으로 모호한 경우가 있다.

아프리카 부시맨들 사이에서 번개와 우박을 몰고 오는 파괴적인 소나기 구름은 남성적인 반면 이슬비를 뿌려 땅을 기름지게 하는

---

254) 천진기, 『한국동물민속론』, 민속원, 2003, 239쪽.

가벼운 구름은 여성적이었다.[255]

이러한 성적 모호성은 두 가지 설명을 가능케 한다. 하나는 생명은 남성과 여성의 결합에서 이루어진다는 관념이 작용함으로써 생명을 창조하는 신의 성별이 명확하게 드러나지 않았을 가능성이다. 또 하나는 양성구유적인 신에 의해 생명이 창조되었다는 신화적 의식에 근거했을 가능성이다.

신화시대의 관념을 상상한다면, 어쩌면 그들에게 신들의 성별은 중요하지 않았을 수 있다. 그들이 중요하게 바라보았던 것은 생식, 성장, 번식의 현실이었을 테니까.

한국의 상황에서 말한다면 암묵적으로 뱀은 여신으로, 용신은 남신으로 관념하는 듯하다. 아마도 임금을 용에 비유하여 임금의 얼굴을 용안으로, 임금이 앉는 의자를 용상으로, 임금의 덕을 용덕으로 일컫는 말의 일상적 용례가 영향을 미쳤을까?

그렇다고 하더라도 여성과 생명을 연관시키는 강력한 신화적 의식은 민간에서 전승되어 온 용왕신앙에서도 결코 포기되지 않았다. 현실 정치에서 용이 남성을 상징한다고 하더라도, 민간에서는 용녀, 때로는 용녀부인이라는 신명(神名)이 등장한다. 말하자면 물과 관련해서 여성성을 배제할 수 없는 의식, 그것이 바로 생명에 대한 신화적 의식이다.

---

255) 베로니카 스트랭, 앞의 책, 56쪽 재인용.

원형적 신화소로서의
꽃과 환생

무수히 많은 꽃말은 사람살이의 모습

신화학자 이윤기의 저서 중에 『꽃아 꽃아 문 열어라』가 있다. 한국 신화를 소재로 하는 책의 제목에 '꽃'이 등장한다. 왜 꽃인가? 꽃은 느닷없이 온몸을 열어젖힌다. 꽃봉오리가 맺혔는가 싶은데 순식간에 열리고 꽃잎은 찬란하다. 그는 꽃이 느닷없이 찬란하게 열리는 것처럼 허황되고 과장된, 논리 오류의 신화가 느닷없이 세상의 진상을 열어 보인다고 생각했나 보다.[256] 그런 의미라면 신화는 꽃에 틀림없다.

이윤기의 메타포와 별개로 꽃은 전 세계의 신화에서 생명의 주요한 상징이다. 그런데 꽃의 상징은 여성, 물, 뱀 등의 생명 상징과 결이

---

[256] 책의 말미에 저자는 "나에게 신화를 읽는 일은 꽃을 통하여 그런 세계의 진상에 접근하는 일이다."라고 적고 있다. (이윤기, 『꽃아 꽃아 문 열어라』, 열림원, 2007, 315쪽)

좀 다르다. 상모적 지각이 작용하는 신화적 의식에서 물, 뱀, 용은 생명의 영속성이라는 이미지가 될 수 있다. 그러나 꽃은 상모적 지각으로 생명을 연상하기에는 너무 일순간에 피고 또 일순간에 진다. 피고 지고, 또 피고 지고 하면서 하나의 꽃에서 숱한 씨앗이 배태되는 것, 이는 분명 생명의 영속성이긴 하다. 하지만 이런 추론이나 일순간 흐드러지게 아름다운 꽃의 의미는 신화적 상상력이라기보다 문학적 상상력이거나 철학적 사변이다. 혹시 일순간 찬란하게 피는 꽃에서 생명의 아름다움을 보았던 것일까? 만약 그렇다면 일순간 속절없이 지는 꽃에서 생명의 덧없음을 보았을 텐데?

그래서인지, 그리스 신화에서 꽃은 다양한 의미로 해석되었고, 그로부터 꽃말(language of flower)이 전해오기도 한다. 예컨대 나르키소스가 죽은 자리에서 핀 꽃을 나르시소스(수선화)라고 부르고, 아도니스의 피에서 아네모네나 붉은 장미가, 아티스의 피에서는 바이올렛이

---

257) 꽃말의 기원설은 여러 가지가 있는데, 그중에서 가장 유력한 것은 아라비아 (Arabia) 세렘(selam)이라는 풍습에서 유래되었다는 설이다. 17세기 오스만튀르크 시대의 수도 이스탄불에서는 꽃에 하나님의 메시지가 담겼다는 생각에서 각각의 꽃에 어울리는 꽃말이 주어졌다. 그리고 사랑하는 사람에게 의미가 있는 꽃을 선물하고, 꽃을 받는 사람 또한 꽃 선물을 통해 의사를 전달하는 세렘이라는 풍습이 생겼다. 즉 각각의 의미를 갖는 꽃을 조합하여 선물하면 편지가 되는 것이었다. 아라비아의 꽃말이 유럽으로 전해진 것은 18세기다. 1887년 영국에서 출판된 『The language of flowers』라는 책에는 꽃말을 보급시킨 사람으로 '메리 워틀리 몬태규 (Mary Wortley Montague)'와 '오브리 드 라 모레이레이(Aubry de La Mottraye)'가 소개되어 있다. (월간원예(http://www.hortitimes.com) 참고)

자란다는 것에서 그 이야기에 걸맞은 꽃말이 전해왔다. 꽃말이 그리스 신화에서 유래하는 경우가 있긴 해도 오늘날 전해지는 그 숱한 꽃말은 서양 중세 이후, 특히 17, 18세기 이후에 형성된 문화의 영향이다.[257] 한국에는 이런 문화가 없었다. 제비가 올 때 피는 꽃이라 하여 제비꽃이라 하기도 하고, 오랑캐가 쳐들어올 때 피는 꽃이라 하여 오랑캐꽃이라 부른다. 서양의 꽃말 문화가 동양에 이식된 것은 메이지 유신 이후 일본이 서양 문물을 전하는 과정에서 일어났다.[258]

여기서 눈여겨볼 것은 따로 있다. 그리스 신화에서 유래하는 꽃말의 면면을 보면, 사람의 온갖 감정, 사람살이의 관계에서 일어나는 온갖 형태가 망라된다. 즉 무수히 많은 꽃말은 모두 사람살이의 모습이다. 정말 그런지 궁금하다면 세상에서 유통되는 꽃말을 찾아보라. 깜짝 놀랄 만하다. 사랑과 기쁨의 말만이 아니라 슬프고 괴롭고 간악하고 추악한 온갖 행태가 꽃말에 있다.

아무래도 꽃의 상징적 의미는 지금까지 생명의 상징으로 언급한 내용과는 결이 다르지 않은가. 어쩌면 옛사람들은 온갖 색깔과 모양의

---

258) 꽃말이 아시아에서 책으로 처음 출판된 곳은 일본인 것으로 알려져 있다. 일본에서는 1886년에 『태서례법(泰西礼法)』이라는 책(ルーイズ·タルク著、上田金城訳)이 출판되었는데, 이 책은 서양의 매너 전반을 소개한 책이다. 이 책 내용 중에는 '수십 종류의 꽃말'이 소개되어 있는데, 이것이 일본에 처음으로 꽃말을 소개한 것으로 전해진다. 이어 1910년에 『꽃(花)』이라는 책(江南文三、与謝野晶子著)이 출판되었는데, 이 책은 꽃말만을 다룬 일본 최초의 꽃말 책이다. 이 책은 꽃말과 함께 꽃을 소개해 놓았다.(월간원예(http://www.hortitimes.com) 참고)

꽃에서 세상의 온갖 사람들을 본 듯하다. 꽃이 아름다우나 약하고 속절없이 지는 모양에서 인간 생명의 덧없음과 속절없음을 본 듯하다.

생명의 꽃, 환생의 꽃

그런데 하필 인간 생명을 꼭 집어 꽃이라 일컫는 신화가 있다. 중국 쫭족의 신화이다. 김선자의 글을 그대로 인용한다.

무리우쟈는 화산에 있는 천상의 꽃밭에서 수많은 종류의 꽃들을 기르며 살았다. 무리우쟈의 꽃밭에 있는 그 꽃들은 하나하나가 모두 인간세상에 있는 사람들의 영혼이었다. 무리우쟈 여신이 꽃의 영혼을 인간세상의 어느 집에 보내주면 그 집엔 아이가 태어났다. 천상의 꽃밭에는 붉은 꽃과 하얀 꽃이 자랐는데 여신이 붉은 꽃의 영혼을 보내면 여자아이가, 하얀 꽃의 영혼을 보내면 남자아이가 태어났다. 여신이 꽃밭의 꽃들에 물을 주고 잘 돌봐주면 인간세상에서 자라는 아이도 건강하고 생기가 있었다. 그러나 꽃들에 물이 부족하거나 벌레가 생기면 인간세상의 아이도 병에 걸렸다. 그럴 때 인간은 스공(師公: 쫭족의 무당)을 청해 영혼여행을 하게 한다. 스공이 직접 천상의 꽃밭으로 가서 병에 걸린 아이의 꽃을 찾아내 꽃에 생긴 벌레를 없애거나 물을 주면 꽃이 생기를 되찾고, 아이도 다시 건강하게 되었다. 꽃의 여신이 하얀 꽃과 붉은 꽃을 함께 심으면 인간세상의 남자와 여자는 혼인하여 부부가 된다. 그리고 인간이 죽으면 다시 꽃이 되어 천상의 꽃밭으로 되돌아갔다. 모든 인간은 공평하게 한 송이의 영혼을 가지고 있었다. 하늘나라 꽃밭은 생명의 근원이며 동시에 영혼이 돌아가는 곳이었고 그곳에서 사람은, 한 송이 꽃이었다.259)

무리우쟈는 쫭족 신화에서 창세의 여신이다. 창세란 5장에서 살펴본 것처럼 세상을 여는 것으로부터 인간 생명을 창조하는 것에서 완성된다.

그런데 쫭족의 신화에서 꽃이 그 자체 인간 생명을 의미하는 것과 달리 한국 신화에서 꽃은 환생과 연관된다. 물론 제주 신화에서 인간 생명을 점지하는 삼승할망이 생명신으로서 능력을 증거하는 것은 '꽃피우기 경쟁'260)이었으나 꽃으로 인간 생명을 점지한 건 아니다. 한국 신화에서 꽃이 생명과 연관되는 대목은 대개 재생 내지 환생이다.

환생은 세계적으로 보편적 신화소이다. 환생은 재생의 의미와 영생의 의미를 함축한다. 어떤 측면에서 신화는 재생, 영생에 대한 집단의 꿈이라 해도 과언이 아니다.

한국의 〈바리데기 신화〉에서 바리공주는 서천서역국 약수와 꽃을 구하러 갖은 고초를 겪고, 결국에는 구해온 약수와 꽃으로 아버지 오귀대왕을 환생시킨다. 여기서 꽃은 죽은 목숨을 되살리는 결정적 요

---

259) 김선자, 앞의 책, 386~389쪽.
260) 꽃피우기 경쟁에 관해서는 6장 3절에서 다룬 바 있다.

소이다.

〈바리데기 신화〉는 전국적으로 분포되어 있으나 제주도에서는 전승되지 않는다. 그 대신 제주 신화는 특히 환생(재생) 모티프를 지닌 신화가 상당히 많다. 〈초공본풀이〉, 〈이공본풀이〉, 〈문전본풀이〉, 〈세경본풀이〉 등이 그렇다. 이 이야기들에서 고난과 억울한 죽음 그리고 환생과 복수는 이야기 전개의 필수적 요소이고 극적 요소이다. 다만 아버지를 환생시키는 〈바리데기 신화〉와는 달리 어머니 혹은 남편을 환생시키는 이야기라는 점이 제주 신화의 차별적 요소이다.

제주 신화에서 서천꽃밭은 환생의 꽃밭이고 복수를 위한 꽃밭이다. 〈이공본풀이〉에서 할락궁이는 어머니 원강암이의 억울한 죽음에 직면하여 서천꽃밭에서 꽃을 가지고 온다. 본풀이에서 구송되는 꽃은 다양하다. 꽝(뼈) 오를 꽃, 술(살) 오를 꽃, 오장육부 기릴(만들) 꽃, 불붙을 꽃, 맬망(멸망)꽃, 부제(부자)될 꽃 등이다.

중국 좡족의 창세신인 무리우쟈가 천상의 꽃밭에서 생명의 꽃을 기른다는 이야기와 제주 신화의 서천꽃밭 이야기를 대별해 보면, 제주 신화에서 천상의 서천꽃밭이나 꽃의 의미가 보다 풍성하고 구체적이다. 사람의 면면만 아니라 사람살이에서 빚어지는 증오와 원망의 복잡한 정서까지 꽃에 반영하고 있다는 점에서 그렇다. 하물며 꽃으로 환생을 꿈꾸는 대목이야 말할 나위가 없다.

그런데 신화에서 꽃이 생명의 꽃이고, 환생의 꽃이라 할지라도, 신화가 꽃의 아름다운 생명성만 말하고 있는 것이 아님을 알아차려야 하지 않을까. 꽃이 찬란하게 제 몸을 열어젖힐 때까지 꽃을 피우기 위한 인고의 시간을 견디어냈음을 알아차려야 한다. 인고의 시간에 비해 꽃이 활짝 아름답게 피는 시간은 너무 짧다는 것도 알아차려야 한다. '화무십일홍'이라 했다. 누구는 백일홍도 있다고 하지만, 그것은 피고 지는 시간이 백 일 간다는 뜻일 뿐 하나의 꽃이 백 일 동안 핀다는 뜻은 아니다. 생명의 탄생은 아름다운 순간임에 틀림없으나, 또한 탄생은 자궁으로부터 축출되는 것임에도 틀림없다. 신화는 꽃에서도 이런 양면성을 읽어내라고 하는 것은 아닐까?

8장.
신화, 사랑의 힘을 말하다

사랑의 꿈과 사랑의 현실

사랑, 불가해(不可解)

후지무라 미사오는 18세 되던 1903년 5월 22일, 일본 3대 폭포 중의 하나로 알려진 닛코(日光) 폭포의 게곤노타키(華嚴瀧)에서 떨어져 자살한다. 수재로 알려진 그의 자살은 많은 젊은이들에게 베르테르효과를 일으켜 숱한 젊은이들이 그를 따라 같은 곳에서 자살했다. 그는 죽기 직전 폭포 옆 나무에 시 〈암두지감(巖頭之感)〉을 새겨 남겼는데, 당시 일본의 지성계는 탁월한 인재를 잃은 것을 안타까워했다. 시를 번역하면 이렇다.

천지는 아득하고/ 고금은 유유하다/ 다섯 자의 작은 몸으로 이 크나큰 신비를 풀 수 있으랴/ 호레이쇼의 철학이 무슨 소용이랴/ 삼라만상의 진상을 한 마디로 말하면/ 不可解(도무지 풀 수 없음이다)/ 내 이 한을 품고 번민하다/ 드디어 죽음을 결심하다/ 이제 바위 머리에 서니/ 아, 드디어 알겠다/ 커다란 비관은 커다란 낙관과 일치함을

나는 20대에 이 시를 읽었는데, 18세 청년이 지었다고 하기에는 너무 심오하였다. 철학자들의 사상을 이해하는 데에 급급했던 내게 삼라만상의 진상을 '불가해' 단 세 글자로 단언하는 강렬한 사유의 힘은 내 초라한 영혼을 뒤흔들었다. 이 시는 어쭙잖은 내 삶의 여정 굽이굽이에서 문득 되살아나곤 했다.

그런데 후지무라 미사오의 자살 배경이 밝혀진 것은 수십 년이 지나서였다. 후지무라 미사오에게는 사랑했던 여인 마지마 치요가 있었는데, 그는 그녀에게 사랑한다는 고백을 하지 못했다. 어느 날 타카야마 료기유의 『폭포로 가는 길』 갈피갈피에 자신의 마음을 적어 그 책을 그녀에게 건네고는 곧장 게곤노타키로 가 자살했다. 그러니까 후지무라 미사오의 죽음은 사랑의 가장 격렬한 표현이었던 셈이다. 또한 그에게 사랑은 삼라만상의 진상을 간직한 것이었고, 불가해였던 것이다.

마지마 치요는 후지무라 미사오가 건넨 책과 편지글을 간직하고 있다가 임종에 이르러 자신의 아들에게 밝혔고, 그 아들에 의해 비로소 죽음과 맞바꾼 사랑의 서사가 밝혀졌던 것이다.

불가해. 이는 호모 사피엔스로서는 절망의 언어이다. 동시에 신비의 언어이다. 사랑이 불가해인 한, 사랑은 신비의 현상이다.

문학의 역사에서 사랑의 이름으로 누누이 호출되는 작품 중에 으뜸은 단연 셰익스피어의『로미오와 줄리엣』일 것이다. 무엇이 수백 년을 관통하며 감동을 일으키는 것일까? 사랑이 주제이기 때문은 너무 당연하다. 한 걸음 더 나아가 죽음에 이르는 사랑이 주제이기에 더 큰 감동을 일으키는 게 아닌가. 누구나 가슴 한구석에서는 열정으로 넘치는 사랑을 원하므로.

그런데 오늘날 우리에게 사랑은 무엇인가? 사실 이 물음은 사랑의 기쁨에 젖어 있을 때 묻는 것이 아니다. 물음은 언제나 난관에 봉착하고서야 제기된다. 사랑이 뜻 같지 않을 때, 사랑의 아픔을 겪을 때 비로소 사랑이 도대체 무엇이길래 고통과 아픔을 겪는지 의문이 생겨난다.

세상일에는 지나고 나서 깨닫게 되는 일도 있다. 그러나 사랑은 사랑의 아픔을 겪었다고 해서 사랑이 무엇인지 깨닫기 어렵다. '가련한 재앙'261)이다.

그런데도 사랑의 기쁨과 아픔을 겪은 사람은 그 경험만큼 사랑을 '안다'고 말한다. 사랑에 관해 '안다'는 것은 실제적인 삶에서 무슨 의

---

261) 플라톤의『향연』을 주해한 마르실리오 피치노는 일반적으로는 자주 행하면 행할수록 그만큼 더 잘하지만, 연민으로 인해 이루어지는 사랑은 이런 규칙이 적용되지 않는다고 하면서 이를 가련한 재앙이라고 책의 앞머리 헌사에서 쓰고 있다. (마르실리오 피치노, 조규홍 옮김,『사랑에 관하여: 플라톤의《향연》주해』나남, 2011, 11쪽 참고)

미가 있을까? '안다'는 그것이 또 다른 사랑에서 사랑의 아픔을 면하게 할 힘이 될 수 있을까? 가슴에서 일어나고 요동치는 사랑의 감정을 앎이 통제할 수 있을까? 가슴에 와닿은 앎이라면 사정이 다를 수도 있겠다. 가슴과 신비는 맞닿은 지점이 있으므로. 그런데 사랑의 기호인 '하트'를 시도 때도 없이 뿅뿅 날리는 우리, 호주머니에서 껌 꺼내듯이 하트를 꺼내어 던지는 오늘날 우리들에게 신비가 있을까?

오늘날 사랑은 일상성에 묻혀 있다. 원자화된 개인, 타인의 시선과 세평에 휘둘리는 삶, 수치로 환원하여 타산하는 의식이 일상성의 요체다. 일상성에 묻힌 사랑은 종교나 철학이 강조하는 사랑의 의미에 귀를 열지 못한다. 앞에 언급한 후지무라 미사오처럼 사랑의 불가해성에 눈뜨지도 못한다. 그런데도 사랑을 열망하는 마음은 식지 않으니, 결국 사랑의 꿈과 사랑의 현실 사이 간격은 너무 크다.

사랑(에로스)의 의미를 탐구한 오래된 철학

사랑을 가히 불가해라고 운을 뗀 까닭은 그 어떤 말로도 사랑을 설명하기가 어렵기 때문이다. 가히 아포리아(ἀπορῐα), 즉 난문(難問)이다. 인간과 세상의 난문으로부터 시작한 철학이 '사랑' 문제를 도외시하였을 리 없다.

오래전 이리도 어려운 사랑을 굽이굽이 펼쳐 설명하고자 한 철학적 대화가 있었으니, 바로 플라톤의 『향연(symposion)262)』이다. 『향연』은 에로스의 모든 것에 대한 고찰이라고 일컬어지는 만큼 소크라테스

를 비롯한 여러 참석자들이 제각기 에로스가 무엇인지를 이야기하는
데, 각자 제 나름의 방식으로 펼친 에로스에 관한 이야기들이 한데 어
우러지면서 전체적으로 사랑의 전모를 드러낸다. 여기서『향연』에서
논의되는 사랑 이야기를 모두 거론하기는 어려우니, 사랑의 의미를
드러내는 핵심적인 이야기만 짚어보자.

에로스라는 신의 기원에 관한 이야기는 사랑의 본성을 이해하는 데
첩경이다. 에로스는 방도 또는 풍부함을 대변하는 신 포로스와 가난
함을 대변하는 여성 페니아가 아프로디테 생일날 동침하여 태어났
다.[263] 부모의 본성을 지닌 에로스는 늘 결핍과 함께하면서 끊임없이
아름다운 것, 좋은 것을 얻을 방도를 꾸민다. 즉 곤궁과 풍부 사이에
서 늘 욕망하는 본성을 지닌 것이 에로스이다.

사랑이 왜 애틋한 그리움에 젖을 수밖에 없는지에 관한 이야기도
있다.[264] 태초에 인간은 안드로귀노스[265]였다. 안드로귀노스는 세

---

262) 고대 그리스어 쉼포지온(symposion)은 '함께(sym) [술을] 마시기(posis)'라는 뜻이
다. 라틴어로 symposium으로 표기되었고, 영어에서도 그대로 이어받아 사용하고
있다. 여러 사람이 함께 술을 마시면서 에로스를 주제로 학술적인 토론을 펼친 일
을 서술한 플라톤의 저서의 제목으로 쓰임에 따라 symposium은 학술토론회를 뜻
하는 용어로 사용된다.

263) 소크라테스가 만티네아의 여인 디오티마에게서 들은 에로스에 관한 이야기이
다. (플라톤, 강철웅 옮김,『향연』, 이제이북스, 2010, 129~130쪽 참고.)

264) 아리스토파네스의 안드로귀노스에 관한 이야기이다. (위의 책, 96~102쪽 참고)

265) 안드로귀노스(androgynos)는 '안드로스(andros, 남성)'와 '귀네(gynē, 여성)'의 합성
어이다.

종류로 존재했다. 남자와 남자, 남자와 여자, 여자와 여자. 둘이면서 하나였던 안드로귀노스는 전후좌우 자유자재로 움직이며 엄청난 힘과 지혜를 가진 존재였다. 그러나 인간의 힘을 제어하고자 한 제우스에 의해 붙어 있는 몸은 둘로 잘려졌고, 그들의 본성도 둘로 잘렸기 때문에 하나로서 온전한 상태이기를 갈망하여 자신의 반쪽을 찾으려는 열망에 사로잡히게 되며 막상 그 반쪽과 만날 때면 사랑에 압도되는 것이다. 이 이야기에 따른다면, 사랑이란 반쪽을 찾으려는 욕망인 셈이다. 본래는 하나였으되 갖추어져 있지 않은 것, 곁에 있지 않은 것, 결여하고 있는 것을 욕망하니, 그 욕망이 얼마나 애틋할 것인가. 절절한 사랑의 마음을 겪은 이라면 이 우화적인 이야기가 참으로 그럴싸하다.

그러나 절절하고 애틋하다고 하여 사랑이 꼭 아름답기만 한 것은 아니다. 실로 사랑의 역사는 사랑이 아름답기만 한 것이 아니라 얼마나 불화와 비참, 파괴와 고통을 초래했는지를 여실히 보여준다.

『향연』에는 "사랑은 아름답다."는 그 흔한 수사를 거스르는 이야기도 있다. 사랑은 그것 자체가 아름답거나 추한 게 아니라 아름답게 행해지면 아름답고 추하게 행해지면 추한 것이다.[266] 이 얼마나 명쾌한 말인가! 이제 문제는 '아름답게 행하는 사랑'과 '추하게 행하는 사랑'이 어떤 것인가이다. 바로 이 문제에서 에로스에 관한 이야기는 철학적

---

266) 파우사니아스의 연설이다. (위의 책, 84쪽 참고)

<사진25> 안드로귀노스

사유로 도약한다. 우선 영혼보다 몸을 사랑하는 것은 범속한 사랑, 즉 추하게 행하는 사랑이라고 하면서 아름답게 행하는 사랑은 '아름다운 방식으로 행하는 것'이라고 한다.

　과연 "몸을 사랑하는 것을 그저 범속한 사랑이라 할 수 있을까?"라는 의문은 미루어둔 채, 플라톤이 『향연』에서 말하고자 한 '아름다운 방식으로 행하는 사랑'의 의미를 좇아가자. 이 방식은 흔히 '에로스의 사다리'라는 개념으로 알려져 있다. 말하자면 처음 아름다운 몸을 향한 에로스에서 점차 모든 아름다운 몸으로, 그리고 아름다운 몸들에서부터 아름다운 행실들로, 그리고 행실들에서부터 아름다운 배움들로, 그리고 그 배움들에서부터 마침내 아름다움 그것 자체를 아는 것이다.[267] 그러니까 '아름다운 방식으로 행하는 사랑'이란 더욱 고차적인 사랑의 의미를 향해 이행해 가는 것이다. 이쯤 되면 에로스의 의미는 최고 비의(秘儀)이다. 에로스는 그저 애틋한 뉘앙스를 지니는 '사랑'이 아니다. 에로스는 고차적인 이행을 감행할 수 있는 큰 능력이고, 또 그 능력은 가치 있는 삶을 아우르는 일체의 능력이다.

여하튼 에로스에 관한 이 모든 이야기들을 관통하는 것은 사랑이 인간사에서 얼마나 근원적인가 하는 것이다. 그런데 2,500년 철학의 역사에서 왜 플라톤의 에로스 이야기를 거론하는가? 철학이 역사적으로 대부분 감정을 천시해 온 맥락에서 사랑에 대한 논의는 여타 논의만큼 일반적으로 다루어지지는 않았다는 배경을 감안할 때, 플라톤의 『향연』은 독보적인 위상을 지닌다. 무엇보다도 에로스의 기원과 본성, 에로스의 기능과 능력, 에로스의 효과 등 참으로 에로스의 전모를 드러내고 있다.

사랑 호르몬의 과학

사랑이라는 말은 모든 인간관계는 물론이고 심지어 사물과의 관계를 표현하는 데 쓰이기도 하는 참으로 모호한 말이다. 그래서 문화권

---

267) 위의 책, 143~146쪽 참고.

마다 사랑의 다양한 의미를 표현하는 여러 말이 있다. 무조건적인 사랑인 아가페(agape), 친애 혹은 우정을 뜻하는 필리아(philia), 열정과 육체적 끌림이 있는 사랑인 에로스(eros), 부모가 자식에게 느끼는 것과 같은 타고난 사랑인 스트로게(stroge)뿐 아니라 자기 사랑, 신에 대한 사랑 등등 사람살이 전반에 사랑이 미치지 않는 영역이 없다. 그런데도 일반적으로 사랑이라는 말로 가장 강렬하게 떠오르는 것은 이성 간의 사랑 내지 열정적 끌림이 있는 사랑, 즉 에로스이다. 하지만 이 에로스조차 플라톤에서 보았듯이 육체적 끌림으로부터 아름다움 자체라는 이데아까지 의미의 스펙트럼이 넓다. 참으로 사랑이란 말은 복잡하고 그만큼 사랑의 본질을 규명하는 일은 쉽지 않다.

그런데 과학은 사랑에는 고유한 질서와 구조가 있어서 그것을 탐지하고 발굴하고 탐험하는 일은 가능하다[268]는 당찬 주장을 한다. 그렇게 시작된 사랑에 관한 과학적 연구는 이제 '사랑의 본질'과 "어떻게 사랑하는 능력을 발달시킬 것인가." 하는 문제를 연구 대상으로 삼고 있다.[269]

일상적으로 사랑은 마음의 움직임 내지 가슴의 느낌으로 이해된다. 무엇보다 사랑은 감정으로 이해된다. 감정은 주관적이다. 그런데 감정을 지배하는 객관적 원리를 찾는다니? 이런 당찬 주장이 어떻게 가능한가. 그것은 과학이 사랑이라는 감정을 물리적 세계의 일부라고

---

268) 토머스 루이스 외, 김한영 옮김, 『사랑을 위한 과학』, 사이언스 북스, 2001, 13쪽.
269) 미셸 오당, 장 재키 옮김, 『사랑이란 무엇인가: 사랑의 과학화』, 마더북스, 2014, 14쪽.

전제했기 때문이다. 달리 말하면 오늘날 뇌과학은 사랑을 주관하는 신체 기관이 심장이 아니라 뇌임을 밝히고 있는 것이다. 감정과 인지를 물리적 신체로서의 뇌의 작용으로 밝히는 과학에서 어떤 의미의 사랑이든 그것은 뇌의 소관이 아닐 수 없다. 심지어 뇌는 우리 몸의 일부가 아니라 인간 자체라고 언명하는 뇌과학자[270]가 낯설지 않은 상황이니 사랑을 뇌의 작용이라 한들 하등 이상할 것 없다.

　뇌과학자들의 주장을 요약하면 다음과 같다. 뇌는 뉴런의 망이고, 뉴런은 신경계를 구성하는 개별 세포들이다. 뉴런의 고유한 기능은 전기적인 동시에 화학적인, 셀투셀(cell to cell) 방식의 신호전달이다. 인간의 뇌는 1,000억 개의 뉴런으로 구성되며, 이 뇌의 복잡한 구조가 인간 본성을 결정하는데, 여기에 사랑도 포함된다는 것이다. 말하자면 특정한 대상에게 끌리고 설레는 감정, 유대감과 애착이 형성되는 것, 관계에 만족하며 쾌감을 느끼는 것 등 모든 사랑하는 감정과 현상에는 다양한 호르몬이 각각 다른 역할로 영향을 미친다. 즉 도파민, 옥시토신, 엔도로핀, 페닐아틸아민, 세로토닌 등이 그것인데, 이 호르몬들의 역할을 강조하여 흔히 사랑의 호르몬 혹은 행복의 호르몬이라 일컫는다. 요컨대 사랑은 호르몬과 신경계(신경회로) 그리고 뇌 영역이 활성화되어 일어나는 것이다.

　1990년대에는 오직 뇌의 생리만으로 사랑이라는 정서의 성격을 이

---

270)　세계적인 뇌과학자 디크 스왑은 뇌는 우리 몸의 일부가 아니라 인간 자체라고 선언한다. (디크 스왑, 신순림 옮김, 『우리는 우리 뇌다』, 열린책들, 2015)

해할 수 없으며, 정서의 두뇌회로는 복잡한 네트워크로 이해해야 한다는 주장이 제기되면서 사랑과 심장과의 연관성에도 주목하고 있다.[271] 이쯤 되면 사랑과 심장의 오랜 연대를 끊어야 사랑을 제대로 이해할 수 있다던 뇌과학계의 주장이 살짝 흔들린다. 사랑의 기호인 ♥(하트heart)가 심장 형태인 것은 사랑이 가슴에서 비롯된다고 여겨져 온 역사 때문인데, 이쯤 되면 사랑을 심장과 연관시켰던 옛사람들의 직관도 가히 틀리지 않은 셈이다.

그런데 과학은 이제 사랑이 호르몬과 신경 네트워크의 작용[272]임을 밝히는 데서 나아가 사람을 사람이게 하는 상호작용의 문제까지 거론한다. 사랑의 문제를 단지 개체 단위에서 일어나는 호르몬의 작용으로 설명하는 것을 넘어서 관계 속에서 어떠한 공명과 조절, 변화가 일어나는지까지 설명하고 있는 것이다.

사랑하는 관계에서는 서로 마음을 느끼고 정서적으로 반응한다. 상대방의 마음에 이끌려가려고 하는 동시에 상대를 나의 마음에로 끌어오기도 한다. 뇌과학은 이런 현상을 변연계 공명(limbic resonance)이라는 개념으로 설명한다. 변연계 공명에 따라 뉴런의 조율이 발생하는

---

271) 예를 들면 옥시토신은 심장 세포로 하여금 심방 내에서 화학 전달 물질을 분비하도록 자극한다는 사실이 입증되었으며, 오늘날 심장이 펌프질만 하는 것이 아니라 특별한 심장세포에서도 정보 전달 물질이 분비되는 것이 밝혀졌다. (미셸 오딩, 앞의 책, 179~181쪽 참고)

272) 신경 네트워크가 어떻게 작용하는가를 이해하면 우리를 사랑으로 이끄는 직관의 가장 깊은 비밀들을 알 수 있다. (토머스 루이스 외, 앞의 책, 178쪽 참고)

데, 이런 상황이 거듭되면 당연히 뉴런의 패턴은 활성화되면서 강화된다. 이런 원리에 의해 사랑하는 사람들은 마음과 마음의 간격을 넘어서 한쪽의 마음이 상대방을 변화시키고 또 서로의 마음을 교정하기도 한다. 이것이 변연계 교정(limbic revison)이다. [273]

과학이 과연 사랑의 미스터리를 어디까지 밝혀낼지는 미지수이지만, 근래의 뇌과학적 담론들은 사랑을 마음, 영혼과 연관하여 이해하는 이들을 혼란스럽게 하기에 충분하다. 예컨대 이제껏 정신적 차원에서 논의되던 용서가 이제 과학적 연구 주제가 되었다. 용서하는 능력을 사랑하는 능력의 일면으로 보면서, "용서를 구하는 능력은 어떻게 발달하는가?"가 과학적으로 연구되고 있는 것이다. [274]

과연 불가해한 사랑의 의미는 어떻게 밝혀질까? 불가해하기에 모든 신화에서 무수하게 읊어지던 사랑 이야기는 거침없는 발걸음을 내딛는 과학적 담론에서도 그 의미를 길어 올릴 수 있을까?

---

273) 토머스 루이스 외, 위의 책, 204~206쪽 참고.
274) 미셸 오당, 앞의 책, 159~163쪽 참고.

사랑과 성애의 ———————————————————— **2.**
이중주

사랑은 욕망이다

　개개인의 삶이나 역사에서도 강력한 동력으로 작용하는 것이 사랑
이다. 동력이 된다는 것은 그만큼 강력하게 열망하는 것, 갈망이기 때
문이다. 숱한 시인과 소설가들이 사랑을 말하고 숱한 음악이 사랑을
노래하고 숱한 영화와 드라마가 사랑을 주제로 하여도 사랑이라는 소
재가 마르지 않는 것은 그만큼 사랑을 갈망하는 사람의 욕망이 마르
지 않기 때문일 것이다. 사랑 역시 모순과 역설의 굴레에 갇혀 있음을
알면서도, 사랑이 눈물의 씨앗임을 절절히 겪었음에도 사람은 여전히
사랑의 꿈을 버리지 못하는 것이다. 모순과 역설에도 불구하고 사랑
의 꿈을 버리지 못하니, 사랑 그 자체는 '신비'라고 말할 수밖에 없다.
　인간은 왜 사랑의 갈망 혹은 열망하는 사랑을 숙명으로 지니게 되
었을까? 앞에서 플라톤의 『향연』에 나온 이야기도 있었지만, 그것은

신화적 차원에서 설명한 것이다. 『향연』에서 소크라테스는 보다 합리적인 다른 설명을 한다. 즉 에로스란 자신에게 부족하고 결핍된 것에 대한 욕망이다. 결핍된 것을 취하려는 열정, 욕망이 결국 인간을 영원히 불변하는 이데아의 세계로 인도한다는 것이다. 이것이 바로 저 유명한 플라톤의 에로스의 사다리이다. 플라톤에게 있어 에로스란 정신의 상승을 위한 여정이며 진리를 향해 나아가고자 하는 열망이다.

현실세계에서는 어떤가? 현실에서 사랑이 이념적 혹은 가장 이상적인 양태로 확장 전개되기는 참으로 어렵다. 남녀 간의 사랑은, 플라톤도 인정한바, 아름다운 몸에 대한 갈망이고 결합임은 어쩔 수 없다. 그래서 사랑은 욕망이다. 사랑의 욕망은 내가 아닌 타자의 몸과 마음을 취하여 내 것으로 하려는 충동이다. 나에게는 욕망인 것이 상대를 향해서는 사랑이라는 이름을 단다. 사랑에 번민과 아픔, 불화와 분노, 의심과 고통의 그림자가 어른거리는 것은 그것이 욕망이기 때문이다.

사랑의 경험이 어떠하든, 사랑을 어떻게 정의 내리든, 남녀 간의 사랑은 성애를 배제하고 논하기 어렵다. 가히 사랑과 성애의 불가분리성이다. '플라토닉 러브'라는 말이 회자되면서 성애 없는 정신적 사랑과 육체적 사랑을 대비시키곤 하는데, 이 말이 만들어진 저간의 사정을 들여다보면 그리 간단하게 의미를 규정짓는 건 조심스럽다. 플라톤의 이름에서 따온 '플라토닉 러브'라는 개념을 만들어 낸 이는 마르실리오 피치노[275]이다. 그는 플라톤의 '에로스' 개념, 즉 완전한 이상인 '이데아'를 갈구하는 마음을 플라토닉 러브로 이해한다. 이 말이 회자되면서 고대 그리스 당시 이루어졌던 성인 남자와 소년과의 동성애로 의미가 변질되었다. 이 말이 불러일으킨 가장 큰 오해는 사랑을 육체와 정신으로 이원화시킨 점이다.

사랑이 몸과 마음으로 나누어지는가? 마음 가는 데 몸이 가고 몸 가는 데 마음 가는 이치야 굳이 설명하지 않아도 직관적으로 안다. 그러기에 플라톤의 에로스 역시 출발은 아름다운 몸에 대한 욕망이다. 달리 말하면 그리스 신화에서 사랑의 신 에로스는 관능적인 아름다움을 지닌 여신 아프로디테의 자식이다.[276]

사랑의 욕망은 신성한 광기

갈망은 너무나 강렬하여 도무지 제어할 수 없는 열망이다. 갈망하는 사랑은 너무 뜨겁다. 너무 뜨거워서 때로 너무 참혹하다. 뜨겁고도 참혹한 사랑 이야기를 짚고 가자.

사랑의 역사를 더듬는 작가들이 숨 멈추듯 탐색의 걸음을 멈추게 되는 이야기, 아벨라르와 엘로이즈의 사랑 이야기이다.

---

275) 마르실리오 피치노(1433~1499)는 이탈리아 신학자이자 철학자이다. 그는 플라톤 전집을 라틴어로 처음 번역하면서 유럽 전역에 플라톤의 사상을 소개했다.
276) 그리스·로마 신화에서 등장하는 사랑의 신 에로스에 관해서는 무수히 많은 이야기가 전해오며, 이천 년 넘는 시간 동안 숱한 해석이 회자되었다. 그런 만큼 에로스의 탄생에 대해서는 신 족보에 따라 다르고, 에로스의 아버지가 누구인가는 확실하지 않다.

피에르 아벨라르(Pierre Abélard, 1079~1142년)는 스콜라철학의 아버지라 불릴 정도로 중세 프랑스 철학을 대표하는 철학자이자 신학자이다. 당시에도 가장 인기 있는 선생이었던 아벨라르는 파리에 학교를 세웠고, 그곳에는 곳곳에서 학생들이 모여들어 아벨라르의 명성을 드높이게 되었다. 아벨라르가 명석하기로 유명했던 엘로이즈에게 개인강습을 하게 되면서 두 사람은 사랑에 빠졌다. 그때 엘로이즈는 15세, 아벨라르는 37세였다.

엘로이즈의 임신은 불화와 불행의 시작이었다. 아벨라르는 엘로이즈의 명예를 지키기 위해 결혼해야 한다고 생각했고, 엘로이즈는 결혼으로 인해 아벨라르의 앞길이 막힐 것을 염려했다. 두 사람의 문제를 알아차린 삼촌의 학대가 시작되자, 아벨라르는 엘로이즈를 수녀원으로 피신시켰다. 이 상황을 오해한 삼촌은 아벨라르의 진심을 모른 채 한밤중에 침입하여 아벨라르를 잔인하게 거세했다. 사랑도, 갈애도 죄가 아니건만, 죗값은 너무 참혹했다.

아벨라르는 엘로이즈에게 수녀원에 들어가 수녀로 종신 서원을 받으라고 일렀고, 자신도 수사로 종신 서원을 받았다. 두 사람은 수도사와 수녀가 된 이후에도 편지를 주고받았다. 두 사람이 연애한 기간은 불과 일 년이지만 그들은 죽을 때까지 사랑의 여정을 함께 한 것이다. 그러나 사랑의 여정에서 아벨라르와 엘로이즈의 심정은 각기 달랐다. 엘로이즈는 정서적 애착과 성애의 기억을 떨쳐내지 못하였다. 반면 아벨라르는 사랑을 고통스러운 감정으로 회상하며 엘로이즈에게 그 기억을 지우고 신께 헌신하라고 교도한다.

엘로이즈는 나중에, 아벨라르가 설립한 파라클레트수도원의 수녀원장이 되었다. 아벨라르의 시신은 엘로이즈의 수녀원에 안치되어 있다가 엘로이즈가 죽은 후에 파리의 페르 라셰즈 묘지에 합장되었다.[277]

아벨라르와 엘로이즈의 사랑 이야기에는 사랑의 짧은 환희와 기나긴 고통의 여정, 뜨겁고도 참혹한 사랑, 아름답고도 슬픈 사랑, 그 사랑의 양면성이 적나라하다. 두 사람이 생을 마감할 때까지 성직에 몸담았기 때문에 인생의 파멸은 면했지만, 그렇다고 사랑의 고통이 참혹하지 않은 것은 아니다. "신이여, 당신은 나에게 모든 일에 잔인하십니다! 오, 무자비하신 자비의 신이여! 오, 불운을 주시는 행운의 신이여!"[278] 이는 엘로이즈의 편지글에 적힌 내용이다. 이 얼마나 애처로운 부르짖음인가! 신에 귀의한 사람으로서 신에게 무자비하고 불운을 주신다는 애끓는 하소연을 할 만큼 그녀의 사랑은 처절하게 고통스러웠던 것이다.

에리히 프롬은 『사랑의 기술』에서 사랑하는 능력의 문제를 거론하는데 과연 이들을 사랑하는 능력이 부족한 사람이라 할 수 있을까? 에리히 프롬은 사랑은 본래 '주는 것'이요, 준다는 것은 자기 자신 속에 살아 있는 것, 자신 속에 살아 있는 것의 모든 표현과 현시(顯示)를 주

277) 메릴린 옐롬, 강경이 옮김, 『프랑스식 사랑의 역사』, 시대의 창, 2017, 9~17쪽 참고.
278) 아벨라르·엘로이즈, 정봉구 옮김, 『아벨라르와 엘로이즈』, 을유문화사, 2015, 123쪽.

는 것임을 강조한다. 더불어 프롬은 능동적인 사랑이란 준다고 하는 요소 외에 상대에 대한 보호[배려], 책임, 존중, 지식[이해] 등의 '사랑의 기본적 요소'를 내포한다고 말한다.[279] 물론 에리히 프롬이 『사랑의 기술』에서 논의하는 '사랑'은 남녀 간의 사랑만 지시하지 않는다. 그는 대(對)인간적 합일의 달성을 '사랑'이라고 부르면서 형제애, 모성애, 성애, 자기애 등을 열거한다. 그런데도 프롬의 이 논의는 남녀 간의 사랑에서도, 또 사랑하는 능력의 문제와 연관해서도 핵심적이다. 하지만 프롬의 논의는 너무 이성적이지 않은가? 합일하려는 뜨거운 욕망 그리고 사랑의 유동성 앞에서 이성적인 노력이 과연 소용이 있을까? 일탈, 근심, 불화, 응징, 희생, 파멸의 어두운 그림자가 어른거리는데도 불구하고 사랑을 멈출 수 없는 것, 이것이 광기가 아니라면 무엇일까? 차라리 사랑하는 욕망은 신성한 광기라고 하는 게 낫지 않을까?

아벨라르와 엘로이즈의 사랑이 지금까지도 뜨겁고도 참혹한, 아름답고도 슬픈 사랑 이야기로 기억되는 것은 그 사랑이 당대의 금기를 위반하고 있기 때문이다. 어쩌면 세상의 모든 사랑에는 작든 크든 금기의 위반이 없을 수 없다. 금기는 인위적이고 문화적인 제재일 뿐이다. 사랑의 욕망, 성애의 갈망이 흘러넘치는 본성을 가진 바에는 금기가 사랑을 막을 수는 없다. 그래서 인간 삶에 대한 전체적 조망을 위해 '에로티즘'을 고찰한 조르주 바타유는 "금기는 범해지기 위해 거기

279) 에리히 프롬, 황문수 옮김, 『사랑의 기술』, 문예출판사, 2019, 37~47쪽 참고.

에 있다."280)고까지 단언한다.

그런데 신화 속 사랑 이야기에는 타는 듯한 에로티즘이 넘쳐난다. 사랑 이야기가 없는 신화는 없겠으나, 타는 듯한 에로티즘이 넘치는 이야기는 그리스·로마 신화가 압권이다. 특히 신과 인간을 막론하고 아름다운 여인에게 빠져드는 제우스는 에로티즘의 화신이라 해도 과언이 아닐 정도이다. 이오를 만날 때는 먹구름으로 변신하고, 에우로페의 마음을 열기 위해서 아름다운 황소로 변신하며, 안티오페를 유혹하기 위해 사피로스로 변신하는 등 사랑을 위해 어떤 변신도 마다하지 않는 제우스, 게다가 데메테르에 대한 욕망 때문에 말로 변신하는 포세이돈까지 신화 속 사랑 이야기는 '사랑의 쟁취를 위한 변신은 무죄'라는 메시지를 전하는 듯하다. 어디 그뿐인가. 트로이 전쟁을 일어나게 만든 헬레네와 파리스의 사랑 이야기에 이르면, 사랑의 열정이 만사(萬事)의 근원이라는 생각마저 들게 한다.

신화에서부터 20세기 사상가인 바타이유에 이르기까지 남녀 간의 사랑은 이렇듯 성애와 분리될 수 없다. 사랑과 성애는 각각 독주할 수 있는 것이 아니라는 말이다. 여기서 문득 인도 카주라호의 사원 벽면을 가득 메운 남녀교합상이 떠오른다. 인도 수상이었던 간디가 부숴 버리고 싶다고 했을 정도로 남녀교합상의 면면은 충격적이다. 성행위

---

280) 조르쥬 바타유, 조한경 옮김, 『에로티즘』, 민음사, 2012. 72쪽. 바타유는 책의 다른 곳에서 "위반이란 금기를 제거하는 것이 아니라 금기를 한번 걷어 올리는 행위이다. 에로티즘의 근본은 거기에 있다."고 쓰고 있다. (같은 책, 39쪽)

란 지극히 사적인 것이어서 드러내놓고 말하지 않는데, 카주라호의 사원 벽면에는 인간이 상상할 수 있는 모든 성행위가 묘사되어 있다. 불교는 성욕의 자제를 가르치는데, 힌두교 사원에는 어떻게 이렇듯 노골적인 묘사를 하고 있는가?

힌두교의 가르침에 의하면 남녀의 교합은 생명의 탄생과 풍요를 의미하는 것이다. 나아가 남녀의 결합은 인간과 신의 만남을 이루는 행위이고 진리를 체득하는 길이며 종교적 환희에 이르는 길이다. 따라서 남녀 결합의 궁극적 지향점은 완전, 만족과 같은 정신적인 것이다. 그런데 남녀 결합의 성애가 생명의 탄생과 생명 세계의 풍요를 보장하는 것은 알겠으나, 성애가 진리를 체득하고 인간과 신의 만남이라는 것은 쉽게 와닿지 않는다. 속인의 관점에서는 가히 불가해이다.

사랑도 불가해, 성애의 궁극적 지향점도 불가해이긴 하지만, 분명한 것은 동서양을 막론하고 신화의 사랑 이야기, 그 시작은 단적으로 에로티즘이라는 사실이다. 신화는 종교처럼 사랑의 초월적인 의미나 철학처럼 사랑의 형이상학적 의미를 말하지 않는다. 신화의 사랑은 내밀한 성적 충동의 표현, 남녀상열지사이고, 그래서 에로티즘을 본질로 한다!

그리스 신화와
제주 신화의 사랑 방식
3.

그리스 신화의 사랑 이야기가 더 노골적인 까닭

그리스·로마 신화에는 신과 신, 인간과 신 사이의 사랑 이야기가 넘친다. 아니, 온통 사랑 이야기라고 해도 과언이 아니다. 그 숱한 사랑 이야기 중에는 사랑의 여정이 아름답고 고난을 극복하며 아름다운 결말을 내리는 경우도 있다. 에로스와 프시케의 사랑 이야기가 대표적이다.

그런데 아름다운 사랑 이야기보다 사랑으로 인한 갈등, 불화 이야기가 더 많다. 당연히 사랑을 둘러싸고 일어나는 사건도 복잡하다. 사랑을 빗댄 또 다른 욕망의 충돌도 다양하다. 권력의 욕망을 충족시키기 위해 여러(?) 여신들을 편력하는 이아손, 그리고 이아손의 배신에 분노하여 연적은 물론 자신이 낳은 두 아들을 죽인 최고의 악녀 메데이아 이야기가 그 대표적인 예일 것이다.

그런데 사랑을 둘러싸고 일어나는 사건은 동서양이라고 해서 크게 다를 바 없는데, 그 사건들에서 취하는 행동은 동서양이 사뭇 다르다. 어떻게 다른지 들여다보기 전에 여기서 잠시 우리네 문화를 기반으로 '사랑'이라는 말을 더듬어 보자.

우리네 문화에서 남녀 간 애틋한 감정의 흐름을 사랑이라는 말로 묘사하였을까? 아마도 근대 이후의 일이 아닐까 싶다. 사랑이 한자어 思量에서 왔다는 설도 있고, 사랑의 어원은 사람이고, 사람이 사람을 생각한다는 정도의 의미라는 주장도 있다. 사실 전통적으로 '사랑'이라는 말이 일상에서 사용되었는지, 정확하게 어떤 의미였는지는 알수 없다. 다만 '괴다'라는 말이 남녀 간의 애정에 사용되었음은 확인된다. 짐작하건대 사랑이든 사량이든, 적어도 요즘처럼 모든 인간관계에 갖다 붙이는 사랑이라는 말의 용례와는 달랐으리라는 것은 분명하다. 또 분명한 것은 사랑의 의미가 성스러움까지 확장된 것은 기독교가 전래된 이후일 것이라는 점이다.

그렇다면 전승되어 오는 한국 신화에서 사랑 이야기는 어떻게 드러나는가? 역시 남녀 간의 사랑이다. 한국 신화 내지 제주 신화인들 사람살이의 반영인데 사랑과 성애에 관한 이야기가 없을 수는 없다. 그런데도 대개는 서양 신화의 사랑 이야기는 상당히 노골적이고, 한국 신화(제주 신화)의 사랑 이야기는 성애가 중심이 아니라고 막연하게 느낀다. 실제로 그럴까? 아니다. 그렇게 느낄 뿐이다. 서양 신화의 사랑 이야기가 더욱 노골적이라는 느낌은 신화 자체에서 받은 것이라기보다는 신화를 소재로 한 미술 작품의 시각적 효과일 것이다. 그리스·

로마 신화가 이천 년 이상 회화와 조각으로, 때로는 문학으로 얼마나 강렬한 이미지로써 재현되었는가를 떠올리면 노골적이라는 느낌의 진원지가 파악된다.

다만 그리스·로마 신화가 우리네 신화보다 성적 욕망이 더욱 노골적으로 드러나는 점은 있다. 그리스·로마 신화에서 성적 욕망의 대상은 참으로 버라이어티하다. 흔히 최고의 바람둥이라 일컫는 제우스의 경우를 보자. 부인인 헤라 외에도 신, 인간을 가리지 않았고, 유부녀거나 처녀를 가리지도 않았다. 제우스의 성적 편력에 헤라는 진저리를 쳤고 질투로 몸서리를 쳤으며, 복수와 응징을 서슴지 않았다. 우리네 신화는 적어도 성적 욕망이 흘러넘쳐 그 충동대로 에너지를 발산하는 이야기는 없다. 이런 차이의 배경은 무엇일까?

근본적으로는 문화적 토양이 다르기 때문이다. 더불어 또 하나 간과하지 말아야 할 요소가 있다. 우리네 신화는 무당의 입을 통해 전승되어 온 것이고, 그리스·로마 신화는 전승되어 오던 이야기가 시인들에 의해 재생산되었다는 점이다. 당시 시인들은 이야기꾼이다. 호메로스, 헤시오도스, 아이스킬로스, 소포클레스, 베르길리우스 등등 모두 이야기꾼이다. 무당이 무가를 구송하는 국면은 제액초복을 위한 의례 국면이다. 아무리 사랑 이야기라고 한들 애욕의 적나라한 양태까지 들먹이기 어렵다. 이야기꾼은 다르다. 이야기는 은밀한 욕망을 건드릴수록 감칠맛이 난다.

은밀하지만 강렬한 성애의 갈망이 넘치는 제주 신화

다시 성애에 관한 서사로 돌아가자. 한국 신화 내지 제주 신화는 서양 신화와 달리 성애에 관한 서사가 희박한가? 그렇지 않다. 어느 쪽 신화이든 성애에 관한 서사는 대동소이하다. 다만 우리 신화에서 성애는 은유 내지 상징적으로 묘사되면서 '타는 듯한 에로티즘'을 에둘러 감추는 형태를 띨 뿐이다. 특히 제주 신화에는 은밀하지만 강렬한 성애의 갈망, 그 메타포가 춤춘다. 보자.

제주도 〈세경본풀이〉의 한 대목이다.

자청비가 여자인 것을 숨기고 문도령과 글공부를 할 당시, 자청비의 정체를 의심한 문도령이 오줌발 내기를 제안한다. 자청비는 문도령의 제안에 선뜻 응한다. 오줌발을 재려면 성기를 노출시켜야 하는데, 여자인 자청비가 어떻게 내기에 응할 수 있을까? 자청비는 자신의 음부에 대롱(대붓통)을 꽂아 문도령보다 더 멀리 오줌발을 내보낸다. 이 대목을 성애의 은밀한 갈망으로 읽지 않을 도리가 있을까? 성기 노출도 그렇고, 게다가 오줌발의 정도는 그야말로 성적 능력 자체 아닌가.

더 뜨거운 서사도 있다. 서귀포시 보목동 본향당신 '조노기한집'의 이야기이다. 할로영산 백록담에서 솟아난 '조노기한집'은 자신의 처씨[부인]에게서 줴경내(돼지고기 냄새)가 나니, 그 연유를 다그친다. 처씨의 대답은 이렇다.

> 괴기가 팟싹 먹고판(고기가 바싹 먹고 싶어)
>
> 상돗통에 기여들언 보니(上돼지우리에 기어들어가 보니)
>
> 되야지가 용베겔 베와(돼지가 큰 베개를 베고)
>
> 용줌을 자고 이서(용잠을 자고 있어)
>
> 갱맹지를 손에 감아 죄고(강명주를 손에 감아 쥐고)
>
> 항문으로 손을 드리몰아(항문으로 손을 들이밀어)
>
> 간내 식식 양외 식식을 빼어 먹어.(시원하고 좋은 간과 양을 빼어먹었다.)

얼마나 거침없고 적나라한 메타포인가. 거침없는 욕망, 거침없는 행위가 눈앞에서 벌어지는 듯 선명히 드러난다. 가히 춤추는 메타포이다.

그러나 제주 신화에서 성애에 대한 갈망은 쉽게 충족되지 않는다. 서로 필이 꽂힌 상태일지라도 자청비[281]나 정좌수 따님애기는 노련

---

281) 자청비에 대해서는 다음 항에서 소개된다.

한 밀당을 한다. 시쳇말로 쉬운 여자가 아님을 암암리에 보여준다. 필이 꽂힌 남자에게도 밀당하는 정도이니, 마음이 동하지 않는 상대에게 몸과 마음을 열 리 없다. 제인장자에게 저항하다 죽음을 맞는 원강아미[282]가 그렇다.

한편 자칫 성애에 대한 욕망에 충실하다가는 '땅 가르고 물 가르는' 형태로 응징되기 일쑤다. 그래서인지 금기의 위반이 비일비재 일어나는 그리스·로마 신화와는 달리 제주 신화에는 대단한 금기의 위반은 나타나지 않는다. 아무래도 서양과는 판이한 성규범과 성의식이 작동하는 사회문화가 영향을 미친 까닭이 아닌가 싶다.

그런데도 제주 신화에서 드러나는 사랑 방식은 그리스·로마 신화 그리고 한국 신화와도 사뭇 다르다. 제주 신화에서 남녀 간 사랑 이야기는 독특한 면이 있다. 제주 신화에서 남녀의 만남이 사랑과 결혼으로 이어지는 것은 대개 여신의 적극성에 의한다. 달리 말하면 제주 여신은 아주 적극적이고도 도발적으로 프러포즈한다. 한국 사회에서 가부장제 문화, 남성우월주의의 세례가 집중적으로 이루어진 역사적 시간을 고려하면 괄목할 만한 일이다.

제주 신화 중 가장 대표적인 사랑 이야기라면 〈세경본풀이〉가 으뜸이다. 〈세경본풀이〉에서 자청비가 문도령에게 은밀하게 다가가는 대목을 보자.

---

282) 원강아미는 제주도 〈이공본풀이〉, 즉 서천꽃밭 꽃감관인 '이공'의 내력을 푸는 무가에 등장한다.

주천강 연하못에서 빨래를 하고 있는 열다섯 살 자청비 쪽으로 하늘 옥황 문국성 문도령이 천리마를 타고 다가온다. 자청비는 짐짓 문도령을 못 본 체한다. 문도령이 자청비 앞에서 말머리를 확 돌리기도 하고 말꼬리로 물을 흩뿌리기도 하나 자청비는 모른 체한다. 밀당이다. 애가 탄 문도령이 먼저 말을 건넨다. "애기씨 물이나 한 바가지 떠 주시오." 그제야 주거니 받거니 말을 섞다가 자청비는 속내를 드러내는 말을 한다. "도련님은 어디로 가시는 분입니까?"

글공부를 하러 간다는 대답에 자청비는 순식간에 꾀를 낸다. "글공부하러 가려는 제 오라버니가 벗을 기다리고 있는데, 함께 가면 어떻습니까?" 다음 이야기는 뻔하다. 자청비는 문도령을 기다리게 하고는 집으로 가 남장을 하고는 나타난다.

남녀 간의 만남에서 필이 꽂히는 일이야 다반사이지만, 그렇다고 만남이 쉽게 이어지지는 않는다. 자청비는 문도령에게 필이 꽂혔음에도 함부로 자신의 속내를 드러내지도 않고 또 함부로 자신의 좋은 감정을 포기하지도 않는다. 제3의 길이다. 남장을 함으로써 자신을 드러내지 않고도 함께하고자 하는 욕망을 달성한다. 묘수다. 이 뒷얘기는 잠시 미루자.

한편 제주도 당신화 중에도 여신의 적극적이고 도발적인 프러포즈혹은 사랑에 대한 여신의 집착을 드러내는 이야기는 여럿 있다. 산중에서 마주친 남자를 남편감으로 점찍으면서도 짐짓 도발하며 남자를 굴복시키고 종내는 남편으로 삼는 정좌수 따님애기 이야기, 자신을 마다하고 미모의 여동생과 도주한 남편을 쫓아가 기어이 두 연인을

갈라놓는 고산국 이야기가 그렇다. [283)

사랑의 아픔과 비극적 지혜

남녀 간 만남이 어떤 과정에서 사랑의 꽃을 피웠든, 사랑에는 사랑을 꼬이게 하는 궂은 일이 끼어들지 않을 수 없다. 본래 욕망은 끊임없이 흘러가는 것이고, 성애의 갈망은 시도 때도 없이 일어나며, 나와 너의 간극은 쉽사리 메워지지 않기 때문이다.

사랑은, 아주 강렬한 사랑조차도 굳건하지 못하고 허약하다. 사랑의 허약함은 사랑하는 욕망 그 안에 잠재해 있다. 욕망은 '나'를 중심으로 움직이는데, 사랑의 대상인 '너'는 나의 욕망대로 움직이지만은 않기 때문이다. 나의 욕망은 '너'를 온전히 취하여 하나가 되고자 하나 '너'는 자신의 욕망을 쉽사리 접지 못한다. 사실 이 욕망의 이원성이 사랑을 불타오르게 한다. 누가 쉬운 여자, 쉬운 남자를 향해 애끓는 사랑의 감정이 발동하겠는가. 분명 욕망의 이원성은 사랑의 덫이고 동시에 사랑의 함정이다. 욕망의 이원성이라는 구조 안에 사랑의 자멸적인 성향이 내재해 있다. 사랑이 너무 쉽게 증오로 변하는 것은 증오가 바로 사랑의 분신이기 때문이다. 욕망의 이원성이 '사랑은 눈물의 씨앗'이라는 유행가 가사를 실감나게 한다. 그래서 아프지 않은 사랑

---

283) 이에 관해서는 하순애, 『제주도 신당 이야기』(한그루, 2024), 4장 〈사랑의 변주곡〉에 보다 자세히 서술되어 있다.

은 없다!

신화 속 사랑 이야기도 다르지 않다. 사랑의 덫과 사랑의 함정, 급기야 비극적 결말에 봉착하는 사랑 이야기가 얼마나 많은가. 특히 그리스·로마 신화에는 사랑에 얽힌 온갖 비운과 비극, 가혹한 아픔의 이야기가 넘쳐난다.

그런데 제주 신화에는 비극적 결말의 사랑 이야기가 보이지 않는다. 설사 비극적인 상황에서 죽음을 맞이했을지라도 제주 신화의 스토리텔링은 환생의 계기가 개입되고 비극적 상황은 환생으로 제자리를 잡는다. 절묘한 환생 모티프!

환생과 달리 사랑으로 빚어지는 불화와 갈등을 현명하게 대처함으로써 비극적 결말이 아니라 공생하는 사랑을 보여주는 이야기가 있다.

농경신 자청비의 사랑 이야기 〈세경본풀이〉에는 이중의 삼각관계가 등장한다. 자청비는 문도령을 만나기 위해 불가피하게 서천꽃밭 꽃감관의 딸과 혼인을 한다. 물론 이때 자청비는 남장하여 자신의 성별을 감춘 상태이다. 한편 문도령은 옥황으로 불려가 서수왕따님애기와 혼인을 한다. 이 이중의 삼각관계, 그 속에 배반의 아픔과 이별의 갈등이 어찌 없으랴. 결국 온갖 고난을 극복하고 자청비는 문도령과 혼인하여 탐라국으로 돌아오지만, 자청비는 자신의 남편 문도령에게 자신과 혼인했던 꽃감관의 딸과 한 달 중 보름을 지내도록 부탁한다. 문도령에게 버림받은 서수왕따님애기에게는 혼인잔치 때마다 그녀를 위한 음식을 차린다.[284] 사랑의 아픔을 공감과 배려로써 용해하는 절묘한 지혜이다.

또한 배신당한 사랑에 분노하여 복수하고자 쫓아갔으면서도 분노를 뛰어넘어 관용으로 공생하는 사랑을 보여주는 이야기도 있다. 서귀포 서귀당 하로산또(일문관 바람웃도)와 얽힌 사랑 이야기[285]이다. 하로산또를 사랑한 여신 고산국과 지산국, 이 삼각관계의 갈등은 어느 누구도 사랑을 이루지 못하고 제각각 뿔뿔이 흩어져 사는 것으로 결말이 난다. 하지만 이 이야기가 비극적으로 다가오지 않는 까닭은 결말이 증오와 분노에 의해서가 아니라 연민과 배려에 의한 행동이기 때문이다. 자칫 파멸로 치달을 상황에서 배신한 자들이 구하는 용서 그리고 사랑에 배신당한 고산국의 마음에서 일어나는 연민의 서사는 이야기의 클라이맥스이고 압권이다. 이 대목은 용서를 구하는 것도, 용서하고 화해하는 것도 사랑이라는 것을 절로 깨우치게 한다. 미움과 분노에서도 연민이 자라고 공생의 길을 열어가는 것이 사랑의 힘임을 깨우치게 한다.

사랑의 열정만큼 아픔과 고통이 뒤따르는 것이 사랑의 역학임을 알게 한다. 사랑의 지혜는 비극에서 피어나는 것임을 알게 한다.

---

284) 제주도 결혼 문화의 한 풍경이다. 제주도에서는 결혼 당일 신부와 신부 친구들이 신랑 집에서 음식이 잘 차려진 신부상을 받는다. 신부상을 받은 신부는 음식을 먹기 전에 상 위의 음식을 조금씩 떼어내어 상 밑에 따로 둔다. 이것은 문도령에게 버림받은 서수왕따님애기에게 바치는 정성이다.

285) 이에 관한 자세한 내용은 『제주도 신당 이야기』(하순애, 2024, 110~118쪽) 참고.

제주 신화에는 사랑의 결별에도 극단으로 치닫지 않고 배려함으로써 공존을 모색하는 이야기가 흔하다.[286) 제주 신화의 사랑 이야기를 접하다 보면, 사랑의 아픔을 넘어 비극적 지혜에 이르러서야 사랑이 완성되는 것이 아닌가 하는 생각이 들게 된다.

제주 신화를 동양적 사유로 일반화시키기는 어렵지만, 그리스 신화와 제주 신화의 사랑 이야기에서 동서양의 문화적 차이를 엿보게 된다. 서양 신화는 갈애로부터 비롯되는 현상에 초점이 맞춰져 있는 경우가 많다. 거기에는 당연히 질투와 보복의 이야기, 돌이킬 수 없는 파국과 파멸의 이야기가 뒤따른다. 한편 비극적 지혜를 말하는 제주 신화는 아무래도 갈애보다는 사랑의 역학과 사랑의 힘에 이야기의 초점이 놓인 듯하다.

---

286) 위의 책, 128~135쪽 참고.

사랑은 ———————————————————————————— 4.
새로운 '길'을 내는 일

신화적 사랑은 실패가 없다

세상에는 사랑의 말이 넘친다. "사랑은 언제나 오래 참고 사랑은 온유하며" 고린도전서의 이 말[287]은 기독교 신자 여부를 떠나서 모든 이의 가슴을 울리는 경구이다. 기독교뿐 아니라 세상의 모든 종교는 사랑을 말한다. 그러나 일상을 사는 우리는 종교적 사랑의 그 고귀한 의미를 좇아가기 어렵다.

문학은 사랑의 환희로부터 사랑의 굴레, 사랑의 막다른 골목까지

---

[287] 고린도전서 13: 4~7 "사랑은 언제나 오래 참고 사랑은 온유하며 투기하는 자가 되지 아니하며 사랑은 자랑하지 아니하며 교만하지 아니하며 무례히 행치 아니하며 자기의 유익을 구치 아니하며 성내지 아니하며 악한 것을 생각지 아니하며 불의를 기뻐하지 아니하며 진리와 함께 기뻐하고 모든 것을 참으로 모든 것을 믿으며 모든 것을 바라며 모든 것을 견디느니라."

온갖 사랑의 풍경을 그려왔으나, 아직 그 우물은 마를 기미가 없다. 사랑은 깊고도 깊은 마르지 않는 우물이다. 그만큼 문학이 쏟아낸 숱한 사랑의 말을 가지런히 담을 그릇은 없다. 분명한 것은 사랑의 말이 넘쳐난 그 기나긴 역사에서 사랑은 여전히 숙제로 남겨진 문제라는 사실이다.

사랑, 이것은 세상에서 가장 아름다운 말이다. 동시에 사랑, 이것은 세상에서 가장 아픈 말이기도 하다. 사랑의 뜨거운 감정이 불타오를수록 근심과 불안이 함께 자란다. 충만한 사랑으로 행복에 젖어 있을 때라도 불화의 씨앗은 자란다. 영원을 약속하는 사랑의 말은 늘 공허한 메아리를 품고 있다. 세상을 얻은 듯 사랑을 쟁취했다고 느끼는 순간조차 상실과 패배의 그림자가 함께 서 있다. 그래서 사랑은 역설이다. 사람이 공존하기를 결코 원하지 않는 두 항, 서로 대립적인 두 항, 예컨대 미와 추, 충만과 결핍, 조화와 불화, 행복과 불행 등등이 공존하는 것이 사랑이다.

이런 역설의 사랑을 견딜 수 있을까? 사랑을 좇아 온 그 끝에서 갈등과 불화, 결핍과 부자유, 절망과 패배의 어둠을 마주한다면 그것을 어떻게 사랑이라 할 수 있을까? 그런데도 세상은 기나긴 역사를 관통하면서 사랑을 아름답다고 찬양해 왔다. 오히려 참혹하다고 해야 하는 게 아닐까. 도대체 역설이 공존하는 사랑을 아름답다고 하는 그 의미는 무엇일까?

분명 사랑은 달콤하다. 감각적 쾌락을 준다. 이것 때문에 사랑을 아름답다고 하는 것은 아니다. 그것 때문에 치러야 할 대가가 암울한 것이라면 어찌 달콤한 순간만으로 사랑을 찬양할까.

　사랑의 아름다움은 역설적인 상황마저 기꺼이 받아들이는 힘에 있다. 앞 절에서 언급한 자청비와 고산국의 사랑 이야기를 떠올려보자. 우연한 만남과 거역할 수 없는 사랑의 감정 그리고 제삼자의 난데없는 출현, 그로 인한 고통과 고난, 주체할 수 없는 분노와 그 분노를 누르고 다시 솟아나는 용서와 희생. 이것이 사랑 이야기의 큰 줄기이다.

　사랑이 깊을수록 상처도 깊은 법, 사랑에 불가피하게 이런 고통이 따를 수밖에 없다면, 고통 때문에 사랑을 버려야 하는 걸까? 아니면 상처를 준 상대도, 고통도 받아들이고 용서해야 할까? 어렵다. 세속적 사랑에서는 참으로 어렵다. 그래서 세속적 사랑은 눈물의 씨앗이고, 거의 대부분 실패한다.

　그러나 신화적 사랑은 실패가 없다. 아니, 실패조차도 또 다른 사랑의 길에 들어서는 문턱이다. 현실에서는 사랑할수록 아프나, 신화적 사랑에서는 아픔도 사랑이다. 신화적 사랑은 역설 앞에서 우물쭈물하지 않는다. 사랑의 그늘에서 빚어지는 조바심과 질투, 고통과 갈등, 분노와 좌절 역시 사랑의 다른 얼굴이다. 사랑의 다른 얼굴을 기꺼이 받아들이는 힘이 궁극적으로 사랑을 지켜내고, 사람살이를 구원한다. 자신에게 고통을 안겨 준 대상까지도 '품'으로 감싸 안는 것, 자신을 온전히 버리는 희생과 죽음까지도 마다하지 않는 그 힘이 사랑이다. 이 초월적인 힘은 아름답다는 말로밖에 표현할 길이 없다. 결국 사랑의 아름다움은 역설에서 비로소 완성된다.

　혹자는 현실에서 사랑의 역설은 견디기 어렵다고 항변할까? 어렵다고 해서 불가능한 것은 아니다. 드물게 이런 사랑의 힘을 성취하는 이들도 있다. 이를 우리는 진정한 사랑의 승리라고 찬탄한다. 무엇보다 신화에는 사랑의 역설과 모순을 극복하여 사랑의 새로운 지평을 열어주는 이야기가 있다. 이것이 신화가 인간 집단의 '꿈'이라 일컬어지는 까닭일 터이다.

신화 속 사랑의 내밀한 구조

'꿈'은 헛되지 않다. 비록 그것이 손에 잡히는 현실이 아닐지라도 공허한 것이 아니다. 사람이 벼랑 끝 위태롭고 불안한 상황에서도 버티고, 불의와 고통이 이어지는 삶을 견디는 것은 '꿈꾸는 힘'이 있기 때문이다. '꿈꾸는 것'은 면면히 생명을 이어가는 신비적 원천이다. 어느 누구도, 그 무엇도 사람의 '꿈꿀 권리'를 박탈할 수 없다. 신화는 꿈꿀 권리의 당당한 표명이다.

삶의 신비에서 가장 근원적이고 가장 포괄적인 사건은 단연 '사랑'이다. 사람의 온갖 욕망도, 온갖 감정도, 또 사람이 사람과 얽히는 온갖 관계도, 심지어는 사람이 신에게 기대는 그 온갖 열망도 '사랑'이라는 말 한마디로 집약된다. 남녀 간의 사랑은 더 말할 나위가 없다. 이점에서 신화는 온통 사랑 이야기라고 해도 과언이 아니다. 사랑을 꿈꾸는 이야기라고 해도 과언이 아니다.

남녀 간의 사랑에 주목해 보자. 사랑이 일어나고 사랑에 휩싸이고 사랑하는 관계가 되는 것은 얼마든지 현실적으로 일어난다. 그런데 왜 사랑을 꿈꾸기라고 하는가? 사랑에는 불가사의한 사건들이 중첩되고 그 와중에서 불가사의한 변화가 일어나기 때문이다.

불가사의한 사건이란 사랑과 증오, 분노와 화해, 갈등과 조화 등 사랑의 역설적 사건을 말한다. 역설은 사랑하는 둘 사이에 경계가 있음으로써 생겨난다. 나의 욕망과 너의 욕망, 나의 감정과 너의 감정은 경계를 무너뜨리지 않고는 일치될 수 없다. 때로는 스스로 경계를 무너뜨리고 '너'의 욕망과 감정에 충실하게 일치되기도 한다. 나의 경계를 무너뜨리는 것은 나를 내려놓는 것이다. 사랑에 빠진 이들이 상대의 욕구와 욕망의 자리에 들어서는 것은 자신을 내려놓음이다. 그런데 경계는 순식간에 무너질 수 있는 만큼, 아니 그보다 더 빈번히 순식간에 단단히 세워지기도 한다. 왜 이리 변덕스러우냐고? 사랑이 욕망이고 감정이기 때문이다. 그래서 사랑의 한가운데서도 불화가 있다. 불타듯 뜨거운 사랑이 한순간에 냉랭한 이별이 되는 일도 있다. 일차적으로 경계는 단절, 절단, 폐쇄, 금지, 배제의 표식이다.

신화의 다양한 이야기에는 이런저런 세계의 경계가 있다. 여기와 저기, 이 땅과 저 땅, 강과 바다, 이승과 저승까지 이 모두가 경계를 지닌다. 그런데 신화의 줄거리는 여기와 저기의 경계를 넘어가는 것, 경계를 넘나들며 내왕하는 것, 서로 다른 세계와 소통하는 것으로 엮인다. 신화의 주인공들이 길을 떠나고 온갖 수난의 여정을 거치는 이야기는 한마디로 경계를 넘나드는 것이다.

여기서 경계는 적극적이고 긍정적인 의미를 획득한다. 경계는 단절이거나 금지가 아니라 경계가 있음으로써 새로운 길 내기가 가능해진다. 결국 신화를 관통하는 궁극적인 주제는 '새로운 길 내기'라 할 수 있다. 경계를 넘어가고 내왕하며 소통하고 감응하는 것은 모두 새로운 길을 내는 일이고 길을 닦는 일이다. 이런 길 내기가 있기에 죽음도 재생되고 새로운 삶이 되며, 수난과 고통은 안녕한 자리로 탈바꿈된다. 남녀 간 사랑도 마찬가지이다. 사랑의 역설을 자아내는 경계는 다시 더 큰 사랑이 시작되는 자리이고 그래서 생명의 자리이다. 이는 고통과 고뇌, 번민과 번뇌가 깨달음의 자리가 되는 이치와 다르지 않다. 삶의 신비이다.

앞에서 사랑의 역설에서 사랑이 완성된다고 말했다. 세속적 사랑에서는 있을 수 없는 일이다. 세간에서 남녀 간의 사랑이란 대상을 아끼고 소중히 여기며 즐기는 마음일 것이다. 그러기에 사랑으로 인하여 일어나는 아픔, 고통, 불화 등등의 역설적인 상황에서 세간의 사랑은 흔들린다. 사랑을 좇아와서 부자유와 불화와 결핍과 절망을 마주친다면 어떻게 사랑이 지속될 수 있을까. 그러나 신화는, 자청비와 고산국의 이야기에서 보듯이 사랑에서 빚어진 삼각관계, 그 불화, 갈등, 균열, 장애를 뛰어넘을 수 있는 새로운 길을 연다. 사랑이 있는 곳에는 비약과 일탈이 가능하고, 그리하여 새로운 길이 생긴다. 사랑의 힘은 역설적인 두 항을 이어주는 공생의 다리(橋)이다. 이것이 바로 신화 속 사랑이 실패하지 않는 까닭이다. 실패조차도 또 다른 사랑의 문턱으로 변화시키는 것이 신화 속 사랑이다.

신화 속 사랑의 내밀한 구조를 들여다보면, 그 사랑은 기쁨과 즐거움이 넘치는 합환(合歡)을 넘어서는 의미가 있다. 그리고 그 '사랑'의 의미층은 너무 두텁다.

신화에서 사랑은 무엇보다 먼저 욕망이다. 사랑한다는 것은 욕망한다는 것이다. 그러나 욕망의 경계에서 신화 속 사랑은 한계를 넘어서는 사랑의 힘을 보여준다. 그러기에 신화의 사랑 이야기는 사랑에 관한 신화라기보다는 한계를 넘어가고 모순을 해소하며 일탈과 비약을 가능하게 하는 등 사랑의 역학을 보여주는 사람 사는 이야기이다. 신화의 사랑 이야기는 삶은 항상 사랑이 아닐 수 없음을 보여주는 이야기이다.

그래서 신화는 비의(秘儀)이다. 이 비의는 신비스러운 신력이고 모든 신화를 관통하는 비극적 지혜이다. 신력에 있어, 힘의 원천은 무엇인가? 사랑이다. 모든 신화를 관통하는 비극적 지혜의 공통성이 무엇인가? 변화를 이끌어내는 사랑의 힘이다.

우주적 생명 개념과 우주적 사랑 개념

신화적 사유에서 생명은 살아 있는 것과 죽은 것, 생물과 무생물의 구분을 넘어선다. 생명을 살아 있는 것에 국한하는 것은 생물학적 생명 개념이다. 신화는 세상의 모든 것을 생명으로 이해한다. 한갓 돌과 바위, 물가의 숱한 모래알에서도 생명의 영을 느끼고, 죽음을 또 다른 생명 세계로 받아들이는 것이 신화 세계이다. 그리하여 썩는 것과 썩지 않는 것, 딱딱한 것과 말랑말랑한 것, 미움과 사랑 등등 세상의 모든 대립적인 것들은 신화 세계에서 생명의 연대성으로 드러난다. 가히 **우주적 생명 개념**이라 하지 않을 수 없다.

사람살이에서 도저히 피할 수 없는 사랑, 그 사랑의 원천이 무엇인지, 사랑의 근원이 무엇인지 분석적이고 합리적인 사유로는 도무지 알 수가 없다. 다만 한 가지, 사랑이 영원의 표상을 불러일으키는 것임은 분명하다. 백 년도 채 살지 못하는 인간이 사랑 앞에서는 영원을 염원하지 않는가. 유한한 인간이 영원한 사랑을 염원하는 이 불합리를 어떻게 이해할까? 도대체 무엇이 사랑에서 영원의 표상을 만들어내는가? 아무래도 한시적인 삶을 사는 인간을 영원성과 맺어주는 사랑의 원천은 생명이다. 마음에 깊이 숨겨져 있어 헤아릴 수 없는 생명에 대한 염원, 그래서 온갖 있는 것을 생명으로 받아들이는 신화적 의식, 그 우주적 생명이 사랑에서 영원의 표상을 만드는 것이 아니라면 도대체 무엇일 수 있는가! 그리하여 신화적 의식에서 우주적 생명 개념과 우주적 사랑 개념이 만난다. 즉 모든 대립적인 것을 생명의 연대성으로 녹여내는 우주적 생명 개념은 역설과 한계를 넘어 새로운 길을 내는 우주적 사랑 개념과 맥락이 닿아 있는 것이다.

대립적인 것, 양극적인 것을 통합하고 하나로 녹여내는 상징은 신화 곳곳에서 발견된다.

중국의 창조 신화에 등장하는 복희와 여와를 소재로 한 〈복희여와도〉는 우주적 생명 그리고 우주적 사랑의 회화적 재현이라 하지 않을 수 없다. 복희, 여와 두 신인의 상반신은 사람 형상인데 두 형상은 하나의 치마에 녹아들고 그 아래 하반신은 뱀의 형상으로 서로 꼬여 한 몸인 양 표현되어 있다. 그림은 남녀의 합일이 생명과 사랑의 근원임을 강렬하게 직관하게 한다.

남녀 양극의 합일과 통합은 신화에서 양성성 내지 양성구유로 의미가 확장되기도 한다. 최초의 여신이라는 관념에는 양성성의 의미가 내재되어 있다. 그리스 신화에서 최초의 여신인 가이아가 스스로 자식인 우라노스를 낳는 것이 단적인 예이다. 엘리아데는 중성이거나 여성인 신적 존재들이 혼자서 자식을 생산하는 이러한 단성생식은 양성성을 뜻한다고 하며, 양성성은 창조적 권능의 대표적 표출로서 모든 대립의 쌍을 품고 있는 신화적 주문(呪文)이라고 한다.[288]

양성성에 함축되어 있는 상징적 의미를 이해하고 나면, 농경과 풍요의 신들 대부분이 양성적이거나 양성성의 흔적을 지니는[289] 연유를 짐작할 수 있다. 앞에서 언급한 제주의 농경신 자청비 이야기가 좋은 예이다. 자청비는 여인이지만 그녀의 능동성과 대담한 실행력은 남성을 능가한다. 이야기의 초반부터 자청비는 남장한 채 문도령과 수학(修學)하며, 이후 문도령을 찾아 나선 길의 여정에서는 서천꽃밭 꽃감관의 딸과 혼인도 한다. 양성성을 드러내는 결정적인 대목이다.

자청비 외에도 제주 신화에 등장하는 여러 여신들, 예컨대 제주섬을 만든 설문대, 〈삼공본풀이〉의 가믄장아기 등도 양성인의 면모가 두드러진다.

---

288) 미르치아 엘리아데, 최건원 옮김, 『메피스토펠레스와 양성인』, 문학동네, 2006, 139 쪽 참고.

289) 위의 책, 141쪽 참고.

플라톤의 『향연』에서 언급된바, 태초의 인간은 양성구유인 안드로귀노스였고, 안드로귀노스의 힘과 지혜는 신들도 감당하기 힘들 정도였다는 서사는 신화적 의식이 고스란히 반영된 것이다. 즉 신화적 의식은 창조적 권능을 지니는 존재 그리고 완전한 인간의 이미지를 요청했던 것이고, 그러한 심리적 요구가 양성인으로 표출되었던 것이다.

신화 속 사랑 이야기가 궁극적으로 귀착하는 지점은 역시 사랑은 한계를 넘어 새로운 길을 내는 창조의 힘이라는 것이다. 그래서 신화의 사랑 이야기에서는 양성성을 지닌 주인공들이 등장한다. 그런데 신화에서 드러나는 우주적 사랑 개념을 반영이라도 하듯, 현대 철학자 에리히 프롬은 다음과 같이 말한다.

> 심리학적 의미에서도 남녀는 각기 양성적이다. 남녀는 그 자체 내에 받아들이는 요소와 침투하는 요소, 물질적 요소와 정신적 요소를 갖고 있다. 남자는-여자도 마찬가지- 그의 여성적 극과 남성적 극의 양극이 합일할 때에만 자기자신의 내면에서 합일을 발견한다. 이러한 양극성은 모든 창조의 기초이다.[290]

놀라운 일이다. 저 오래된 이야기, 신화를 관통하는 인간의 꿈, 그 사랑의 원리가 현대 철학에서 다시 되살려진다는 것은.

---

[290] 에리히 프롬, 황문수 옮김, 『사랑의 기술』, 문예출판사, 2019, 56쪽.

다시, 그래서 신화는 비의이다. 신화에는 시간의 풍화작용이 없다. 삶의 굽이굽이마다, 또 세대를 건너 다시 읊조려지는 신의 이야기는 시간의 속박에서 벗어난다. 신의 이야기가 재생되는 순간 신화적 세계는 늘 재생된다. 신화적 세계가 재생되는 그 이치에서 신화의 우주적 생명은 지속되고, 그리하여 사랑 역시 불멸이다. 말을 바꾸면 우리는 생명이 영원하기를 꿈꾸듯 늘 사랑을 꿈꾼다. 여기에 사랑의 신화적 의미가 주는 메시지가 있다. 세계는 삶의 품이고, 사랑은 그 품의 온기임을 신화는 말한다.

사물화(事物化)된 ─────────── 5.
현대의 사랑

흔들리는 인간, 사랑병

오늘날 '사랑'이라는 말은 너무 흔하게 말해진다. 남녀 간의 관계나 친밀한 관계와는 상관없는 일상에서 이 말은 마구 말해진다. 여기저기 널려 있는 상업 공간에서 "고객님, 사랑합니다."라는 말을 들을 때면, 짐짓 기분이 가라앉는다. 가당찮은 말 같기도 하고, 기계음 같기도 하고, 함부로 던지는 말 같기도 해서이다. 좋은 뜻의 말도 함부로 잦게 말해지면 의미는 증발한다. 의미가 증발한 말을 자주 접하는 일은 '참을 수 없는 존재의 가벼움'을 대면하는 것처럼 멀미가 난다.

'사랑'이라는 말이 세상에서 함부로 말해지고, 걸핏하면 하트 모양의 제스처를 남발하니 정작 사랑하는 사람끼리 하는 사랑의 말도 덩달아 가벼워지는 듯하다. 만나면 사랑이고 '쿨하게' 돌아서면 별것 아닌 게 되고 마는 세태가 어지럽다. 가히 사랑병이라 해도 좋을 만큼 사랑을 말하는데, 사랑은 사람살이에 깃들지 않고 허공을 떠다니는 양상이다.

이렇듯 '사랑'이라는 말이 진지한 무게를 지니지 않은 것이라면, 오늘날은 오히려 사랑하기 쉬운 시대인가? 아무래도 그렇지는 않은가 보다. 아무래도 가볍다고 해서 쉬운 건 아닌가 보다. 연애도, 결혼도, 출산도 포기하는 젊은이를 일컫는 '삼포 세대'라는 신조어가 이미 상식이 되었다는 것은 사랑이 쉽지 않음을 반증한다. 결혼시장이라는 말이 낯설지 않은 시대라는 것도 사랑의 의미가 증발했음을 반증한다. 시장이 무엇인가. 상품이 거래되는 곳, 공급과 수요가 만나는 곳이다. 고로 결혼시장이란 결혼이 사랑과 무관한 채로 거래되든가, 아니면 사랑조차 상품이 되었다는 말과 다르지 않다.

사랑이든 결혼이든 상품가치를 높이는 조건은 뻔하다. 아름다움을 강요하는 세상에서 사랑받을 만한 몸의 조건을 갖추는 것, 안락과 풍요를 약속하는 세상에서 안락과 풍요를 누릴 만한 경제적 조건을 갖추는 것, 이것이 핵심이다.

그렇다면 상품가치의 조건을 갖춘 이는 제대로 사랑할 수 있을까? 다른 복병이 있다. 세상은 사랑의 말만 가볍게 떠다니게 한 것이 아니다. 삶도 가볍게 살라는 메시지를 전방위적으로 쏟아내고 있다. 관계에 내재된 복잡한 감정의 그물들을 원자적 개인의 의식으로 치워버리라고 한다. 이기적이고 타산적인 삶의 태도가 현대를 사는 이들의 미덕이라고까지 말한다. 본래 사랑이란 관계 맺기인데, 사랑조차도 자기를 중심에 두라고 말한다. 자신에게 열정을 주고 자신에게 안정을 주는 사람이 사랑의 대상이라고 말한다. 급기야 사랑이 나르시시즘 현상이 되는 게 아닌가 싶을 정도이다.

에리히 프롬은 현대 사회 구조가 배태한 사랑을 '사이비사랑'이라 하면서 그 양상을 나열하는데, 첫째가 확대된 이기주의를 사랑으로 간주하는 것이었다.[291] 본래 타자에게로 향하는 감정을 사랑이라고 하는데 이기주의를 사랑이라 하니, 에리히 프롬이 사이비사랑이라 명명한 것은 참으로 타당하다. 이기적이고 타산적으로 접근하는 사이비사랑꾼에게 뜨거운 사랑은 가능하지 않다. 그런데도 사랑을 갈구하니 이것이 어떻게 가능할까? 그저 사랑병에 흔들리고 있을 뿐.

위협받는 '사랑'

전승 신화에서 사랑은 에로틱하지만 결코 안락한 것은 아니었다. 타자에 대한 에로틱한 열정은 타자에게 끌림으로써 오히려 자기를 부정하고 버리는 것, 즉 태도 변경이었다. 또 그로 인한 상처 역시 피할 수 없다. 이 점을 앞 장에서 사랑의 역설로 짚어본 바 있다. 또 사랑의 역설을 뛰어넘어 새로운 길을 내는 사랑의 역학 역시 짚어본 바 있다.

---

291) 에리히 프롬은 현대 사회 구조가 배태한 사이비사랑을 다섯 가지로 열거하는데, 내용을 요약하면 다음과 같다. 확대된 이기주의를 사랑으로 간주하는 것, '성 만족'을 사랑으로 간주하는 것, 우상숭배적 사랑, 감상적 사랑, 자신의 문제를 회피하기 위해 투사적 메커니즘을 이용하는 것이다. (에리히 프롬, 위의 책, 123~151쪽 참고)

그렇기는 해도 역시 사랑은 어렵다. 세간에 살며 욕망과 감정에 허둥대는 우리가 깊고도 깊은 우물과도 같은 신화에 담긴 사랑의 의미를 어찌 다 헤아리고 길어 올릴 수 있을까. 그래서 사랑의 상처, 사랑의 아픔, 사랑으로 인한 고뇌 이 모든 비극적인 양상들은 사람살이에서 도무지 지울 수 없는 그림자였다. 동시에 그 온갖 비극적인 사태에도 불구하고 사랑은 그 빛을 잃지 않은 채 사람살이의 원동력이 되어 왔다.

지금은 어떤가? 오늘날 사랑을 말하고, 사랑을 갈구하고, 사랑이라는 감정에 빠져 있을 때 사람들은 도대체 무엇을 욕구하는 것일까?

세태가 사랑 방식에도 반영되는 점을 고려한다면, 네트워크 세상의 세태를 들춰보는 것이 하나의 단서가 되겠다.

네트워크 세상은 단적으로 연결사회이다. 사람들은 온라인 연결망을 통해 온갖 것을 말하고 보여주며, 훔쳐보고 댓글을 달며 온라인에서 말과 영상을 소비한다. 연결하고 연결됨을 소비한다. 때로는 실제적인 삶의 면면이 온라인 콘텐츠를 위한 도구가 되기도 한다. SNS에 올릴 콘텐츠를 만들기 위해 소시민들이 오프라인에서 얼마나 수고롭게 이런저런 탐방을 하는가. 물론 이 역시 현대판 신화의 힘이기는 하다. 게다가 이 힘은 결정적인 이점을 지니고 있다. 지그문트 바우만의 말을 빌리면, "온라인 상의 관계가 가진 한 가지 결정적 이점은 언제든 삭제 키를 누를 수 있다는 것"[292]이다. 그래서 "네트워크'는 연결

---

292) 지그문트 바우만, 권태우·조형준 옮김, 『리퀴드러브』, 새물결, 2013, 25쪽.

하는 동시에 연결을 끊을 수 있는 망matrix을 나타낸다."293)

얼마나 편리한가, 언제나 나의 욕망에만 초점을 맞춰 연결하고 연결을 끊을 수 있다는 것은! 네트워크 세상에서 연결은 즐겁고 달콤한 것만 취할 뿐, 그에 상응하는 다른 대가를 취할 필요도 이유도 없다!

네트워크 세상의 연결하기에 길들여진 사람이 사랑은 한편으로 고통의 여정이라는 것을 이해할 수 있을까? 받아들이려고 할까? 온라인 공간에서 무수한 것들이 말해지고 있지만 삶에서 정작 중요한 것에 대해서는 외면하거나 침묵하는 것처럼 사랑의 역설에 대해서도 외면하지 않을까? 실제 항간에는 적정 거리의 관계가 바람직한 사랑이라든가, '쿨함'(냉담함)을 사랑의 미덕으로 찬미하는 말이 떠돈다.

본래 '사랑'은 애당초 적정 거리가 불가능하다. 사랑이 열망하는 감정인데 어찌 적정 거리가 유지될 수 있는가. 그런데도 오늘날 적정 거리를 강조하는 것은 사랑조차 타산적으로 해야 한다는 메시지일 뿐이다. 헌신하지도, 헌신을 요구하지도 않는 적정 거리의 관계, 때로 헌신할 경우란 투자 가치가 있을 때라는 타산이 작용하는 관계에서 '사랑'이 가능할까? 사랑이라는 이름으로 '사랑'이 위협당하고 있는 게 아닐까?

이런 세태를 적나라하게 꼬집는 한병철의 글을 보자.

---

293) 위의 책, 24쪽.

오늘날 사랑은 소비와 쾌락주의적 전략의 대상으로 쪼그라든다. 타자를 향한 갈망은 동일자의 안락함으로 대체된다. 사람들이 추구하는 것은 동일자의 내재성, 편하게 늘어져 있는 내재성이다. 오늘날의 사랑에는 어떤 초월성도, 어떤 위반도 없다.[294]

어쩌면 효율성과 즉각적 만족을 추구하는 현대 문화 속에서 전자레인지에서 음식을 순식간에 데우듯 그런 사랑이 바람직하고 가능하다는 문화적 미신에 빠져 있는 것은 아닐까? 어쩌면 오늘날 현대인은 '사랑'을 사랑하지 못하는 인간이 아닐까?

우주적 사랑 개념의 부활을 꿈꾸며

개체화의 논리에 인간을 종속시켜 온 근대성 그리고 현대판 신화와 자본주의적 심성에 찌든 오늘날의 우리는 신화의 상징적 언어, 그 말의 의미에 익숙하지 않다.

터치하는 것만으로 몸의 수고를 덜어주는 첨단 과학기술 문명의 시대에서 고통과 아픔, 수고와 헌신, 때로는 희생을 동반하는 사랑이 아무래도 가능할 것 같지 않다. 오히려 터치하는 것만으로 나에게로 사랑이 쪼르르 달려오게 하는 기술이 개발되기를 더 원하지 않을까?

---

[294] 한병철, 김태환 옮김, 『에로스의 종말』, 문학과 지성사, 2015, 52쪽.

그러나 삶이란 그저 주어지는 것이 아니다. 몸이 자라기 위해 성장통을 겪어야 하듯이, 아름다운 몸을 가다듬기 위해 엄청난 수고를 해야 하듯이, 삶을 단단하게 하기 위해서는 마음과 영혼의 성장통과 수고로움을 겪어내야 한다. 사랑 역시 사랑의 역설을 겪어내야 한다. 오늘날 이처럼 가볍고 경박해진 사랑은 삶을 단단하게 하는 힘이 되지 못한다.

사랑도, 욕망도, 생명도, 사람의 얄팍한 인지력으로는 도무지 다가설 수 없는 판타지이다. 그러나 그 판타지의 세계가 있어, 고단한 사람살이에도 사람은 가슴을 열어 살아가는 것이다.

가슴을 열고 나면, 판타지는 멀리 있지 않다. 우리 안에, 내 안에 판타지가 있는 것이다. 실제로 황당하기 그지없는 신화 그 자체가 무슨 설득력이 있을까. 오히려 우리 안에 숨쉬는 판타지가 신의 이야기를 자신의 이야기로 번역하는 것이 아닐까.

판타지가 사람을 살게 한다는 말은 빈말이 아니다. 판타지는 뜻 같지 않은 고단한 삶의 여정에서 놀랍게도 삶을 이어가게 한다. 꿈이든 희망이든 뭐라고 불러도 상관없다. 고단한 삶의 현실 너머를 그려내는 판타지는 상상력의 힘 그 자체이다. 상상력이 그려낸 판타지의 세계는 무궁무진하고 변화무쌍하다. 사람들은 그런 세계를 꿈꾸면서 현실의 고단함과 불만족을 깨뜨리고 뛰어넘어 간다.

신화는 판타지의 세계이다. 달리 말하면 신화는 사랑과 욕망이 그리는 판타지의 세계이고 그것은 곧 사람살이를 단단하게 이어온 건강하고 창조적인 생명력의 뿌리 같은 것이다. 세상의 온갖 사랑의 신화는 바로 이것이다. 앞에서 사랑의 역학이 삶을 변화시키는 힘이요 새로운 길을 내는 힘이라고 거듭하여 강조한 것은 단적으로 그것이 생명력의 뿌리라는 말과 다르지 않다.

생명의 신비한 힘은 아직껏 더해지지도 덜해지지도 않았다. 신화 속 사랑이 전하는 말에 우리가 귀를 기울인다면, 우리가 사랑의 신화가 건네는 암시에 가슴을 연다면 우리는 사랑병에 흔들리지도, '사랑'이 위협받지도 않을 수 있지 않겠는가? 개체적 삶의 변화뿐 아니라 사회적 삶의 변화도 이끌어내는 힘이 생성되지 않겠는가? 모름지기 자신의 가장 깊은 곳에서 생명의 뿌리를 말라 죽도록 방치하지는 말아야 할 것이다.

9장.
결어: 새로운 길 찾기

현대판 신화가
넘치는 세계 ——————————— 1.

　전통사회에서 신화가 차지하고 있던 본질적 자리를 지금은 어떤 것들이 차지하고 있는가? 신화를 비합리적이고 비과학적인 허황된 이야기로 배척하고 제거하고자 했던 근대 문명, 합리주의 위에 구축된 이 문명에서 신화는 근대성의 슬로건만큼 제거되었는가? 그렇지 않다. 합리적인 현대 문명 속의 우리들의 삶은 근대의 슬로건처럼 합리적이지 않다.

　최첨단사회라 일컫는 21세기. 시대 현실에 관한 담론은 크게 두 범주로 구분된다. 한쪽은 현 시대가 이룩한 괄목할 만한 첨단기술, 그리고 발전의 얼굴로 다가올 미래에 관한 담론이다. 다른 한쪽은 진보와 발전의 이름으로 진행된 문명의 역사 이면에 드리운 암울함에 대한 담론이다. 후자는 단적으로 인간적 삶의 위기를 강조한다.

　미디어와 각종 사회운동의 영향으로 대중 또한 시대적 위기에 관한 정보를 대체로 공유하고 있다. 그러나 시대 현실에 대한 극명하게 다른 담론에 내재된 모순을 일상적으로 꿰뚫어 보거나 문제화하는 실천적 삶을 살기는 어렵다. 일상이란 것이 본래 그렇다. 아는 만큼 행해지지 않는다. 위기에 관한 정보를 안다고 해도 그 위기를 초래한 역학적이고 복합적인 사회 구조를 파악하기 어렵다. 설령 파악한다고 하더라도 스스로 현대 사회 구조로부터 동떨어진 '섬'이 될 결단을 하지 않는 한 위기를 심화하는 일상에 동참하게 된다. 그렇게 현대인의 일상은 세상을 떠도는 말, 장밋빛 에드벌룬의 말에 붙들려 돌아간다.

이미 일상은 기술을 신격화하는 테크노폴리(technopoly)이다. 닐 포스트맨은 기술이 우리 대신 생각해 주고, 기술을 통해 만족을 얻고자 하며, 기술의 지시를 따르는 현대 전체주의적 기술주의 문화를 테크노폴리로 규정했다.[295]

테크노폴리의 세계는 이미지의 세계라 해도 과언이 아니다. 오늘날 다양한 경로를 통해 우리에게 전파되는 각종 이미지들은 욕망에 깊숙이 침투한다.

한때 전통 신화를 폄훼해 왔던 배경에는 이미지를 인식의 오류를 만들어내는 요소로 간주하는 이성 중심의 인식론이 있었다. 그런데

---

295) 닐 포스트맨, 김균 옮김, 『테크노폴리』, 민음사, 2001, 105쪽 참고. 닐 포스트맨은 인류 문화를 도구 사용 문화, 기술주의 문화, 테크노폴리로 구분한다. 기술주의 문화는 기술이 문화의 한 구성요소인 데 비해, 테크노폴리는 기술의 신격화를 통해 이루어진 문화이다. 테크노폴리에서는 기술 외의 모든 대안이 제거되고 인간의 모든 영역이 기술의 요구에 따른다는 점에서, 테크노폴리는 현재의 전체주의적 기술주의문화이다.

이성중심주의의 극단에 선 첨단과학의 21세기에서 이미지가 테크노폴리를 이루는 강력한 요소라니! 참으로 역설적이다.

그러나 잊지 말아야 하는 것이 있다. 전통 신화에서 이미지는 정신성 내지 신성성을 담지하는 것이었으나, 현대판 신화에서 이미지는 소비되고 소멸되는 물성(物性)에 불과하다는 사실이다.

더욱이 오늘날 우리는 강력한 시공간 압축의 경험을 하고 있다. 온라인 문화란 시공간을 압축시키거나 소멸시키는 문화이다. 무엇보다 시공간을 압축하는 온라인은 소비 속도를 가속화하는 수단이다. 어떤 소비인가는 문제되지 않는다. 단순한 상품(재화) 소비일 수도 있고, 교육이나 보건처럼 개인 서비스와 사회 서비스의 소비일 수도 있다. 어린이로부터 노인들까지 확산되고 있는 게임(오락) 소비일 수도 있다. 데이비드 하비는 『세계를 보는 눈』에서 소비 속도와 자본의 회전 시간이 대체로 가속화함으로써 드러나는 결과 중에서 사고·감성·행동방식의 변화를 지적한다. 즉 시공간 압축의 경험은 즉흥성과 순간성, 즉시성과 일회성의 가치와 미덕을 강조한다는 것이다.[296] 시공간이 압축되는 일상의 경험은 우리로 하여금 실제적인 현실 파악 능력을 축소하거나 상실하게 한다. 즉 인간 사고는 단순화된다. 모든 것을 수치로 환원하는 즉물적 사고는 사고 단순화의 실제 예이다.

단적으로 말하면, 현실 파악 능력의 상실은 현대판 신화들과 연관

---

296) 데이비드 하비, 최병두 옮김, 『세계를 보는 눈』, 창비, 2017, 185~190쪽 참고.

이 있다. 현대판 신화는 일상에 촘촘히, 그리고 일상의 말에 은밀하게 스며들어 있다. 자본주의 신화, 온갖 풍요의 신화, 소비의 신화, 과학 기술의 진보를 찬양하는 과학기술 신화, 일인칭적 삶을 권하는 개인 주의 신화, 정보의 신화, 미디어의 신화, 여기에 자유와 자율을 보장한 다는 기만적인 정치적 신화도 한몫한다. 우리 의식의 내밀한 곳에까 지 스며든 현대판 신화들을 일일이 거론하기조차 버겁다. 동시에 자 신이 현대판 신화에 매몰되었는지 알아차리기도 힘들다. 왜? 바로 그 것이 신화이기 때문에 그렇다. 어쩌면 테크노폴리는 현대판 신화들이 총출동한 결과일 것이다.

전승 신화와 현대판 신화의 ——————— 2.
본질적 차이

　앞에서 줄곧 전승된 신화와 현대판 신화를 대비시켜 왔다. 그런데 이 대비는 양 신화가 전적으로 다르다든가 대립적이라는 것을 지시하지 않는다. 오히려 전승 신화와 현대판 신화 사이에는 깊은 동질성이 있다. 양자는 '정동'에 의한 믿음이라는 동질성을 지닌다. 그렇다면 무엇이 정동을 일으키는가? 집단적 정동을 일으키는, 달리 말하면 공통 감각을 일으키는 배후는 '여론'이다. 전승 신화는 전승되는 집단의 '여론'에 의하여 진리로, 세계관으로 받아들여진 것이다. 현대판 신화는 지식 담론과 미디어에 의해 폭발적으로 형성되는 여론에 의해 움직여진 것이다.

　물론 전승 신화가 작동하던 옛 문명은 자연과 초자연을 향한 경외의 감정이 강렬하게 개입한 것임에 반해 현대 문명은 수학과 과학의 합리성에 기초하여 구축되었다는 점에서는 차이가 있다. 그러나 그 합리적으로 구축된 문명을 소비하는 생활은 합리적이기보다는 비합리적이고 정동적임을 부인하기 어렵다. 결국 전통 사회에서 작동하던 신화와 현대판 신화 양자가 모두 무의식적 욕망과 관계하며 감성에 호소한다는 점은 동일하다. 사실 감정을 움직이는 것(情動)이 신화이다. 그렇다면 양자에 본질적 차이가 있을까? 있다면 무엇일까?

이 차이를 드러낼 마땅한 개념이 있다. '바이오필리아(biophila)'와 '네크로필리아(necrophilia)'이다.

바이오필리아라는 용어는 생물학자 에드워드 윌슨이 출간한 책 『Biophila』에서 비롯된 것이다. 바이오필리아란 용어 그대로 생명 사랑이다. 이후 에드워드 윌슨과 스티븐 캘러트는 공동으로『생명 사랑 가설(The Biophilia Hypothesis)』이라는 책을 쓰기도 했다. 이들은 바이오필리아를 인간의 신체적·정신적 건강, 생산성, 행복한 삶을 자연 세계와 연계하려는 인간 고유의 성향으로 정의한다.

그런데 신화는 본래 자연을 삶의 근본 조건으로 받아들인 호모 사피엔스가 자연과의 영적 교통과 감응을 통해 생명 세계를 지속시키려는 열망에서 만들어 낸 이야기이다. 따라서 신화의 뿌리는 '생명'의 지속이고, 세계 모든 지역의 신화가 그 내용은 달리할지라도 바이오필리아를 근간으로 한다는 통찰은 결코 지나치지 않다.

한편 네크로필리아는 본래 시체애호증 내지 성도착증을 지시하는 정신병리학의 용어이다. 에리히 프롬은 이 용어의 의미를 확장한다. 그는 심리적·도덕적 차원에서 인간은 근본적으로 '죽음을 사랑하는 사람(necrophilous)'과 '삶을 사랑하는 사람(biophilous)'으로 구별한다.297) 나아가 그는 이 개념을 단순히 정신질환의 의미가 아니라 힘과 지배의 사회적 관계에서 나타나는 성격 구조와 연관시킨다. 프롬에 따르면, 죽음을 사랑하는 경향을 지닌 사람은 살아 있지 않은 모든것에 매혹당하고 그것에 대해 말하기를 좋아하는 사람이며, 유기적인 것을 무기적인 것으로 바꾸어 놓고 마치 생명 있는 모든 사람이 사물이기라도 한 것처럼 삶에 기계적으로 접근하려는 욕망에 사로잡힌다고 한다.[298] 이리하여 프롬에 있어 네크로필리아의 의미 확장은 현대 산업사회에까지 이른다. 그는 현대 산업사회의 평범한 일상에서, 삶의 원리가 기계화의 원리에 종속되어 있는 현실에서 우리는 이미 네크로필리아에 깊숙이 들어와 있다고 말한다.[299]

앞에서 테크노폴리라는 용어로써 현대판 신화가 넘치는 세계를 서술한 것과 프롬이 모든 현대 산업사회에 네크로필리아가 존재한다고 선언하는 것은 맥락이 닿아 있다. 현대판 신화는 생명에 대한 사랑을 말하지 않는다. 현대판 신화는 사물(事物)로 넘쳐난다. 현대 산업사회의 특징인 양화(量化), 수치화는 생명 있는 것조차 사물(死物)로 취급하는 방식이다. 소유하고 소비하고 더 많이 사용할수록 즐거운 삶이라는 메시지를 던지는 현대판 신화는 단적으로 네크로필리아이다. 오늘날 네크로필리아의 세상에서 생명의 의미도, 생명 세계에 대한 인식도 희석되고 박탈되어 버렸다. 가히 **뿌리 뽑힌 삶**이 되어버렸다.

---

297) 에리히 프롬, 황문수 옮김,『인간의 마음』문예출판사, 2021, 58쪽.
298) 위의 책, 59~62쪽 참고.
299) 위의 책, 95쪽 참고.

오늘날 세상은 "욕망하는 대로 살라."고 우리를 부추긴다. "욕망하라! 충족될 것이다!"라는 메시지가 범람한다. 고통을 제거하고 충족을 담보하는 돈만 준비하라고 속삭인다. 편리와 풍요와 안락을 누리라고 속삭인다. 현대판 신화에 강제된 줄도 모른 채 우리는 풍요롭고 안락한 생활을 위해 내달리지만, 그 결과 우리가 실제로 겪는 것은 만성피로와 번아웃이다.

반면 오래전 신화를 만들어 낸 사람들은 이 시대의 우리와는 달랐다. 그들은 서로 상반되는 것들이 공존하고 결합하는 것이 세상의 이치임을 알아차렸다. 그러기에 그들이 꾸려가는 이야기에서 양면성이 없는 신은 없다. 바람신 영등할망이 바다밭과 육지밭에 씨앗을 뿌리면서 풍요를 가져다주기도 하지만 동시에 폐농·폐해의 원인이기도 하다는 것을 그들은 일찌감치 알아차렸다. 그들은 악, 고통마저도 사람살이의 온 세상에 필요한 것임을 알아차렸다. 그리하여 서로 대립되는 것, 상반되는 것이 합일되고 결합하는 그 신비와 역설을 신의 이름으로 이야기했던 것이다. 신성(神性)은 곧 신비와 역설의 저장고이다.

사람살이는 모순과 역설의 장이다. 욕망으로부터 고통이 생겨나지만, 동시에 욕망은 삶의 동력이다. 욕망을 없애면 삶을 이어갈 수가 없고, 욕망을 그대로 품고 살면 고통을 면할 길이 없다. 전승 신화는 고통을 제거할 수 있다고 말하지 않는다. 다만 칠흑 같은 어둠에 갇혀 있다가 서서히 차오르는 달처럼 어떤 고통도 결정적이지 않다고 말한다. 서로 대립되는 것, 상반되는 것이 합일하는 그 신비와 역설을 신의 이름으로 이야기함으로써 삶 전체에 낙관적인 전망을 말한다. 그래서 전승 신화는 바이오필리아인 것이다.

전승 신화와 현대판 신화의 또 다른 차이점도 있다.

4장에서 언급했듯이, 전승 신화는 세상의 모든 존재를 나와 다름없는 생명과 감정을 지닌 존재로 보는 상모적 세계관에 입각해 있다. 상모적 세계관에서 세상은 생명의 연대성이 작용하는 생명 세상이다. 옛사람들은 상모적 세계관에서 그리고 감성 언어로써 신들의 역사를 이야기했다. 말하자면 신들의 이야기는 옛사람들의 상상에 의해 그들 속에서 탄생하고 그들의 삶에서 누누이 말해지면서 전승되어 왔다.

반면 현대판 신화는, 이성의 논리에 입각한 지식 권력의 담론이고 조작된 표상이다. 현대인들이 그것을 조작된 표상이라고 인지하지 못하는 것은 그것을 가치로서 자연스럽게 내면화하고 있기 때문이다. 롤랑 바르트가 『현대의 신화』에서 '신화'라고 지칭하는 것은 정확하게 바로 이것이다.

혹자는 이런 물음을 던질 수도 있겠다. 전승 신화 역시 조작된 표상 아닌가? 같지 않다. 전승 신화가 정서적 유대감에 의해 형성되고 받아들여진 집단의 꿈이라는 점에서 현대판 신화의 조작된 표상과는 다르다. 혹시 전승 신화도 담론의 구성물이라 주장한다고 할지라도, 양자가 삶에 끼친 영향은 사뭇 다르다.

삶을 구성하는 기본적 요소들은 일면적이지 않다. 탄생과 죽음으로부터 뿌리고 거두는 것, 성장하고 쇠퇴하는 것, 병들고 치유하는 것,

싸우고 화해하는 것 등등 삶의 면면은 대립항이다. 전승 신화는 그 어떠한 것도 배제하거나 버리지 않고 세상의 품으로 보듬는다. 반면 현대판 신화에 사로잡힌 현대인들은 대립항을 부정하고 일면성만을 추구한다. 현대가 봉착한 모든 문제의 근원은 바로 이것이다.

근대 문명에 대한 반성의 길목에서 ———————— 3.
떠오른 신화적 사유

오늘날 조작된 표상으로 생각하고 행동하는 우리는 무엇을 잃어버렸을까, 어떤 세계를 잃어버렸을까? '위기'라는 말이 너무 흔하게 떠도는 만큼 우리는 자연을, 자연에 대한 감수성을, 인간성을 잃어버렸는지 모른다. 생명 그리고 삶을 총체적으로 읽어내는 문해력을 잃어버렸는지도 모른다. 사실 인생이나 지구에 대한 문해력을 길러주지도, 기르기를 요구하지도 않는 세상이다. 세상에 대한 궁금증도 호기심도 질문도 없는 것이 오히려 당연한 것이 되어버린 삶이다. 그래서 우리가 영성을 잃어버렸다고 말하는 이들도 있다. 종교가 영성을 담보한다고 하나, 오늘날 거대 종교는 더 이상 네크로필리아의 삶을 저지하지 못한다. 어떤 측면에서는 세속화된 종교가 네크로필리아적 삶에 가속도를 붙이기도 한다. 참으로 암울한 시대이고, 우리는 마치 삶의 길, 생명의 길을 잃어버린 듯하다. 이런 상황에서 오늘날 우리에게 신화는 어떤 의미가 있는가?

이는 이 책의 서두에서 던졌던 물음이다. 물음은 신화가 문화적 화두가 되는 현상, 달리 말하면 신화를 소재로 삼아 문화콘텐츠를 생산하는 움직임이 두드러지는 현상을 문제 삼았다. 그런데 이 물음보다 더 근원적인 문제의식은 이미 있었다. 현대 문명에 대한 반성의 연장선상에서 신화적 사유에 대한 천착이 있었다.[300] 기계론적 자연관과는 달리 자연을 영적 존재로 보는 신화적 사유는 자연 파괴의 현실 앞에서 유의미한 대안으로 떠오를 만했다. 자연 세계를 생명 세계로 보며, 자연에 충만한 영성이 있다는 관점은 자연을 타자화하고 도구화하는 현대 문명의 대척점에 서 있는 것이었다.

신화에 관한 조지프 캠벨의 작업이 사회적 메시지를 띤 것은 바로 이 지점이다. 캠벨은 신화에서 풍성한 영적 지혜의 원천을 읽어내었다. 그는 신화라는 단어를 숭배와 경배의 대상으로서의 신에 관한 이야기로 해석하는 대중들의 이해는 '오류'일 뿐이라고 일침을 놓는다. 그에 따르면 신은 자연생명력이 인격화한 것으로서 생명력이 주(主)이고 신은 부차적인 것[301]이며 따라서 신화는 삶의 깊은 신비들에 관한 지혜[302]라고 할 수밖에 없는 것이다.

일찍이 레비-스트로스는 '인류 최고의 철학으로서의 신화'라는 표현을 쓰면서, 신화는 '감각의 논리'를 구사해 우주 안에서의 **인간 삶의**

---

300) 이에 관한 보다 자세한 내용은 2장 3절에서 다루었다.
301) 조지프 캠벨, 『여신들』, 53쪽.
302) 위의 책, 56쪽.

의미를 이야기하고자 하는 인류의 대담한 철학 행위의 시작을 의미하는 것이라고 하였다. 나카자와 신이치는 레비-스트로스의 견해에 부쳐 신화가 철학적 사고라는 점을 다음과 같이 강조한다.

> 국가나 일신교가 발생하기 이전의 인류는(구석기 시대 후기부터) 신화라는 양식을 이용해서 우주 안에서의 자신들의 위치나 자연의 질서, 인생의 의미 등에 대해 깊은 철학적 사고를 해왔다. 신화는 후에 발생한 종교와는 달리, 아무리 환상적인 상황을 상상하고 있을 때라 할지라도, 현실 세계에 대한 강렬한 관심과 현실 세계를 지적으로 이해하고 싶어 하는 욕구를 상실한 적이 없다.[303]

이렇듯 신화적 사유로 관심을 돌린 학자들은 과학과 기술의 메마른 탐욕에 사로잡힌 현대가 생명 세계를 고갈시키는 불행의 싹이라는 공통의 문제의식이 있었다. 그러기에 이들은 지혜의 비밀들을 옛사람들의 흔적에서 찾고자 한 것이다.

그런데 설사 신화가 영적 지혜의 원천이라고 할지라도 오늘날 현대인들이 신화를 통해 영성을 회복할 수 있을까? 현대판 신화에 매몰된 채 조작된 표상에 일상을 떠맡기고 있는 현대인들이 신화에서 영성을, 나아가 문명의 대안적 실천을 할 수 있을까?

---

303) 나카자와 신이치, 김옥희 옮김, 『신화, 인류 최고의 철학』, 동아시아, 2002, 10쪽.

네크로필리아적 삶이 만연한 오늘날, 우리의 삶과 환경이 어느 정도로 무너졌는지를 짐작케 할 기사를 하나 보자.

제27차 유엔기후변화협약 당사국총회(COP27)가 이집트 샤름 엘 세이크에서 2022년 11월 6일 열렸다. 198개 당사자국이 결집한 이 총회에서 안토니우 구테흐스 유엔 사무총장과 세계 정상들은 각국의 미흡한 기후대책을 비판하며 새로운 협약 마련을 촉구했다. 구테흐스 사무총장은 "우리 행성은 기후 재앙을 되돌릴 수 없는 티핑 포인트(임계점)를 향해 빠르게 다가가고 있다."라며 현 상황을 "기후 지옥으로 가는 고속도로에서 가속 페달을 밟고 있는 것"으로 비유했다. 그는 또 "기후 연대 협정을 맺든지, 집단 자살 협약을 하든지 선택해야 한다.", "전 세계 가난하고 취약한 사람들은 이미 기후 재난을 경험하고 있다. 이 고통의 물결을 끝내야 하는 순간이 왔다."라는 결의에 찬 발언을 하였다.[304]

유엔 사무총장의 발언 내용은 참담하고 암울한 시대 현실을 여과 없이 보여준다. 이 현실은 악인들이 만든 것이 아니다. 성장을 향해 달려온 정치·경제와 돈의 가치를 최우선 가치로 삼고 그것을 행복의 열쇠라고 간주한 인간 유형들이 만든 결과이다.

---

[304] 프레시안 2022년 11월 8일자 신문 참고.

신화적 사유를 ——————————— 4.
회복할 수 있을까?

네크로필리아적 삶은 단적으로 생명 있는 것을 죽은 사물로 만든다. 그렇다면 네크로필리아가 팽만한 현대는 생명의 빛, 생명의 뿌리, 생명의 심원한 깊이를 잃어버렸는지 모른다. 이 와중에 있는 우리가 어떻게 신화의 의미를 읽어낼 수 있을까? 어떻게 신화적 사유에 접근할 수 있을까?

더욱이 신화는 지혜의 원천이기만 한 것이 아니다. 신화에는 덫이 있다. 우선은 신화의 덫을 제거하는 작업이 필요하다.

신화는 특정한 집단의 문화를 지속시키는 응집력이었다. 지금도 중국의 소수민족, 인도 등등에서 신화의 응집력은 충분히 확인된다. 서로 다른 문명의 신화는 현저하게 다르다. 캠벨의 표현을 빌리자면, 한 신화에서 미덕이던 것이 다른 신화에서는 악덕이 되고 한 신화에서 천국은 다른 신화에서 지옥이 될 정도로 다양하다. 특정한 문화권에서 응집력이 된 신화는 그야말로 이데올로기였던 것이다. 이미 다양한 문화를 가로지르는 현대의 공통적 이데올로기들, 예컨대 자본주의, 개인주의 등이 횡행하는 시대에서 지역 고유의 신화의 의미와 가치를 강조하는 것이 가능할까?

신화의 의미를 강조하는 것은 신화의 의미를 회복하는 것과는 다르다. 현대판 신화를 극복하거나 전복하는 데 이르기 위해서는 그 강조가 사회의 여러 기제들에 적용되고 의미의 재생산과 확대가 일어나야 한다. 가능하지 않은 것은 아니나, 여러 통로에서 적용의 과제가 해결되어야 한다. 그런 점에서 작금의 문학과 예술의 여러 장르에서 일어나는 '신화의 재신화화' 양상에도 일말의 긍정적 측면은 있다. 하지만 소재주의에 입각해서 신화를 활용하는 활동들은 상품의 개발일지언정 신화의 의미 회복을 위한 활동일 수는 없다. 비록 그것이 '창작'이라는 이름으로 불리는 활동일지라도 그렇다. 전승 신화를 하나의 소재로 삼으면서, "스토리텔링을 생산하고 소비하는 과정을 통해서 다양한 사회문화적 과제에 대한 해답을 얻을 수 있을 것이다."[305]라는 주장은 현대 세계와 신화 양 측면에 대한 피상적인 이해에서 나온 낙관적 전망일 뿐이다. 바로 이 점에서 필자는 미술가, 문학가들을 대상으로 하는 신화 강의에서 신화를 단지 소재로 접근하는 자세로는 스토리에 대한 신화적 접근 내지 신화의 해석이 가능치 않다는 점을 누누이 강조하였다.

---

[305] 한혜원, 앞의 책, 4쪽.

동시에 특정 지역에서 이데올로기 기능306)을 담당했던 지역주의
적 의미는 지양될 필요가 있을 것이다. 오늘날 회복되기를 열망하는
신화적 사유는 세상에 대한 더 넓고 깊은, 더 포괄적인 이해이다. 지
역주의에 국한된 고루한 신화를 넘어서는 곳에 신화적 사유가 열릴
희망이 있다.

여기에 신화의 올바른 해석이라는 요구가 성립한다.

신화적 사유에 대한 올바른 접근은 오늘날의 합리적 세계관, 과학
적 세계관의 오만과 오류를 극복하게 한다. 그것은 생명의 뿌리를 일
깨운다. 그것은 인간의 표상을 초월한 궁극적인 신비에 다가가게 한
다. 캠벨이 신비란, 바로 우리들 자신과 우리가 사는 세계의 존재 자
체에 다름 아니라고 한 말은 신화적 사유 안에서 일어나는 생명과 세
계에 대한 경외와 겸허의 감정을 이른 것이다. 그는 이것을 "네가 바
로 그것이다."라는 한마디로 표현한다.307) 과연 이러한 차원의 신화
적 사유를 회복할 수 있을까?

---

306) 신화는 특정 종족의 정체성을 형성하는 이데올로기 기능을 할 뿐 아니라 광범위한
문화에서도 이데올로기 기능을 해 왔다. 예컨대 그리스·로마 신화에는 제우스를
정점으로 한 가부장제를 받쳐주는 이데올로기가 숨겨져 있다. 대부분의 건국 신
화 역시 마찬가지이다.

307) "네가 바로 그것이다. (Tat tvam asi)"는 우파니샤드에 나와 있는 말이다.

과제는
우리에게 있다

여러 문화권에서 아직도 전승 신화가 생명력을 유지하는 경우도 있다. 대개 그 경우는 신화가 공동체나 종족 혹은 민족의 정체성을 심어 주는 기능을 하기 때문이다. 이 점에서 건국 신화는 그 무엇보다 강력한 이데올로기 기능을 한다. 그러나 많은 신화학자들이 신화의 기능으로 파악한 몇 가지 특징은 현재 유지되고 있다고 보기 어렵다. 앞에서 누누이 언급한 바이나, 현대판 신화가 생활 세계를 압도적으로 지배하고 있는 상황에서, 전승 신화가 생활 방식을 지배하는 규칙 혹은 삶에 의미를 부여하는 믿음의 원천이라는 기능은 가능하지 않다.

그렇다면 어떻게 신화적 사유의 의미를 진지한 사고의 흐름 속으로 복원시킬 수 있을까? **어떻게** 인간 외의 존재에 대해 현대의 우리가 부여해 오던 열등한 가치를 전복할 수 있을까? 이런 전복이 전체성으로서의 자연에게까지 확장되고, 그 자연에 인간이 동화되게 할 수 있을까? 어떻게 신화가 **자연과 인간에 대해 새롭게 눈뜨게 하는 계기일 수**

있을까?

물론 현대에서 하나의 문화콘텐츠로서 전승 신화가 소환되는 것은 신화적 사유의 흔적이 현대인에게 남아있기 때문일 수도 있다. 엘리아데는 현대를 사는 인간의 꿈에서, 공상에서, 향수에서 신화가 느껴진다고 하면서 신화가 현대인에게 다소 훼손된 형태로라도 남아있지 않을까를 자문할 수 있다고 한다. 그는 신화의 구조와 기능을 보존하고 있는 한 예로서 축제를 거론하기도 한다.[308]

하지만 오늘날 축제 역시 전통사회에서 지니던 의미와 기능으로부터는 멀어졌다. 인도와 같은 예외적인 나라가 있기는 하지만, 대부분 지역의 축제는 지역 경제와 밀월 관계에 있다. 한국 사회에서 지역마다 신생 축제들이 우후죽순 터져나오는 것도 같은 맥락이다. 이런 상황에서 어떤 계기를 통해 흔적으로 남은 신화적 사유의 내밀한 차원에 다가갈 수 있을까?

실마리는 있다. 무엇보다 신화는 '정동을 일으키는 이야기'이고, 그이야기를 관통하는 특별한 정서는 생명에 대한 감정이다. 이 점은 이미 카시러가 언급한 바 있다. 카시러는 신화를 통합하는 그 특별한 정서를 생명감정(das Lebensgefühl)과 동일시하면서, 우리가 역동적인 생명감정을 느낄 수 있을 때에만 신화의 세계를 인식할 수 있게 된다고 한다.[309]

---

308) 미르치아 엘리아데, 『신화·꿈·신비』, 22~23쪽 참고.
309) 이반 스트렌스키, 앞의 책, 63~64쪽 참고.

카시러의 말은 설득력이 있다. 그것이 정동을 일으키는 원리에 닿아 있기 때문이다. 실재적이지 않은 시간과 공간에서 벌어지는 이야기, 그래서 때로는 황당한 이야기라고밖에 할 수 없는 이야기가 정서적으로 받아들여지는 그 원리, 사람과 사람을 이어주고 사람과 장소를 이어주는 그 원리는 바로 생명을 희구하는 실제적인 힘, 즉 생명감정이다. 그리고 바로 이것이 실제로 오랜 시간 신화의 힘을 발휘하게 하는 원천이었다.

오래된 서사인데도 제주 신화가 구송되는 의례의 현장에서 삽시간에 신화의 시간에 밀착해 있는 느낌을 필자 역시 경험한 바 있다. 의례의 국면이기도 하지만, 때로는 이야기 자체에서 이 느낌은 강렬하게 엄습하였다.[310] 이런 느낌, 감정은 필자의 특수한 경험이 아니라 생명과 삶을 지키려는 열망을 지닌 사람의 공통된 경험일 것이다.

보다 직설적으로 말하자. 인간의 위대함에 관한 말들이 회자되지만, 뒤집어 생각하면 인간만큼 나약한 존재도 없다. 인간만큼 괴로움, 고통, 불행, 슬픔을 호소하는 존재도 없다. 나약하기에 더 간절한 소망을 가졌던 인간이 만든 것이 신화가 아니고 무엇인가.

첨단과학 문명의 시대를 사는 우리는 나약하지 않은가? 자연을 지배하고 조작하며 "무엇이든 가능하다."는 환상을 소비하는 이 시대에 인간은 덜 불행한가? 전혀 그렇지 않다. 오히려 더 나약하고 더 위태

---

[310] 의례 국면에서 "이야기가 어떻게 감정을 통일하는가?"에 관해서는 이 책 3장 3절에서 다룬 바 있다.

롭다. 이 점을 나는 앞의 여러 장에서 '현대의 편협한 세계 이해', '생명의 의미가 박탈되는 시대', '사물화된 현대의 사랑'이라는 제목으로 다루었다.

더 나약하고 더 위태로워진 인간과 세상, 이런 상황에서 **무엇이 삶의 자양분이 되는 말이 될까?**

앞에서 누누이 언급했지만, 신화는 그저 비합리적이거나 원시적인 야만 상태에서 만들어진 이야기가 아니다. 기독교 혹은 서구 근대의 시각에서 만들어진 신화에 대한 작위적인 해석은 이제 더 이상 지탱할 수 없는 처지가 되었다. 이제 전승이 말 걸어오는 것에 귀를 열어보자.

전승 신화의 말은 놀랍게도 풍성하다. 세상의 온갖 현상, 온갖 존재, 온갖 감정이 고스란히 생명의 지평에서 수용된다. 우리가 자연이라는 말로써 이해하는 지구적인 차원의 현상도, 또 그 너머의 우주적인 공간도 우리와 맞닿아 있다. 신화 여기저기에 등장하는 여러 동물, 예컨대 소, 돼지, 닭, 뱀, 까마귀 등 그 어느 존재도 의미작용의 차원에서 배제되지 않는다. 그들은 인간보다 열등한 동물이 아니라 인간이 지니지 못한 탁월한 역량을 지닌 존재들이고, 생명 세계에서 심오한 의미를 함축한 존재들이다. 달리 말하면 신화의 세계는 존재론적으로 온전히 충만한 참여의 세계이다.

전승의 말을 귀담아듣는다면, 오래전 우리도 그 세계의 참여자였지만 지금은 잃어버린 그 생명 세계에 온전히 재통합될 수 있을지도 모른다. 우리가 전승의 말에 귀 기울여 삶의 자양분이 되는 말을 찾아낼 수 있다면, 그것은 오늘날 우리가 잃어버린 위치 상실, 방향 상실을 치유할 수 있을지도 모른다.

삶의 시간, 개인의 시간이 얼마나 무상한지를 생각하자. 이 무상하고 허망한 삶 앞에서 그리고 '서서히 가라앉는 배'와 같은 이 문명에서 남겨둬야 하는 것이 무엇인지를 생각하자. 전승의 말, 그 풍성한 의미의 세계를 접함으로써 온통 세상의 말에 사로잡혀 있는 편협함을 벗어나 다른 사유, 다른 의미를 찾아낼 과제는 우리에게 있다.

신화를
철학하다

[참고문헌]

『고려사』.

『산해경(山海經)』.

『삼국유사(三國遺事)』.

『영주지』.

『일본서기 고사기』, 최박광 옮김, 동서문화사, 2021.

『장자』「내편」〈응제왕편〉.

『한국민속문학사전』, 국립민속박물관.

『한국민속신앙사전』, 국립민속박물관.

게오르그 빌헬름 헤겔(Georg Wilhelm Friedrich Hegel), 임석진 옮김, 『법철학』, 한
　　길사, 2008.

국립문화재연구소, 『서울새남굿』, 1998.

김동섭, 『미국을 만든 50개 주 아야기』, 미래의 창, 2021.

김선자, 『중국 소수민족 신화기행』, 안티쿠스, 2009.

김열규, 『동북아시아 샤머니즘과 신화론』, 아카넷, 2003.

김태곤, 『한국무속연구』, 집문당, 1981.

김헌, 『그리스문학의 신화적 상상력』, 서울대학교 출판문화원, 2016.

김헌선, 『한국의 창세신화』, 길벗, 1994.

나카자와 신이치(中沢新一), 김옥희 옮김, 『신화, 인류 최고의 철학』, 동아시아, 2002.

닐 포스트맨(Neil Postman), 김균 옮김, 『테크노폴리』, 민음사, 2001.

데이비드 하비(David Harvey), 최병두 옮김, 『세계를 보는 눈』, 창비, 2017.

동아대학교 석당전통문화연구원, 『한국인의 생명관과 배아복제윤리』, 세종출판사,
    2005.

동아대학교 석당전통문화연구원, 『한국인의 죽음관과 생명윤리』, 세종출판사, 2005.

디크 스왑(Dick Swaab), 신순림 옮김, 『우리는 우리 뇌다』, 열린책들, 2015.

롤랑 바르트(Roland Gérard Barthes), 이화여자대학교 기호학연구소 옮김, 『현대의
    신화』, 동문선, 1997.

리처드 도킨슨(Clinton Richard Dawkins) 외, 존 브릭만 엮음, 이한음 옮김, 『궁극의
    생명』, 미래엔, 2017.

린 마굴리스·도리언 세이건, 김영 옮김, 『생명이란 무엇인가』, 리수, 2016.

마르실리오 피치노(Marsilio Ficino), 조규홍 옮김, 『사랑에 관하여: 플라톤의 《향연》
    주해』, 나남, 2011.

메릴린 옐롬(Marilyn Yalom), 강경이 옮김, 『프랑스식 사랑의 역사』, 시대의 창,
    2017.

문무병, 『제주도무속신화-열두본풀이자료집』, 칠머리당굿보존회, 1998.

미르치아 엘리아데(Mircea Eliade), 최건원 옮김, 『메피스토펠레스와 양성인』, 문학
    동네, 2006.

미르치아 엘리아데(Mircea Eliade), 강응섭 옮김, 『신화·꿈·신비』, 도서출판 숲, 2006.

미르치아 엘리아데(Mircea Eliade), 이은봉 옮김, 『종교형태론』, 한길사, 1996.

미셸 오당(Michel Odent), 장 재키 옮김, 『사랑이란 무엇인가: 사랑의 과학화』, 마더
　북스, 2014.

배영기, 『죽음의 세계』, 교문사, 1992.

베로니카 스트랭(Veronica Strang), 하윤숙 옮김, 『물의 인문학』, 반니, 2020.

브라이언 그린(Brian Randolph Greene), 박병철 옮김, 『엔드 오브 타임』, 와이즈베
　리, 2021.

브루노 스넬(Bruno Snell), 김재홍 옮김, 『정신의 발견』, 까치, 1994.

브루스 링컨(Bruce Lincoln), 김윤성·최화선·홍윤희 옮김, 『신화 이론화하기』. 이학
　사, 2009.

서울대학교종교문제연구소 편, 『신화와 역사』(강돈구, 「동아시아 신화 종교 민족정
　체성」), 서울대 출판부, 2003.

세라 바틀릿(Sarah Bartlett), 임소연 옮김, 『100가지 상징으로 본 우주의 비밀』, 시그
　마북스, 2016.

손진태, 『孫晋泰先生全集 五: 朝鮮神歌遺篇』, 태학사, 1981.

시라카와 시즈카, 윤철규 옮김, 『한자의 기원』, 이다미디어, 2009.

아리스토텔레스(Aristoteles), 손명현 옮김, 『시학』, 동서문화사, 2009.

아벨라르·엘로이즈, 정봉구 옮김, 『아벨라르와 엘로이즈』, 을유문화사, 2015.

에르빈 슈뢰딩거(Erwin Schrodinger), 서인석·황상익 옮김, 『생명이란 무엇인가』, 한
　울, 2001.

에른스트 카시러(Ernst Cassirer), 최명관 옮김, 『국가의 신화』, 창, 2013.

에른스트 카시러(Ernst Cassirer), 심철민 옮김, 『상징형식의 철학 II-신화적 사고』,

도서출판b, 2012.

에른스트 카시러(Ernst Cassirer), 최명관 옮김, 『인간이란 무엇인가』, 창, 2008.

에른스트 카시러(Ernst Cassirer), 오향미 옮김, 『인문학의 구조 내에서 상징형식의 개념 외』, 책세상문고, 2015.

에리히 노이만(Erich Neumann), 박선화 옮김, 『위대한 어머니 여신』, 살림, 2009.

에리히 프롬(Erich Pinchas Fromm), 황문수 옮김, 『사랑의 기술』, 문예출판사, 2019.

에리히 프롬(Erich Pinchas Fromm), 황문수 옮김, 『인간의 마음』, 문예출판사, 2021.

요한 하위징아(Johan Huizinga), 이종인 옮김, 『호모 루덴스』, 연암서가, 2018.

유발 하라리(Yuval Noah Harari), 조현욱 옮김, 『사피엔스: 유인원에서 사이보그까지, 인간 역사의 대담하고 위대한 질문』, 김영사, 2015.

이반 스트렌스키(Ivan Strenski), 이용주 옮김, 『20세기 신화이론』, 이학사, 2008.

이사야 벌린(Isaiah Berlin), 석기용 옮김, 『낭만주의의 뿌리』, 필로소픽, 2021.

이원규, 『종교사회학의 이해』, 사회비평사, 1997.

이윤기, 『꽃아 꽃아 문 열어라』, 열림원, 2007.

이호창, 「신화를 통해 본 신과 인간과 대자연의 관계」(한국외국어대학교 동유럽발칸연구소, 『동유럽연구』 제26권), 2011.

잠바티스타 비코(Giambattista Vico), 조한욱 옮김, 『새로운 학문』, 아카넷, 2019.

장 보드리야르(Jean Baudrillard), 이상률 옮김, 『소비의 사회 그 신화와 구조』, 문예출판사, 2015.

장회익, 『삶과 온생명』, 솔, 1998.

정재서, 「중국신화의 역사와 구조-반고신화를 중심으로」(한국구비문학회, 『구비문학연구』 제11집), 2000.

제임스 러브룩(James Ephraim Lovelock), 홍욱희 옮김, 『가이아: 살아있는 생명체로서의 지구』, 갈라파고스, 2003.

제주대학교 박물관, 『제주도유적』, 1986.

조르주 귀스도르프(George Gusdorf), 김점석 옮김, 『신화와 형이상학』, 문학동네, 2003.

조르쥬 바타유(Georges Bataille), 조한경 옮김, 『에로티즘』, 민음사, 2012.

조지프 캠벨(Joseph John Campbell), 유진 케네디 엮음, 박경미 옮김, 『네가 바로 그 것이다』, 해바라기, 2004.

조지프 캠벨(Joseph John Campbell), 구학서 옮김, 『여신들』, 청아출판사, 2016.

조지프 캠벨(Joseph John Campbell), 이진구 옮김, 『원시신화』, 까치, 2003.

조현설, 『마고할미 신화연구』, 민속원, 2013.

조현설, 『신화의 언어』, 한겨레출판사, 2020.

존 핸즈(John Hands), 김상조 옮김, 『코스모사피엔스』, 소미미디어, 2022.

지그문트 바우만(Zygmunt Bauman), 권태우·조형준 옮김, 『리퀴드러브』, 새물결, 2013.

진성기, 『제주도무가본풀이사전』, 민속원, 1991.

질베르 뒤랑(Gilbert Durand), 진형준 옮김, 『상상계의 인류학적 구조들』, 문학동네, 2007.

천진기, 『한국동물민속론』, 민속원, 2003.

최원오, 「창세신화에 나타난 신화적 사유의 재현과 변주」(한국어교육학회, 『국어교 육』 vol III), 2003.

칼 세이건(Carl Edward Sagan), 임지현 옮김, 『에덴의 용』, 사이언스북스, 2006.

칼 세이건(Carl Edward Sagan), 홍승수 옮김, 『코스모스』, 사이언스북스, 2010.

토마스 루이스(Thomas Lewis), 김한영 옮김, 『사랑을 위한 과학』, 사이언스북스, 2001.

폴 리쾨르(Jean Paul Gustave Ricœur), 김한식·이경래 옮김, 『시간과 이야기 2』, 문학
    과지성사, 2000.

프란시스 베이컨(Francis Bacon), 김대웅 해설, 임경민 옮김, 『숨겨진 그리스 로마 신
    화』, 아름다운날, 2020.

프레데릭 르누아르(Frederic Lenoir)·마리 드뤼케르(Marie Drucker), 양영란 옮김,
    『신의 탄생』, 김영사, 2014.

프리드리히 셸링(Friedrich Wilhelm Joseph von Schelling), 김윤상·심철민·이신철
    옮김, 『신화철학』 1·2, 나남, 2009.

플라톤(Platon), 최민홍 옮김, 『국가론』, 성창출판사, 1989.

플라톤(Platon), 조대호 역해, 『파이드로스』, 문예출판사, 2008.

플라톤(Platon), 강철웅 옮김, 『향연』, 이제이북스, 2010.

하랄트 하르만(Harald Haarmann), 이수영 옮김, 『문명은 왜 사라지는가』, 돌베개,
    2021.

하순애, 「18세기 초 제주인의 신앙생활과 신당파괴사건」(『탐라순력도연구논총』, 제
    주시·탐라순력도연구회), 2000.

하순애, 「제주여성의 전통신앙공간」(『제주여성의 삶과 공간』, 제주특별자치도 여성
    특별위원회), 2007.

하순애, 「한국무속신앙에서의 '생명'의 의미」(『한국인의 생명관과 배아복제 윤리』,
    세종출판사), 2005.

하순애, 『제주도 신당 이야기』, 한그루, 2024.

한국학중앙연구원, 『한국민족문화대백과사전』, 웅진출판, 1991.

한병철, 『에로스의 종말』, 김태환 옮김, 문학과지성사, 2015.

한혜원, 『디지털시대의 신인류 호모 나랜스』, 살림, 2010.

헤시오도스(Hesiodos), 천병희 옮김, 『신들의 계보』, 숲, 2009.

황천춘, 『한 권으로 읽는 인도신화』, 정주은 옮김, 불광출판사, 2020.

후쿠나가 미츠지, 정우봉·박상영 옮김, 『장자 내편』, 문진, 2011.

EBS 다큐프라임 '이야기의 힘' 제작팀, 『이야기의 힘: 매혹적인 스토리텔링의 조건』,

　　황금물고기, 2011.

찾아보기

신화를 철학하다

2025년 1월 1일 초판 1쇄 발행

지은이 하순애
펴낸이 김영훈
편집장 김지희
디자인 김영훈
편집부 이은아, 부건영
펴낸곳 한그루
　　　　출판등록 제6510000251002008000003호
　　　　제주특별자치도 제주시 복지로1길 21
　　　　전화 064 723 7580 전송 064 753 7580
　　　　전자우편 onetreebook@daum.net 누리방 onetreebook.com

ISBN 979-11-6867-204-8 (93100)

값 27,500원